AF823265

J. von Staudingers
Kommentar zum Bürgerlichen Gesetzbuch
mit Einführungsgesetz und Nebengesetzen
Buch 2 · Recht der Schuldverhältnisse
§§ 809–811
(Vorlegung von Sachen)

Kommentatorinnen und Kommentatoren

Dr. Christoph Althammer
Professor an der Universität Regensburg

Dr. Georg Annuß, LL.M.
Rechtsanwalt in München, Außerplanmäßiger Professor an der Universität Regensburg

Dr. Christian Armbrüster
Professor an der Freien Universität Berlin, Richter am Kammergericht a. D.

Dr. Arnd Arnold
Professor an der Universität Trier, Dipl.-Volksw.

Dr. Markus Artz
Professor an der Universität Bielefeld

Dr. Martin Avenarius
Professor an der Universität zu Köln

Dr. Ivo Bach
Professor an der Universität Göttingen

Dr. Christian Baldus
Professor an der Universität Heidelberg

Dr. Wolfgang Baumann
Rechtsanwalt und Notar a. D. in Wuppertal, Professor an der Bergischen Universität Wuppertal

Dr. Winfried Bausback
Professor a. D. an der Bergischen Universität Wuppertal, bayerischer Staatsminister der Justiz a. D., Mitglied des Bayerischen Landtags

Dr. Roland Michael Beckmann
Professor an der Universität des Saarlandes, Saarbrücken

Dr. Dr. h. c. Detlev W. Belling, M.C.L.
Professor an der Universität Potsdam

Dr. Andreas Bergmann
Professor an der Fernuniversität in Hagen

Dr. Falk Bernau
Richter am Bundesgerichtshof, Karlsruhe

Dr. Martin Bialluch
Wiss. Assistent am Max-Planck-Institut in Hamburg

Dr. Marcus Bieder
Professor an der Universität Osnabrück

Dr. Werner Bienwald †
Professor an der Evangelischen Fachhochschule Hannover, Rechtsanwalt in Oldenburg

Dr. Tom Billing
Rechtsanwalt in Berlin

Dr. Eike Bleckwenn
Rechtsanwalt in Hannover

Dr. Reinhard Bork
Professor an der Universität Hamburg

Dr. Wolfgang Breyer
Rechtsanwalt in Stuttgart

Dr. Jan Busche
Professor an der Universität Düsseldorf

Dr. Georg Caspers
Professor an der Universität Erlangen-Nürnberg

Dr. Dr. h. c. Tiziana Chiusi
Professorin an der Universität des Saarlandes, Saarbrücken

Dr. Michael Coester, LL.M.
Professor an der Universität München

Dr. Dr. h. c. Dagmar Coester-Waltjen, LL.M.
Professorin an der Universität Göttingen

Dr. Johanna Croon-Gestefeld, LL.M.
Professorin an der Universität Lüneburg

Dr. Thomas Diehn, LL.M.
Notar in Hamburg, Lehrbeauftragter an der Universität Hamburg

Dr. Katrin Dobler
Richterin am Oberlandesgericht Stuttgart

Dr. Heinrich Dörner
Professor an der Universität Münster

Dr. Werner Dürbeck
Richter am Oberlandesgericht Frankfurt a. M.

Dr. Anatol Dutta, M. Jur.
Professor an der Universität München

Dr. Christina Eberl-Borges
Professorin an der Universität Mainz

Dr. Dres. h. c. Werner F. Ebke, LL.M.
Professor an der Universität Heidelberg

Dr. Jan Eickelberg, LL.M. †
Professor an der Hochschule für Wirtschaft und Recht, Berlin

Jost Emmerich
Richter am Oberlandesgericht München

Dr. Volker Emmerich
Professor an der Universität Bayreuth, Richter am Oberlandesgericht Nürnberg a. D.

Dr. Cornelia Feldmann
Rechtsanwältin in Freiburg i. Br.

Dr. Matthias Fervers
Akad. Rat a. Z. an der Universität München

Dr. Timo Fest, LL.M.
Professor an der Universität zu Kiel

Dr. Karl-Heinz Fezer
Professor an der Universität Konstanz, Honorarprofessor an der Universität Leipzig, Richter am Oberlandesgericht Stuttgart a. D.

Dr. Philipp S. Fischinger, LL.M.
Professor an der Universität Mannheim

Dr. Holger Fleischer
Direktor am Max-Planck-Institut für ausländisches und internationales Privatrecht in Hamburg, Professor an der Bucerius Law School, Hamburg

Dr. Robert Freitag, Maître en droit
Professor an der Universität Erlangen-Nürnberg

Dr. Jörg Fritzsche
Professor an der Universität Regensburg

Dr. Tobias Fröschle
Professor an der Universität Siegen

Dr. Susanne Lilian Gössl, LL.M.
Professorin an der Universität zu Kiel

Dr. Beate Gsell, Maître en droit
Professorin an der Universität München, Richterin am Oberlandesgericht München

Dr. Thomas Gutmann, M. A.
Professor an der Universität Münster

Dr. Martin Gutzeit
Professor an der Universität Gießen

Dr. Martin Häublein
Professor an der Universität Innsbruck

Dr. Johannes Hager
Professor an der Universität München

Dr. Felix Hartmann, LL.M.
Professor an der Freien Universität Berlin

Dr. Wolfgang Hau
Professor an der Universität München, Richter am Oberlandesgericht München

Dr. Rainer Hausmann
Professor an der Universität Konstanz

Dr. Stefan Heilmann
Vorsitzender Richter am Oberlandesgericht Frankfurt, Honorarprofessor an der Frankfurt University of Applied Sciences

Dr. Jan von Hein
Professor an der Universität Freiburg i. Br.

Dr. Jörn Heinemann
Notar in Neumarkt i.d. Opf.

Dr. Christian Heinze
Professor an der Universität Heidelberg

Dr. Stefan Heinze
Notar in Köln

Dr. Tobias Helms
Professor an der Universität Marburg

Silas Hengstberger, LL.B.
Wiss. Mitarbeiter an der Universität Mannheim

Dr. Dr. h. c. mult. Dieter Henrich
Professor an der Universität Regensburg

Dr. Carsten Herresthal, LL.M.
Professor an der Universität Regensburg

Christian Hertel, LL.M.
Notar in Weilheim i. OB.

Dr. Stephanie Herzog
Fachanwältin für Erbrecht in Würselen

Joseph Hönle
Notar in München

Dr. Ulrich Hönle
Notar in Waldmünchen

Dr. Clemens Höpfner
Professor an der Universität Münster

Dr. Bernd von Hoffmann †
Professor an der Universität Trier

Dr. Dr. h. c. Heinrich Honsell
Professor an der Universität Zürich, Honorarprofessor an der Universität Salzburg

Dr. Rainer Hüttemann
Professor an der Universität Bonn

Dr. Martin Illmer, M. Jur.
Richter am Landgericht Hamburg, Privatdozent an der Bucerius Law School

Dr. Florian Jacoby
Professor an der Universität Bielefeld

Dr. Ulrich von Jeinsen
Rechtsanwalt und Notar in Hannover, Honorarprofessor an der Universität Hannover

Dr. Dagmar Kaiser †
Professorin an der Universität Mainz

Dr. Bernd Kannowski
Professor an der Universität Bayreuth

Dr. Christoph A. Kern, LL.M.
Professor an der Universität Heidelberg

Dr. Christian Kesseler
Notar in Düren, Honorarprofessor an der Universität Trier

Dr. Walter Klein
Rechtsanwalt in Köln

Dr. Fabian Klinck
Professor an der Universität Bochum

Dr. Frank Klinkhammer
Richter am Bundesgerichtshof, Karlsruhe, Honorarprofessor an der Universität Marburg

Dr. Steffen Klumpp
Professor an der Universität Erlangen-Nürnberg

Dr. Jürgen Kohler
Professor an der Universität Greifswald

Dr. Sebastian Kolbe
Professor an der Universität Bremen

Dr. Stefan Koos
Professor an der Universität der Bundeswehr München

Dr. Rüdiger Krause
Professor an der Universität Göttingen

Dr. Heinrich Kreuzer
Notar in München

Dr. Lena Kunz, LL.M.
Akad. Mitarbeiterin an der Universität Heidelberg

Dr. Steffen Kurth, LL.M.
Rechtsanwalt in Bielefeld

Dr. Clemens Latzel
Privatdozent an der Universität München

Dr. Arnold Lehmann-Richter
Professor an der Hochschule für Wirtschaft und Recht Berlin

Dr. Saskia Lettmaier, B.A., LL.M.
Professorin an der Universität zu Kiel, Richterin am Schleswig-Holsteinischen Oberlandesgericht in Schleswig

Stefan Leupertz
Richter a. D. am Bundesgerichtshof, Honorarprofessor an der TU Dortmund

Dr. Johannes Liebrecht
Professor an der Universität Zürich

Dr. Jan Lieder, LL.M.
Professor an der Universität Freiburg i. Br., Richter am Schleswig-Holsteinischen Oberlandesgericht

Dr. Dimitrios Linardatos
Professor an der Universität des Saarlandes, Saarbrücken

Dr. Martin Löhnig
Professor an der Universität Regensburg

Dr. Dirk Looschelders
Professor an der Universität Düsseldorf

Dr. Stephan Lorenz
Professor an der Universität München

Dr. Sigrid Lorz
Professorin an der Universität Greifswald

Dr. Katharina Lugani
Professorin an der Universität Düsseldorf

Dr. Tobias Lutzi, LL.M., M.Jur.
Professor an der Universität Augsburg

Dr. Gerald Mäsch
Professor an der Universität Münster, Richter am Oberlandesgericht Hamm a.D.

Dr. Robert Magnus
Professor an der Universität Bayreuth

Dr. Ulrich Magnus
Professor an der Universität Hamburg, Affiliate des MPI für ausländisches und internationales Privatrecht, Hamburg, Richter am Hanseatischen Oberlandesgericht zu Hamburg a. D.

Dr. Mark Makowsky
Professor an der Universität Mannheim

Dr. Peter Mankowski †
Professor an der Universität Hamburg

Dr. Dr. h. c. Heinz-Peter Mansel
Professor an der Universität zu Köln

Dr. Peter Marburger †
Professor an der Universität Trier

Dr. Wolfgang Marotzke
Professor an der Universität Tübingen

Dr. Sebastian A. E. Martens
Professor an der Universität Passau

Dr. Dr. Dr. h. c. mult. Michael Martinek, M.C.J.
Professor an der Universität des Saarlandes, Saarbrücken, Honorarprofessor an der Universität Johannesburg, Südafrika

Dr. Annemarie Matusche-Beckmann
Professorin an und Vizepräsidentin der Universität des Saarlandes, Saarbrücken, Stellv. Richterin am Verfassungsgerichtshof des Saarlandes

Dr. Felix Maultzsch, LL.M.
Professor an der Universität Frankfurt a. M.

Dr. Patrick Meier
Notar in Bischofsheim i.d. Rhön

Dr. Dr. Detlef Merten
Professor an der Deutschen Universität für Verwaltungswissenschaften Speyer

Dr. Tanja Mešina
Staatsanwältin, Stuttgart

Dr. Rudolf Meyer-Pritzl
Professor an der Universität zu Kiel, Richter am Schleswig-Holsteinischen Oberlandesgericht in Schleswig

Dr. Morten Mittelstädt
Notar in Hamburg

Dr. Oliver Moufang
Rechtsanwalt in Frankfurt a.M., Honorarprofessor an der Hochschule Wiesbaden

Dr. Peter O. Mülbert
Professor an der Universität Mainz

Dr. Hans-Heinrich Nöll
Rechtsanwalt in Hamburg

Dr. Jürgen Oechsler
Professor an der Universität Mainz

Dr. Hartmut Oetker
Professor an der Universität zu Kiel, Richter am Thüringer Oberlandesgericht in Jena a. D.

Wolfgang Olshausen
Notar a. D. in Rain am Lech

Dr. Dirk Olzen
Professor an der Universität Düsseldorf

Dr. Sebastian Omlor, LL.M., LL.M.
Professor an der Universität Marburg

Dr. Gerhard Otte
Professor an der Universität Bielefeld

Dr. Frank Peters †
Professor an der Universität Hamburg, Richter am Hanseatischen Oberlandesgericht zu Hamburg a. D.

Dr. Christian Picker
Professor an der Universität Tübingen

Dr. Andreas Piekenbrock
Professor an der Universität Heidelberg

Dr. Jörg Pirrung †
Richter am Gericht erster Instanz der Europäischen Gemeinschaften i. R., Honorarprofessor an der Universität Trier

Dr. Paul Popescu
Rechtsanwalt in Köln

Dr. Maximilian Freiherr von Proff zu Irnich
Notar in Köln

Dr. Lukas Rademacher M.Jur.
Professor an der Universität zu Kiel

Dr. Thomas Raff
Notar in Ludwigshafen

Dr. Manfred Rapp †
Notar a. D., Landsberg am Lech

Dr. Dr. h.c. Thomas Rauscher
Professor an der Universität Leipzig, Professor h.c. an der Eötvös Loránd Universität Budapest, Dipl.Math.

Dr. Peter Rawert, LL.M.
Notar in Hamburg, Honorarprofessor an der Universität Kiel

Dr. Wolfgang Reetz
Notar in Köln

Eckhard Rehme
Vorsitzender Richter am Oberlandesgericht Oldenburg i. R.

Dr. Moritz Renner
Professor an der Universität Mannheim

Dr. Tilman Repgen
Professor an der Universität Hamburg

Dr. Philipp Reuß, M.Jur.
Professor an der Universität Göttingen

Dr. Christoph Reymann, LL.M. Eur.
Notar in Landsberg am Lech, Professor an der Privaten Universität Liechtenstein

Dr. Reinhard Richardi
Professor an der Universität Regensburg, Präsident a. D. des Kirchlichen Arbeitsgerichtshofs der Deutschen Bischofskonferenz, Bonn

Dr. Volker Rieble
Professor an der Universität München, Direktor des Zentrums für Arbeitsbeziehungen und Arbeitsrecht

Dr. Daniel Rodi
Akad. Rat a. Z. an der Universität Heidelberg

Dr. Anne Röthel
Professorin an der Bucerius Law School, Hamburg

Dr. Christian Rolfs
Professor an der Universität zu Köln

Dr. Dr. h. c. Herbert Roth
Professor an der Universität Regensburg

Dr. Ludwig Salgo
Apl. Professor an der Universität Frankfurt a. M.

Dr. Adam Sagan, M. Jur.
Professor an der Universität Bayreuth

Dr. Anne Sanders
Professorin an der Universität Bielefeld

Dr. Daniel Schäuble
Notar in Waldshut-Tiengen

Dr. Renate Schaub, LL.M.
Professorin an der Universität Bochum

Dr. Martin Josef Schermaier
Professor an der Universität Bonn

Dr. Gottfried Schiemann
Professor an der Universität Tübingen

Dr. Eberhard Schilken
Professor an der Universität Bonn

Dr. Martin Schmidt-Kessel
Professor an der Universität Bayreuth

Dr. Daniel Johannes Schneider
Notarassessor in Neustadt a. d. Weinstraße

Ulf Schönenberg-Wessel
Notar und Rechtsanwalt in Kiel

Dr. Günther Schotten
Notar a. D. in Köln, Honorarprofessor an der Universität Bielefeld

Dr. Andrea Schulz
Deutsche Verbindungsbeamtin in Frankreich, Bundesministerium der Justiz und für Verbraucherschutz

Dr. Holger Schulz
Direktor des Amtsgerichts Meldorf

Dr. Robert Schumacher, LL.M.
Notar in Köln

Dr. Roland Schwarze
Professor an der Universität Hannover

Dr. Andreas Schwennicke
Rechtsanwalt und Notar in Berlin

Dr. Stephan Serr
Notar in Ochsenfurt

Dr. Reinhard Singer
Professor an der Humboldt-Universität Berlin, Richter am Oberlandesgericht Rostock a. D.

Dr. Stephanie Sittmann-Haury, M.M.
Wiss. Mitarbeiterin an der Universität Mainz

Dr. Dr. h. c. Ulrich Spellenberg
Professor an der Universität Bayreuth

Dr. Sebastian Spiegelberger
Notar a. D. in Rosenheim

Dr. Ansgar Staudinger
Professor an der Universität Bielefeld

Julian Stein, LL.M.
Wiss. Mitarbeiter an der Universität Mainz

Dr. Björn Steinrötter
Professor an der Universität Potsdam

Dr. Malte Stieper
Professor an der Universität Halle-Wittenberg

Dr. Markus Stoffels
Professor an der Universität Heidelberg

Dr. Michael Stürner, M. Jur.
Professor an der Universität Konstanz, Richter am Oberlandesgericht Karlsruhe

Dr. Felipe Temming, LL.M.
Professor an der Universität Hannover

Burkhard Thiele
Präsident des Oberlandesgerichts Rostock a. D., Präsident des Landesverfassungsgerichts Mecklenburg-Vorpommern a. D.

Dr. Christoph Thole
Professor an der Universität zu Köln

Dr. Karsten Thorn
Professor an der Bucerius Law School, Hamburg

Dr. Gregor Thüsing, LL.M.
Professor an der Universität Bonn

Dr. Madeleine Tolani, LL.M.
Professorin an der Hochschule Wismar

Dr. Barbara Veit
Professorin an der Universität Göttingen

Dr. Bea Verschraegen, LL.M., M.E.M.
Professorin an der Universität Wien, adjunct professor an der Universität Macao

Dr. Klaus Vieweg
Professor an der Universität Erlangen-Nürnberg

Dr. A. Olrik Vogel
Rechtsanwalt in München

Dr. Markus Voltz
Notar in Offenburg

Dr. Reinhard Voppel
Rechtsanwalt in Köln

Dr. Rolf Wagner
Professor an der Universität Potsdam, Ministerialrat im Bundesjustizministerium

Dr. Christoph Andreas Weber
Privatdozent an der Universität München

Dr. Johannes Weber, LL.M.
Notarassessor, Geschäftsführer des Deutschen Notarinstituts, Würzburg

Gerd Weinreich
Vorsitzender Richter am Oberlandesgericht Oldenburg a. D., Rechtsanwalt in Oldenburg

Dr. Matthias Wendland, LL.M.
Professor an der Universität Graz

Dr. Domenik H. Wendt, LL.M.
Professor an der Frankfurt University of Applied Sciences

Dr. Olaf Werner
Professor an der Universität Jena, Richter am Thüringer Oberlandesgericht Jena a. D.

Dr. Denise Wiedemann
Wiss. Mitarbeiterin am Max-Planck-Institut für ausländisches und internationales Privatrecht, Hamburg

Dr. Daniel Wiegand, LL.M.
Rechtsanwalt in München

Dr. Wolfgang Wiegand
Professor an der Universität Bern

Dr. Peter Winkler von Mohrenfels
Professor an der Universität Rostock, Richter am Oberlandesgericht Rostock a. D.

Dr. Felix Wobst
Notar in Gerolzhofen

Heinz Wöstmann
Richter am Bundesgerichtshof, Karlsruhe

Dr. Luitpold Graf Wolffskeel von Reichenberg
Notar in Bamberg

Dr. Hans Wolfsteiner †
Notar a. D., Rechtsanwalt in München

Dagmar Zorn
Dipl.-Rechtspflegerin, Großbeeren

Redaktorinnen und Redaktoren

Dr. Christian Baldus

Dr. Dr. h. c. mult. Christian von Bar, FBA

Dr. Michael Coester, LL.M.

Dr. Tobias Fröschle

Dr. Hans Christoph Grigoleit

Dr. Johannes Hager

Dr. Dr. h. c. mult. Dieter Henrich

Dr. Carsten Herresthal, LL.M.

Sebastian Herrler

Dr. Dr. h. c. Manfred Löwisch

Dr. Robert Magnus

Dr. Ulrich Magnus

Dr. Heinz-Peter Mansel

Dr. Peter O. Mülbert

Dr. Gerhard Otte

Dr. Lore Maria Peschel-Gutzeit †*

Dr. Thomas Raff

Dr. Peter Rawert, LL.M.

Dr. Volker Rieble

Dr. Christian Rolfs

Dr. Dr. h. c. Herbert Roth

Dr. Markus Stoffels

Dr. Barbara Veit

Dr. Wolfgang Wiegand

---

* Der STAUDINGER betrauert das Versterben seiner Autorin und Redaktorin Frau Dr. Lore Maria Peschel-Gutzeit. Wir erinnern hiermit voller Dankbarkeit an ihren großen und langjährigen Einsatz für den Kommentar.

J. von Staudingers
Kommentar zum Bürgerlichen Gesetzbuch mit Einführungsgesetz und Nebengesetzen

Buch 2
Recht der Schuldverhältnisse
§§ 809–811
(Vorlegung von Sachen)

Neubearbeitung 2023
von
Timo Fest

Redaktor
Peter O. Mülbert

ottoschmidt – De Gruyter · Berlin

Die Kommentatorinnen und Kommentatoren

Neubearbeitung 2023
Timo Fest

Neubearbeitung 2015
Peter Marburger

Neubearbeitung 2009
Peter Marburger

Neubearbeitung 2002
Peter Marburger

Dreizehnte Bearbeitung 1997
Peter Marburger

12. Auflage
Peter Marburger (1985)

Sachregister

Dr. Andreas Pichlmeier,
Regensburg

Zitierweise

Staudinger/Fest (2023) § 809 Rn 1

Zitiert wird nach Paragraph bzw Artikel und Randnummer.

Hinweise

Der **Staudinger ist online auf juris** abrufbar. Nähere Angaben dazu sowie das Abkürzungsverzeichnis finden Sie auf www.staudinger-bgb.de.

Der **Stand der Bearbeitung** ist Mai 2023.

Am Ende eines jeden Bandes befindet sich eine Übersicht über den aktuellen Stand des Gesamtwerks Staudinger.

Die Deutsche Nationalbibliothek verzeichnet diese Publikation in der Deutschen Nationalbibliografie; detaillierte bibliografische Daten sind im Internet über http://dnb.dnb.de abrufbar.

ISBN 978-3-8059-1312-6

© Copyright 2023 by Otto Schmidt Verlagskontor / Walter de Gruyter Verlag OHG, Berlin. – Printed in Germany.

Dieses Werk einschließlich aller seiner Teile ist urheberrechtlich geschützt. Jede Verwertung außerhalb der engen Grenzen des Urheberrechtsgesetzes ist ohne Zustimmung des Verlages unzulässig und strafbar. Das gilt insbesondere für Vervielfältigungen, Übersetzungen, Mikroverfilmungen und die Einspeicherung und Verarbeitung in elektronischen Systemen.

Satz: jürgen ullrich typosatz, Nördlingen.

Druck und Bindearbeiten: CPI books GmbH, Leck.

Umschlaggestaltung: Bib Wies, München.

∞ Gedruckt auf säurefreiem Papier, das die DIN ISO 9706 über Haltbarkeit erfüllt.

Inhaltsübersicht

* Zitiert wird nicht nach Seiten, sondern nach Paragraph bzw Artikel und Randnummer; siehe dazu auch „Zitierweise“.

Vorwort

Die Vorschriften über die Vorlegung von Sachen (§§ 809, 811 BGB) haben in dem Bereich des gewerblichen Rechtsschutzes seit dem 1. 9. 2008 aufgrund des Inkrafttretens von Sondervorschriften zur Umsetzung unionsrechtlicher Vorgaben (G v 7. 7. 2008, BGBl 2008 I 1191) erheblich an praktischer Bedeutung eingebüßt. Die gegenläufige Entwicklung ist insbesondere im Gesellschaftsrecht zu beobachten, wo die Einsicht in Urkunden (§ 810 BGB) nicht nur im Zusammenhang mit Abfindungsansprüchen ausgeschiedener Gesellschafter, sondern inzwischen auch bei der Verfolgung von Organhaftungsansprüchen erhebliche Bedeutung hat. Dieser Verschiebung der rechtstatsächlichen Bedeutung der Vorschriften trägt die umfassende Neubearbeitung, die nunmehr als eigener Band erscheint, Rechnung. Rechtsprechung und Literatur wurden bis zum 31. 5. 2023 ausgewertet.

Dank gebührt den Mitarbeiterinnen und Mitarbeitern meines Lehrstuhls, die mich bei der Sichtung und Beschaffung des Materials sowie den Korrekturen tatkräftig unterstützt haben, namentlich Caroline Borgerding, Wiebke Bredtmann, Charlotte Claasen, Philipp Conradi, Richard Eggers, Elina Fetkenheuer, Maybrit Hansen, Clara Nordwald, Suntke Poppinga, Bo Frederik Reimer, Minela Salifoska, Juri Schönau und Lea Schröter.

Kritik und Anregungen aus der Leserschaft sind selbstverständlich willkommen.

Kiel, im August 2023 Timo Fest

Titel 25
Vorlegung von Sachen

§ 809
Besichtigung einer Sache

Wer gegen den Besitzer einer Sache einen Anspruch in Ansehung der Sache hat oder sich Gewissheit verschaffen will, ob ihm ein solcher Anspruch zusteht, kann, wenn die Besichtigung der Sache aus diesem Grunde für ihn von Interesse ist, verlangen, dass der Besitzer ihm die Sache zur Besichtigung vorlegt oder die Besichtigung gestattet.

Materialien: § 774 BGB-E I; § 695 BGB-E II; § 793 BGB-E III; Mot II 889 = MUGDAN II 497; Prot II 770 = MUGDAN II 1218; Prot VI 195 = MUGDAN II 1219; JAKOBS/SCHUBERT, SchR III 744 ff.

Schrifttum

1. Kommentare, Lehrbücher, Handbücher

AHRENS, Der Wettbewerbsprozess (9. Aufl 2021)
ARNDTS vARNESBERG, Lehrbuch der Pandekten (14. Aufl 1889)
BAUMGÄRTEL/LAUMEN/PRÜTTING, Handbuch der Beweislast, Bd 2, §§ 1–811 (5. Aufl 2023)
BAUR/STÜRNER/BRUNS, Zwangsvollstreckungsrecht (14. Aufl 2022)
beck-online.Großkommentar zum Zivilrecht, GSELL/KRÜGER/LORENZ/REYMANN (Hrsg) (Stand 1. 3. 2023)
Beck'scher Online-Kommentar BGB, HAU/POSECK (Hrsg) (65. Ed, Stand 1. 2. 2023)
Beck'scher Online-Kommentar Patentrecht, FITZNER/KUBIS/BODEWIG (Hrsg) (27. Ed, Stand 15. 1. 2023)
Beck'scher Online-Kommentar ZPO, VORWERK/WOLF (Hrsg) (47. Ed, Stand 1. 12. 2022)
BORK, Allgemeiner Teil des Bürgerlichen Gesetzbuchs (4. Aufl 2016)
BRINZ, Lehrbuch der Pandekten, Bd 2/2 (2. Aufl 1882)
DAUNER-LIEB/LANGEN (Hrsg), NomosKommentar, BGB, Schuldrecht, Bd 2 (4. Aufl 2021)
DERNBURG, Lehrbuch des Preußisches Privatrechts, Bd 1 (1875)
ders, Pandekten, Bd 1 (7. Aufl 1902)
DREIER/SCHULZE, Urheberrechtsgesetz (7. Aufl 2022)
ECCIUS, Preußisches Privatrecht, Bd 2 (6. Aufl 1892)
ENNECCERUS/LEHMANN, Recht der Schuldverhältnisse (15. Aufl 1958)
ERMAN, BGB, WESTERMANN/GRUNEWALD (Hrsg) (17. Aufl 2023)
GAEDKE, Handbuch des Bestattungsrechts (13. Aufl 2021)
GAUL/SCHILKEN/BECKER-EBERHARD, Zwangsvollstreckungsrecht (12. Aufl 2010)
GERNHUBER, Das Schuldverhältnis (1989)
GLÜCK, Ausführliche Erläuterung der Pandecten (1809)
GRÜNEBERG, BGB (82. Aufl 2023)
HERBERGER/MARTINEK/RÜSSMANN/WETH/WÜRDINGER (Hrsg), Juris-Praxiskommentar BGB, Bd 2 – Schuldrecht (10. Aufl 2023, Stand 1. 2. 2023)
Historisch-kritischer Kommentar zum BGB, SCHMOECKEL/RÜCKERT/SCHÄFER (Hrsg), Bd 3, 2. Teilband (2013)
JAUERNIG (Begr), BGB, STÜRNER (Hrsg) (19. Aufl 2023)
JAUERNIG/BERGER/KERN, Zwangsvollstreckungsrecht (24. Aufl 2021)

KASER, Das römische Privatrecht, Erster Abschnitt (2. Aufl 1971)
KASER/KNÜTEL/LOHSSE, Römisches Privatrecht (22. Aufl 2021)
vKELLER, Pandekten (1861)
LARENZ, Methodenlehre der Rechtswissenschaft (6. Aufl 1991)
LARENZ/CANARIS, Methodenlehre der Rechtswissenschaft (3. Aufl 1995)
LEONHARD, Die Beweislast (2. Aufl 1926)
LORENZ/RIEHM, Lehrbuch zum neuen Schuldrecht (2002)
MATTHIASS, Lehrbuch des Bürgerlichen Rechts, Bd 1 (1900)
MES, Patentgesetz/Gebrauchsmustergesetz (5. Aufl 2020)
MUSIELAK/VOIT (Hrsg), ZPO (20. Aufl 2023)
Münchener Kommentar zum BGB, SÄCKER/RIXECKER/OETKER/LIMPERG (Hrsg), Bd 1, Allgemeiner Teil, §§ 1–240, AllgPersönlR, ProstG, AGG (9. Aufl 2021)
Münchener Kommentar zum BGB, SÄCKER/RIXECKER/OETKER/LIMPERG (Hrsg), Bd 2, Schuldrecht – Allgemeiner Teil I, §§ 241–310 (9. Aufl 2022)
Münchener Kommentar zum BGB, SÄCKER/RIXECKER/OETKER/LIMPERG (Hrsg), Bd 3, Schuldrecht – Allgemeiner Teil II, §§ 311–432 (9. Aufl 2022)
Münchener Kommentar zum BGB, SÄCKER/RIXECKER/OETKER/LIMPERG (Hrsg), Bd 5, Schuldrecht – Besonderer Teil II, §§ 535–630h, BetrKV, HeizkostenV, WärmeLV, EFZG, TzBfG, KSchG, MiLoG (9. Aufl 2023)
Münchener Kommentar zum BGB, SÄCKER/RIXECKER/OETKER/LIMPERG (Hrsg), Bd 7, Schuldrecht – Besonderer Teil IV, §§ 705–853, PartGG, ProdHaftG (8. Aufl 2020)
Münchener Kommentar zum BGB, SÄCKER/RIXECKER/OETKER/LIMPERG (Hrsg), Bd 8, Sachenrecht, §§ 854–1296, WEG, ErbbauRG (9. Aufl 2023)
Münchener Kommentar zum BGB, SÄCKER/RIXECKER/OETKER/LIMPERG (Hrsg), Bd 11, Erbrecht, §§ 1922–2385, §§ 27–35 BeurkG (9. Aufl 2022)
Münchener Kommentar zur Zivilprozessordnung, KRÜGER/RAUSCHER (Hrsg), Bd 2, §§ 355–945b (6. Aufl 2020)
NEUNER, Allgemeiner Teil des Bürgerlichen Rechts (12. Aufl 2020)
OERTMANN, Kommentar zum Bürgerlichen Gesetzbuch und seinen Nebengesetzen, Zweites Buch, Recht der Schuldverhältnisse, Zweite Abteilung, §§ 433–853 (5. Aufl 1929)
Planck's Kommentar zum BGB, STROHAL (Hrsg), Bd 2/2: Recht der Schuldverhältnisse (Besonderer Teil) (4. Aufl 1928)
PRÜTTING/WEGEN/WEINREICH (Hrsg), BGB (18. Aufl 2023)
PUCHTA, Pandekten, Bd 2 (12. Aufl 1877)
ders, Vorlesungen über das heutige römische Recht, Bd 2 (5. Aufl 1863)
RGRK – Reichsgerichtsrätekommentar, Das Bürgerliche Gesetzbuch mit besonderer Berücksichtigung der Rechtsprechung des Reichsgerichts und des Bundesgerichtshofs, Bd II/4, §§ 631–811 (12. Aufl 1978)
SAENGER (Hrsg), Zivilprozessordnung. Familienverfahren, Gerichtsverfassung, Europäisches Verfahrensrecht – Handkommentar (9. Aufl 2021)
SCHRICKER/LOEWENHEIM, Urheberrecht, LOEWENHEIM/LEISTNER/OHLY (Hrsg) (6. Aufl 2020)
SOERGEL, BGB, Bd 11/3, Schuldrecht 9/3, §§ 780–822 BGB (13. Aufl 2012)
SPINDLER/SCHUSTER (Hrsg), Recht der elektronischen Medien (4. Aufl 2019)
STAUDINGER, BGB, §§ 90–124, 130–133 (Sachbegriff Geschäftsfähigkeit, Willenserklärung, Anfechtung, Auslegung) (2021)
STAUDINGER, BGB, §§ 164–240 (Stellvertretung, Zustimmung, Fristen, Verjährung, Selbsthilfe, Sicherheitsleistung) (2019)
STAUDINGER, BGB, §§ 255–305 (Leistungsstörungsrecht 1) (2019)
STAUDINGER, BGB, §§ 535–556g (Mietrecht 1 – Allgemeine Vorschriften; Wohnraummiete) (2021)
STAUDINGER, BGB, §§ 630a–630g (Behandlungsvertrag) (2021)
STAUDINGER, BGB, §§ 705–740 (Gesellschaftsrecht) (2003)
STAUDINGER, BGB, Einl zum Sachenrecht, §§ 854–882 (Besitz und Allgemeines Liegenschaftsrecht 1) (2018)
STEIN/JONAS, ZPO, BORK/ROTH (Hrsg), Bd 1, §§ 1–77 (23. Aufl 2014)

Stein/Jonas, ZPO, Bork/Roth (Hrsg), Bd 5, §§ 328–510c (23. Aufl 2015)
Stein/Jonas, ZPO, Bork/Roth (Hrsg), Bd 8, §§ 802a–915h (23. Aufl 2017)
Stein/Jonas, ZPO, Bork/Roth (Hrsg), Bd 9, §§ 916–945b, §§ 960–1024, EGZPO, GVG (23. Aufl 2020)
Thomas/Putzo (Begr), ZPO (44. Aufl 2023)
Vieweg/Lorz, Sachenrecht (9. Aufl 2022)
vVangerow, Lehrbuch der Pandekten, Bd 3 (7. Aufl 1869)
Wandtke/Bullinger (Hrsg), Urheberrecht (6. Aufl 2022)
Warneyer, Das Bürgerliche Gesetzbuch für das Deutsche Reich, Bd 1, §§ 1–1296 (11. Aufl 1950)
Wendt, Lehrbuch der Pandekten (1888)
Wenzel, Das Recht der Wort- und Bildberichterstattung (6. Aufl 2018)
Wieczorek/Schütze, ZPO, Bd 2, §§ 50–127a (5. Aufl 2022)
Wieczorek/Schütze, ZPO, Bd 6, §§ 355–510c (4. Aufl 2014)
Wieczorek/Schütze, ZPO, Bd 10/2, §§ 864–915h (4. Aufl 2015)
Wieczorek/Schütze, ZPO, Bd 11, §§ 916–1066 (5. Aufl 2020)
Wieling, Sachenrecht, Bd 1 (2. Aufl 2006)
Wilhelm, Sachenrecht (7. Aufl 2021)
Windscheid/Kipp, Lehrbuch des Pandektenrechts (9. Aufl 1906)
Zöller (Begr), ZPO (34. Aufl 2022).

2. Monographien

Adloff, Vorlagepflichten und Beweisvereitelung im deutschen und französischen Zivilprozess (2007)
Affolter, Die Actio ad exhibendum und ihre Bedeutung für das heutige Prozeßrecht (1880)
Amschewitz, Die Durchsetzungsrichtlinie und ihre Umsetzung im deutschen Recht (2008)
Beckhaus, Die Bewältigung von Informationsdefiziten bei der Sachverhaltsaufklärung. Die Enforcement-Richtlinie als Ausgangspunkt für die Einführung einer allgemeinen Informationsleistungspflicht in das deutsche Zivilrecht (2010)
Bühler, Die actio ad exhibendum (1859)
Demelius, Die Exhibitionspflicht in ihrer Bedeutung für das classische und heutige Recht (1872)
Dierschke, Die Vorlegung von Sachen zur Besichtigung nach BGB (1901)
Flick, Der Besitz in gesellschafts- und arbeitsrechtlichen Beziehungen (1970)
Giesker, Das Recht des Privaten an der eigenen Geheimsphäre. Ein Beitrag zu der Lehre von den Individualrechten (1904)
Gniadek, Die Beweisermittlung im gewerblichen Rechtsschutz und Urheberrecht (2011)
Haas, Die Bedeutung der actio ad exhibendum des gemeinen und bürgerlichen Rechts (§ 809 BGB) (1905)
Haeffs, Der Auskunftsanspruch im Zivilrecht – Zur Kodifikation des allgemeinen Auskunftsanspruchs aus Treu und Glauben (§ 242 BGB) (2010)
Harke, Actio ad exhibendum. Vorlegungsklage im römischen Recht (2019)
vHartz, Beweissicherung im gewerblichen Rechtsschutz und Urheberrecht. Umsetzung internationaler Vorgaben in nationales Recht (2004)
Hoffmann, Zession und Rechtszuweisung (2012)
U Huber, Vermögensanteil, Kapitalanteil und Gesellschaftsanteil an Personengesellschaften des Handelsrechts (1970)
Karger, Beweisermittlung im deutschen und U.S.-amerikanischen Softwareverletzungsprozeß (1996)
König, Das Computerprogramm im Recht (1991)
Lenkaitis, Krankenhausunterlagen aus juristischer, insbesondere zivilrechtlicher Sicht (1979)
Markfort, Geistiges Eigentum im Zivilprozeß (2001)
Müller, Das Verhältnis der Herausgabe- zur Handlungsvollstreckung (1978)
Osterloh-Konrad, Der allgemeine vorbereitende Informationsanspruch. Zivilrechtliche Auskunfts- und Rechenschaftsansprüche und ihre Funktion im Zivilprozess (2007)
Pries, Der Anspruch auf Vorlegung von Sachen und Urkunden aus §§ 809–811 des Bürgerlichen Gesetzbuchs (1913)
Radant, Die Ansprüche auf Vorlegung von Sachen (1909)
Rensburg, Die Anwendungsfälle der actio ad exhibendum (1896)

SASS, Die Beschaffung von Informationen und Beweisen. Eine Untersuchung zum Anwendungsbereich der §§ 809, 810 BGB im Spannungsfeld zwischen Besichtigungs- und Geheimhaltungsinteresse (2002)
SCHMIEDING, Die Bedeutung der gemeinrechtlichen actio ad exhibendum verglichen mit dem Anspruch aus § 809 Bürgerlichen Gesetzbuchs (1902)
SIEGEL, Die Vorlegung von Urkunden im Prozess (1904)
STÜRNER, Die Aufklärungspflicht der Parteien des Zivilprozesses (1976)
WINKLER VON MOHRENFELS, Abgeleitete Informationspflichten im deutschen Zivilrecht (1986).

3. Unselbstständige Beiträge

ARENS, Die Beweislastverteilung im Rahmen des § 64 GmbHG, GmbHR 2018, 555–560
BAUMGÄRTEL, Klage auf Vornahme, Widerruf oder Unterlassung einer Prozesshandlung in einem bereits anhängigen Prozeß, in: FS Schima (1969) 41–58
BORK, Überwindung von ungewissen Sachverhalten – Ist die Zeit reif für eine allgemeine Offenlegung von Beweismitteln im deutschen Zivilprozess?, NJW 1997, 1665–1672
BORMANN/BORMANN, Rechtsnatur und Rechtsschutz von Software, DB 1991, 2641–2649
BRANDI-DOHRN, Probleme der Rechtsverwirklichung beim Schutz von Software, CR 1987, 835–838
BRUNNER, Theorie und Praxis im Leichenrecht, NJW 1953, 1173–1174
BRUNS, „Einrichtungen" im Mietverhältnis Teil 2: Abwendungsbefugnis versus Wegnahmerecht, NZM 2017, 468–473
CONRAD, Wege zum Quellcode, ITRB 2005, 12–16
CZYCHOWSKI/DWORSCHAK, Durchsetzung von technischem Know-how – Parallelen zu patentrechlichen Verfahren und Besonderheiten am Beispiel der Düsseldorfer Besichtigungspraxis, GRUR Patent 2023, 20–25
DIEHL, Anmerkung zu AG Nürnberg, Urt. v 27. 1. 2016 – 21 C 9553/15, zfs 2016, 444–445
DOMBROWSKI, Discovery – auch in deutschen Gerichtsverfahren?, GRUR-Prax 2016, 319–321
DREIER, Verletzung urheberrechtlich geschützter Software nach der Umsetzung der EG-Richtlinie, GRUR 1993, 781–793
ECK/DOMBROWSKI, Rechtsschutz gegen Besichtigungsverfügungen im Patentrecht, GRUR 2008, 387–393
FELLNER, Duldung von Bauteilöffnungen am Gemeinschaftseigentum im selbständigen Beweisverfahren durch Dritte, MDR 2013, 1011–1012
FLUME, Die Gesamthand als Besitzer, in: Freundesgabe Hengeler (1972) 76–87
FOERSTER, Beweislastverteilung und Einsichtsrecht bei Inanspruchnahme ausgeschiedener Organmitglieder, ZHR 176 (2012) 221–249
FOITZIK/POSCHITZ, Die Bedeutung des Zeugen vom Hörensagen im Kontext des Know-How-Schutzes, GWR 2016, 499–502
FRANK/WIEGAND, Der Besichtigungsanspruch im Urheberrecht de lege ferenda, CR 2007, 481–487
GOLDSCHMIDT, Ueber Editionspflicht, insbesondere betreffend gemeinschaftliche Urkunden und Handelsbücher – Ein Rechtsgutachten, ZHR 29 (1883) 341–412
GÖTTING, Die Entwicklung neuer Methoden der Beweisbeschaffung zur Bekämpfung von Schutzrechtsverletzungen, GRUR Int 1988, 729–744
GROH, Das Einsichtsrecht des ausgeschiedenen, in Anspruch genommenen Vorstandsmitglieds: Umfang, Umsetzung und Verletzungsfolgen, ZIP 2021, 724–735
GRÜTZMACHER, Anmerkung zu BGH, Urt. v 2. 5. 2002 – I ZR 45/01 – Besichtigungsanspruch auch bzgl. Quellcode, CR 2002, 794–795
ders, Lizenzmetriken und Copyright – ein Widerspruch?, ITRB 2017, 141–147
HABERMALZ, Das Akteneinsichtsrecht des Patienten und seine zivilprozessuale Durchsetzung, NJW 2013, 3403–3407
HAEDICKE, Informationsbefugnisse des Schutzrechtsinhabers im Spiegel der EG-Richtlinie zur Durchsetzung der Rechte des geistigen Eigentums, in: FS Schricker (2005) 19–32
HARSCH, Die Beweisvereitelung im Mietrecht, WuM 2020, 1–7
HASSDENTEUFEL, Darlegung der Urheberschaft bei Open Source Komponenten, ITRB 2016, 198–200

Heldmann, Die Pflicht zur Vorlegung von Augenscheinsobjekten, ZZP 26 (1899) 407–441
Hillig, § 809 BGB in seinen Beziehungen zum Urheberrecht, JW 1916, 474–475
Hinz, Im Überblick: Einstweiliger Rechtsschutz im Mietprozess, NZM 2005, 841–858
Hornkohl, Überwindung von ungewissen Sachverhalten – Ist die Zeit reif für eine allgemeine Offenlegung von Beweismitteln im deutschen Zivilprozess?, GVRZ 2021, 17
Isay, Die Vollstreckung von Urteilen auf Vorlegung von Urkunden, JW 1932, 153
Jaeger, Das Recht des Kfz-Haftpflichtversicherers zur Besichtigung des beschädigten Fahrzeugs, VersR 2011, 50–52
Janal, Data on Board – zur Einführung und Verwertung von Fahrzeugdaten im Zivilprozess, ZGE 10 (2018) 413–449
Jöstlein, Technische Aufzeichnungen als Beweismittel im Zivilprozeß, DRiZ 1973, 409–413
Karg, Interferenz der ZPO durch TRIPS, ZUM 2000, 934–945
Kitz, Die Auskunftspflicht des Zugangsvermittlers bei Urheberrechtsverletzungen durch seinen Nutzer, GRUR 2003, 1014–1019
ders, Rechtsdurchsetzung im geistigen Eigentum – die neuen Regeln, NJW 2008, 2374–2377
König, Software (Computerprogramme) als Sache und deren Erwerb als Sachkauf, NJW 1993, 3121–3124
ders, Die Beweisnot des Klägers und der Besichtigungsanspruch nach § 809 BGB bei Patent- und Gebrauchsmusterverletzungen, Mitt 2002, 153–165
Kotthoff/Wieczorek, Rechtsrahmen von Softwarelizenzaudits, MMR 2014, 3–10
Kröger/Bausch, Produktpiraterie im Patentwesen, GRUR 1997, 321–328
Kühnen, Die Besichtigung im Patentrecht, GRUR 2005, 185–196
Kunze/Kroll, Die Durchsetzung des Vermieterrechts auf Betreten/Besichtigung einer Wohnung in Prozess und Zwangsvollstreckung, MietRB 2015, 305–312
Leineweber, Kündigung bei Pauschalverträgen – Möglichkeiten und Problemlösungen für den Auftragnehmer im Zusammenhang mit der Abrechnung, ZfBR 2005, 110–113
Leppin, Besichtigungsanspruch und Betriebsgeheimnis – Ein Beitrag zum eingeschränkten Besichtigungsanspruch gemäß §§ 809, 242 BGB und zur Möglichkeit eines Geheimverfahrens im Zivilprozeß unter besonderer Berücksichtigung der Patentverletzung, GRUR 1984, 552–564, (Teil II) 695–713, (Teil III) 770–778
Marly, Die Qualifizierung der Computerprogramme als Sache nach § 90 BGB, BB 1991, 432–436
Marshall, Der Besichtigungsanspruch, in: FS Preu (1988) 151–164
McGuire, Know-how: Stiefkind, Störenfried oder Sorgenkind?, GRUR 2015, 424–436
Melullis, Zum Besichtigungsanspruch im Vorfeld der Feststellung einer Verletzung von Schutzrechten, in: FS Tilmann (2003) 843–856
Meyer-Dulheuer, Der Vorlegungsanspruch bei biotechnologischen Erfindungen, GRUR Int 1987, 14–18
Opheys/Tmini, Das Recht auf Akteneinsicht im Vergabeverfahren, VergabeR 2021, 426–438
Oppermann/Steege, Duldungspflichten des Mieters – eine zivilrechtliche Analyse, WuM 2017, 361–367
C Paulus/C Renner, Ein weiteres Plädoyer für unscheinbare Normen, JuS 2004, 1051–1054
Pesch, Computerimplementierte Erfindungen in Patentverletzungsverfahren, MMR 2019, 223–228
Priess/Gabriel, Das Akteneinsichtsrecht im Zivilprozess als vergaberechtliches Rechtsschutzproblem, NJW 2008, 331–334
Redeker, Wer ist Eigentümer von Goethes Werther?, NJW 1992, 1739–1740
Schilken, Ansprüche auf Auskunft und Vorlegung von Sachen im materiellen Recht und im Verfahrensrecht, Jura 1988, 525–532
ders, Probleme der Herausgabevollstreckung, DGVZ 1988, 49–60
Schippel, Dateilizenzaudits, CR 2021, 505–512
Schlosser, Zugang der Prozessparteien zu den Informationsquellen, JZ 2003, 427–428
Schreiber, Das Recht auf Besichtigung von Sachen, JR 2008, 1–5
Selke, Besichtigungsrechte des Grundpfandberechtigten, ZfIR 2003, 89–93
Spindler/Dorschel, Auskunftsansprüche gegen Internet-Service-Provider, CR 2005, 38–47
Spindler/M P Weber, Der Geheimnisschutz

nach Art 7 der Enforcement-Richtlinie, MMR 2006, 711–714
SPONHEIMER, Die dreifache Dringlichkeit bei wettbewerbsrechtlichen Unterlassungsverfügungen, in: FS Geimer (2017) 703–714
STADLER, „Was drei wissen, das erfahren hundert" – Auskunftspflichten und Geheimnisschutz im Zivilprozess nach Umsetzung der Richtlinie zur Durchsetzung der Rechte des geistigen Eigentums, in: FS Leipold (2009) 201–220
ders, Geheimnisschutz im Zivilprozess aus deutscher Sicht, ZZP 123 (2010) 261–282
STAUDER, Anmerkung zu BGH, Urt. v 8. 1. 1985 – X ZR 18/84, GRUR 1985, 518–519
STEINDORFF, Besitzverhältnisse beim Gesamthandvermögen in OHG und KG, in: FG Kronstein (1967) 151–170
STREYL, Schadensersatzansprüche wegen Schimmels, WuM 2016, 135–140
STÜRNER, Die gewerbliche Geheimsphäre im Zivilprozeß, JZ 1985, 453–461
STÜRNER/STADLER, Zu Inhalt und Umfang des Vorlageanspruchs nach BGB § 809 bei patentrechtlichen Ansprüchen, JZ 1985, 1101–1105
TEPLITZKY, Erfaßt die Vermutung des § 25 UWG auch den „dringenden Fall" im Sinne des § 937 Abs 2 ZPO?, GRUR 1978, 286–287
TILMANN, Beweissicherung nach Art 7 der Richtlinie zur Durchsetzung der Rechte des geistigen Eigentums, GRUR 2005, 737–740
TILMANN/SCHREIBAUER, Beweissicherung vor und im Patentverletzungsprozess, in: FS Erdmann (2002) 901–926
dies, Die neueste BGH-Rechtsprechung zum Besichtigungsanspruch nach § 809 BGB. Anmerkungen zum Urteil des BGH „Faxkarte", GRUR 2002, 1015–1022
TINNEFELD, Der Anspruch auf Besichtigung von Quellcode nach der Entscheidung „UniBasic-IDOS" des BGH. Zugleich eine Anmerkung zu BGH, Urt. v 11. 4. 2013 – I ZR 90/09, CR 2013, 417–422
UNGER, Handeln auf fremde Gefahr, JheringsJb 33 (1894) 299–359
WIEACKER, Sachbegriff, Sacheinheit und Sachzuordnung, AcP 148 (1943) 57–104
WIESE, Probleme bei der Edition von Briefen, in: FS Herschel (1982) 483–501
WILLEMS, „Zutrittsrecht" des Vermieters zur Mietwohnung, NZM 2015, 353–359
WILLER, Das selbstständige Beweisverfahren und die Grenzen richterlicher Vorlageanordnungen, NJW 2014, 22–25
WUSSOW, Probleme der gerichtlichen Beweissicherung in Baumängelsachen, NJW 1969, 1401–1408
ZEKOLL/HAAS, Ausweitung ohne Ausforschung – zur Urkundenvorlagepflicht nach § 142 ZPO, JZ 2017, 1140–1146
ZINGER, Anmerkung zu einer Entscheidung des OLG Köln, Urteil vom 29. 1. 2020 (11 U 14/19) – Zum Anspruch auf Akteneinsicht bei Vergabeverfahren im unterschwelligen Bereich, VergabeR 2020, 703–704
S ZÖLLNER, Der Vorlage- und Besichtigungsanspruch im gewerblichen Rechtsschutz – Ausgewählte Probleme, insbesondere im Eilverfahren, GRUR-Prax 2010, 74–79.

Systematische Übersicht

Alphabetische Übersicht

I. Normzweck

1 Wer gegen den Besitzer einer Sache einen Anspruch in Ansehung dieser Sache gerichtlich durchsetzen oder sich Gewissheit verschaffen will, ob ihm ein solcher Anspruch zusteht, wird in Anbetracht der Tatsache, dass ihm die Darlegungs- und Beweislast für den Anspruch obliegt, nicht selten auf die Besichtigung der Sache angewiesen sein (PWW/Buck-Heeb § 809 Rn 1; Soergel/Hadding § 809 Rn 1). Das daraus resultierende **Besichtigungsinteresse** konfligiert mit dem Grundsatz, dass niemand einen Eingriff in den durch die Rechtsordnung abgeschlossenen Kreis seiner Privatrechte dulden muss (Mot II 890 = Mugdan II 497; BeckOK-BGB/Gehrlein [1. 2. 2023] § 809 Rn 1; jurisPK-BGB/Martinek/Heine [1. 2. 2023] § 809 Rn 3; Pries 11). Für den Besitz konkretisieren § 858 Abs 1 BGB und § 859 Abs 1 BGB diesen Grundsatz dahingehend, dass der Besitzer einer Sache sich jeder nicht gestatteten Störung mit Gewalt erwehren darf. Eine Ausnahme in Gestalt einer Duldungspflicht, welche die Widerrechtlichkeit einer eigenmächtigen Besichtigung der Sache ohne oder gegen den Willen des Besitzers legitimieren würde, enthält die Vorschrift des § 809 BGB nicht. Liegen ihre Voraussetzungen vor, relativiert sie die Grundsatzentscheidung lediglich durch einen **einklagbaren Anspruch** (s unten Rn 10, 134 ff), der den Besitzer (s unten Rn 85 ff) zur Vorlegung der Sache zur Besichtigung oder zur Gestattung der Besichtigung verpflichtet (s unten Rn 93 ff).

2 Der Besichtigungsanspruch nach § 809 BGB beruht auf einer **Interessenabwägung** (BGH 2. 5. 2002 – I ZR 45/01, BGHZ 150, 377, 386 = NJW-RR 2002, 1617 – *Faxkarte*; BGH 8. 1. 1985 – X ZR 18/84, BGHZ 93, 191, 211 = NJW-RR 1986, 480 – *Druckbalken*; OLG Frankfurt 10. 6. 2010 – 15 U 192/09, juris Rn 32; Gniadek 75; Götting GRUR Int 1988, 729, 737; Hornkohl GVRZ 2021, 17 Rn 11). Einerseits soll dem Gläubiger ein Mittel an die Hand gegeben werden, um seinen Hauptanspruch in Ansehung der Sache auch in den Fällen nachweisen zu können, in denen ein solcher Beweis auf andere Weise nur schwer oder gar nicht erbracht werden kann (BGH 2. 5. 2002 – I ZR 45/01, BGHZ 150, 377, 386 = NJW-RR 2002, 1617 – *Faxkarte*), in denen also die Besichtigung „zur Verwirklichung des Anspruches mehr oder weniger unentbehrlich ist" (Mot II 891 = Mugdan II 498). Andererseits soll vermieden werden, dass der Besichtigungsanspruch zu einer Ausspähung insbesondere auch solcher Informationen missbraucht wird, die der Verpflichtete aus schutzwürdigen Gründen geheim halten möchte, und der Gläubiger sich über sein berechtigtes Anliegen hinaus wertvolle Kenntnisse verschafft (BGH 2. 5. 2002 – I ZR 45/01, BGHZ 150, 377, 386 = NJW-RR 2002, 1617 – *Faxkarte*; BGH 8. 1. 1985 – X ZR 18/84, BGHZ 93, 191, 206 = NJW-RR 1986, 480 – *Druckbalken*; OLG Frankfurt 10. 6. 2010 – 15 U 192/09, juris Rn 32).

3 Der Anspruch nach § 809 BGB setzt nicht nur ein Interesse des Gläubigers an der Besichtigung der Sache voraus (s unten Rn 80 ff), sondern auch, dass dieses aus einem (Haupt-)Anspruch in Ansehung der Sache oder daraus resultiert, dass der Anspruchsteller sich Gewissheit verschaffen will, ob ihm ein solcher (Haupt-)Anspruch zusteht (s unten Rn 51 ff). Diese Voraussetzung lässt erkennen, dass der Besichtigungsanspruch ein Hilfs- bzw **präparatorischer Informationsanspruch** ist (OLG Frankfurt 10. 6. 2010 – 15 U 192/09, juris Rn 31; LG Braunschweig 20. 8. 1968 – 9 c Q 6/67, GRUR 1971, 28, 29; Ad-

LOFF 408; BORK NJW 1997, 1665, 1668; PWW/BUCK-HEEB § 809 Rn 2; GROH ZIP 2021, 724, 730; FOERSTER ZHR 176 [2012] 221, 239; FOITZIK/POSCHITZ GWR 2016, 499; BeckOK-BGB/GEHRLEIN [1. 2. 2023] § 809 Rn 1; GNIADEK 52; GÖTTING GRUR Int 1988, 729, 737; MünchKommBGB/HABERSACK § 809 Rn 1; vHARTZ 142; HORNKOHL GVRZ 2021, 17 Rn 11; jurisPK-BGB/MARTINEK/HEINE [1. 2. 2023] § 809 Rn 1; MELULLIS, in: FS Tilmann [2003] 843, 847 f; OSTERLOH-KONRAD 29; SELKE ZfIR 2003, 89, 92; JAUERNIG/STADLER §§ 809–811 Rn 1; TILMANN/SCHREIBAUER GRUR 2002, 1015, 1016; ERMAN/WILHELMI § 809 Rn 1; nur terminologisch abw BeckOGK/HOFFMANN [1. 3. 2023] § 809 Rn 3 [„rechtsverwirklichende Funktion"]; TILMANN/SCHREIBAUER, in: FS Erdmann [2002] 901, 904 [„Nebenanspruch"]), der dem Gläubiger im Interesse einer erleichterten Rechtsverwirklichung gewährt ist (HKK/BIRR §§ 809–811 Rn 2; BeckOGK/HOFFMANN [1. 3. 2023] § 809 Rn 3).

Die **praktische Bedeutung** des Besichtigungsanspruchs nach § 809 BGB, die früher 4
kaum überschätzt werden konnte (ADLOFF 405 [„als wichtiges Hilfsmittel etabliert"]; HAEFFS 76 [„hohen praktischen Stellenwert"]; HASSDENTEUFEL ITRB 2016, 198, 200; KARGER 64 [„in der Praxis erstaunlicherweise nur selten … zurückgegriffen"]; C PAULUS/C RENNER JuS 2004, 1051, 1052; SASS 190 [„zu Unrecht einen ‚Dornröschenschlaf' geführt"]; SCHILKEN Jura 1988, 525; SCHREIBER JR 2008, 1; **aA** GÖTTING GRUR Int 1988, 729, 738 [„in der Praxis bedeutungslos geblieben"]; HELDMANN ZZP 26 [1899] 407, 422 [„seltenen Anwendung in der Praxis"]; MARSHALL, in: FS Preu [1988] 151, 152 [„wenig beachtetes Dasein"]; MEYER-DULHEUER GRUR Int 1987, 14, 15 [„bisher kaum beachtet"]; OSTERLOH-KONRAD 28 [„geringen praktischen Bedeutung"]; SELKE ZfIR 2003, 89 [92] [„wenig beachtete Norm des bürgerlichen Rechts"]; STAUDER GRUR 1985, 518 [„Dornröschendasein"]), hat sich seit dem Inkrafttreten der Sondervorschriften für gewerbliche Schutzrechte (§ 46a Abs 1 S 1 DesignG, § 24c Abs 1 S 1 GebrMG ggf iVm § 9 Abs 2 HalblSchG, § 19a Abs 1 S 1 MarkenG, § 140c Abs 1 S 1 PatG, § 37c Abs 1 S 1 SortSchG, § 101a Abs 1 S 1 UrhG), die der deutsche Gesetzgeber mWv 1. 9. 2008 (Art 2 Nr 4, Art 3 Nr 1, Art 4 Nr 4, Art 5 Nr 1, Art 6 Nr 10, Art 7 Nr 5, Art 8 Nr 2 iVm Art 10 S 2 G v 7. 7. 2008, BGBl 2008 I 1191) im Zuge der Umsetzung der Enforcement-Richtlinie 2004/48/EG geschaffen hat (s unten Rn 31 f), erheblich verringert (AMSCHEWITZ 348 [„zu ‚totem Recht' verkommen"]; BECKHAUS 16 [„weitgehend obsolet"]; HKK/BIRR §§ 809–811 Rn 27 [„bescheidene Anwendungsnische"]; CZYCHOWSKI/DWORSCHAK GRUR Patent 2023, 20 Rn 1; MünchKommBGB/HABERSACK § 809 Rn 2; BeckOGK/HOFFMANN [1. 3. 2023] § 809 Rn 27, 31; JAUERNIG/STADLER §§ 809–811 Rn 1; STADLER, in: FS Leipold [2009] 201, 207).

II. Gesetzesgeschichte

1. Ursprung im römischen Recht

Der Besichtigungsanspruch nach § 809 BGB geht auf die römisch-rechtliche *actio ad* 5
exhibendum zurück (Mot II 891 = MUGDAN II 498; HKK/BIRR §§ 809–811 Rn 1; GÖTTING GRUR Int 1988, 729, 737; OSTERLOH-KONRAD 27; C PAULUS/C RENNER JuS 2004, 1051, 1053; RADANT 13; SIEGEL 72). Mit dieser Klage konnte jedermann, der im Hinblick auf eine bewegliche Sache (HKK/BIRR §§ 809–811 Rn 14; DEMELIUS 62 ff; DIERSCHKE 12; KASER, Das römische Privatrecht, Erster Abschnitt 434; KASER/KNÜTEL/LOHSSE, Römisches Privatrecht § 37 Rn 12; PRIES 12; RENSBURG 14 ff) – für Grundstücke galt das *interdictum quem fundum* (HKK/BIRR §§ 809–811 Rn 14 mit Fn 78; KASER, Das römische Privatrecht, Erster Abschnitt 434; KASER/KNÜTEL/LOHSSE, Römisches Privatrecht § 37 Rn 12) – eine dingliche Klage (zu dieser Einschränkung s DIERSCHKE 13 ff; RENSBURG 34 f) oder eine sog Noxalklage, dh eine Klage

auf Ermittlung des Sklaven, der ein Delikt begangen hatte (eingehend dazu Harke 24 ff), anstellen wollte oder ein sonstiges geldwertes Interesse an der Sache hatte, von dem Inhaber der tatsächlichen Verfügungsgewalt die Vorlegung der fraglichen Sache vor dem Prätor verlangen (HKK/Birr §§ 809–811 Rn 14; Kaser, Das römische Privatrecht, Erster Abschnitt 434; Kaser/Knütel/Lohsse, Römisches Privatrecht § 7 Rn 12 jeweils mwNw).

6 Das Bedürfnis für die *actio ad exhibendum* resultierte insbesondere aus der *rei vindicatio* (eingehend zu den Zwecken der *actio ad exhibendum* s Pries 14 f; Radant 14 ff), die im klassischen römischen Recht keine *actio in personam* gegen den Besitzer der Sache, sondern eine sachverfolgende *actio in rem* war, bei welcher der Besitzer nicht mittels der *missio in bona* zur Einlassung (*litis contestatio*) gezwungen werden konnte (HKK/Birr §§ 809–811 Rn 15; Kaser, Das römische Privatrecht, Erster Abschnitt 433; Kaser/Knütel/Lohsse, Römisches Privatrecht § 37 Rn 12). Das damit einhergehende Defizit des Eigentumsschutzes konnte derjenige, der die Feststellung seines Eigentums an der Sache sowie deren Herausgabe begehrte (zum Rechtsschutzziel der *rei vidicatio* s statt vieler Kaser/Knütel/Lohsse, Römisches Privatrecht § 37 Rn 1), durch die *actio ad exhibendum* als *actio in personam* kompensieren (Dierschke 9 f, 12; Harke 10 f, 49 ff; Kaser, Das römische Privatrecht, Erster Abschnitt 433 f, 524 mit Fn 21; Kaser/Knütel/Lohsse, Römisches Privatrecht § 7 Rn 12; Radant 14; zu der Einordnung der *actio ad exhibendum* als persönliche Klage s Bühler 16 f; Dierschke 10; Rensburg 32 f). Hatte der Besitzer nämlich die Sache aufgrund der *actio ad exhibendum* vorgelegt, die Einlassung auf die *rei vindicatio* aber verweigert, konnte der Prätor den Kläger – ohne Entscheidung über die Eigentumsfrage – anweisen, die Sache an sich zu nehmen (HKK/Birr §§ 809–811 Rn 15; Kaser, Das römische Privatrecht, Erster Abschnitt 434). Unterblieb bereits die Vorlegung der Sache, wurde der Besitzer zur Zahlung einer der Sache entsprechenden Geldsumme an den Kläger verurteilt (Affolter 21, 35; HKK/Birr §§ 809–811 Rn 15; Kaser, Das römische Privatrecht, Erster Abschnitt 434; Kaser/Knütel/Lohsse, Römisches Privatrecht § 7 Rn 12; Pries 16; eingehend dazu Harke 84 ff).

2. Entwicklung im gemeinen Recht und Aufnahme in das BGB

7 Das gemeine Recht enthielt nach dem Vorbild der *actio ad exhibendum* (s oben Rn 5) einen sog **Exhibitionsanspruch** auf Vorweisung einer Sache (statt vieler s Dierschke 18). Die wenigen veröffentlichten Gerichtsentscheidungen lassen zwei wesentliche Erweiterungen gegenüber dem römischen Recht (s oben Rn 5 f) erkennen, nämlich zum einen die Ausdehnung auf Grundstücke (RG 16. 2. 1897 – III 277/96, SeuffArch 53 Nr 197; s auch Affolter 11, 21 f; Bühler 35 ff; Dierschke 29; Windscheid/Kipp, Lehrbuch des Pandektenrechts § 474, 5 = 1064; **aA** Demelius 62 ff; vKeller, Pandekten § 381 = 709; Schmieding 5; wohl auch Puchta, Pandekten, Bd II § 379 mAnm b = 575), zum anderen die Einbeziehung von schuldrechtlichen Ansprüchen (RG 16. 2. 1897 – III 277/96, SeuffArch 53 Nr 197; OLG Hamburg 25. 3. 1890, SeuffArch 46 Nr 193; s auch Affolter 8; Arndts vArnesberg, Lehrbuch der Pandekten § 346 = 672; Dierschke 28, 30; Glück, Ausführliche Erläuterung der Pandecten § 742 = 192; vKeller, Pandekten § 381, 1 = 709; Pries 20 f; Puchta, Pandekten, Bd II § 379 = 575; Puchta, Vorlesungen über das heutige römische Recht, Bd II § 397 = 262; Unger JheringsJb 33 [1894] 299, 315; vVangerow, Lehrbuch der Pandekten, Bd III § 707 Anm II = 638 f; Wendt, Lehrbuch der Pandekten § 283 = 669 f; Windscheid/Kipp, Lehrbuch des Pandektenrechts § 474, 2 = 1063; **aA** [nur *actiones in rem*] Brinz, Lehrbuch der Pandekten, Bd II/2 § 324, 1 = 681; Demelius 157; Dernburg, Pandekten, Bd I § 135 Anm 6 = 313).

Obwohl namhafte Autoren des 19. Jahrhunderts den Exhibitionsanspruch (zu der Terminologie s Dierschke 18), der in den meisten deutschen Landesrechten (zB dem Rheinischen bürgerlichen Recht; s Goldschmidt ZHR 29 [1883] 341, 378) keine Regelung erfahren hatte (s zB Bühler 54; Dierschke 32 ff; Eccius, Preußisches Privatrecht, Bd II § 155 = 518; Radant 17 f), als entbehrlich ansahen (Demelius 260 ff; Dernburg, Lehrbuch des Preußisches Privatrechts, Bd I § 145 mit Anm 3 = 288 [„entbehrlich"]; **aA** OLG Hamburg 25. 3. 1890, SeuffArch 46 Nr 193; Affolter 43 [„vollständigen Ersatz für … mangelhafte Lehre der prozessualen Exhibitionspflicht von Beweismitteln"]), wurde er in **§ 774 BGB-E I** aufgenommen und lediglich mit redaktionellen Änderungen in die nachfolgenden Entwürfe (**§ 695 BGB-E II** und **§ 793 BGB-E III**) sowie in das Gesetz übernommen. Eine tatbestandliche Ausweitung des Besichtigungsanspruchs, wie sie zB in Art 1041 Dresdner Entwurf („Wer wegen eines dinglichen oder persönlichen Rechts ein Interesse daran hat, daß ihm die Besichtigung einer Sache gewährt werde, insbesondere um sich Gewißheit darüber zu verschaffen, ob sie diejenige Sache sei, auf welche sich sein Recht bezieht, oder ob sie die Beschaffenheit habe, welche für seine Rechte von Bedeutung ist, kann von jedem Inhaber dieser Sache verlangen, daß er sie ihm vorzeige, vorlege und von ihm besichtigen lasse.") vorgesehen war, lehnten die Verfasser des BGB aufgrund der Befürchtung von „größten Mißbräuchen" ab (Mot II 889 f = Mugdan II 497 § 774 BGB-E I). Die für geboten erachtete Restriktion suchten sie zum einen darin, dass das Interesse an der Vorlegung der Sache (s unten Rn 80 ff) aus dem Hauptanspruch in Ansehung der Sache oder dem Begehren des Anspruchstellers, sich Gewissheit über einen solchen Anspruch gegen den Besitzer zu verschaffen (s unten Rn 51 ff), resultieren muss (Mot II 890 f = Mugdan II 497 zu § 774 BGB-E I). Zum anderen sollte der Anspruchsteller sowohl den Hauptanspruch als auch das Interesse – abweichend vom gemeinen Recht, unter dessen Geltung die Glaubhaftmachung eines Interesses genügte (Dierschke 31, 57, 59 mwNw; Schmieding 8) – erforderlichenfalls nach allgemeinen Grundsätzen beweisen müssen (Mot II 891 = Mugdan II 498 zu § 774 BGB-E I). Der Antrag, die Vorschrift dahingehend zu ändern, dass im Einklang mit dem gemeinen Recht (Enneccerus/Lehmann, Recht der Schuldverhältnisse § 218 I = 865; Schmieding 12 f; Siegel 75; Windscheid/Kipp, Lehrbuch des Pandektenrechts § 474, 2 = 1063 [„summarische Cognition"]) die Glaubhaftmachung der Möglichkeit eines Hauptanspruchs genugt, fand in zweiter Lesung keine Mehrheit (Prot VI 195 = Mugdan II 1219 zu § 774 BGB-E I). 8

3. Entwicklung seit Inkrafttreten des BGB

Der Wortlaut des § 809 BGB hat seit dem Inkrafttreten des BGB am 1. 1. 1900 (G v 18. 8. 1896, RGBl 1896, 195) keine Änderung erfahren. Lediglich die Überschrift („Besichtigung einer Sache") wurde im Zuge der Neubekanntmachung des BGB mWv 1. 1. 2002 (BGBl 2002 I 42) amtlich. 9

III. Rechtsnatur des Anspruchs

Der Anspruch nach § 809 BGB setzt zwar voraus, dass die Sache, deren Besichtigung begehrt wird, sich im Besitz einer anderen Person als der des Anspruchstellers befindet (s unten Rn 50, 82 ff). Dies impliziert aber nicht, dass der Anspruch iS einer dinglichen Belastung auf der Sache ruht (Dierschke 77; Radant 45). Ausweislich der systematischen Stellung des § 809 BGB im BGB (Buch 2, Abschnitt 8, Titel 25) handelt es sich vielmehr um einen kraft Gesetzes entstehenden **schuldrechtlichen Anspruch** (PWW/ 10

Buck-Heeb § 809 Rn 1; Dierschke 77; Haas 9; Pries 62; Grüneberg/Sprau § 809 Rn 1; s auch Puchta, Vorlesungen über das heutige römische Recht, Bd II § 397 = 262 [„gesetzliche Obligation"]; diff Siegel 80: abhängig von der Rechtsnatur des Hauptanspruchs dinglicher oder obligatorischer Anspruch), der eine Sonderverbindung in Gestalt eines gesetzlichen Schuldverhältnisses zwischen dem Berechtigten als Gläubiger und dem Besitzer als Schuldner begründet (MünchKommBGB/Habersack § 809 Rn 1; Karger 92; jurisPK-BGB/Martinek/Heine [1. 2. 2023] § 809 Rn 1; Osterloh-Konrad 40; Schilken Jura 1988, 525, 528).

11 Die Vorschrift des § 809 BGB ist **dispositiv**, dh die Beteiligten können den Anspruch zB durch Verzicht auf einzelne Voraussetzungen (zB den Hauptanspruch, s unten Rn 51 ff) erweitern, durch zusätzliche Voraussetzungen einschränken oder sogar ausschließen (MünchKommBGB/Habersack § 809 Rn 1).

IV. Verhältnis zu anderen Ansprüchen

1. Überblick

12 Der Besichtigungsanspruch nach § 809 BGB ermöglicht es dem Gläubiger, eine bestimmte Sache (s unten Rn 35 ff) sinnlich wahrzunehmen und zu untersuchen (s unten Rn 94 ff) und dadurch Kenntnisse über deren Existenz und Beschaffenheit einzuholen. Die Vorschrift zählt daher zu den **individuellen Informationsrechten im weiteren Sinne** (BeckOGK/Hoffmann [1. 3. 2023] § 809 Rn 1).

13 Innerhalb der individuellen Informationsrechte im weiteren Sinne können anhand der geschuldeten Leistungshandlung **drei Anspruchsgruppen** unterschieden werden, nämlich

14 – die **sog sachgebundenen Informationsansprüche** im weiteren Sinne, bei denen der Gläubiger die Besichtigung einer Sache (zB § 46a Abs 1 S 1 DesignG, § 24c Abs 1 S 1 GebrMG ggf iVm § 9 Abs 2 HalblSchG, § 19a Abs 1 S 1 MarkenG, § 140c Abs 1 S 1 PatG, § 37c Abs 1 S 1 SortSchG, § 101a Abs 1 S 1 UrhG, s unten Rn 31) oder Einsicht in Urkunden (zB § 810 BGB, s unten Rn 20), bestimmte Dokumente (zB § 259 Abs 1 BGB, § 260 Abs 1 BGB, § 716 Abs 1 BGB [ab 1. 1. 2024: § 717 Abs 1 S 1 BGB], § 2146 Abs 2 BGB, § 2228 BGB, § 2384 Abs 2 BGB, § 166 Abs 1 HGB [ab 1. 1. 2024: § 166 Abs 1 S 1 HGB], § 233 Abs 1 HGB [ab 1. 1. 2024: § 233 HGB iVm § 166 Abs 1 S 1 HGB], § 51a Abs 1 GmbHG, §§ 129 Abs 4, 131 Abs 1 S 3 AktG, §§ 31 Abs 1 S 3, 47 Abs 4 S 1 GenG, § 299 Abs 1, 2 ZPO, § 42 Abs 1, 2 ZVG, § 13 Abs 1, 2 S 1 FamFG, § 357 Abs 1 FamFG, § 51 Abs 3 BeurkG) oder Register (zB § 79 Abs 1 S 1 BGB, § 1563 Abs 1 S 1 BGB, § 9 Abs 1 S 1 HGB, § 12 Abs 1 GBO) verlangen kann,

15 – die **Ansprüche auf Mitteilung eines bestimmten Dokuments** (zB § 166 Abs 1 HGB, § 233 Abs 1 HGB, § 299 Abs 1 ZPO, § 299a S 1 ZPO) sowie

16 – die **Auskunfts- bzw Informationsansprüche im engeren Sinne**, bei denen die Übermittlung von Wissen geschuldet ist (zB § 242 BGB [statt vieler s BGH 4. 6. 1981 – III ZR 31/80, BGHZ 81, 21, 24 = NJW 1981, 2000; BGH 28. 10. 1953 – II ZR 149/52, BGHZ 10, 385, 387 = NJW 1954, 70; BGH 25. 7. 2017 – VI ZR 222/16 Rn 13, NJW 2017, 2755; Staudinger/Bittner/Kolbe [2019] § 260 Rn 18 jeweils mwNw], § 260 Abs 1 BGB, § 666 BGB).

Soweit die gesetzlichen Regelungen keine Rangfolge vorgeben, bestehen mehrere individuelle Informationsrechte im weiteren Sinne grundsätzlich in **Idealkonkurrenz** (BeckOGK/Hoffmann [1. 3. 2023] § 809 Rn 2; Planck/Landois § 809 Anm 6). Lediglich ausnahmsweise kann der Gläubiger unter dem Gesichtspunkt des Rechtsschutzinteresses gehalten sein, zunächst den Anspruch geltend zu machen, der ihn schneller, besser und ohne zusätzliche Inanspruchnahme gerichtlicher Hilfe zum Ziel führt (BGH 20. 1. 1971 – VIII ZR 251/69, BGHZ 55, 201 [Ls] = NJW 1971, 656 zu § 260 Abs 2 BGB und § 810 BGB; BeckOGK/Hoffmann [1. 3. 2023] § 809 Rn 2). 17

2. Verhältnis zu anderen Vorlegungs- und Besichtigungsansprüchen

a) Vorlegungs- oder Besichtigungsvertrag

Dem Besitzer einer Sache ist es aufgrund der Vertragsfreiheit unbenommen, mit jedermann, der die Besichtigung der Sache begehrt, einen Vertrag über die Vorlegung oder Besichtigung der Sache zu schließen, und zwar auch dann, wenn der Vertragspartner bereits im Zeitpunkt des Vertragsschlusses nach § 809 BGB verlangen kann, dass der Besitzer ihm die Sache zur Besichtigung vorlegt oder die Besichtigung gestattet. Ein solcher Vorlegungs- oder Besichtigungsvertrag kann mangels eines Formerfordernisses auch **stillschweigend** zustande kommen, zB indem der Besitzer der Besichtigung der Sache zustimmt. 18

Ob die Beteiligten einen eigenständigen Vorlegungs- oder Besichtigungsvertrag begründen (s oben Rn 18) oder den bestehenden Anspruch nach § 809 BGB modifizieren wollen (s oben Rn 11), ist im Einzelfall durch Auslegung (§§ 133, 157 BGB) zu entscheiden. Erhebliche Bedeutung hat dabei die Tatsache, ob den Parteien im Zeitpunkt der Einigung das Bestehen eines Anspruchs nach § 809 BGB bewusst war. 19

b) Verhältnis zu § 810 BGB

Wer ein rechtliches Interesse daran hat, eine in fremdem Besitz befindliche Urkunde einzusehen, kann von dem Besitzer nach § 810 BGB – abhängig von dem Zweck und dem Inhalt der Urkunde – die Gestattung der Einsicht verlangen (zu Einzelheiten s § 810 Rn 91 ff). Die Vorschrift enthält jedoch **keine abschließende Sonderregelung für Urkunden** dergestalt, dass bei Nichtvorliegen der Voraussetzungen des § 810 BGB ein Rückgriff auf § 809 BGB ausgeschlossen wäre (wohl **aA** PWW/Buck-Heeb § 809 Rn 4; vHartz 139). Im Gegenteil, da Urkunden Sachen sind (s unten Rn 46), kann auch unter den Voraussetzungen des § 809 BGB grundsätzlich deren Vorlegung (s unten Rn 110 ff) oder die Gestattung der Besichtigung (s unten Rn 113 f) verlangt werden (RG 7. 11. 1908 – Rep I 638/07, RGZ 69, 401, 405 – *Nietzsche-Briefe*; RG 24. 3. 1933 – III 33/32, HRR 1933 Nr 1466; Soergel/Hadding § 809 Rn 2; Haeffs 81 f; BeckOGK/Hoffmann [1. 3. 2023] § 809 Rn 12; NK-BGB/Mielke § 809 Rn 4; Osterloh-Konrad 29; Sass 79; Schilken Jura 1988, 525, 528; Schreiber JR 2008, 1; Grüneberg/Sprau § 809 Rn 3; Jauernig/Stadler §§ 809–811 Rn 2; BGB-RGRK/Steffen § 809 Rn 4, § 810 Rn 3; Wiese, in: FS Herschel [1982] 483, 488). Von Bedeutung ist die kumulative Anwendbarkeit von § 809 BGB insbesondere in Fällen, in denen der Gläubiger sich durch die Einsicht in die Urkunde die für das Bestehen eines Anspruchs nach § 810 BGB erforderliche Gewissheit über den Urkundeninhalt verschaffen will (s unten Rn 54). 20

Ist die Anwendung von § 810 BGB aufgrund einer **abschließenden Sonderregelung außerhalb des BGB** ausgeschlossen (zB Art 13.2 Annex IV NCPR; s § 810 Rn 84), ist ein 21

Rückgriff auf § 809 BGB ausnahmsweise unzulässig (LG Aachen 7. 3. 2018 – 11 O 231/17, BeckRS 2018, 39564 Rn 16).

22 c) **Besondere Besichtigungsansprüche**

Die Vorschrift des § 809 BGB enthält keine abschließende Regelung des Rechts, Sachen (s unten Rn 35 ff), die sich im Besitz eines anderen befinden (s unten Rn 50, 85 ff), zu besichtigen (MünchKommBGB/Habersack § 809 Rn 2; NK-BGB/Mielke § 809 Rn 3), sondern einen allgemeinen, dh vom Bestehen eines bestimmten Rechtsverhältnisses unabhängigen (jurisPK-BGB/Martinek/Heine [1. 2. 2023] § 809 Rn 1, 6), Besichtigungsanspruch. Dieser steht grundsätzlich in **Idealkonkurrenz** zu besonderen Besichtigungsansprüchen stehen (jurisPK-BGB/Martinek/Heine [1. 2. 2023] § 809 Rn 7; NK-BGB/Mielke § 809 Rn 3), die sich aus einem Vertrag oder einem gesetzlichen Schuldverhältnis (s unten Rn 23 ff), der Mitgliedschaft in einer Gesellschaft (s unten Rn 26 ff) oder aus dem Gesetz (s unten Rn 30 ff) ergeben.

aa) **Vertrag oder gesetzliches Schuldverhältnis**

23 Die Entstehung des Anspruchs nach § 809 BGB wird nicht dadurch ausgeschlossen, dass unter den Beteiligten ein Vertrag oder ein gesetzliches Schuldverhältnis besteht, das dem Gläubiger einen besonderen Besichtigungsanspruch gewährt (NK-BGB/Mielke § 809 Rn 1; Jauernig/Stadler §§ 809–811 Rn 1). Dieser kann entweder – wie bei einem Behandlungsvertrag (**§ 630g Abs 1 S 1 BGB** auf Einsicht in die Patientenakte; zu Einzelheiten s Staudinger/Gutmann [2021] § 630g Rn 22 ff) oder einem Auftrag (**§ 666 BGB** iVm §§ 259 Abs 1, 260 Abs 1 BGB auf Vorlage der Belege und eines Bestandsverzeichnisses) – im Gesetz ausbuchstabiert oder dem Vertrag als ungeschriebener Anspruch immanent sein (Mot II 890 = Mugdan II 497; HKK/Birr §§ 809–811 Rn 1; jurisPK-BGB/Martinek/Heine [1. 2. 2023] § 809 Rn 7; für den Behandlungsvertrag unter Geltung der Rechtslage vor dem Inkrafttreten der §§ 630a ff am 26. 2. 2013 s BGH 23. 11. 1982 – VI ZR 222/79, BGHZ 85, 327, 332 = NJW 1983, 328; BGH 27. 6. 1978 – VI ZR 183/76, BGHZ 72, 132, 137 f = NJW 1978, 2337; BGH 31. 5. 1983 – VI ZR 259/81, NJW 1983, 2627, 2628; OLG München 19. 4. 2001 – 1 U 6107/00, NJW 2001, 2806). Letzteres ist nicht nur bei einem **Mietverhältnis** über Wohnraum (zu dem ungeschriebenen Besichtigungsanspruch des Vermieters s BGH 4. 6. 2014 – VIII ZR 289/13 Rn 20, NJW 2014, 2566; LG Hamburg 11. 11. 1993 – 307 S 349/93, WuM 1994, 425; LG Frankfurt aM 14. 8. 1990 – 2/11 S 112/90, NJW-RR 1991, 13; AG München 8. 1. 2016 – 461 C 19626/15, ZMR 2016, 297; AG Bonn 25. 5. 2005 – 5 C 275/04, NZM 2006, 698; Staudinger/Emmerich [2021] § 535 Rn 97 ff; MünchKommBGB/Häublein § 535 Rn 198 ff; Hinz NZM 2005, 841, 848; Kunze/Kroll MietRB 2015, 305; Planck/Landois § 809 Anm 6; Oppermann/Steege WuM 2017, 361, 363; Willems NZM 2015, 353, 359) sowie bei einem **Werkvertrag** über die Ankaufsuntersuchung eines Pferdes (OLG Köln 11. 11. 2009 – 5 U 77/09, VersR 2010, 1504, 1505) der Fall, sondern zB auch bei einem **Kaufvertrag**, wenn die vertragstypische Leistung des Verkäufers (§ 433 Abs 1 S 1 BGB) als Wahlschuld (§§ 262 ff BGB) ausgestaltet ist und dem Käufer das Wahlrecht zusteht (Mot II 890 = Mugdan II 497; Planck/Landois Vor §§ 809–811).

24 Der Besichtigungsanspruch kann nicht nur als Nebenpflicht bei Verträgen, sondern auch bei gesetzlichen Schuldverhältnissen bestehen, zB zugunsten des Kfz-Haftpflichtversicherers auf Nachbesichtigung des beschädigten Fahrzeugs aufgrund des Direktanspruchs des Geschädigten nach **§ 115 Abs 1 S 1 Nr 1 VVG** (BGH 11. 10. 1983 – VI ZR 251/81, VersR 1984, 79, 80 zu § 3 Nr 1 PflVG aF; **aA** Diehl zfs 2016, 444); § 119 Abs 3 VVG gewährt kein Recht auf Besichtigung des Fahrzeugs (AG Aachen 8. 2. 2021 – 103 C

26/20, BeckRS 2021, 3678 Rn 4; DIEHL zfs 2016, 444; JAEGER VersR 2011, 50; AG Heilbronn 24. 10. 2007 – 9 C 1648/07, DAR 2008, 90 zu § 158d Abs 3 VVG aF).

Das durch § 809 BGB begründete gesetzliche Schuldverhältnis (s oben Rn 10) tritt neben den Vertrag bzw das andere gesetzliche Schuldverhältnis (OPPERMANN/STEEGE WuM 2017, 361, 363 zu § 555a BGB) mit der Folge, dass die Besichtigungsansprüche in Idealkonkurrenz bestehen (OPPERMANN/STEEGE WuM 2017, 361, 363; WILLEMS NZM 2015, 353, 356 f jeweils zu § 555a BGB). Der Gläubiger hat daher grundsätzlich die Wahl, welchen Besichtigungsanspruch er geltend macht (PLANCK/LANDOIS Vor §§ 809–811; ggf gelten die Einwendungen der sachnäheren Vorschrift [zB § 555a BGB] auch für § 809 BGB, s dazu OPPERMANN/STEEGE WuM 2017, 361, 363; WILLEMS NZM 2015, 353, 357). 25

bb) Mitgliedschaft in einer Gesellschaft

Besondere Besichtigungsansprüche, die in Idealkonkurrenz zu dem allgemeinen Anspruch nach § 809 BGB stehen, können sich nicht nur aus Verträgen oder gesetzlichen Schuldverhältnissen (s oben Rn 23 ff), sondern auch aus der Mitgliedschaft in einer Gesellschaft ergeben. Bei **Personengesellschaften**, namentlich der Gesellschaft bürgerlichen Rechts, der offenen Handelsgesellschaft, der Kommanditgesellschaft und der stillen Gesellschaft, haben die Gesellschafter auch dann, wenn sie von der Geschäftsführung ausgeschlossen sind, nach **§ 716 Abs 1 BGB** (zu Einzelheiten s STAUDINGER/HABERMEIER [2003] § 716 Rn 5 mwNw); ab 1. 1. 2024: § 717 Abs 1 S 1 BGB), **§ 118 Abs 1 HGB** (ab 1. 1. 2024: § 105 Abs 3 HGB iVm § 717 Abs 1 S 1 BGB) ggf iVm § 161 Abs 2 HGB, **§ 166 Abs 1 HGB** (ab 1. 1. 2024: § 166 Abs 1 S 1 HGB) bzw **§ 233 Abs 1 HGB** (ab 1. 1. 2024: § 233 HGB iVm § 166 Abs 1 S 1 HGB) einen Anspruch auf Einsicht in die (Gesellschafts- bzw Handels-)Bücher und (Geschäfts-)Unterlagen der Gesellschaft. 26

Die Gesellschafter einer **EWIV** haben nach **Art 18 VO (EWG) 2137/85** das Recht, in die Bücher und Geschäftsunterlagen Einsicht zu nehmen. Den Gesellschaftern einer **GmbH** steht nach **§ 51a Abs 1 GmbHG** ein vergleichbarer Anspruch auf Einsicht in die Bücher und Schriften der Gesellschaft zu. Den Aktionären einer **AG** sowie einer deutschen **SE** steht kein vergleichbar weitreichendes Einsichtsrecht zu. Sie können nur nach **§ 129 Abs 4 AktG** ggf iVm Art 9 Abs 1 Buchst c Nr ii VO (EG) 2157/2001 Einsicht in das Teilnehmerverzeichnis der Hauptversammlung und – wenn die Gesellschaft in Bezug auf den Jahresabschluss von den Erleichterungen nach § 266 Abs 1 S 3 HGB, § 276 HGB oder § 288 HGB Gebrauch macht – nach **§ 131 Abs 1 S 3 AktG** ggf iVm Art 9 Abs 1 Buchst c Nr ii VO (EG) 2157/2001 in den vollständigen Jahresabschluss verlangen. Diese Rechte stehen nach § 278 Abs 3 AktG auch den persönlich haftenden Gesellschaftern einer **KGaA** sowie den Kommanditaktionären zu. 27

Die Mitglieder einer Genossenschaft können nach **§ 31 Abs 1 S 1 GenG** Einsicht in die Mitgliederliste, nach **§ 47 Abs 4 S 1 GenG** Einsicht in die Niederschrift über die Beschlüsse der Generalversammlung der Genossenschaft sowie nach **§ 59 Abs 1 S 2 GenG** Einsicht in das zusammengefasste Ergebnis des Prüfungsberichts des Verbands verlangen. 28

Nach der Vollbeendigung einer OHG, KG, GmbH, AG, KGaA, deutschen SE oder Genossenschaft können die ehemaligen Gesellschafter nach **§ 157 Abs 3 HGB** (ab 29

1. 1. 2024: § 152 Abs 2 HGB) ggf iVm § 161 Abs 2 HGB, **§ 74 Abs 3 S 1 GmbHG**, **§ 273 Abs 3 AktG** ggf iVm § 278 Abs 3 AktG oder Art 9 Abs 1 Buchst c Nr ii VO (EG) 2157/2001 bzw **§ 93 S 3 GenG** nur noch Einsicht in die nach § 157 Abs 2 HGB ggf iVm § 161 Abs 2 HGB, § 74 Abs 2 GmbHG oder § 93 S 1 GenG zu verwahrenden bzw nach § 273 Abs 2 AktG ggf iVm § 278 Abs 3 AktG oder Art 9 Abs 1 Buchst c Nr ii VO (EG) 2157/2001 zu hinterlegenden (Handels-)Bücher und die Papiere bzw Schriften der Gesellschaft verlangen.

cc) Gesetz

(1) Besondere Vorlegungs- und Besichtigungsansprüche im BGB

30 Neben § 809 BGB enthält das BGB vereinzelt besondere gesetzliche Vorlegungs- und Besichtigungsansprüche, die jedoch selten Bedeutung erlangen (MünchKommBGB/Habersack Rn 2), nämlich die Ansprüche nach **§ 867 S 1 BGB** und **§ 1005 BGB** auf Gestattung des Betretens eines im Besitz eines anderen befindlichen Grundstücks zur Aufsuchung einer Sache sowie – da Urkunden auch Sachen iS des § 809 BGB sind (s unten Rn 46) – nach **§ 896 BGB** auf Vorlegung eines Hypotheken-, Grundschuld- oder Rentenschuldbriefs bei dem Grundbuchamt.

(2) Besondere Vorlegungs- und Besichtigungsansprüche außerhalb des BGB

31 Weitaus größere praktische Relevanz als die §§ 867 S 1, 896, 1005 BGB (s oben Rn 30) haben zahlreiche gesetzliche Ansprüche auf Besichtigung einer Sache außerhalb des BGB, insbesondere im Zusammenhang mit gewerblichen Schutzrechten, zB nach **§ 46a Abs 1 S 1 DesignG**, **§ 24c Abs 1 S 1 GebrMG** ggf iVm **§ 9 Abs 2 HalblSchG**, **§ 19a Abs 1 S 1 MarkenG**, **§ 140c Abs 1 S 1 PatG**, **§ 37c Abs 1 S 1 SortSchG** und **§ 101a Abs 1 S 1 UrhG**. Der Anspruch nach § 809 BGB besteht – ausweislich von § 50 DesignG, § 24g GebrMG ggf iVm § 9 Abs 4 HalblSchG, § 19d MarkenG, § 141a PatG, § 37g SortSchG und § 102a UrhG – zwar in Idealkonkurrenz neben den besonderen Besichtigungsansprüchen (Grützmacher ITRB 2017, 141, 145; MünchKommBGB/Habersack § 809 Rn 2; BeckOGK/Hoffmann [1. 3. 2023] § 809 Rn 37; **aA** Kotthoff/Wieczorek MMR 2014, 3, 5); seine praktische Bedeutung ist aber erheblich verringert (s oben Rn 4).

32 Ein wesentlicher Unterschied zwischen den besonderen Vorlegungs- und Besichtigungsansprüchen im Zusammenhang mit gewerblichen Schutzrechten (s oben Rn 31) einerseits und § 809 BGB andererseits besteht darin, dass nur erstere eine Schadensersatzpflicht desjenigen vorsehen, der die Vorlage oder Besichtigung begehrt hat, wenn keine Verletzung vorlag oder drohte (§ 46a Abs 5 DesignG, § 24c Abs 5 GebrMG ggf iVm § 9 Abs 2 HalblSchG, § 19a Abs 5 MarkenG, § 140c Abs 5 PatG, § 37c Abs 5 SortSchG, § 101a Abs 5 UrhG). Die Ersatzpflicht ist eine **Gefährdungshaftung**, die als solche auch dann besteht, wenn das Besichtigungsbegehren begründet war (Kitz NJW 2008, 2374, 2377). Eine entsprechende Anwendung der Ersatzansprüche, deren unmittelbarer Geltungsbereich nach dem Wortlaut auf das Begehren nach dem jeweiligen Abs 1 beschränkt ist, auf ein Begehren nach § 809 BGB kommt mangels einer Regelungslücke nicht in Betracht (iE wohl auch Kitz NJW 2008, 2374, 2377 [„Schlechterstellung … gegenüber § 809"]), da der Anspruch zur Umsetzung der Vorgaben der Enforcement-Richtlinie 2004/48/EG und nur in deren sachlichen Anwendungsbereich geschaffen wurde. Der zu ersetzende Schaden umfasst nicht nur die Verfahrenskosten des unterlegenen Schuldners, sondern auch die im Zuge der Besichtigung erlangten Informationen (Kitz NJW 2008, 2374, 2377; zweifelnd Frank/Wiegand CR 2007, 481, 485). Da deren Herausgabe aufgrund der Natur der Sache nicht möglich ist, muss das Prozessgericht dem Ersatzschuldner zumindest deren Verwertung untersagen (iE auch Kitz NJW 2008, 2374, 2377).

3. Verhältnis zu Rück- und Herausgabeansprüchen

Die Verpflichtung des Besitzers, die Sache, deren Besichtigung begehrt wird, an den Gläubiger des Anspruchs nach § 809 BGB zurück- oder herauszugeben – sei es aufgrund eines Vertragsverhältnisses (zB § 546 Abs 1 BGB, § 695 S 1 BGB), sei es kraft Gesetzes (zB § 861 Abs 1 BGB, § 985 BGB, § 1007 Abs 1, 2 BGB) –, schließt weder den Anspruch nach § 809 BGB noch dessen gerichtliche Geltendmachung im Wege der Leistungsklage (s unten Rn 135 ff) aus. Sie stehen vielmehr in Idealkonkurrenz zueinander (PWW/Buck-Heeb § 809 Rn 2; BeckOK-BGB/Gehrlein [1. 2. 2023] § 809 Rn 1; Planck/Landois Vor §§ 809–811; Grüneberg/Sprau § 809 Rn 1; Erman/Wilhelmi Vor § 809 Rn 3). Dies schließt gewisse Wechselwirkungen nicht aus: Zum einen lässt die tatsächliche Rück- oder Herausgabe den Anspruch nach § 809 BGB entfallen, da die Sache sich nicht länger im Besitz eines anderen befindet (s unten Rn 50, 85 ff). Zum anderen kann der Rück- bzw Herausgabeanspruch der Hauptanspruch in Ansehung der Sache (s unten Rn 52) sein, über den der Gläubiger sich mittels des Besichtigungsanspruchs nach § 809 Alt 2 BGB Gewissheit verschaffen will. 33

V. Anspruchsvoraussetzungen

Der Anspruch nach § 809 BGB setzt neben einer Sache (s unten Rn 35 ff), die sich im Besitz eines anderen befindet (s unten Rn 50), vorbehaltlich einer abweichenden Parteivereinbarung (s oben Rn 11), voraus, dass der Anspruchsteller gegen den Besitzer einen (Haupt-)Anspruch in Ansehung der Sache hat oder sich Gewissheit verschaffen will, ob ihm ein (Haupt-)Anspruch zusteht (s unten Rn 51 ff), und die Besichtigung der Sache aus diesem Grunde für ihn von Interesse ist (s unten Rn 80 ff). 34

1. Sache

a) Allgemeines

Gegenstand des Anspruchs nach § 809 BGB sind nur Sachen. Der Begriff der Sache wird durch **§ 90 BGB** auf körperliche Gegenstände beschränkt (Adloff 90; Amschewitz 233; Beckhaus 17; BeckOK-BGB/Gehrlein [1. 2. 2023] § 809 Rn 2; Gniadek 58; MünchKomm-BGB/Habersack § 809 Rn 3; Soergel/Hadding § 809 Rn 2; vHartz 141; Karg ZUM 2000, 934, 942 f; Karger 67; Planck/Landois § 809 Anm 1; Leppin GRUR 1984, 552, 555; jurisPK-BGB/Martinek/Heine [1. 2. 2023] § 809 Rn 10; NK-BGB/Mielke § 809 Rn 4; Oertmann § 809 Anm 1 b; Osterloh-Konrad 29; Pries 30; Radant 30 f; Sass 78; Schreiber JR 2008, 1; Grüneberg/Sprau § 809 Rn 3; BGB-RGRK/Steffen § 809 Rn 2). Hierzu zählen nicht nur bewegliche Sachen – unabhängig von ihrem Aggregatzustand –, sondern – im Anschluss an die sich im gemeinen Recht abzeichnende Tendenz (s oben Rn 7) – auch **Grundstücke** (OLG Karlsruhe 27. 4. 2001 – 14 U 187/00, NJW-RR 2002, 951; OLG Frankfurt 3. 10. 1985 – 3 U 252/84, NJW-RR 1986, 819, 820; LG Aurich 28. 10. 2011 – 5 O 854/11, NZBau 2012, 369; HKK/Birr §§ 809–811 Rn 3; PWW/Buck-Heeb § 809 Rn 4; Dierschke 48 f; Enneccerus/Lehmann, Recht der Schuldverhältnisse § 218 I 1 = 865; BeckOK-BGB/Gehrlein [1. 2. 2023] § 809 Rn 2; Giesker 73; Gniadek 58; MünchKommBGB/Habersack § 809 Rn 3; Soergel/Hadding § 809 Rn 1; vHartz 141; Heldmann ZZP 26 [1899] 407, 423; BeckOGK/Hoffmann [1. 3. 2023] § 809 Rn 12; Matthiass, Lehrbuch des Bürgerlichen Rechts, Bd I § 140 I A 3 = 697; Planck/Landois § 809 Anm 1; Leineweber ZfBR 35

2005, 110, 112; jurisPK-BGB/Martinek/Heine [1. 2. 2023] § 809 Rn 10; NK-BGB/Mielke § 809 Rn 4; Oertmann § 809 Anm 1 b; Osterloh-Konrad 29; Pries 34; Radant 31; Schilken Jura 1988, 525, 528; Schmieding 22; Selke ZfIR 2003, 89, 92; Grüneberg/Sprau § 809 Rn 3; Jauernig/Stadler §§ 809–811 Rn 2; BGB-RGRK/Steffen § 809 Rn 2; s auch Mot II 891 = Mugdan II 497 zu § 774 BGB-E I; Windscheid/Kipp, Lehrbuch des Pandektenrechts § 474 Zusatz 1 = 1065), jedoch mit der Besonderheit, dass kraft Natur der Sache nur ein Anspruch auf Betreten des Grundstücks zum Zweck der Besichtigung besteht (OLG Karlsruhe 27. 4. 2001 – 14 U 187/00, NJW-RR 2002, 951; OLG Stettin 14. 2. 1908, OLGRspr 18, 47; BGB-RGRK/Steffen § 809 Rn 2).

36 Keine Sachen sind nach § 90a S 1 BGB **Tiere** (**aA** Wilhelm, Sachenrecht Rn 60). Auf sie ist § 809 BGB nach § 90a S 3 BGB entsprechend anzuwenden (HKK-BGB/Birr §§ 809–811 Rn 3; PWW/Buck-Heeb § 809 Rn 4; MünchKommBGB/Habersack § 809 Rn 3; NK-BGB/Mielke § 809 Rn 4; Osterloh-Konrad 29; Sass 79; Grüneberg/Sprau § 809 Rn 3).

b) Sacheinheiten und Sachgesamtheiten

37 Sachen iS des § 90 BGB sind nur solche körperlichen Gegenstände, die nach natürlicher Anschauung für sich alleine bestehen und im Verkehrsleben besonders bezeichnet und bewertet werden (RG 2. 6. 1915 – Rep V 19/15, RGZ 87, 43, 45; MünchKommBGB/Stresemann § 90 Rn 8). Daher sind **Sacheinheiten**, deren einzelnen Teile keine wirtschaftliche Bedeutung haben (zB bestimmte Mengen von Getreide, Kies, Mehl, Sand), rechtlich eine Sache (MünchKommBGB/Stresemann § 90 Rn 15).

38 Von Sacheinheiten (s oben Rn 37) sind **Sachgesamtheiten** (zB Bibliothek, Nachlass, Warenlager) zu unterscheiden. Diese sind keine Sachen iS von § 90 BGB (BGH 8. 4. 1954 – IV ZR 22/54 u 23/54, BB 1954, 456, 457; Bork, Allgemeiner Teil des Bürgerlichen Gesetzbuchs Rn 236; MünchKommBGB/Stresemann § 90 Rn 39); ihre Besichtigung kann nicht nach § 809 BGB verlangt werden (LAG Baden-Württemberg 8. 4. 2013 – 9 Sa 92/12, BeckRS 2013, 70632 unter II 2 c der Entscheidungsgründe [Asservaten der Staatsanwaltschaft]; OLG Hamburg 23. 5. 1911, HansGZ 1911 Beibl [Nr 133] 205, 206 [Handakte eines Konkursverwalters]; **aA** LAG Baden-Württemberg 8. 4. 2013 – 9 Sa 92/12, BeckRS 2013, 70632 unter II 2 c der Entscheidungsgründe; Gniadek 58, 86; MünchKommBGB/Habersack § 809 Rn 3; Soergel/Hadding § 809 Rn 2; BeckOGK/Hoffmann [1. 3. 2023] § 809 Rn 24; Planck/Landois § 809 Anm 1; jurisPK-BGB/Martinek/Heine [1. 2. 2023] § 809 Rn 10; Sass 79; Siegel 82). Anderes gilt nur für die einzelnen Sachen einer Sachgesamtheit, also eine Gesamtheit konkreter Sachen (BGH 13. 11. 2003 – I ZR 187/01, NJW-RR 2004, 916, 917 – *Kontrollbesuch*; NK-BGB/Mielke § 809 Rn 4; wohl auch Leppin GRUR 1984, 552, 555 [„Sammelbezeichnung für alle gattungsgleichen Sachen"]; BGB-RGRK/Steffen § 809 Rn 8 [„Inbegriff von Sachen"]), zB sämtliche Kopiergeräte in einem bestimmten Bürogebäude (BGH 13. 11. 2003 – I ZR 187/01, NJW-RR 2004, 916, 917 – *Kontrollbesuch*). Die gegenteilige Ansicht, die Sachgesamtheiten im Rahmen von § 809 BGB Sachen gleichstellt, überdehnt die gesetzliche Rechtsfolge der Vorschrift. Der Anspruch wäre nicht auf die Besichtigung einer oder mehrerer bestimmter Sachen beschränkt, sondern zugleich ein Auskunfts- bzw Informationsanspruch darüber, welche Sachen zu der Sachgesamtheit gehören. Ein solches Ausforschungsrecht gewährt § 809 BGB nicht (s unten Rn 94, BGH 13. 11. 2003 – I ZR 187/01, NJW-RR 2004, 916, 917 – *Kontrollbesuch*). Zu dem Erfordernis eines hinreichend bestimmten Klageantrags s unten Rn 136.

c) Menschlicher Körper
aa) Körper eines lebenden Menschen

39 Aufgrund der Systematik des BGB, wonach Sachen iS des § 90 BGB als Rechtsobjekte den Personen als Rechtssubjekten gegenüberstehen, ist der Körper eines lebenden Menschen mit seinen natürlichen Bestandteilen keine Sache iS des § 90 BGB (Bork, Allgemeiner Teil des Bürgerlichen Gesetzbuchs Rn 240; Dierschke 48; Planck/Landois § 809 Anm 1; Sass 78; Staudinger/Stieper [2021] § 90 Rn 27; Vieweg/Lorz, Sachenrecht § 1 Rn 12; Wieling, Sachenrecht, Bd I § 2 II 2 a = 63; Wilhelm, Sachenrecht Rn 61; wohl **aA** Brunner NJW 1953, 1173 f [Eigentum am lebenden Körper]) und daher kein tauglicher Gegenstand des Besichtigungsanspruchs (HKK/Birr §§ 809–811 Rn 3 mit Fn 9; PWW/Buck-Heeb § 809 Rn 4; Enneccerus/Lehmann, Recht der Schuldverhältnisse § 218 I 1 = 865; BeckOK-BGB/Gehrlein [1. 2. 2023] § 809 Rn 2; MünchKommBGB/Habersack § 809 Rn 3; Soergel/Hadding § 809 Rn 2; BeckOGK/Hoffmann [1. 3. 2023] § 809 Rn 12; jurisPK-BGB/Martinek/Heine [1. 2. 2023] § 809 Rn 10; NK-BGB/Mielke § 809 Rn 6; Pries 31; Sass 78; Schilken Jura 1988, 525, 528; Schreiber JR 2008, 1; Grüneberg/Sprau § 809 Rn 3; Jauernig/Stadler §§ 809–811 Rn 2; BGB-RGRK/Steffen § 809 Rn 2; Erman/Wilhelmi § 809 Rn 4). Daher begründet § 809 BGB keine Verpflichtung zur Duldung einer ärztlichen oder erbbiologischen Untersuchung oder einer Blutentnahme (HKK-BGB/Birr §§ 809–811 Rn 3 mit Fn 9; Warneyer/Bohnenberg § 809; PWW/Buck-Heeb § 809 Rn 4; Dierschke 48; Haas 11 mit Fn 1; Enneccerus/Lehmann, Recht der Schuldverhältnisse § 218 I 1 = 865; BeckOK-BGB/Gehrlein [1. 2. 2023] § 809 Rn 2; Soergel/Hadding § 809 Rn 2; Planck/Landois § 809 Anm 1; jurisPK-BGB/Martinek/Heine [1. 2. 2023] § 809 Rn 10; NK-BGB/Mielke § 809 Rn 6; Pries 31; Sass 78; Schreiber JR 2008, 1; Grüneberg/Sprau § 809 Rn 3; BGB-RGRK/Steffen § 809 Rn 2; Erman/Wilhelmi § 809 Rn 4).

40 Die Verpflichtung, eine Untersuchung, insbesondere die Entnahme einer Blutprobe zu dulden, kann sich in zivil- und verwaltungsgerichtlichen Verfahren aus **§ 372a Abs 1 ZPO** ggf iVm § 98 VwGO ergeben, soweit es zur Feststellung der Abstammung erforderlich ist. Seit dem Inkrafttreten des FamFG und der Aufhebung der §§ 606 ff ZPO aF mWv 1. 9. 2009 (Art 1, 29 Nr 15 iVm Art 112 Abs 1 S 1 Hs 1 G v 17. 12. 2008, BGBl 2008 I 2586) findet die Vorschrift in Abstammungssachen iS des § 169 FamFG keine Anwendung mehr; an ihrer Stelle gilt die inhaltsgleiche Regelung des **§ 178 Abs 1 FamFG** (statt vieler s Zöller/Greger § 372a ZPO Rn 1). Der Anwendungsbereich des § 372a Abs 1 ZPO beschränkt sich daher auf streitige Verfahren, in denen die Abstammung zwar nicht den Streitgegenstand bildet, aber – idR als Vorfrage – entscheidungserheblich und daher beweisbedürftig ist, zB in Erb- und Pflichtteilsstreitigkeiten (Thomas/Putzo/Reichold § 372a ZPO Rn 1).

41 Zu Untersuchungen im Strafverfahren s **§§ 81, 81c StPO**.

bb) Körperteile, Körperbestandteile

42 Natürliche und künstliche Körperteile sowie in den Körper eingefügte Gegenstände (zB Zahngold) sind mangels Selbstständigkeit keine Sachen iS des § 90 BGB und des § 809 BGB, solange sie fest mit dem menschlichen Körper verbunden sind (zB implantierte Herzschrittmacher; s PWW/Buck-Heeb § 809 Rn 4; BeckOK-BGB/Gehrlein [1. 2. 2023] § 809 Rn 2; Planck/Landois § 809 Anm 1; jurisPK-BGB/Martinek/Heine [1. 2. 2023] § 809 Rn 10; Pries 32; Sass 78; Grüneberg/Sprau § 809 Rn 3; BGB-RGRK/Steffen § 809 Rn 2; Vieweg/Lorz, Sachenrecht § 1 Rn 12). Im Unterschied dazu sind künstliche Körperteile (zB Arm- und Beinprothesen) und **Körperbestandteile** (zB Perücke, Zahnprothese), die entweder nicht fest mit dem Körper verbunden sind oder deren feste Verbindung

gelöst wurde, Sachen (Bork, Allgemeiner Teil des Bürgerlichen Gesetzbuchs Rn 240; Vieweg/Lorz, Sachenrecht § 1 Rn 12) und damit taugliche Gegenstände des Besichtigungsanspruchs nach § 809 BGB (MünchKommBGB/Habersack § 809 Rn 3; Planck/Landois § 809 Anm 1; jurisPK-BGB/Martinek/Heine [1. 2. 2023] § 809 Rn 10; Pries 32; Schilken Jura 1988, 525, 528; BGB-RGRK/Steffen § 809 Rn 2). Gleiches gilt nach überwiegender, wenngleich nicht unbestrittener, Ansicht für die vom lebenden Körper abgetrennten natürlichen Körperteile und Körperbestandteile (zB abgeschnittene Haare, gezogenen Zähne; s Wilhelm, Sachenrecht Rn 63).

cc) Leichnam

43 Der menschliche Leichnam ist, obgleich er als Menschenrest einen Rückstand der Persönlichkeit darstellt (so zB BGH 30. 6. 2015 – 5 StR 71/15 Rn 10, BGHSt 60, 302 = NJW 2015, 2901), eine Sache (LG Detmold 30. 8. 1957 – O 226/57, FamRZ 1958, 280, 281; Bork, Allgemeiner Teil des Bürgerlichen Gesetzbuchs Rn 240; Grüneberg/Ellenberger Überbl vor § 90 Rn 11; BeckOK-BGB/Gehrlein [1. 2. 2023] § 809 Rn 2; Planck/Landois § 809 Anm 1; Grüneberg/Sprau § 809 Rn 3; Staudinger/Stieper [2021] § 90 Rn 39 mwNw; Vieweg/Lorz, Sachenrecht § 1 Rn 12; Wilhelm, Sachenrecht Rn 61; s auch BGH 30. 6. 2015 – 5 StR 71/15 Rn 10, BGHSt 60, 302 = NJW 2015, 2901 [„zum Objekt gewordenen … Menschenrest"] zu § 168 Abs 1 StGB; **aA** MünchKommBGB/Leipold § 1922 Rn 174; MünchKommBGB/Stresemann § 90 Rn 29; Wieacker AcP 148 [1943] 57, 66 mit Fn 11; Wieling, Sachenrecht, Bd I § 2 II 2 b = 63) und daher tauglicher Gegenstand des Besichtigungsanspruchs nach § 809 BGB (HKK/Birr §§ 809–811 Rn 3 mit Fn 9; BeckOK-BGB/Gehrlein [1. 2. 2023] § 809 Rn 2; MünchKommBGB/Habersack § 809 Rn 3; Soergel/Hadding § 809 Rn 2; BeckOGK/Hoffmann [1. 3. 2023] § 809 Rn 12; Planck/Landois § 809 Anm 1; NK-BGB/Mielke § 809 Rn 5; Pries 32; Jauernig/Stadler §§ 809–811 Rn 2; BGB-RGRK/Steffen § 809 Rn 3; Erman/Wilhelmi § 809 Rn 4). Der Anspruch beschränkt sich auf die **Leichenschau** (BeckOK-BGB/Gehrlein [1. 2. 2023] § 809 Rn 2; BeckOGK/Hoffmann [1. 3. 2023] § 809 Rn 12; jurisPK-BGB/Martinek/Heine [1. 2. 2023] § 809 Rn 10), die insbesondere für arzthaftungs-, erb- und versicherungsrechtliche Ansprüche bedeutsam sein kann (BeckOK-BGB/Gehrlein [1. 2. 2023] § 809 Rn 2; jurisPK-BGB/Martinek/Heine [1. 2. 2023] § 809 Rn 10). Dabei ist der dem Toten zukommende Achtungsanspruch (Art 1 Abs 1 GG; statt vieler s BVerfG 24. 2. 1971 – 1 BvR 435/68, BVerfGE 30, 173, 194 = NJW 1971, 1645 – *Mephisto*) zu wahren (NK-BGB/Mielke § 809 Rn 5; Grüneberg/Sprau § 809 Rn 3; BGB-RGRK/Steffen § 809 Rn 3). Ein Anspruch auf Gestattung der Leichenöffnung (**Obduktion**) ist von § 809 BGB nicht umfasst (HKK/Birr §§ 809–811 Rn 3 mit Fn 9; PWW/Buck-Heeb § 809 Rn 4; BeckOK-BGB/Gehrlein [1. 2. 2023] § 809 Rn 2; BeckOGK/Hoffmann [1. 3. 2023] § 809 Rn 12; jurisPK-BGB/Martinek/Heine [1. 2. 2023] § 809 Rn 10; NK-BGB/Mielke § 809 Rn 5; Pries 32; Grüneberg/Sprau § 809 Rn 3; BGB-RGRK/Steffen § 809 Rn 3).

44 Einen Anspruch auf Ausgrabung der Leiche (**Exhumierung**) oder – im Fall einer Feuerbestattung – der Aschenurne schließen die Pietät und die Achtung der Grabes- bzw Totenruhe grundsätzlich aus (BGH 26. 10. 1977 – IV ZR 151/76, FamRZ 1978, 15; OLG Oldenburg 19. 6. 1990 – 12 U 26/90, FamRZ 1990, 1273, 1274; LG Detmold 30. 8. 1957 – O 226/57, FamRZ 1958, 280, 281; HKK/Birr §§ 809–811 Rn 3 mit Fn 9; PWW/Buck-Heeb § 809 Rn 4; BeckOK-BGB/Gehrlein [1. 2. 2023] § 809 Rn 2; NK-BGB/Mielke § 809 Rn 5; Schilken Jura 1988, 525, 528; Grüneberg/Sprau § 809 Rn 3; wohl auch OLG München 2. 7. 1900 – Reg IV 182/1900, SeuffA 56 Nr 119). In besonders dringlichen, sittlich gerechtfertigten Ausnahmefällen (zB bei Missachtung des Wunsches des Verstorbenen nach der Beerdigung an einem bestimmten Ort) kann jedoch ein Anspruch auf Gestattung der **Umbettung** bestehen (BGH 26. 10. 1977 – IV ZR 151/76, FamRZ 1978, 15; RG 5. 4. 1937 – IV 18/37, RGZ 154, 269, 273 ff;

RG 5. 7. 1923 – VI 1308/22, RGZ 108, 217, 219 ff; RG 28. 10. 1920 – VI 261/20, RGZ 100, 171, 173; RG 15. 4. 1909 – Rep VI 177/08, RGZ 71, 20, 22; OLG Zweibrücken 28. 5. 1993 – 4 U 3/93, NJW-RR 1993, 1482; LG Detmold 30. 8. 1957 – O 226/57, FamRZ 1958, 280, 281; Staudinger/Stieper [2021] § 90 Rn 44; **aA** RG 2. 8. 1886 – Rep IIIa 248/86, RGZ 16, 151, 153 zum gemeinen Recht; zu Einzelheiten s Barthel, in: Gaedke, Handbuch des Bestattungsrechts Kap 15 Rn 1 ff). Rechtsgrundlage dieses Anspruchs ist allerdings nicht § 809 BGB, sondern die Totenfürsorge der nächsten Angehörigen des Verstorbenen (OLG Zweibrücken 28. 5. 1993 – 4 U 3/93, NJW-RR 1993, 1482; Grüneberg/Weidlich Einl v § 1922 Rn 9).

Zur Leichenschau, Leichenöffnung und Ausgrabung im Strafverfahren s §§ 87 ff StPO. **45**

d) Urkunden und sonstige Aufzeichnungen

Urkunden sind Sachen (Beckhaus 17; PWW/Buck-Heeb § 809 Rn 4; BeckOK-BGB/Gehrlein [1. 2. 2023] § 809 Rn 2; Soergel/Hadding § 809 Rn 1; BeckOGK/Hoffmann [1. 3. 2023] § 809 Rn 12; Leineweber ZfBR 2005, 110, 112 f; Osterloh-Konrad 29; Pries 33; Radant 49; Sass 79; Schreiber JR 2008, 1; Jauernig/Stadler §§ 809–811 Rn 2). Da § 810 BGB die Einsicht in Urkunden nicht abschließend regelt (statt vieler s § 810 Rn 15 mwNw; **aA** Amschewitz 233), ist der allgemeine Besichtigungsanspruch nach § 809 BGB insbesondere in Fällen von Bedeutung, in denen der Gläubiger sich durch die Einsicht in die Urkunde die für das Bestehen eines Anspruchs nach § 810 BGB erforderliche Gewissheit über den Urkundeninhalt verschaffen will (s unten Rn 54). **46**

Elektronische und mechanische Aufzeichnungen (zB Elektroradiogramme, Röntgenaufnahmen, Tachometerscheiben), **Daten- und Tonträger** sowie **Siegel** sind keine Urkunden iS des § 810 BGB (BGH 6. 11. 1962 – VI ZR 29/62, NJW 1963, 389 [Röntgenaufnahme]; OLG Köln 11. 11. 2009 – 5 U 77/09, VersR 2010, 1504 [Röntgenaufnahme]; LG Göttingen 16. 11. 1978 – 2 O 152/78, NJW 1979, 601, 602 [Röntgenbilder, Elektrokardiogramme]; § 810 Rn 124; BGB-RGRK/Steffen § 810 Rn 3; **aA** OLG Karlsruhe 16. 11. 2000 – 19 U 34/99, NZG 2001, 654, 655 für ein Streamerband), sondern Augenscheinsobjekte und als solche taugliche Gegenstände des Anspruchs nach § 809 BGB (OLG Köln 11. 11. 2009 – 5 U 77/09, VersR 2010, 1504 f [Röntgenaufnahme]; PWW/Buck-Heeb § 809 Rn 4; Soergel/Hadding § 809 Rn 2; Lenkaitis 170 f; Schippel CR 2021, 505 Rn 31; Jauernig/Stadler §§ 809–811 Rn 2; BGB-RGRK/Steffen § 810 Rn 3). Die vereinzelt gebliebene Ansicht, § 810 BGB im Wege der Analogie auf Träger technischer Aufzeichnungen, die eine rechtserhebliche Erklärung enthalten (zB Ton- und Datenträger sowie Mikrodokumentationen), zu erstrecken (Sass 110 ff), überzeugt nicht (MünchKommBGB/Habersack § 810 Rn 3). Sie kann zwar für sich in Anspruch nehmen, dass technische Aufzeichnungen immer häufiger an die Stelle schriftlicher Erklärungen treten und in ihrem Beweiswert herkömmlichen Urkunden grundsätzlich nicht nachstehen (Jöstlein DRiZ 1973, 409, 412). Diese Umstände vermögen aber die für eine Rechtsfortbildung erforderliche Regelungslücke nicht zu begründen. **47**

e) Daten und Know-how

Softwares (zB Computerprogramme), andere digitale Inhalte (zB Bild-, Film-, Musik-, Textdateien sowie personenbezogene Daten in Gestalt einer Patientenakte) und **Know-how** sind als solche keine Sachen iS des § 90 BGB (LG Konstanz 10. 5. 1996 – 1 S 292/95, NJW 1996, 2662; Bormann/Bormann DB 1991, 2641, 2644; Grüneberg/Ellenberger § 90 Rn 2; BeckOK-BGB/Fritzsche [1. 2. 2022] § 90 Rn 27 f; C Paulus/C Renner JuS 2004, 1051, **48**

1052; Redeker NJW 1992, 1739, 1740; MünchKommBGB/Stresemann § 90 Rn 25; Vieweg/Lorz, Sachenrecht § 1 Rn 12; Wilhelm, Sachenrecht Rn 59; **aA** König NJW 1993, 3121, 3124; König Rn 258 ff; Marly BB 1991, 432, 435; Schippel CR 2021, 505 Rn 30), sondern immaterielle Vermögensgegenstände und daher keine tauglichen Gegenstände des Anspruchs nach § 809 BGB (McGuire GRUR 2015, 424, 432; C Paulus/C Renner JuS 2004, 1051, 1052; **aA** Gniadek 59; BeckOGK/Hoffmann [1. 3. 2023] § 809 Rn 12; Karger 69 f; Jauernig/Stadler §§ 809–811 Rn 2; Tilmann/Schreibauer GRUR 2002, 1015; Tinnefeld CR 2013, 417, 419). Dies gilt auch dann, wenn sie auf einem Datenträger (zB CD-ROM, Diskette, Festplatte, Magnetband, USB-Stick) gespeichert sind (Staudinger/Stieper [2021] § 90 Rn 12; **aA** Karger 69 f). Die vom BGH mit nur unbedeutenden Abweichungen wiederholte Formulierung, dass „eine auf einem Datenträger verkörperte Standardsoftware als bewegliche Sache anzusehen ist" (statt vieler s BGH 15. 11. 2006 – XII ZR 120/04, NJW 2007, 2394 Rn 15; BGH 14. 7. 1993 – VIII ZR 147/92, NJW 1993, 2436, 2437 f), und zwar auch dann, wenn sie speziellen Wünschen des Käufers bzw Bestellers angepasst wurde (BGH 14. 7. 1993 – VIII ZR 147/92, NJW 1993, 2436, 2437 f), ist missverständlich. Sie ist nicht dahingehend zu verstehen, dass die Software eine eigene bewegliche Sache neben dem Datenträger ist. Im Gegenteil, Sachqualität hat nur der Datenträger, auf dem die Software gespeichert ist, nicht aber die Software als solche (Adloff 407). Zu der Reichweite des Anspruchs auf Besichtigung eines Datenträgers s unten Rn 101.

49 Die insbesondere im Zusammenhang mit der Vorbereitung urheberrechtlicher Ansprüche vertretene Ansicht, § 809 BGB sei auf Software entsprechend anwendbar (PWW/Buck-Heeb § 809 Rn 4; Soergel/Hadding § 809 Rn 2), überzeugt nicht. In Anbetracht der Tatsache, dass der Gesetzgeber bei der Neufassung von § 101a Abs 1 S 1 UrhG mWv 1. 9. 2008 (Art 6 Nr 10 iVm Art 10 S 2 G v 7. 7. 2008, BGBl 2008 I 1191) die die §§ 809, 810 BGB prägende Dichotomie von Urkunden und Sachen übernommen hat, dürfte bereits keine Regelungslücke (mehr) bestehen. Unabhängig davon fehlt es jedenfalls an einem praktischen Bedürfnis für die Analogie, da mit dem Datenträger – auch dann, wenn die Software auf dem Server des Herstellers verbleibt und dem Kunden nur online zur Nutzung zur Verfügung gestellt wird (*Application Service Providing* [ASP], s BGH 15. 11. 2006 – XII ZR 120/04, NJW 2007, 2394 Rn 16) – stets ein tauglicher Anspruchsgegenstand (s oben Rn 48) existiert. Diese in der Literatur kritisierte (C Paulus/C Renner JuS 2004, 1051, 1053), *de lege lata* aber verbindliche Fokussierung auf körperliche Gegenstände hat zur Folge, dass Schuldner des Anspruchs nach § 809 BGB ausnahmslos der Besitzer des Datenträgers bzw Computers ist (Sass 79; wohl auch Bork NJW 1997, 1665, 1668; vHartz 141), bei dem ASP also nur der Besitzer des Servers, nicht aber der Nutzer der Software. Zu der Reichweite des Anspruchs s unten Rn 101.

2. Sache befindet sich im Besitz eines anderen

50 Die Tatsache, dass der Anspruch nach § 809 BGB sich gegen den Besitzer der Sache richtet, deren Besichtigung begehrt wird (s unten Rn 85 ff), impliziert, dass der Anspruchsteller nicht der Alleinbesitzer der Sache sein darf. Andernfalls besteht *a priori* kein Bedürfnis für einen Besichtigungsanspruch. Dies gilt auch dann, wenn ein Besitzdiener (s unten Rn 86) die tatsächliche Gewalt über die Sache ausübt, da dieser einer Weisung des Alleinbesitzers, ihm die Sache zur Besichtigung vorzulegen, Folge zu leisten hat. Erforderlich, aber auch ausreichend, ist daher, dass der Anspruchsgegner zumindest auch Besitzer der Sache ist. Die Art des Besitzes ist unerheblich. Es genügt zB Mitbesitz (s unten Rn 89), und zwar auch dann, wenn der Anspruchsteller selbst Mitbesitzer der Sache ist (Harsch WuM 2020, 1, 4). Der Anspruch nach § 809 BGB kann auch zwischen den Parteien eines Besitzmittlungsverhältnisses bestehen (s oben Rn 23 s Planck/Landois § 809 Anm 2 a), insbesondere wenn die Besichtigung der Sache jenseits der Befugnisse aus dem Besitzmittlungsverhältnis begehrt wird.

3. Anspruch in Ansehung der Sache

Derjenige, der nach § 809 BGB die Besichtigung einer bestimmten Sache (s oben **51**
Rn 35 ff) begehrt, muss gegen deren Besitzer (s unten Rn 85 ff) einen Anspruch (sog Hauptanspruch, s unten Rn 52 ff) in Ansehung der Sache (s unten Rn 57 ff) haben oder sich Gewissheit verschaffen wollen, ob ihm ein solcher (Haupt-)Anspruch zusteht (s unten Rn 70 ff).

a) Hauptanspruch
aa) Allgemeines

Nach § 809 BGB kann die Besichtigung einer Sache nur zur Erleichterung der Ver- **52**
wirklichung eines Hauptanspruchs (*actio directa*) begehrt werden (s oben Rn 3). Ein **Anspruch** ist nach § 194 Abs 1 BGB das Recht, von einem anderen ein Tun oder Unterlassen zu verlangen. Die Rechtsnatur des Hauptanspruchs – sei er dinglicher (zB § 985 BGB), sei er schuldrechtlich bzw persönlicher Art (OLG Köln 30. 3. 2017 – 15 U 97/16 Rn 35, BeckRS 2017, 151590; KG 11. 8. 2000 – 5 U 3069/90, NJW 2001, 233, 235; LG Aurich 28. 10. 2011 – 5 O 854/11, NZBau 2012, 369, 370; LG Braunschweig 20. 8. 1968 – 9 c Q 6/67, GRUR 1971, 28; Adloff 408; Beckhaus 17; PWW/Buck-Heeb § 809 Rn 5; Dierschke 42; Enneccerus/Lehmann, Recht der Schuldverhältnisse § 218 I 1 = 865; BeckOK-BGB/Gehrlein [1. 2. 2023] § 809 Rn 3; Gniadek 54; MünchKommBGB/Habersack § 809 Rn 4; Heldmann ZZP 26 [1899] 407, 422; Matthiass, Lehrbuch des Bürgerlichen Rechts, Bd I § 140 I A 2 = 697; Planck/Landois § 809 Anm 2 c; Marshall, in: FS Preu [1988] 151, 153; Oertmann § 809 Anm 1 c β; Osterloh-Konrad 29; Pries 35; Radant 24 f; Sass 19; Schilken Jura 1988, 525, 528; Schreiber JR 2008, 1, 2; Siegel 73; Grüneberg/Sprau § 809 Rn 4; Jauernig/Stadler §§ 809–811 Rn 3; BGB-RGRK/Steffen § 809 Rn 6; Tilmann/Schreibauer, in: FS Erdmann [2002] 901, 902; GRUR 2002, 1015, 1022; Erman/Wilhelmi § 809 Rn 2) – ist für den Tatbestand von § 809 BGB ebenso unerheblich wie dessen Rechtsfolge (Herausgabe, Schadensersatz, Unterlassung etc; s BGH 8. 1. 1985 – X ZR 18/84, BGHZ 93, 191, 198 f = NJW-RR 1986, 480 – *Druckbalken*; OLG Köln 30. 3. 2017 – 15 U 97/16 Rn 35, BeckRS 2017, 151590; PWW/Buck-Heeb § 809 Rn 5; Grüneberg/Sprau § 809 Rn 4). Erforderlich, aber auch ausreichend ist, dass es sich um einen Anspruch in Ansehung der Sache handelt (s unten Rn 57 ff). Ein Bedürfnis, die Befugnis des Vermieters zur Abwendung des Wegnahmerechts des Mieters einem Anspruch gleichzustellen, besteht nicht (**aA** Bruns NZM 2017, 468, 469), da dem Vermieter ein Besichtigungsanspruch aus dem Mietverhältnis zusteht (s oben Rn 23).

Nicht erforderlich ist, dass der Hauptanspruch (s oben Rn 52) fällig und durchsetzbar **53**
ist (**aA** Dierschke 43; Haas 20; Frank/Wiegand CR 2007, 481, 482; BeckOGK/Hoffmann [1. 3. 2023] § 809 Rn 14; Radant 25). Es genügt, dass er geeignet ist, ein berechtigtes Interesse an der Besichtigung der Sache zu begründen (s unten Rn 80). Dieses kann auch dann bestehen, wenn der Anspruch gegenwärtig nicht durchsetzbar ist, sei es, dass **dilatorische Einwendungen** bestehen, sei es, dass der Anspruch zB aufgrund einer aufschiebenden Bedingung oder Zeitbestimmung noch nicht vollwirksam entstanden ist (OLG Köln 30. 3. 2017 – 15 U 97/16 Rn 35, BeckRS 2017, 151590; LG Aurich 28. 10. 2011 – 5 O 854/11, NZBau 2012, 369, 370; Beckhaus 17; PWW/Buck-Heeb § 809 Rn 5; Enneccerus/Lehmann,

Recht der Schuldverhältnisses § 218 I 1 = 865; BeckOK-BGB/Gehrlein [1. 2. 2023] § 809 Rn 3; MünchKommBGB/Habersack § 809 Rn 4; Planck/Landois § 809 Anm 2 c; jurisPK-BGB/Martinek/Heine [1. 2. 2023] § 809 Rn 12; Pries 40; Schreiber JR 2008, 1, 2; Grüneberg/Sprau § 809 Rn 4; BGB-RGRK/Steffen § 809 Rn 6; Erman/Wilhelmi § 809 Rn 2; nur methodologisch abw [nur entsprechende Anwendung von § 809 BGB] MünchKommBGB/Habersack § 809 Rn 4; Osterloh-Konrad 29; Sass 19 ff; **aA** Dierschke 43; BeckOGK/Hoffmann [1. 3. 2023] § 809 Rn 14; Radant 25). Daher unterfallen § 809 BGB auch Ansprüche aus Wieder- (§§ 456 ff BGB) und Vorkaufsrechten (§§ 463 ff BGB; s Enneccerus/Lehmann, Recht der Schuldverhältnisse § 218 I 1 mit Fn 1 = 865; MünchKommBGB/Habersack § 809 Rn 4; Soergel/Hadding § 809 Rn 3; Planck/Landois § 809 Anm 2 c; jurisPK-BGB/Martinek/Heine [1. 2. 2023] § 809 Rn 12; BGB-RGRK/Steffen § 809 Rn 6; **aA** Dierschke 43).

bb) Informationsansprüche, insbesondere Kombination mit § 810 BGB

54 In der Literatur wird zunehmend bezweifelt, ob die Besichtigung einer Sache nach § 809 BGB auch zur Vorbereitung anderer Informationsansprüche im weiteren Sinne (zu dem Begriff s oben Rn 12 ff) geltend gemacht werden kann. Soweit dies insbesondere für den Anspruch auf Urkundeneinsicht nach § 810 BGB (sog Kombinationsanspruch; s oben Rn 20) unter Hinweis darauf verneint wird, der Anspruchsteller könne den Kreis der Schuldner bereits bei einer gewissen Wahrscheinlichkeit des Anspruchs auf Urkundeneinsicht um Dritte erweitern, obwohl der Besichtigungsanspruch nach § 809 BGB auf das Verhältnis zwischen dem Gläubiger und dem Schuldner des Hauptanspruchs beschränkt ist (s unten Rn 68 f; Beckhaus 17 f; BeckOGK/Hoffmann [1. 3. 2023] § 809 Rn 16; Osterloh-Konrad 29 f; Pries 104 f), überzeugt dies nicht. Es handelt sich nämlich um eine *petitio principii*, da der Kreis der Schuldner des Besichtigungsanspruchs durch die Passivlegitimation des Hauptanspruchs bestimmt wird. Soweit Informationsansprüche im weiteren Sinne „in Ansehung der Sache" bestehen, ist kein Grund ersichtlich, sie anders als zB Herausgabe-, Schadensersatz- und Unterlassungsansprüche zu behandeln und in ihnen keinen tauglichen Hauptansprüche zu sehen (iE auch Haeffs 82; MünchKommBGB/Habersack § 809 Rn 3; vHartz 139; NK-BGB/Mielke § 809 Rn 4, 18; Pries 33; Sass 79 f; Schreiber JR 2008, 1; Siegel 83 ff; Grüneberg/Sprau § 809 Rn 3; BGB-RGRK/Steffen § 809 Rn 4; Wiese, in: FS Herschel [1982] 483, 488).

cc) Gestaltungsrechte

55 Gestaltungsrechte (zB das Anfechtungs-, Kündigungs- und Rücktrittsrecht) sind keine Ansprüche iS des § 194 Abs 1 BGB (statt vieler s MünchKommBGB/Grothe § 194 Rn 42 mwNw). Sie verleihen dem Berechtigten lediglich die Befugnis, durch ein einseitiges Rechtsgeschäft ein Recht zu begründen, aufzuheben oder zu ändern (statt vieler s Staudinger/Peters/Jacoby [2019] § 194 Rn 18). Die Ausübung von Gestaltungsrechten kann jedoch Ansprüche, insbesondere Rückabwicklungsansprüche, begründen. Diese stehen bedingten Ansprüchen gleich (s oben Rn 53) und sind ebenso wie jene taugliche Hauptansprüche, vorausgesetzt sie bestehen in Ansehung einer Sache (s unten Rn 57 ff). Die Tatsache, dass die gesetzgeberische Entscheidung für die Ausgestaltung eines Rechts als Gestaltungsrecht oder Anspruch häufig historische Gründe hat – erinnert sei nur an den Anspruch auf Wandelung und dessen Substitution durch das Rücktrittsrecht im Zuge der Modernisierung des Schuldrechts (statt vieler s Lorenz, in: Lorenz/Riehm, Lehrbuch zum neuen Schuldrecht Rn 517) –, sowie die Wertung, dass es zB unbillig wäre, dem Verkäufer einer bei einem Dritten belegenen Sache deren Besichtigung im Fall einer Beschädigung mit der Begründung zu versagen, dass der Dritte, der dem Käufer den Besitz bereits mittelt, die Sache noch nicht herausgegeben hat (ähnlich BeckOGK/Hoffmann [1. 3. 2023] § 809 Rn 15), gebieten es, § 809 BGB auf Gestaltungsrechte **entsprechend anzuwenden** (Enneccerus/Lehmann, Recht der Schuldverhältnisse § 218 I 1 mit Fn 1 = 866; Planck/Landois § 809 Anm 2 c; Oertmann § 809 Anm 1 d; Osterloh-Konrad 29; Pries 39; Sass 26 ff; Schreiber JR 2008, 1, 2; nur methodologisch abw [direkte Anwendung] LG Aurich 28. 10. 2011 – 5 O 854/11, NZBau 2012, 369, 370 [Kündigung eines Bauträgervertrags]; Beckhaus 17; PWW/Buck-Heeb § 809 Rn 5; BeckOK-BGB/Gehrlein [1. 2. 2023] § 809 Rn 3; MünchKommBGB/Habersack § 809 Rn 4; Soergel/Hadding § 809 Rn 3; BeckOGK/Hoffmann [1. 3. 2023] § 809 Rn 15; jurisPK-BGB/Martinek/Heine [1. 2. 2023] § 809 Rn 12; BGB-RGRK/Steffen § 809 Rn 6; **aA** Dierschke 43; Radant 25), und zwar unabhängig davon, ob deren Ausübung Ansprüche gegen den Besitzer der Sache begründen (MünchKommBGB/Habersack § 809 Rn 4; BeckOGK/Hoffmann [1. 3. 2023] § 809 Rn 15; **aA** Enneccerus/Lehmann, Recht der Schuldverhältnisse § 218 I 1 mit Fn 1 = 866; Pries 39; Sass 26 ff; Grüneberg/Sprau § 809 Rn 4).

dd) Abwehr von Ansprüchen

Der Besichtigungsanspruch nach § 809 BGB dient der Erleichterung der Verwirklichung eines Hauptanspruchs (s oben Rn 52 ff), also der Vorbereitung eines Aktivprozesses. Zur Vorbereitung eines Passivprozesses oder zur außergerichtlichen Abwehr eines Anspruchs kann der Besichtigungsanspruch – im Unterschied zu § 810 BGB (RG 8. 4. 1908 – I 599/07, WarnRspr 1908 Nr 465) – nicht geltend gemacht werden (Arens GmbHR 2018, 555, 558; Jaeger VersR 2011, 50). Diese Begrenzung beruht darauf, dass der Hauptanspruch sich gegen den Besitzer der Sache richten muss (s unten Rn 69), der die Sache aufgrund seiner tatsächlichen Sachherrschaft oder des Inhalts seines Besitzmittlungsverhältnisses besichtigen kann, ohne dass es eines Rückgriffs auf § 809 BGB bedarf. Diese Auslegung des § 809 BGB darf nicht dahingehend verallgemeinert werden, dass dem Schuldner des Hauptanspruchs kein Besichtigungsrecht zusteht. Ein solches ergibt sich lediglich nicht aus § 809 BGB, kann aber aus einem anderen Rechtsgrund bestehen, zB zugunsten des Haftpflichtversicherers aus dem gesetzlichen Schuldverhältnis nach § 115 Abs 1 S 1 Nr 1 VVG (s oben Rn 24), um sich gegen den Direktanspruch des Geschädigten zu verteidigen (BGH 11. 10. 1983 – VI ZR 251/81, VersR 1984, 79, 80 zu § 3 Nr 1 PflVG aF; Jaeger VersR 2011, 50, 52 will lediglich die Grenzen der Nachbesichtigung in entsprechender Anwendung der §§ 809 ff BGB bestimmen). 56

b) In Ansehung der Sache

aa) Allgemeines

Der Hauptanspruch muss in Ansehung der Sache (s oben Rn 35 ff) bestehen, deren Besichtigung begehrt wird. Mit dieser Formulierung bringt das Gesetz zum Ausdruck, dass der Besichtigungsanspruch nicht nur dann besteht, wenn die Sache Gegenstand des Anspruchs ist, wie zB bei der Herausgabe nach § 985 BGB, sondern auch dann, wenn das Bestehen des Hauptanspruchs in irgendeiner Weise von der Existenz oder der Beschaffenheit der Sache abhängt (BGH 2. 5. 2002 – I ZR 45/01, BGHZ 150, 377, 384 = NJW-RR 2002, 1617 – *Faxkarte*; BGH 8. 1. 1985 – X ZR 18/84, BGHZ 93, 191, 198 = NJW-RR 1986, 480 – *Druckbalken*; OLG Köln 30. 3. 2017 – 15 U 97/16 Rn 35, BeckRS 2017, 151590; OLG Hamm 31. 1. 2013 – 4 U 200/12, GRUR-RR 2013, 306, 308; OLG Köln 11. 11. 2009 – 5 U 77/09, VersR 2010, 1504, 1505; KG 11. 8. 2000 – 5 U 3069/90, NJW 2001, 233, 235; OLG Stettin 14. 2. 1908, OLGRspr 18, 47; LAG Baden-Württemberg 8. 4. 2013 – 9 Sa 92/12, BeckRS 2013, 70632; LG Aurich 28. 10. 2011 – 5 O 854/11, NZBau 2012, 369; LG Nürnberg-Fürth 23. 2. 2005 – 3 O 4156/04, BeckRS 2011, 12419; Adloff 408; Amschewitz 233; Beckhaus 17; Bork NJW 1997, 1665, 1668; PWW/Buck-Heeb 57

§ 809 Rn 5; Dierschke 47; Enneccerus/Lehmann, Recht der Schuldverhältnisse § 218 I 1 = 865; BeckOK-BGB/Gehrlein [1. 2. 2023] § 809 Rn 3; Gniadek 54 f; MünchKommBGB/Habersack § 809 Rn 5; Soergel/Hadding § 809 Rn 4; Haeffs 78 f; vHartz 142; BeckOGK/Hoffmann [1. 3. 2023] § 809 Rn 13; Karger 71; Planck/Landois § 809 Anm 2 c; Leineweber ZfBR 2005, 110, 113; jurisPK-BGB/Martinek/Heine [1. 2. 2023] § 809 Rn 12; NK-BGB/Mielke § 809 Rn 8; Pries 35 f; Radant 32; Sass 18 f; Schilken Jura 1988, 525, 528; Schreiber JR 2008, 1, 2; Selke ZfIR 2003, 89, 92; Grüneberg/Sprau § 809 Rn 4; Jauernig/Stadler §§ 809–811 Rn 3; BGB-RGRK/Steffen § 809 Rn 7; Tilmann/Schreibauer GRUR 2002, 1015; Erman/Wilhelmi § 809 Rn 2; **aA** Haas 22).

bb) Einzelne Ansprüche

(1) Ansprüche aus dem BGB und Nebengesetzen

58 Ansprüche, deren Bestehen von der Existenz oder der Beschaffenheit einer Sache abhängen, sind in erster Linie gesetzliche Ansprüche, zB die Beseitigungs- und Unterlassungsansprüche nach **§ 1004 Abs 1 BGB** und in entsprechender Anwendung von **§ 906 Abs 2 S 2 BGB**, wenn von dem (Nachbar-)Grundstück, dessen Besichtigung begehrt wird, störende Einwirkungen ausgehen (OLG Karlsruhe 27. 4. 2001 – 14 U 187/00, NJW-RR 2002, 951 [Gefahr des Abrutschens aufgrund von Ausgrabungen]; BeckOK-BGB/Gehrlein [1. 2. 2023] § 809 Rn 3; MünchKommBGB/Habersack § 809 Rn 5; BeckOGK/Hoffmann [1. 3. 2023] § 809 Rn 13; Planck/Landois § 809 Anm 2 c; Pries 36; BGB-RGRK/Steffen § 809 Rn 7; Erman/Wilhelmi § 809 Rn 2). Nicht nur dingliche Ansprüche, sondern auch schuldrechtliche Ansprüche können als solche in Ansehung einer Sache bestehen (Schilken Jura 1988, 525, 528; Erman/Wilhelmi § 809 Rn 2). Dies gilt zB für Schadensersatzansprüche aus unerlaubter Handlung gegen den Grundstücksbesitzer (**§ 836 Abs 1 S 1 BGB**; s RG 13. 2. 1932 – IX 494/31, LZ 1932, 605), den Tierhalter (**§ 833 S 1 BGB**) und den Tieraufseher (**§ 834 S 1 BGB**; s BeckOK-BGB/Gehrlein [1. 2. 2023] § 809 Rn 3; MünchKommBGB/Habersack § 809 Rn 5; Planck/Landois § 809 Anm 2 c; Radant 33; Siegel 73). Erfasst sind ferner Ansprüche aus bürgerlich-rechtlichen Nebengesetzen, zB die Ersatzpflicht des Halters und des Fahrers eines Kraftfahrzeugs nach **§ 7 Abs 1 StVG** bzw **§ 18 Abs 1 S 1 StVG** (Janal ZGE 10 [2018] 413, 430).

59 Neben gesetzlichen Ansprüchen (s oben Rn 58) können auch **vertragliche Ansprüche**, insbesondere solche aus einem Werkvertrag, von der Existenz oder der Beschaffenheit einer Sache abhängen (Erman/Wilhelmi § 809 Rn 2), zB der Vergütungsanspruch des Werkunternehmers (§ 631 Abs 1 BGB) für Bauarbeiten auf einem Grundstück, wenn dessen Höhe nach dem Vereinbarten aus der Größe, den Abmessungen und der Art der renovierten Räume zu berechnen ist (OLG Stettin 14. 2. 1908, OLGRspr 18, 47; BeckOK-BGB/Gehrlein [1. 2. 2023] § 809 Rn 3; MünchKommBGB/Habersack § 809 Rn 5; Planck/Landois § 809 Anm 2 c; Leineweber ZfBR 2005, 110, 113), sowie der Schadensersatzanspruch des Bestellers (LG Aurich 28. 10. 2011 – 5 O 854/11, NZBau 2012, 369, 370).

(2) Patentrecht

60 Wird die Verletzung eines Patents durch die Herstellung oder eine andere durch das Gesetz dem Patentinhaber vorbehaltene Nutzung einer Sache begangen, sind sowohl der patentrechtliche Unterlassungs- und Schadensersatzanspruch (**§ 139 Abs 1 S 1, Abs 2 S 1 PatG**, s BGH 8. 1. 1985 – X ZR 18/84, BGHZ 93, 191, 198 f = NJW-RR 1986, 480 – *Druckbalken*; OLG Düsseldorf 3. 1. 2003 – 2 U 71/00, Mitt 2003, 333; OLG Düsseldorf 8. 4. 1982 – 2 U 176/81, GRUR 1983, 745, 746; OLG Düsseldorf 17. 8. 1981 – 2 U 102/81, GRUR 1983, 741, 743; LG Braunschweig 20. 8. 1968 – 9 c Q 6/67, GRUR 1971, 28; LG Berlin 13. 4. 1910, Mitt 1910, 120, 122; HKK/Birr §§ 809–811 Rn 10; PWW/Buck-Heeb § 809 Rn 5; Gniadek 56; MünchKommBGB/

Habersack § 809 Rn 5; Soergel/Hadding § 809 Rn 3, 5; Karger 71; Leppin GRUR 1984, 552, 555; Marshall, in: FS Preu [1988] 151, 153; McGuire GRUR Int 2005, 15, 19; Meyer-Dulheuer GRUR Int 1987, 14, 16; Osterloh-Konrad 29; Pries 36; Sass 30 ff; Siegel 73; Grüneberg/Sprau § 809 Rn 4; Stürner/Stadler JZ 1985, 1101; Tilmann/Schreibauer, in: FS Erdmann [2002] 901, 902 f; Erman/Wilhelmi § 809 Rn 2) als auch der Vernichtungsanspruch (**§ 140a Abs 1 S 1 PatG**) taugliche Hauptansprüche iS des § 809 BGB (Karger 71). Über ihr Bestehen entscheidet nämlich die Beschaffenheit der angeblich patentverletzenden Ausführungsform konkret die Frage, ob sie durch das Patent unter Schutz gestellte Merkmale aufweist (BGH 8. 1. 1985 – X ZR 18/84, BGHZ 93, 191, 199 = NJW-RR 1986, 480 – *Druckbalken*).

Die Vorschrift des § 139 Abs 3 PatG schließt die Anwendung von § 809 BGB bei sog **Verfahrenspatenten** nicht aus (BGH 8. 1. 1985 – X ZR 18/84, BGHZ 93, 191, 203 = NJW-RR 1986, 480 – *Druckbalken*; Gniadek 55 f; Leppin GRUR 1984, 552, 559; Marshall, in: FS Preu [1988] 151, 163; Tilmann/Schreibauer, in: FS Erdmann [2002] 901, 903; iE auch vHartz 141 f). Sie enthält lediglich eine Beweislastregelung des Inhalts, dass der angegriffene Patentverletzer entscheiden kann, entweder das Verfahren, nach dem er sein Erzeugnis hergestellt hat, zu offenbaren – und dadurch der Verurteilung wegen einer Patentverletzung zu entgehen – oder eine Verurteilung in Kauf zu nehmen und damit das Bekanntwerden eines wichtigen Geschäfts-, Betriebs- oder Fabrikationsgeheimnisses zu verhindern. 61

(3) Urheberrecht

Soweit die Ansprüche aus der Verletzung eines Urheberrechts, insbesondere der Anspruch auf eine angemessene Vergütung (**§ 54 Abs 1 UrhG**), der Anspruch auf Beseitigung einer Beeinträchtigung (**§ 97 Abs 1 UrhG**), der Anspruch auf Schadensersatz (**§ 97 Abs 2 UrhG**) und der Anspruch auf Vernichtung, Rückruf oder Überlassung von Vervielfältigungsstücken (**§ 98 UrhG**), davon abhängen, dass eine bestimmte Sache rechtswidrig hergestellt, verbreitet oder zur rechtswidrigen Verbreitung bestimmt ist, steht dem Urheber oder dem aus dem Urheberrecht Berechtigten der Besichtigungsanspruch nach § 809 BGB zu (BGH 2. 5. 2002 – I ZR 45/01, BGHZ 150, 377, 382 = NJW-RR 2002, 1617 – *Faxkarte*; BGH 20. 9. 2012 – I ZR 90/09 Rn 18, NJW-RR 2013, 878 – *UniBasic-IDOS*; BGH 13. 11. 2003 – I ZR 187/01, NJW-RR 2004, 916, 917 – *Kontrollbesuch*; RG 7. 11. 1908 – Rep I 638/07, RGZ 69, 401, 405 f – *Nietzsche-Briefe*; OLG Frankfurt 17. 1. 2006 – 11 W 21/05, NJW-RR 2006, 1344; OLG Hamburg 29. 4. 2004 – 3 U 120/00, ZUM 2005, 394, 395 – *Faxkarte II*; OLG Hamburg 11. 1. 2001 – 3 U 120/00, GRUR-RR 2001, 289, 292; KG 11. 8. 2000 – 5 U 3069/90, NJW 2001, 233, 235; LG Nürnberg-Fürth 26. 5. 2004 – 3 O 2524/04, MMR 2004, 627, 628; LG Braunschweig 20. 8. 1968 – 9 c Q 6/67, GRUR 1971, 28; Warneyer/Bohnenberg § 809; Bork NJW 1997, 1665, 1668; PWW/Buck-Heeb § 809 Rn 5; Enneccerus/Lehmann, Recht der Schuldverhältnisse § 218 I 1 mit Fn 2 = 865; BeckOK-BGB/Gehrlein [1. 2. 2023] § 809 Rn 3; Gniadek 55; Soergel/Hadding § 809 Rn 3, 5; Planck/Landois § 809 Anm 2 c; jurisPK-BGB/Martinek/Heine [1. 2. 2023] § 809 Rn 12; McGuire GRUR Int 2005, 15, 19; Pries 36; Sass 29 f; BGB-RGRK/Steffen § 809 Rn 6; Erman/Wilhelmi § 809 Rn 2). Gleiches gilt für den Anspruch auf Zugang zu Werkstücken nach **§ 25 UrhG** (Wiese, in: FS Herschel [1982] 483, 488 f). Hingegen fehlt es an dem für einen Besichtigungsanspruch nach § 809 BGB erforderlichen Sachbezug, wenn der Urheber oder der aus dem Urheberrecht Berechtigte von einem Internet-Zugangsvermittler die Besichtigung bestimmter Speichermedien verlangt, die lediglich Hinweise auf eine behauptete Urheberrechtsverletzung durch Internetnutzer enthalten (Kitz GRUR 2003, 1014, 1016). 62

63 Soweit die urheberrechtlichen Hauptansprüche in Ansehung einer Sache (s oben Rn 62) durch eine **Verwertungsgesellschaft** wahrgenommen werden (§ 54h Abs 1 UrhG), steht ihr auch der Besichtigungsanspruch zu (BGH 13. 11. 2003 – I ZR 187/01, NJW-RR 2004, 916, 917 – *Kontrollbesuch*; NK-BGB/Mielke § 809 Rn 19).

64 Ohne einen Hauptanspruch in Ansehung der Sache (s oben Rn 62) haben die **Erben des Urhebers** (s § 28 Abs 1 UrhG) keinen Anspruch auf Vorlegung des literarischen Werks des Erblassers, um sich Kenntnis von dessen Inhalt zu verschaffen und anschließend das Werk durch Vervielfältigung und Verbreitung zu verwerten (Soergel/Hadding § 809 Rn 5; Hillig JW 1916, 474). Das Urheberrecht allein gewährt kein Besichtigungsrecht.

(4) Wettbewerbsrecht

65 Wettbewerbsrechtliche Unterlassungs- und Schadensersatzansprüche können Hauptansprüche in Ansehung einer Sache sein und daher – bei Vorliegen der übrigen Voraussetzungen (s oben Rn 24 ff, 47, s unten Rn 80 ff) – einen Besichtigungsanspruch nach § 809 BGB begründen (BGH 2. 5. 2002 – I ZR 45/01, BGHZ 150, 377, 384 = NJW-RR 2002, 1617 – *Faxkarte*; OLG Hamm 31. 1. 2013 – 4 U 200/12, GRUR-RR 2013, 306, 308; OLG Frankfurt 10. 6. 2010 – 15 U 192/09, juris Rn 30 f; LG Nürnberg-Fürth 23. 2. 2005 – 3 O 4156/04, BeckRS 2011, 12419 zu § 17 UWG aF; S Zöllner GRUR-Prax 2010, 74). Die hierfür erforderliche Abhängigkeit des Hauptanspruchs von der Existenz oder der Beschaffenheit der Sache (s oben Rn 57) kann sich bei einem Anspruch auf Vernichtung eines bestimmten Konstruktionsplans (**§ 7 Nr 1 GeschGehG**) zB daraus ergeben, dass dieser wahrscheinlich unter Verwertung eines fremden Geschäfts-, Betriebs- oder Farbrikationsgeheimnisses erstellt wurde (OLG Hamm 31. 1. 2013 – 4 U 200/12, GRUR-RR 2013, 306, 308 zu § 17 UWG aF).

66 In **Vergabeverfahren** im sog Oberschwellenbereich (§ 106 Abs 1 S 1 GWB) können die Beteiligten nach **§ 165 Abs 1 GWB** die Akten bei der Vergabestelle einsehen (eingehend dazu Opheys/Tmimi VergabeR 2021, 426 ff). Auf Verfahren im sog Unterschwellenbereich findet die Vorschrift weder direkte noch – mangels einer Regelungslücke – entsprechende Anwendung (OLG Köln 29. 1. 2020 – 11 U 14/19, VergabeR 2020, 696, 702; Zinger VergabeR 2020, 703). Den unterlegenen Bietern steht in diesen Verfahren auch kein Anspruch aus § 809 BGB auf Einsicht in die Vergabeakten (§ 163 Abs 2 S 3 GWB) zu. Die aus einer möglichen Pflichtverletzung im Rahmen der vergaberechtlichen Ausschreibung resultierenden Unterlassungs- und Schadensersatzansprüche (§ 280 Abs 1 BGB) gegen die Vergabestelle (statt vieler s BGH 8. 2. 2020 – XIII ZR 19/19 Rn 8 ff, BGHZ 228, 15 = NZBau 2021, 279) sind keine tauglichen Hauptansprüche iS des § 809 BGB (MünchKommBGB/Habersack § 809 Rn 5; Priess/Gabriel NJW 2008, 331). Zwar wird den Einsicht begehrenden Bietern der Nachweis der Pflichtverletzung häufig nur in Kenntnis des Inhalts der Vergabeakten möglich sein. Die Rücksichtnahmepflichten iS des § 241 Abs 2 BGB ergeben sich aber aus der Aufnahme von Vertragsverhandlungen (§ 311 Abs 2 Nr 1 BGB) – als solche ist die vergaberechtliche Ausschreibung einzuordnen (statt vieler s BGH 9. 6. 2011 – X ZR 143/10 Rn 11, BGHZ 190, 89 = NZBau 2011, 498 – *Rettungsdienstleistungen II*) – und damit aus einem gesetzlichen Schuldverhältnis (Opheys/Tmimi VergabeR 2021, 426, 435; Priess/Gabriel NJW 2008, 331), und zwar ohne Rücksicht auf den Inhalt oder die Beschaffenheit einer bestimmten Sache. In Betracht kommt daher einzig das Einsichtsrecht nach § 810 BGB oder – wenn die Ak-

ten nicht (mehr) als Urkunden, sondern elektronisch geführt werden – nach § 242 BGB (zu Einzelheiten s § 810 Rn 80; OPHEYS/TMIMI VergabeR 2021, 426, 434 ff).

(5) Persönlichkeitsrecht

Die Ansprüche wegen Verletzung des Persönlichkeitsrechts – sei es ein besonderes Persönlichkeitsrecht wie zB das Recht am eigenen Bild (§§ 22, 23 KUG), sei es das Allgemeine Persönlichkeitsrecht (Art 2 Abs 1 GG iVm Art 1 Abs 1 GG) – sind taugliche Hauptansprüche iS des § 809 BGB (BURKHARDT, in: WENZEL, Das Recht der Wort- und Bildberichterstattung 15. Kap Rn 4; MünchKommBGB/HABERSACK § 809 Rn 5; ERMAN/WILHELMI § 809 Rn 2; **aA** OLG Köln 30. 3. 2017 – 15 U 97/16 Rn 36 f, BeckRS 2017, 151590; offengelassen von BGH 20. 7. 2018 – V ZR 130/17 Rn 17, NJW 2019, 771; PWW/BUCK-HEEB Rn 6), die dem Betroffenen zB das Recht gewähren können, die betreffende Bild-, Film- oder Tonaufnahme anzusehen. Dem steht nicht entgegen, dass das Persönlichkeitsrecht – im Unterschied zu dem Urheberrecht (s oben Rn 62 ff) und anderen gewerblichen Schutzrechten (s oben Rn 60 f, 65 f) – ein Rahmenrecht ohne festumrissenen Inhalt ist (**aA** OLG Köln 30. 3. 2017 – 15 U 97/16, BeckRS 2017, 151590 Rn 36 f). Die damit einhergehende Notwendigkeit, die Reichweite des Persönlichkeitsrechts in jedem Einzelfall unter sorgfältiger Würdigung aller Umstände, insbesondere des Grundsatzes der Verhältnismäßigkeit, festzustellen, ist unschädlich, da der Hauptanspruch nicht zur Überzeugung des Gerichts bestehen muss, sondern dem Betroffenen auch dazu dienen kann, sich durch die Ansicht der Bild- oder Filmaufnahme oder das Anhören der Tonaufnahme Gewissheit über das Bestehen des Anspruchs zu verschaffen (s unten Rn 71 ff). **67**

c) Anspruchsteller als Gläubiger des Hauptanspruchs

Der Hauptanspruch (s oben Rn 52 ff) in Ansehung der Sache (s oben Rn 57 ff) muss demjenigen zustehen, der die Besichtigung der Sache nach § 809 BGB begehrt (BECKHAUS 17; WARNEYER/BOHNENBERG § 809; GRÜNEBERG/SPRAU § 809 Rn 4). Mit anderen Worten: Der Anspruchsteller des § 809 BGB muss der Gläubiger des Hauptanspruchs sein. Demjenigen, der das Nichtbestehen eines Anspruchs in Ansehung der Sache gerichtlich feststellen lassen will (sog negative Feststellungsklage), gewährt § 809 BGB keinen Anspruch auf Besichtigung (RG 24. 3. 1933 – III 337/32, WarnRspr 1933 Nr 86; SOERGEL/HADDING § 809 Rn 4). Eine entsprechende Anwendung von § 809 BGB in diesen Konstellationen widerspräche dem Charakter des Besichtigungsrechts als präparatorischer Informationsanspruch (s oben Rn 3). **68**

d) Gegen den Besitzer der Sache

Abweichend von Art 1041 Dresdner Entwurf (s oben Rn 8) vermag der Hauptanspruch (s oben Rn 52 ff) in Ansehung der Sache (s oben Rn 57 ff) den Besichtigungsanspruch nach § 809 BGB nur zu begründen, wenn er sich – ebenso wie letzterer selbst (s unten Rn 85 ff) – gegen den Besitzer der Sache richtet, der diese zur Besichtigung vorlegen oder deren Besichtigung gestatten soll (LG Münster 19. 8. 2022 – 108 O 16/22, BeckRS 2022, 25582 Rn 18; BECKHAUS 17; BORK NJW 1997, 1665, 1668; DIERSCHKE 44; BeckOK-BGB/GEHRLEIN [1. 2. 2023] § 809 Rn 3; GIESKER 73; GNIADEK 73; HAAS 21, 36; BeckOGK/HOFFMANN [1. 3. 2023] § 809 Rn 13; PLANCK/LANDOIS § 809 Anm 2 c; MARSHALL, in: FS Preu [1988] 151, 153; MARKFORT 167; jurisPK-BGB/MARTINEK/HEINE [1. 2. 2023] § 809 Rn 2; OERTMANN § 809 Anm 1 a; OSTERLOH-KONRAD 36; PRIES 36 f; SASS 80 f; SCHILKEN Jura 1988, 525, 528; SIEGEL 79 f; GRÜNEBERG/SPRAU § 809 Rn 4). Nicht erforderlich ist, dass die Passivlegitimation auf den Besitz gründet (MünchKommBGB/HABERSACK § 809 Rn 4). Es genügt, dass der Besitzer der Sache – gleich aus welchem Grund – Schuldner des Hauptanspruchs ist. Die Art **69** des Besitzes – sei es Eigen- oder Fremdbesitz (s unten Rn 85), sei es unmittelbarer oder mittelbarer Besitz (s unten Rn 87 f), sei es Allein- oder Mitbesitz (s unten Rn 89) – ist unerheblich. Ansprüche, die sich ausschließlich gegen einen nichtbesitzenden Dritten richten, können – auch dann, wenn sie sich auf die Sache beziehen (zB Produkthaftung) – den Anspruch nach § 809 BGB nicht begründen (s zB KG 8. 3. 1919, GRUR 1919, 179; Haeffs 78). Ein Besichtigungsrecht zu dem Zweck, Informationen und ggf Beweise für die Durchsetzung eines solchen Anspruchs zu erlangen, ist dem BGB fremd.

e) Gewissheit über den Hauptanspruch oder Gewissheitsverschaffung

aa) Gewissheit über den Hauptanspruch (Alt 1)

70 Nach § 809 Alt 1 BGB steht der Besichtigungsanspruch demjenigen zu, der einen Hauptanspruch (s oben Rn 52 ff) in Ansehung der Sache (s oben Rn 57 ff) gegen den Besitzer (s oben Rn 69) hat. Hierfür muss der Hauptanspruch feststehen (BGH 8. 1. 1985 – X ZR 18/84, BGHZ 93, 191, 204 = NJW-RR 1986, 480 – *Druckbalken*; Pries 41), das Gericht also von dem Bestehen des Hauptanspruchs überzeugt sein. Die praktische Bedeutung von § 809 Alt 1 BGB ist gering. Anspruchsteller, die meinen, ihrer Darlegungs- und Beweislast in Bezug auf den Hauptanspruch (s unten Rn 139) ohne vorherige Besichtigung der Sache genügen zu können, werden idR sogleich den Hauptanspruch einklagen und den Besichtigungsanspruch allenfalls zum Antritt des Beweises durch Augenschein bemühen (s unten Rn 145 ff). Daher wird der Anspruch nach § 809 Alt 1 BGB lediglich in Fällen geltend gemacht, in denen zwar dem Grunde nach Gewissheit über den Hauptanspruch besteht, dessen Höhe aber von einer dem Anspruchsteller unbekannten Beschaffenheit der Sache abhängt (Erman/Wilhelmi § 809 Rn 1a).

bb) Gewissheitsverschaffung (Alt 2)

(1) Allgemeines

71 In der Praxis überwiegen Fälle, in denen die Anspruchsteller der Ansicht sind, den Hauptanspruch (s oben Rn 52 ff) in Ansehung der Sache (s oben Rn 57 ff) noch nicht nachweisen zu können (s oben Rn 70), sich aber von einer Besichtigung der Sache die dafür erforderlichen Informationen erhoffen (C Paulus/C Renner JuS 2004, 1051, 1052). Für diese Konstellationen, in denen der Besichtigungsanspruch „mehr oder weniger unentbehrlich" (Mot II 891 = Mugdan II 498) ist, haben die Verfasser des BGB den Anspruch nach § 809 BGB aus **Billigkeitsgründen** (Mot II 891 = Mugdan II 498 [„durch Billigkeitsrücksichten geboten"]) auch denjenigen zugestanden, die sich durch die Besichtigung der Sache Gewissheit verschaffen wollen, ob ihnen ein Hauptanspruch in Ansehung der Sache gegen den Besitzer zusteht.

72 Die Ungewissheit darüber, ob dem Anspruchsteller ein Hauptanspruch (s oben Rn 52 ff) in Ansehung der Sache (s oben Rn 57 ff) zusteht, kann zwei Gründe haben. Zum einen kann Ungewissheit über die **Identität der Sache** bestehen, die sich im Besitz des Anspruchsgegners befindet (Haas 28 f; Pries 41). Mit anderen Worten: Der Anspruchsteller zweifelt daran, ob die Sache, deren Vorlegung er begehrt, mit der Sache identisch ist, hinsichtlich derer er sich eines Hauptanspruchs rühmt (Haas 41; Pries 41). Zum anderen kann die **Beschaffenheit der Sache** ungewiss sein (Haas 28 f, 41; Pries 41). Dies ist insbesondere von Bedeutung, wenn ungeklärt ist, ob die für den Hauptanspruch erforderliche Verletzung eines gewerblichen Schutzrechts überhaupt vorliegt (BGH 1. 8. 2006 – X ZR 114/03 Rn 43, BGHZ 169, 30 = NJW-RR 2007, 106 – *Restschadstoffentfernung*; BGH 2. 5. 2002 – I ZR 45/01, BGHZ 150, 377, 384 = NJW-RR 2002, 1617 – *Faxkarte*;

BGH 8. 1. 1985 – X ZR 18/84, BGHZ 93, 191, 204 = NJW-RR 1986, 480 – *Druckbalken*; RG 7. 11. 1909 – Rep I 638/07, RGZ 69, 401, 405 f – *Nitzsche-Briefe*; OLG Frankfurt 17. 1. 2006 – 11 W 21/05, NJW-RR 2006, 1344; LG Nürnberg-Fürth 26. 5. 2004 – 3 O 2524/04, MMR 2004, 627, 628).

73 Mit dem Grundsatz, dass keine Partei verpflichtet ist, dem Gegner für seinen Prozesssieg das Material zu verschaffen, über das er nicht schon von sich aus verfügt (statt vieler s BGH 11. 6. 1990 – II ZR 159/89, NJW 1990, 3151; BGH 26. 6. 1958 – II ZR 66/57, NJW 1958, 1491, 1492; abl Sass 39 ff), konfligiert § 809 Alt 2 BGB bereits deshalb nicht, weil dieser Grundsatz keine Aussage zu der Existenz und dem Umfang materiell-rechtlicher Auskunfts- und anderer Informationsansprüche enthält, die dem Gläubiger die Geltendmachung weiterer Ansprüche erst ermöglichen sollen (BGH 2. 5. 2002 – I ZR 45/01, BGHZ 150, 377, 384 f = NJW-RR 2002, 1617 – *Faxkarte*; LG Nürnberg-Fürth 23. 2. 2005 – 3 O 4156/04, BeckRS 2011, 12419; vHartz 149; abw BGH 8. 1. 1985 – X ZR 18/84, BGHZ 93, 191, 205 = NJW-RR 1986, 480 – *Druckbalken*: Grundsatz fordert Beachtung bei der Beurteilung der Anspruchsvoraussetzungen des § 809 BGB). Gleiches gilt für das zivilprozessuale **Verbot des Ausforschungsbeweises** (BGH 1. 8. 2006 – X ZR 114/03 Rn 43, BGHZ 169, 30 = NJW-RR 2007, 106 – *Restschadstoffentfernung*; BGH 2. 5. 2002 – I ZR 45/01, BGHZ 150, 377, 384 f = NJW-RR 2002, 1617 – *Faxkarte*; Adloff 411; vHartz 149; abw BGH 8. 1. 1985 – X ZR 18/84, BGHZ 93, 191, 205 = NJW-RR 1986, 480 – *Druckbalken*; Markfort 168), dessen Bedeutung sich darin erschöpft, dass Beweisantritte unzulässig sind, die nicht unmittelbar oder – bei einem Indizienbeweis – mittelbar dem Beweis einer von dem Beweisführer vorgetragenen Tatsache dienen, sondern der Ausforschung von Tatsachen oder der Erschließung von Erkenntnisquellen, die es erst ermöglichen sollen, bestimmte Tatsachen zu behaupten und unter Beweis zu stellen (statt vieler s Zöller/Greger Vor § 284 ZPO Rn 8c).

(2) Wahrscheinlichkeit des Hauptanspruchs

(a) Allgemeines

74 Die bloße Absicht des Anspruchstellers, sich mithilfe der begehrten Besichtigung Gewissheit zu verschaffen, ob ihm ein Hauptanspruch (s oben Rn 52 ff) in Ansehung der Sache (s oben Rn 57 ff) gegen den Besitzer (s oben Rn 69) zusteht, vermag den Besichtigungsanspruch nach § 809 Alt 2 BGB nicht zu begründen. Eine solche Auslegung würde über das berechtigte Interesse des Anspruchstellers (s unten Rn 80 ff) insoweit hinausgehen, als es ihm möglich wäre, die Besichtigung zur Ausspähung insbesondere auch solcher Informationen zu missbrauchen, die der Besitzer aus schutzwürdigen Gründen geheim halten möchte (BGH 2. 5. 2002 – I ZR 45/01, BGHZ 150, 377, 386 = NJW-RR 2002, 1617 – *Faxkarte*; BGH 8. 1. 1985 – X ZR 18/84, BGHZ 93, 191, 206 = NJW-RR 1986, 480 – *Druckbalken*; Mot II 890 = Mugdan II 497). Daher genügt weder die nur entfernte Möglichkeit der Rechtsverletzung (BGH 2. 5. 2002 – I ZR 45/01, BGHZ 150, 377, 385 f = NJW-RR 2002, 1617 – *Faxkarte*; BGH 8. 1. 1985 – X ZR 18/84, BGHZ 93, 191, 205 = NJW-RR 1986, 480 – *Druckbalken*; BGH 20. 9. 2012 – I ZR 90/09 Rn 20, NJW-RR 2013, 878 – *UniBasic-IDOS*; OLG Hamburg 29. 4. 2004 – 3 U 120/00, ZUM 2005, 394, 395 – *Faxkarte II*; OLG Düsseldorf 30. 1. 2003 – 2 U 71/99, GRUR-RR 2003, 327; LG Münster 19. 8. 2022 – 108 O 16/22, BeckRS 2022, 25582 Rn 16; PWW/Buck-Heeb § 809 Rn 6; BeckOGK/Hoffmann [1. 3. 2023] § 809 Rn 17; Hornkohl GVRZ 2021, 17 Rn 11; Marshall, in: FS Preu [1988] 151, 154; jurisPK-BGB/Martinek/Heine [1. 2. 2023] § 809 Rn 13; NK-BGB/Mielke § 809 Rn 9; Osterloh-Konrad 33; Pries 43) noch die bloße Spekulation über das Bestehen des Hauptanspruchs (Karger 72) zur Begründung des Besichtigungsanspruchs. Die Formulierung „sich Gewissheit verschaffen" impliziert vielmehr, dass der Anspruchsteller bereits konkrete Anhaltspunkte haben muss (Karger 72). Erforderlich ist daher ein **gewisser Grad an Wahr-**

scheinlichkeit, dass dem Anspruchsteller der behauptete Hauptanspruch in Ansehung der Sache gegen den Besitzer zusteht (BGH 1. 8. 2006 – X ZR 114/03 Rn 43, BGHZ 169, 30 = NJW-RR 2007, 106 – *Restschadstoffentfernung*; BGH 2. 5. 2002 – I ZR 45/01, BGHZ 150, 377, 385 f = NJW-RR 2002, 1617 – *Faxkarte*; BGH 8. 1. 1985 – X ZR 18/84, BGHZ 93, 191, 205 = NJW-RR 1986, 480 – *Druckbalken*; BGH 20. 7. 2018 – V ZR 130/17 Rn 16, NJW 2019, 771; BGH 20. 9. 2012 – I ZR 90/09 Rn 20, NJW-RR 2013, 878 – *UniBasic-IDOS*; OLG Köln 30. 3. 2017 – 15 U 97/16, BeckRS 2017, 151590 Rn 35; OLG Hamm 31. 1. 2013 – 4 U 200/12, GRUR-RR 2013, 306, 308; OLG Frankfurt 10. 6. 2010 – 15 U 192/09, juris Rn 31; OLG Frankfurt 17. 1. 2006 – 11 W 21/05, NJW-RR 2006, 1344; OLG Hamburg 29. 4. 2004 – 3 U 120/00, ZUM 2005, 394, 395 – *Faxkarte II*; OLG Düsseldorf 30. 1. 2003 – 2 U 71/99, GRUR-RR 2003, 327; OLG Düsseldorf 3. 1. 2003 – 2 U 71/00, Mitt 2003, 333; OLG Hamburg 11. 1. 2001 – 3 U 120/00, GRUR-RR 2001, 289, 292; KG 11. 8. 2000 – 5 U 3069/90, NJW 2001, 233, 235; OLG München 7. 10. 1999 – 29 U 2789/99, NJW-RR 2000, 777; LG Münster 19. 8. 2022 – 108 O 16/22, BeckRS 2022, 25582 Rn 16; LG Nürnberg-Fürth 26. 5. 2004 – 3 O 2524/04, MMR 2004, 627, 628; Bork NJW 1997, 1665, 1668; PWW/Buck-Heeb § 809 Rn 6; Götting GRUR Int 1988, 729, 737; MünchKommBGB/Habersack § 809 Rn 4; BeckOGK/Hoffmann [1. 3. 2023] § 809 Rn 17; Hornkohl GVRZ 2021, 17 Rn 11; Kotthoff/Wieczorek MMR 2014, 3, 6; Markfort 167; jurisPK-BGB/Martinek/Heine [1. 2. 2023] § 809 Rn 1, 13; NK-BGB/Mielke § 809 Rn 9; Osterloh-Konrad 33; C Paulus/C Renner JuS 2004, 1051, 1053; Schreiber JR 2008, 1, 2; Spindler/Dorschel CR 2005, 38, 44; Grüneberg/Sprau § 809 Rn 5; Jauernig/Stadler §§ 809–811 Rn 3; Erman/Wilhelmi § 809 Rn 2; ähnlich [relative Wahrscheinlichkeit] Sass 73 ff; **aA** [Möglichkeit genügt] BGB-RGRK/Steffen § 809 Rn 8). Hierfür müssen objektive Indizien darauf hinweisen, dass die zu besichtigende Sache die den Hauptanspruch tragende Beschaffenheit hat (Bork NJW 1997, 1665, 1668). Wird der Grad einer gewissen Wahrscheinlichkeit nicht erreicht, besteht der Besichtigungsanspruch auch dann nicht, wenn der Besitzer kein besonderes Gegeninteresse hat (Melullis, in: FS Tilmann [2003] 843, 845).

(b) Gewerbliche Schutzrechte

75 Für den Bereich der gewerblichen Schutzrechte hat der BGH durch die grundlegenden Entscheidungen *Druckbalken* (BGH 8. 1. 1985 – X ZR 18/84, BGHZ 93, 191 ff = NJW-RR 1986, 480) und *Faxkarte* (BGH 2. 5. 2002 – I ZR 45/01, BGHZ 150, 377 ff = NJW-RR 2002, 1617) eine rechtsspezifische Differenzierung hinsichtlich des erforderlichen Grades der Wahrscheinlichkeit der Rechtsverletzung etabliert, nämlich zwischen Patentverletzungen einerseits (s unten Rn 76) und sonstigen Schutzrechtverletzungen andererseits (s unten Rn 77). Diese kann – ungeachtet der Zweifel, ob die graduelle Unterscheidung überhaupt subsumtionsfähig war – seit dem Inkrafttreten des Gesetzes zur Verbesserung der Durchsetzung von Rechten des geistigen Eigentums am 1. 9. 2008 (s Art 10 S 2 G v 7. 7. 2008, BGBl 2008 I 1191) aufgrund der Idealkonkurrenz von § 809 BGB zu den besonderen Besichtigungsansprüchen nicht mehr aufrechterhalten werden (s unten Rn 78).

(aa) Patentverletzung

76 Nach der grundlegenden Entscheidung des BGH in der Rechtssache *Druckbalken* vermochte ein (bloß) gewisser Grad an Wahrscheinlichkeit der Rechtsverletzung den Anspruch auf Besichtigung des Erzeugnisses nach § 809 BGB nicht zu begründen. Da bei technischen Vorrichtungen ein besonderes Geheimhaltungsinteresse bestehe, sei vielmehr eine **erhebliche Wahrscheinlichkeit** erforderlich (BGH 8. 1. 1985 – X ZR 18/84, BGHZ 93, 191, 207 = NJW-RR 1986, 480 – *Druckbalken*; dem folgend OLG Düsseldorf 30. 1. 2003 – 2 U 71/99, GRUR-RR 2003, 327; BeckOK-BGB/Gehrlein [1. 2. 2023] § 809 Rn 4;

Stürner/Stadler JZ 1985, 1101; krit Marshall, in: FS Preu [1988] 151, 159; Melullis, in: FS Tilmann [2003] 843, 845; abw LG Braunschweig 20. 8. 1968 – 9 c Q 6/67, GRUR 1971, 28, 29 [„Wahrscheinlichkeit"]). Diese im Vergleich zu anderen Rechtsverletzungen (s unten Rn 77) erhöhte Anforderung für den Besichtigungsanspruch nach § 809 Alt 2 BGB hat der BGH **bis heute nicht aufgegeben** (**aA** PWW/Buck-Heeb § 809 Rn 6; jurisPK-BGB/Martinek/Heine [1. 2. 2023] § 809 Rn 13). Vor dem Hintergrund, dass in der Entscheidung *Faxkarte* ausdrücklich offengelassen wurde, ob an den für Patentverletzungen geltenden Anforderungen festzuhalten ist (BGH 2. 5. 2002 – I ZR 45/01, BGHZ 150, 377, 386 = NJW-RR 2002, 1617 – *Faxkarte*), hat die in den Urteilsgründen enthaltene Formulierung, dass die zwischen Patentverletzungen einerseits und Urheberrechtsverletzungen und Wettbewerbsverstößen andererseits (s unten Rn 77) bestehenden Unterschiede keine unterschiedlichen Anforderungen an die Voraussetzungen des Besichtigungsanspruchs nahelegen (BGH 2. 5. 2002 – I ZR 45/01, BGHZ 150, 377, 389 = NJW-RR 2002, 1617 – *Faxkarte*), in der Literatur die Erwartung geweckt, der BGH werde seine bisherige Rechtsprechung bei der nächsten sich bietenden Gelegenheit aufgeben (Gniadek 70 f; Osterloh-Konrad 32; Schlosser JZ 2003, 427, 428; Tilmann/Schreibauer GRUR 2002, 1015, 1020; Tilmann/Schreibauer, in: FS Erdmann [2002] 901 f). Diese Hoffnung wurde durch die Entscheidung *Restschadstoffentfernung* enttäuscht (**aA** PWW/Buck-Heeb § 809 Rn 6; BeckOGK/Hoffmann [1. 3. 2023] § 809 Rn 30), in welcher das Gericht seine nach Rechtsgebieten, namentlich gewerblichen Schutzrechten einerseits und insbesondere technischen Schutzrechten andererseits, differenzierte Betrachtung und Anwendung von § 809 Alt 2 BGB bestätigt hat (BGH 1. 8. 2006 – X ZR 114/03 Rn 41, BGHZ 169, 30 = NJW-RR 2007, 106 – *Restschadstoffentfernung*). Zur Begründung verwies der X. Zivilsenat auf die Art 43–50 TRIPS-Übereinkommen (Übereinkommen über handelsbezogene Aspekte der Rechte des geistigen Eigentums) sowie auf Art 6 Abs 1 S 1 Enforcement-Richtlinie 2004/48/EG, die eine unterschiedliche Behandlung nicht nur zuließen, sondern geböten (BGH 1. 8. 2006 – X ZR 114/03 Rn 41, BGHZ 169, 30 = NJW-RR 2007, 106 – *Restschadstoffentfernung*).

(bb) Urheber- und sonstige Schutzrechtsverletzungen

Die Übertragung der für Patentverletzungen geltenden erhöhten Anforderung einer erheblichen Wahrscheinlichkeit (s oben Rn 76) auf andere Schutzrechtsverletzungen hat der BGH ausdrücklich abgelehnt (BGH 2. 5. 2002 – I ZR 45/01, BGHZ 150, 377, 386 = NJW-RR 2002, 1617 – *Faxkarte*; dem folgend OLG Frankfurt 17. 1. 2006 – 11 W 21/05, NJW-RR 2006, 1344; krit Grützmacher CR 2002, 794, 795). In Fällen einer Urheberrechtsverletzung (s oben Rn 62 ff) oder eines Wettbewerbsverstoßes (s oben Rn 65 f) *kann* daher ein gewisser Grad an Wahrscheinlichkeit der Rechtsverletzung für den Besichtigungsanspruch nach § 809 Alt 2 BGB genügen (BGH 1. 8. 2006 – X ZR 114/03 Rn 43, BGHZ 169, 30 = NJW-RR 2007, 106 – *Restschadstoffentfernung* [Urheberrecht]; BGH 2. 5. 2002 – I ZR 45/01, BGHZ 150, 377, 386 = NJW-RR 2002, 1617 – *Faxkarte* [Urheberrecht]; BGH 20. 7. 2018 – V ZR 130/17 Rn 16, NJW 2019, 771 [Persönlichkeitsrecht]; OLG Köln 30. 3. 2017 – 15 U 97/16, BeckRS 2017, 151590 Rn 35 [Persönlichkeitsrecht]; OLG Hamm 31. 1. 2013 – 4 U 200/12, GRUR-RR 2013, 306, 308 [wettbewerbliche Rechtsverletzung]; OLG Frankfurt 10. 6. 2010 – 15 U 192/09, juris Rn 31 [wettbewerbliche Rechtsverletzung]; OLG Frankfurt 17. 1. 2006 – 11 W 21/05, NJW-RR 2006, 1344 [Urheberrecht]; OLG Hamburg 29. 4. 2004 – 3 U 120/00, ZUM 2005, 394, 395 – *Faxkarte II* [Urheberrecht]; OLG Düsseldorf 30. 1. 2003 – 2 U 71/99, GRUR-RR 2003, 327 [Wettbewerbs- und Urheberrecht]; OLG Hamburg 11. 1. 2001 – 3 U 120/00, GRUR-RR 2001, 289, 292 [Urheberrecht]; LG Nürnberg-Fürth 26. 5. 2004 – 3 O 2524/04, MMR 2004, 627, 628 [Urheberrecht]; BeckOK-BGB/Gehrlein [1. 2. 2023] § 809 Rn 4; Spindler/Dorschel CR 2005, 38, 44). Dieser allein ist aber nicht notwen- 77 dig ausreichend für die Begründung eines Anspruchs nach § 809 Alt 2 BGB. Ursächlich hierfür ist, dass die Vorschrift des § 809 BGB auf einer Interessenabwägung beruht, nämlich zwischen dem Besichtigungsinteresse des Anspruchstellers, für den die Besichtigung „zur Verwirklichung des (Haupt-)Anspruchs … unentbehrlich ist" (Mot II 891 = Mugdan II 498), und dem Geheimhaltungsinteresse des Besitzers (s oben Rn 2). In diese Abwägung ist nicht nur der Grad der Wahrscheinlichkeit des Bestehens des Hauptanspruchs einzustellen (BGH 2. 5. 2002 – I ZR 45/01, BGHZ 150, 377, 386 = NJW-RR 2002, 1617 – *Faxkarte*; OLG Frankfurt 17. 1. 2006 – 11 W 21/05, NJW-RR 2006, 1344; OLG Düsseldorf 30. 1. 2003 – 2 U 71/99, GRUR-RR 2003, 327), sondern auch, ob der Anspruchsteller auf andere mögliche und zumutbare Beweismittel zurückgreifen kann (BGH 2. 5. 2002 – I ZR 45/01, BGHZ 150, 377, 386 = NJW-RR 2002, 1617 – *Faxkarte*; OLG Frankfurt 17. 1. 2006 – 11 W 21/05, NJW-RR 2006, 1344; OLG Düsseldorf 30. 1. 2003 – 2 U 71/99, GRUR-RR 2003, 327) und ob bei der Besichtigung notwendig berechtigte Geheimhaltungsinteressen des Schuldners beeinträchtigt werden (BGH 2. 5. 2002 – I ZR 45/01, BGHZ 150, 377, 386 f = NJW-RR 2002, 1617 – *Faxkarte*; OLG Frankfurt 17. 1. 2006 – 11 W 21/05, NJW-RR 2006, 1344; OLG Düsseldorf 30. 1. 2003 – 2 U 71/99, GRUR-RR 2003, 327) oder ob diese Beeinträchtigung durch die Einschaltung eines zur Verschwiegenheit verpflichteten Dritten (s unten Rn 109, 119) weitgehend ausgeschlossen werden kann (BGH 2. 5. 2002 – I ZR 45/01, BGHZ 150, 377, 386 f = NJW-RR 2002, 1617 – *Faxkarte*). Die Tatsache, dass der Grad der Wahrscheinlichkeit der Rechtsverletzung nur einer von mehreren Aspekten in der Abwägung ist, impliziert, dass der Besichtigungsanspruch trotz einer gewissen Wahrscheinlichkeit der Rechtsverletzung im Einzelfall zB aufgrund anderer zumutbarer Beweismöglichkeiten ausgeschlossen sein kann.

(cc) Änderung der Rechtslage durch das Inkrafttreten besonderer Besichtigungsansprüche

78 Vor dem Hintergrund, dass der deutsche Gesetzgeber die Vorgaben der Enforcement-Richtlinie 2004/48/EG im Zeitpunkt der Entscheidung *Restschadstoffentfernung* noch nicht umgesetzt hatte, fügte der BGH dem Gebot einer differenzierten Betrachtung und Anwendung von § 809 Alt 2 BGB in verschiedenen Rechtsgebieten (s oben Rn 76) die Einschränkung hinzu, dass dies nur gelte, solange eine differenzierte Regelung nicht spezialgesetzlich erfolgt (BGH 1. 8. 2006 – X ZR 114/03 Rn 41, BGHZ 169, 30 = NJW-RR 2007, 106 – *Restschadstoffentfernung*). Eine solche ist jedoch nicht nur für Patentverletzungen (§ 140c Abs 1 S 1 PatG), sondern auch für andere Schutzrechtverletzungen (§ 46a Abs 1 S 1 DesignG [vormals § 46a Abs 1 S 1 GeschmMG], § 24c Abs 1 S 1 GebrMG ggf iVm § 9 Abs 2 HalblSchG, § 19a Abs 1 S 1 MarkenG, § 37c Abs 1 S 1 SortSchG, § 101a Abs 1 S 1 UrhG) am 1. 9. 2008 in Kraft getreten (Art 2 Nr 4, Art 3 Nr 1, Art 4 Nr 4, Art 5 Nr 1, Art 6 Nr 10, Art 7 Nr 5, Art 8 Nr 2 iVm Art 10 S 2 G v 7. 7. 2008, BGBl 2008 I, 1191). Der Wortlaut dieser Bestimmungen setzt übereinstimmend keine erhebliche Wahrscheinlichkeit der Rechtsverletzung voraus; es genügt jeweils eine **hinreichende Wahrscheinlichkeit**. Diese pleonastische Formulierung soll – ausweislich der Begründung des Regierungsentwurfs (RegBegr G zur Verbesserung der Durchsetzung von Rechten des geistigen Eigentums, BT-Drucks 16/5048, 40 zu § 140c PatG-RegE) – im Anschluss an die BGH-Entscheidung *Faxkarte* (BGH 2. 5. 2002 – I ZR 45/01, BGHZ 150, 377 ff = NJW-RR 2002, 1617) zum Ausdruck bringen, dass die besonderen Besichtigungsansprüche – einschließlich des Anspruchs nach § 140c Abs 1 S 1 PatG – bereits bei einem gewissen Grad an Wahrscheinlichkeit vorliegen können (Dreier/Schulze/Dreier § 101a UrhG Rn 3; Mes, PatG/GebrMG § 140c PatG Rn 10; Wandtke/Bullinger/Ohst, Urheberrecht § 101a UrhG Rn 10; BeckOK-Patentrecht/Pitz [15. 1.

2023] § 140c PatG Rn 7; Schricker/Loewenheim/Wimmers, Urheberrecht § 101a UrhG Rn 17; Spindler/Schuster/Spindler, Recht der elektronischen Medien § 101a UrhG Rn 2; Zekoll/Haas JZ 2017, 1140, 1143). Da die besonderen Besichtigungsansprüche in Idealkonkurrenz zu § 809 BGB stehen (s oben Rn 31), ist das Ergebnis der vom Gesetzgeber vorgenommenen Abwägung, nämlich dass das berechtigte Geheimhaltungsinteresse des Schuldners nur bei einer hinreichenden Wahrscheinlichkeit der Rechtsverletzung hinter das Besichtigungsinteresse des Anspruchstellers zurücktreten kann, auch bei der Auslegung von § 809 Alt 2 BGB zu achten, und zwar dahingehend, dass seit dem 1. 9. 2008 auch in Fällen einer Patentverletzung eine hinreichende Wahrscheinlichkeit der Rechtsverletzung genügt.

Die hinreichende Wahrscheinlichkeit einer Rechtsverletzung (s oben Rn 78) vermag **79** die besonderen Besichtigungsansprüche nur zu begründen, wenn diese zur Begründung des jeweiligen Hauptanspruchs erforderlich sind. Mit dieser Formulierung hat der Gesetzgeber einen weiteren Aspekt aus der BGH-Entscheidung *Faxkarte* in das Gesetz überführt, nämlich dass der Besichtigungsanspruch trotz einer gewissen Wahrscheinlichkeit der Rechtsverletzung ausscheiden kann, wenn der Anspruchsteller auf andere zumutbare Beweise für die Rechtsverletzung zurückgreifen kann oder bei der Gewährung des Besichtigungsrechts unvermeidbar berechtigte Geheimhaltungsinteressen des Schuldners beeinträchtigt werden (BGH 2. 5. 2002 – I ZR 45/01, BGHZ 150, 377, 386 f = NJW-RR 2002, 1617 – *Faxkarte*). Obwohl der Wortlaut des § 809 BGB nicht um eine vergleichbare Formulierung erweitert wurde, ist die hinreichende Wahrscheinlichkeit der Rechtsverletzung nur ein Aspekt in der **Gesamtabwägung aller Umstände des Einzelfalls**, in die außerdem die Verfügbarkeit anderer Beweismittel sowie das berechtigte Geheimhaltungsinteresse des Besitzers einzustellen sind (s oben Rn 77).

4. Interesse an der Besichtigung

a) Verbindung mit dem Hauptanspruch in Ansehung der Sache

Der Anspruchsteller muss ein ernstliches und besonderes Interesse an der Besichti- **80** gung der Sache haben (RG 12. 7. 1927 – VI 183/27, WarnRspr 1927 Nr 142; LG Aurich 28. 10. 2011 – 5 O 854/11, NZBau 2012, 369, 370; PWW/Buck-Heeb § 809 Rn 7; BeckOK-BGB/Gehrlein [1. 2. 2023] § 809 Rn 5; Gniadek 73; Soergel/Hadding § 809 Rn 6; Markfort 168; jurisPK-BGB/Martinek/Heine [1. 2. 2023] § 809 Rn 14; NK-BGB/Mielke § 809 Rn 11; Schreiber JR 2008, 1, 2; Grüneberg/Sprau § 809 Rn 6; Jauernig/Stadler §§ 809–811 § 809 Rn 4; BGB-RGRK/Steffen § 809 Rn 9; Wiese, in: FS Herschel [1982] 483, 488; Erman/Wilhelmi § 809 Rn 2; **aA** Sass 51). Besonders ist dieses Interesse deshalb, weil es sich nach dem eindeutigen Wortlaut der Vorschrift (**„aus diesem Grunde“**) aus dem Hauptanspruch in Ansehung der Sache (s oben Rn 51 ff) ergeben muss (Dierschke 55; Gniadek 73; Haas 24 f; MünchKommBGB/Habersack § 809 Rn 7; vHartz 151; Planck/Landois § 809 Anm 2 b f; jurisPK-BGB/Martinek/Heine [1. 2. 2023] § 809 Rn 14; Pries 47; Schreiber JR 2008, 1, 2; BGB-RGRK/Steffen § 809 Rn 9; ähnlich Radant 38 [„Wechselbeziehung zu einander“]). Hierfür ist es erforderlich, aber auch ausreichend, dass die begehrte Besichtigung für die Prüfung oder Geltendmachung des Hauptanspruchs von Bedeutung ist (jurisPK-BGB/Martinek/Heine [1. 2. 2023] § 809 Rn 14; Erman/Wilhelmi § 809 Rn 2). Der Absicht, den ggf noch ungewissen Hauptanspruch gerichtlich durchzusetzen, bedarf es nicht (Haas 19 f; Dierschke 41 f; BeckOGK/Hoffmann [1. 3. 2023] § 809 Rn 20; Planck/Landois § 809 Anm 2 c; Radant 23; **aA** Spindler/Dorschel CR 2005, 38, 44 [anhängiges Verfahren erforderlich]). Diese normtypische, im

Charakter des Besichtigungsanspruchs als einem präparatorischen Informationsanspruch (s oben Rn 3) angelegte Verbindung mit dem Hauptanspruch lässt erkennen, dass das Interesse an der Besichtigung iS des § 809 BGB *per se* ein rechtliches ist (Beckhaus 25; MünchKommBGB/Habersack § 809 Rn 7; BeckOGK/Hoffmann [1. 3. 2023] § 809 Rn 20; Osterloh-Konrad 36; Pries 47 f; Sass 51; Schilken Jura 1988, 525, 528; Siegel 74; s auch Schmieding 7 zum gemeinen Recht), weshalb der Gesetzgeber auf das sachlich bedeutungslose Attribut „rechtliches" verzichten konnte (MünchKommBGB/Habersack § 809 Rn 7). Die in der Literatur verbreitete Aussage, dass § 809 BGB im Unterschied zu § 810 BGB (statt vieler s § 810 Rn 229 ff) kein rechtliches Interesse voraussetze (PWW/Buck-Heeb § 809 Rn 7; Dierschke 50; BeckOK-BGB/Gehrlein [1. 2. 2023] § 809 Rn 5; Gniadek 73; Soergel/Hadding § 809 Rn 6; vHartz 152; Karger 73; Planck/Landois § 809 Anm 2 b; Marshall, in: FS Preu [1988] 151, 152; jurisPK-BGB/Martinek/Heine [1. 2. 2023] § 809 Rn 14; NK-BGB/Mielke § 809 Rn 11; Schreiber JR 2008, 1, 2; Selke ZfIR 2003, 89, 92; Grüneberg/Sprau § 809 Rn 6; Jauernig/Stadler §§ 809–811 Rn 4; BGB-RGRK/Steffen § 809 Rn 9; Erman/Wilhelmi § 809 Rn 2; **aA** Heldmann ZZP 26 [1899] 407, 423), trifft daher nicht in der Sache, sondern nur auf den Wortlaut der Vorschrift zu. Andere Interessen, zB künstlerischer, religiöser, politischer, journalistischer oder wissenschaftlicher Art, vermögen den Anspruch auf Besichtigung *allein* nicht zu begründen (PWW/Buck-Heeb § 809 Rn 7; BeckOK-BGB/Gehrlein [1. 2. 2023] § 809 Rn 5; Planck/Landois § 809 Anm 2 c; Marshall, in: FS Preu [1988] 151, 152; NK-BGB/Mielke § 809 Rn 11; Sass 51; Schilken Jura 1988, 525, 528; Grüneberg/Sprau § 809 Rn 6; BGB-RGRK/Steffen § 809 Rn 9; Wiese, in: FS Herschel [1982] 483, 488); treten sie hingegen neben das besondere Interesse an der Besichtigung, ist dies unschädlich. Da das besondere Interesse an der Besichtigung der Sache bestehen muss, ist es für den Anspruch nach § 809 BGB – im Unterschied zu § 810 Fall 1 BGB (s § 810 Rn 130 ff) – ohne Bedeutung, ob die Sache (s oben Rn 35 ff, zB ein Produkt, das möglicherweise ein gewerbliches Schutzrecht verletzt) im Interesse des Anspruchstellers hergestellt wurde (OLG Köln 11. 11. 2009 – 5 U 77/09, VersR 2010, 1504, 1505).

81 Das ernstliche und besondere Interesse an der Besichtigung der Sache (s oben Rn 80) muss nicht in einer Abwägung der Interessen des Anspruchstellers mit denen des Anspruchsgegners (s unten Rn 85 ff) positiv festgestellt werden (ähnlich MünchKommBGB/Habersack § 809 Rn 7 [„kein Raum"]). Der Vorschrift liegt nämlich die abstrakte Wertentscheidung zugrunde (MünchKommBGB/Habersack § 809 Rn 7; s oben Rn 2), dass das Besichtigungsinteresse des Anspruchstellers grundsätzlich das Geheimhaltungsinteresse des Anspruchsgegners überwiegt, wenn dem Anspruchsteller ein Hauptanspruch in Ansehung der Sache gegen den Besitzer zusteht (s oben Rn 70) oder er sich Gewissheit verschaffen will, ob ihm ein solcher Anspruch zusteht (s oben Rn 71 ff). Mit anderen Worten: Der Hauptanspruch begründet eine **widerlegliche Vermutung** für ein ernstliches und besonderes Interesse an der Besichtigung. Von diesem gesetzgeberischen Abwägungsergebnis darf nur ausnahmsweise aufgrund besonderer Umstände des Einzelfalls abgewichen werden. Dies ist insbesondere anzunehmen, wenn das ernstliche und besondere Interesse nicht schutzwürdig ist (s unten Rn 82 ff) oder ein außergewöhnliches, im Einzelfall überwiegendes Gegeninteresse des Anspruchsgegners besteht (s unten Rn 117 ff).

b) Fehlende Schutzwürdigkeit des Interesses

82 Der Anspruch nach § 809 BGB wurde für Konstellationen geschaffen, in denen die „Vorzeigung zur Verwirklichung des (Haupt-)Anspruches mehr oder weniger unentbehrlich ist" (Mot II 891 = Mugdan II 498). Ist der Anspruchsteller ausnahmsweise in der Lage, **auf andere Weise** in demselben Umfang wie durch die begehrte Besichtigung **Kenntnis von der Existenz oder der Beschaffenheit der Sache** zu nehmen, ist sein ernstliches und besonderes Interesse an der Besichtigung der Sache (s oben Rn 80) nicht schutzwürdig (BGH 8. 1. 1985 – X ZR 18/84, BGHZ 93, 191, 213 = NJW-RR 1986, 480 – *Druckbalken*; Adloff 411; Beckhaus 25; Bork NJW 1997, 1665, 1669; PWW/Buck-Heeb § 809 Rn 7; Dombrowski GRUR-Prax 2016, 319; BeckOK-BGB/Gehrlein [1. 2. 2023] § 809 Rn 5; Gniadek 73; MünchKommBGB/Habersack § 809 Rn 7; BeckOGK/Hoffmann [1. 3. 2023] § 809 Rn 20; Karg ZUM 2000, 934, 943; Karger 74; Markfort 168; Marshall, in: FS Preu [1988] 151, 156 f; Melullis, in: FS Tilmann [2003] 843, 846; Meyer-Dulheuer GRUR Int 1987, 14, 16; NK-BGB/Mielke § 809 Rn 12; Osterloh-Konrad 36; Sass 52; Schreiber JR 2008, 1, 2; Grüneberg/Sprau § 809 Rn 6; Stürner/Stadler JZ 1985, 1101; nur methodologisch abw jurisPK-BGB/Martinek/Heine [1. 2. 2023] § 809 Rn 5; S Zöllner GRUR-Prax 2010, 74; wohl nur terminologisch abw Brandi-Dohrn CR 1987, 835, 837 [Rechtsschutzbedürfnis entfällt]). Bei einem Computerprogramm ist dies zB anzunehmen, wenn ein Vorgehen nach § 69d Abs 3 UrhG gleichwertige Erkenntnisse über eine angebliche Urheberrechtsverletzung verspricht (Dreier GRUR 1993, 781, 789). Bei einem angeblich patentverletzenden Produkt, das bereits vertrieben wird, obliegt es dem Patentinhaber grundsätzlich vorrangig vor einer Besichtigung nach § 809 BGB, dieses selbst zu erwerben (sog Testkauf, s Adloff 411 f; HKK/Birr §§ 809–811 Rn 10; Bork NJW 1997, 1665, 1669; Dombrowski GRUR-Prax 2016, 319; vHartz 152; BeckOGK/Hoffmann [1. 3. 2023] § 809 Rn 17; Sass 52 f; Stürner/Stadler JZ 1985, 1101) oder es bei einem anderen Erwerber zu besichtigen (Stürner/Stadler JZ 1985, 1101; angedeutet von BGH 8. 1. 1985 – X ZR 18/84, BGHZ 93, 191, 213 = NJW-RR 1986, 480 – *Druckbalken* [„Zweifel"]). Für die Aufwendungen eines Testkaufs wird der Anspruchsteller idR keinen Ersatz von dem Anspruchsgegner verlangen können, und zwar auch dann nicht, wenn er ihn vorher zu der Vorlage der Sache angemahnt hat (**aA** BeckOGK/Hoffmann [1. 3. 2023] § 809 Rn 17.1). Die Möglichkeit eines Testkaufs schließt nämlich die Schutzwürdigkeit des Interesses des Anspruchstellers und damit den Anspruch auf die Besichtigung aus, sodass mangels eines Anspruchs nach § 809 Alt 2 BGB kein Verzug nach § 286 Abs 1 S 1 BGB eintreten kann.

Die Erfüllung des Anspruchs nach § 809 BGB (s unten Rn 124) schließt ein ernstliches **83**
und besonderes Interesse an einer **erneuten Besichtigung** nicht notwendig aus. Dies gilt insbesondere, wenn seit der letzten Besichtigung ein erheblicher Zeitraum verstrichen ist (zB ein Jahr), ohne dass der Hauptanspruch (s oben Rn 52 ff) zwischenzeitlich erfüllt wurde (RG 12. 7. 1927 – VI 183/27, WarnRspr 1927 Nr 142).

Die Voraussetzung, dass das ernstliche und besondere Interesse an der Besichtigung **84**
einer Sache sich aus deren Bedeutung für die Prüfung oder Geltendmachung des Hauptanspruchs ergeben muss (s oben Rn 80), impliziert, dass die Schutzwürdigkeit des Interesses regelmäßig, aber nicht notwendig (BGH 25. 7. 2017 – VI ZR 222/16 Rn 8, NJW 2017, 2755 zu § 242 BGB; BGH 4. 10. 1989 – IVa ZR 198/88, BGHZ 108, 393, 399 f = NJW 1990, 180 zu § 2314 BGB; BGH 3. 10. 1984 – IVa ZR 56/83, NJW 1985, 384, 385 zu § 2314 BGB; Osterloh-Konrad 298) entfällt, sobald der Schuldner wegen der **Verjährung des Hauptanspruchs** die Leistung nach § 214 Abs 1 BGB verweigert (BGH 2. 5. 2002 – I ZR 45/01, BGHZ 150, 377, 381 = NJW-RR 2002, 1617 – *Faxkarte*; Frank/Wiegand CR 2007, 481, 482; MünchKommBGB/Habersack § 809 Rn 15; s auch BGH 12. 6. 1991 – XII ZR 17/90, NJW 1991, 3031, 3032 zu § 242 BGB; BGH 4. 10. 1989 – IVa ZR 198/88, NJW 1990, 180, 181 zu § 2314 Abs 1 BGB; BGH 3. 10. 1984 – IVa ZR 56/83, NJW 1985, 384, 385 zu § 2314 Abs 1 BGB). Der Eintritt der Verjährung genügt alleine nicht (**aA** BGH 26. 5. 1994 – IX ZR 39/93, NJW 1994, 3102, 3106 [insoweit

nicht abgedruckt in BGHZ 126, 138 ff] zu § 242 BGB; BGH 24. 4. 2002 – IV ZR 126/01, BeckRS 2002, 03870 zu § 2314 BGB; BGH 3. 4. 1996 – VIII ZR 54/95, NJW 1996, 2100, 2101 zu § 87c HGB; OLG Karlsruhe 27. 4. 2001 – 14 U 187/00, NJW-RR 2002, 951; LG Köln 8. 9. 1993 – 24 S 45/92, VersR 1994, 296; Adloff 412; PWW/Buck-Heeb § 809 Rn 2, 7; BeckOK-BGB/Gehrlein [1. 2. 2023] § 809 Rn 5; juris-PK-BGB/Martinek/Heine [1. 2. 2023] § 809 Rn 8; NK-BGB/Mielke § 809 Rn 12, 23; Osterloh-Konrad 298; Sass 163 f; Grüneberg/Sprau § 809 Rn 6; Jauernig/Stadler §§ 809–811 Rn 1; Erman/Wilhelmi § 809 Rn 7; s auch LG Köln 8. 9. 1993 – 24 S 45/92, VersR 1994, 296 zu § 810 BGB; Winkler von Mohrenfels 87), da der Schuldner die Einrede (§ 214 Abs 1 BGB) erheben kann, aber nicht erheben muss.

VI. Anspruchsgegner

1. Allgemeines

85 Schuldner des Anspruchs nach § 809 BGB ist der Besitzer der Sache (s oben Rn 35 ff), die zur Besichtigung vorzulegen (s unten Rn 110 ff) oder deren Besichtigung zu gestatten ist (s unten Rn 113 f). Besitzer iS des § 809 BGB ist in erster Linie der **unmittelbare (Allein-)Besitzer** (Bork NJW 1997, 1665, 1668; PWW/Buck-Heeb § 809 Rn 9; Enneccerus/Lehmann, Recht der Schuldverhältnisse § 218 I 2 = 866; Gniadek 72; MünchKommBGB/Habersack § 809 Rn 8; Leppin GRUR 1984, 552, 556; jurisPK-BGB/Martinek/Heine [1. 2. 2023] § 809 Rn 15; Pries 49; Schilken Jura 1988, 525, 528; Schreiber JR 2008, 1, 2; Selke ZfIR 2003, 89, 92; Grüneberg/Sprau § 809 Rn 8; BGB-RGRK/Steffen § 809 Rn 5; Erman/Wilhelmi § 809 Rn 3), also derjenige, der nach der Verkehrsanschauung die tatsächliche Herrschaft über die Sache hat (statt vieler s Grüneberg/Herrler Überbl v § 854 Rn 1) und diese daher vorlegen oder deren Besichtigung gestatten bzw verweigern kann. Unerheblich ist, ob der unmittelbare Besitzer die Sache als ihm gehörend besitzt, also Eigen- oder Fremdbesitzer ist (wohl **aA** NK-BGB/Mielke § 809 Rn 7).

86 Kein Besitzer ist nach § 855 BGB der sog **Besitzdiener**. Er ist nach § 809 BGB – im Unterschied zu Art 1041 Dresdner Entwurf (s oben Rn 8) – weder zur Vorlegung der Sache zur Besichtigung noch zur Gestattung der Besichtigung verpflichtet (Adloff 408; BeckOK-BGB/Gehrlein [1. 2. 2023] § 809 Rn 2; MünchKommBGB/Habersack § 809 Rn 8; Soergel/Hadding § 809 Rn 3; Karger 71; Planck/Landois § 809 Anm 2 a; jurisPK-BGB/Martinek/Heine [1. 2. 2023] § 809 Rn 15; Schilken Jura 1988, 525, 528; BGB-RGRK/Steffen § 809 Rn 5; **aA** vHartz 156 f; BeckOGK/Hoffmann [1. 3. 2023] § 809 Rn 9; Leppin GRUR 1988, 552, 556; Sass 84 f). Der Anspruch nach § 809 BGB besteht ausschließlich gegen den sog Besitzherrn (Planck/Landois § 809 Anm 2 a; Pries 57).

2. Mittelbare Besitzer

a) Allgemeines

87 Die Frage, ob neben dem unmittelbaren Besitzer (s oben Rn 85) auch der mittelbare Besitzer der Sache (s oben Rn 35), deren Besichtigung begehrt wird, passivlegitimiert ist, erlangt insbesondere dann praktische Bedeutung, wenn der Hauptanspruch in Ansehung der Sache (s oben Rn 51 ff) ausschließlich gegen den mittelbaren Besitzer besteht (Planck/Landois § 809 Anm 2 a; Pries 49; Sass 82). Die Beantwortung hat von § 868 BGB auszugehen, wonach auch der mittelbare Besitzer einer Sache Besitzer ist. Daher ist auch er Schuldner des Besichtigungsanspruchs nach § 809 BGB (LAG Baden-Württemberg 8. 4. 2013 – 9 Sa 92/12, BeckRS 2013, 70632 unter II 2 a der Entscheidungsgrün-

de; LG Frankfurt aM 14. 8. 1990 – 2/11 S 112/90, NJW-RR 1991, 13; HKK/Birr §§ 809–811 Rn 5; PWW/Buck-Heeb § 809 Rn 9; Enneccerus/Lehmann, Recht der Schuldverhältnisse § 218 I 2 = 866; Haas 36; MünchKommBGB/Habersack § 809 Rn 8; Soergel/Hadding § 809 Rn 3; Harsch WuM 2020, 1, 4; BeckOGK/Hoffmann [1. 3. 2023] § 809 Rn 8; Planck/Landois § 809 Anm 2 a; Leppin GRUR 1984, 552, 556; NK-BGB/Mielke § 809 Rn 7; Pries 54; Radant 27; Sass 82; Schilken Jura 1988, 525, 528; Schmieding 21; Schreiber JR 2008, 1, 2; Selke ZfIR 2003, 89, 92; Grüneberg/Sprau § 809 Rn 8; Jauernig/Stadler §§ 809–811 Rn 2; BGB-RGRK/Steffen § 809 Rn 5; Erman/Wilhelmi § 809 Rn 3; Windscheid/Kipp, Lehrbuch des Pandektenrechts § 474 Zusatz 3 = 1066), und zwar unabhängig davon, ob er mittelbarer Allein- oder Mitbesitzer ist (s unten Rn 89). Dies gilt nicht nur, wenn der mittelbare Besitzer aufgrund des Besitzmittlungsverhältnisses in der Lage ist, den Anspruch nach § 809 BGB zu erfüllen, weil er seinerseits jederzeit die Rückgabe der Sache von dem unmittelbaren Besitzer (zB nach § 695 S 1 BGB bei einem Verwahrungsvertrag) oder deren Vorlegung nach § 809 BGB verlangen kann, sondern – entgegen der überwiegenden Ansicht (Beckhaus 25; HKK/Birr §§ 809–811 Rn 5 mit Fn 20; PWW/Buck-Heeb § 809 Rn 9; BeckOK-BGB/Gehrlein [1. 2. 2023] § 809 Rn 2; MünchKommBGB/Habersack § 809 Rn 8; Harsch WuM 2020, 1, 4; BeckOGK/Hoffmann [1. 3. 2023] § 809 Rn 8; Planck/Landois § 809 Anm 2 a; jurisPK-BGB/Martinek/Heine [1. 2. 2023] § 809 Rn 16; NK-BGB/Mielke § 809 Rn 7; Pries 54 ff; Schilken Jura 1988, 525, 528; Schreiber JR 2008, 1, 2; Grüneberg/Sprau § 809 Rn 8; Jauernig/Stadler §§ 809–811 Rn 2; BGB-RGRK/Steffen § 809 Rn 5; Erman/Wilhelmi § 809 Rn 3) – auch dann, wenn er den Anspruch vorübergehend nicht erfüllen kann (Sass 83; wohl auch Enneccerus/Lehmann, Recht der Schuldverhältnisse § 218 I 2 = 866). Ursächlich hierfür ist, dass allein der Besitz der Sache für die Passivlegitimation maßgeblich ist. Die davon zu unterscheidende Tatsache, dass der mittelbare Besitzer – im Unterschied zu dem unmittelbaren Besitzer – die tatsächliche Sachherrschaft vorübergehend nicht ausüben, also die Sache nicht vorlegen, sondern allenfalls nach Maßgabe des Besitzmittlungsverhältnisses Weisungen aussprechen kann, begründet ein Leistungshindernis, das als solches – erkennbar zB an dem Wortlaut von § 311a Abs 2 S 2 BGB („Schuldner") – die Passivlegitimation nicht berührt. Diesem Umstand wird – abgesehen von eventuellen Sekundärrechten (s unten Rn 132) – lediglich dadurch Rechnung getragen, dass der Gläubiger nach seiner Wahl (**aA** Planck/Landois § 809 Anm 2 a: Recht des Schuldners) von ihm alternativ zu den in § 809 BGB genannten Rechtsfolgen (**aA** BeckOGK/Hoffmann [1. 3. 2023] § 809 Rn 8: Ausübung der aus dem Besitzmittlungsverhältnis bestehenden Befugnisse zur Ermöglichung der Besichtigung), nämlich der Vorlegung der Sache zur Besichtigung (s unten Rn 110 ff) oder der Gestattung der Besichtigung (s unten Rn 113 f), die Abtretung des Herausgabeanspruchs aus dem Besitzmittlungsverhältnis verlangen kann (Enneccerus/Lehmann, Recht der Schuldverhältnisse § 218 I 2 = 866; Planck/Landois § 809 Anm 2 a; jurisPK-BGB/Martinek/Heine [1. 2. 2023] § 809 Rn 16, 17; BGB-RGRK/Steffen § 809 Rn 5; Erman/Wilhelmi § 809 Rn 3; **aA** BeckOGK/Hoffmann [1. 3. 2023] § 809 Rn 8). Steht dem mittelbaren Besitzer seinerseits ein Anspruch nach § 809 BGB gegen den unmittelbaren Besitzer zu, kann dessen Abtretung nicht verlangt werden (**aA** MünchKommBGB/Habersack § 809 Rn 10; wohl auch BGB-RGRK/Steffen § 809 Rn 5; Erman/Wilhelmi § 809 Rn 3), da dieser Anspruch nicht abtretbar ist (s unten Rn 166).

b) Pfändungs- bzw Vollstreckungsgläubiger

Durch die Pfändung einer beweglichen Sache – sei es, dass der Gerichtsvollzieher **88**
diese in Besitz nimmt (§ 808 Abs 1 ZPO), sei es, dass er sie im Gewahrsam des Vollstreckungsschuldners belässt (§ 808 Abs 2 ZPO) – wird der Vollstreckungsgläubiger mittelbarer Besitzer (RG 28. 10. 1927 – III 74/27, RGZ 118, 276, 277; RG 14. 2. 1919 – Rep VII

269/18, RGZ 94, 341, 342; Musielak/Voit/Flockenhaus § 808 ZPO Rn 19; Gaul/Schilken/Becker-Eberhard, Zwangsvollstreckungsrecht § 51 Rn 40 f; MünchKommZPO/Gruber § 808 Rn 50; BeckOGK/Hoffmann [1. 3. 2022] § 809 Rn 11; Stein/Jonas/Würdinger § 808 ZPO Rn 45 f). Gleichwohl ist der in der Literatur geäußerten Ansicht, dass der Anspruch nach § 809 BGB gegenüber Vollstreckungsgläubigern nicht bestehe, auch nicht zur Vorbereitung einer Drittwiderspruchsklage nach § 771 ZPO (Erman/Wilhelmi § 809 Rn 3), zuzustimmen (**aA** BeckOGK/Hoffmann [1. 3. 2022] § 809 Rn 11 mit der Maßgabe, dass die Vorlegung zur Besichtigung die Verstrickung nicht beeinträchtigen darf). Ursächlich hierfür ist, dass die Sache infolge der staatlichen Beschlagnahme (sog Verstrickung) in einem **besonderen Gewaltverhältnis hoheitlichen Charakters** steht, das – ausweislich der Strafbarkeit des Verstrickungsbruchs nach § 136 Abs 1 StGB – jedermann und damit auch dem Vollstreckungsgläubiger sämtliche Handlungen – hier die Vorlegung der Sache zur Besichtigung (s unten Rn 110 ff) oder die Gestattung der Besichtigung (s unten Rn 113 f) – untersagt, die geeignet sind, den ungestörten Fortgang der mit der Pfändung eingeleiteten Vollstreckung zu gefährden. Dieser Rechtszustand hat in Zusammenschau mit der Tatsache, dass mittelbare Besitzer nach überwiegender Ansicht in der Literatur nur dann Schuldner des Anspruchs nach § 809 BGB sind, wenn sie ihrerseits von dem unmittelbaren Besitzer jederzeit die Rückgabe der Sache oder deren Vorlegung verlangen können (PWW/Buck-Heeb § 809 Rn 9; MünchKommBGB/Habersack § 809 Rn 8; Planck/Landois § 809 Anm 2 a; NK-BGB/Mielke § 809 Rn 7; Grüneberg/Sprau § 809 Rn 8; BGB-RGRK/Steffen § 809 Rn 5; Erman/Wilhelmi § 809 Rn 3), zur Folge, dass Vollstreckungsgläubiger nicht Schuldner des Anspruchs nach § 809 BGB sein können. Aufgrund der dogmatisch gebotenen Unterscheidung zwischen der durch den mittelbaren Besitz begründeten Schuldnerstellung und den Einwendungen (s oben Rn 87) erscheint es hingegen vorzugswürdig, den Vollstreckungsgläubiger als Schuldner anzuerkennen, den Anspruch nach § 809 BGB jedoch wegen rechtlicher Unmöglichkeit nach § 275 Abs 1 BGB als ausgeschlossen anzusehen.

3. Mitbesitzer

89 Besteht Mitbesitz an der Sache (s oben Rn 35 ff), die zur Besichtigung vorgelegt (s unten Rn 110 ff) oder deren Besichtigung gestattet werden soll (s unten Rn 113 f), ist jeder Mitbesitzer – sei er unmittelbarer Mitbesitzer (MünchKommBGB/Habersack § 809 Rn 8; NK-BGB/Mielke § 809 Rn 7), sei er mittelbarer Mitbesitzer (s oben Rn 87) – Schuldner des Anspruchs nach § 809 BGB (PWW/Buck-Heeb § 809 Rn 9; BeckOK-BGB/Gehrlein [1. 2. 2023] § 809 Rn 2; Karger 70; Planck/Landois § 809 Anm 2 a; jurisPK-BGB/Martinek/Heine [1. 2. 2023] § 809 Rn 15; Grüneberg/Sprau § 809 Rn 8; Jauernig/Stadler §§ 809–811 Rn 2; BGB-RGRK/Steffen § 809 Rn 5; Erman/Wilhelmi § 809 Rn 3). Dies ergibt sich nicht nur daraus, dass jeder Mitbesitzer Besitzer ist, sondern auch daraus, dass die nach § 809 BGB geschuldete Handlung eine unteilbare Leistung ist (Karger 70; Planck/Landois § 809 Anm 2 a), für die alle Mitbesitzer nach § 431 BGB als Gesamtschuldner iS des § 421 S 1 BGB haften.

4. Juristische Personen, Personengesellschaften

90 Organmitglieder einer **juristischen Person**, die innerhalb ihres Aufgabenbereichs (enger Flume, in: Freundesgabe Hengeler [1972] 76, 80 f: im räumlichen Herrschaftsbereich der juristischen Person; dagegen Staudinger/Gutzeit [2018] § 854 Rn 59) die tatsächliche Sachherrschaft entweder selbst oder durch Angestellte – diese sind Besitzdiener (s oben Rn 86)

– im Interesse der juristischen Person ausüben (sog Organbesitz), sind selbst keine Besitzer (statt vieler s RG 4. 11. 1913 – Rep II 297/13, RGZ 83, 248, 250; MünchKommBGB/Schäfer § 854 Rn 43), es sei denn, dass sie die Sache für sich selbst besitzen wollen. Ihre Sachherrschaft wird der juristischen Person zugerechnet (statt vieler s BGH 31. 3. 1971 – VIII ZR 256/69, BGHZ 56, 73, 77 = NJW 1971, 1358; BGH 17. 12. 1953 – IV ZR 39/53, VerwRspr 1954, 340, 344; BAG 13. 12. 2007 – 8 AZR 1107/06, ZIP 2008, 1740, 1741 Rn 21; Staudinger/Gutzeit [2018] § 854 Rn 59; MünchKommBGB/Schäfer § 854 Rn 41), sodass ausschließlich diese als Besitzer anzusehen ist (statt vieler s BGH 16. 10. 2003 – IX ZR 55/02, BGHZ 156, 310, 316 = NJW 2004, 217; MünchKommBGB/Habersack § 809 Rn 8; MünchKommBGB/Schäfer § 854 Rn 43). Schuldner des Anspruchs nach § 809 BGB ist daher weder das einzelne Organmitglied noch das Organ als solches (PWW/Buck-Heeb § 809 Rn 9; Planck/Landois § 809 Anm 2 a; Schilken Jura 1988, 525, 528; Grüneberg/Sprau § 809 Rn 8; Erman/Wilhelmi § 809 Rn 3), sondern ausschließlich die juristische Person (RG 4. 11. 1913 – Rep II 297/13, RGZ 83, 248, 251; PWW/Buck-Heeb § 809 Rn 9; BeckOK-BGB/Gehrlein [1. 2. 2023] § 809 Rn 2; MünchKommBGB/Habersack § 809 Rn 8; Soergel/Hadding § 809 Rn 3; Karger 71; Planck/Landois § 809 Anm 2 a; jurisPK-BGB/Martinek/Heine [1. 2. 2023] § 809 Rn 15; Schilken Jura 1988, 525, 528; Grüneberg/Sprau § 809 Rn 8; Jauernig/Stadler §§ 809–811 Rn 2; BGB-RGRK/Steffen § 809 Rn 5; Erman/Wilhelmi § 809 Rn 3). Ist die Person, welche die tatsächliche Sachherrschaft ausübt, Mitglied in Organen mehrerer juristischer Personen, hängt es von ihrem erkennbaren Willen ab, für welche der Besitz ausgeübt wird (MünchKommBGB/Schäfer § 854 Rn 44). Ist die Willensrichtung nicht erkennbar, ist die juristische Person als Besitzer anzusehen, in deren Aufgabenbereich die Besitzausübung durch das Organ fällt (BGH 30. 6. 1971 – V ZR 43/69, WM 1971, 1452, 1454; BGH 17. 12. 1953 – IV ZR 39/53, VerwRspr 1954, 340, 344; MünchKommBGB/Schäfer § 854 Rn 44).

Die (Teil-)Rechtsfähigkeit der **handelsrechtlichen Personengesellschaften**, namentlich 91
der offenen Handelsgesellschaft und der Kommanditgesellschaft (§ 124 Abs 1 HGB [ab 1. 1. 2024: § 105 Abs 2 HGB] ggf iVm § 161 Abs 2 HGB), erlaubt es, die bei juristischen Personen anerkannte Figur des Organbesitzes auf die geschäftsführenden Gesellschafter einer OHG und KG zu erstrecken (statt vieler s BGH 26. 1. 1983 – VIII ZR 257/81, BGHZ 86, 340, 343 f = NJW 1983, 1123; BGH 24. 1. 1983 – VIII ZR 353/81, BGHZ 86, 300, 307 = NJW 1983, 1114; BGH 27. 10. 1971 – VIII ZR 48/70, BGHZ 57, 166, 167 f = NJW 1973, 42; BGH 26. 5. 1967 – V ZR 73/66, JZ 1968, 69 mAnm Steindorff; Staudinger/Gutzeit [2018] § 854 Rn 18 mwNw; jurisPK-BGB/Martinek/Heine [1. 2. 2023] § 809 Rn 15; wohl auch BGH 26. 5. 1967 – V ZR 73/66, WM 1967, 938; **aA** Flick 64 ff; U Huber 111 f; Steindorff, in: FG Kronstein [1967] 151, 153). Danach ist grundsätzlich nur die Gesellschaft Besitzer der Sache und damit Schuldner des Anspruchs nach § 809 BGB, wenn ein geschäftsführender Gesellschafter die tatsächliche Sachherrschaft innerhalb seines Aufgabenbereichs entweder selbst oder durch Angestellte – diese sind Besitzdiener (s oben Rn 86) – im Interesse der Gesellschaft ausübt (PWW/Buck-Heeb § 809 Rn 9; MünchKommBGB/Habersack § 809 Rn 8; Soergel/Hadding § 809 Rn 3; BeckOGK/Hoffmann [1. 3. 2023] § 809 Rn 8; NK-BGB/Mielke § 809 Rn 7; Schilken Jura 1988, 525, 528; Grüneberg/Sprau § 809 Rn 8; Jauernig/Stadler §§ 809–811 Rn 2). Der Gesellschafter ist grundsätzlich auch dann kein Besitzer, wenn er die tatsächliche Sachherrschaft selbst ausübt; seine Sachherrschaft wird der Gesellschaft zugerechnet (statt vieler s BAG 13. 12. 2007 – 8 AZR 1107/06, ZIP 2008, 1740, 1741 Rn 21; Staudinger/Gutzeit [2018] § 866 Rn 18). Anderes gilt ausnahmsweise, wenn der Gesellschafter die Sache – sei es von der Erlangung der tatsächlichen Gewalt an, sei es durch eine nachträgliche Änderung der Willensrichtung – für sich selbst besitzen

will. In diesen Ausnahmefällen ist ausschließlich der Gesellschafter selbst Besitzer der Sache.

92 Die **Außengesellschaft bürgerlichen Rechts** ist – ungeachtet der Tatsache, dass gegenwärtig eine § 124 Abs 1 HGB vergleichbare Vorschrift fehlt (anders ab dem 1. 1. 2024 mit § 705 Abs 2 Alt 1 BGB idF Art 1 Nr 3 iVm Art 137 S 1 G v 10. 8. 2021, BGBl 2021 I 3436) – teilrechtsfähig (grundlegend BGH 29. 1. 2001 – II ZR 331/00, BGHZ 146, 341, 343 = NJW 2001, 1056 – *ARGE Weißes Roß*; Staudinger/Habermeier [2003] Vorbem zu §§ 705–740 Rn 8 ff). Daher erscheint es konsequent, die Vorstellung von einem Mitbesitz der Gesellschafter (s zB BGH 26. 1. 1983 – VIII ZR 257/81, BGHZ 86, 340, 343 f = NJW 1983, 1123 [ARGE]; BGH 24. 1. 1983 – VIII ZR 353/81, BGHZ 86, 300, 307 = NJW 1983, 1114 [ARGE]) bzw einem Gesamthandsbesitz (s zB BGH 1. 4. 1963 – VIII ZR 41/62, WM 1963, 560, 561; ähnlich Steindorff, in: FG Kronstein [1967] 151, 156 ff, der weitergehend zwischen Mitbesitz zur gesamten Hand einerseits und gesamthänderischem Mitbesitz andererseits unterscheidet) aufzugeben und die für juristische Personen (s oben Rn 90) und Personenhandelsgesellschaften (s oben Rn 91) anerkannte Figur des Organbesitzes auf die Außengesellschaft bürgerlichen Rechts zu erstrecken (statt vieler s Staudinger/Habermeier [2003] Vorbem zu §§ 705–740 Rn 20; Staudinger/Gutzeit [2018] § 854 Rn 15 ff mwNw; wohl auch OLG Frankfurt 19. 9. 2007 – 4 U 55/08, juris Rn 14 [„GbR … als Gesamthand Besitzerin"]). Danach ist nur die Gesellschaft Besitzer und damit Schuldner des Anspruchs nach § 809 BGB, wenn ein geschäftsführender Gesellschafter die tatsächliche Sachherrschaft innerhalb seines Aufgabenbereichs entweder selbst oder durch Angestellte – diese sind Besitzdiener (s oben Rn 86) – im Interesse der Gesellschaft ausübt, es sei denn, dass er die Sache für sich selbst besitzen will (PWW/Buck-Heeb § 809 Rn 9; MünchKommBGB/Habersack § 809 Rn 8; Soergel/Hadding § 809 Rn 3; NK-BGB/Mielke § 809 Rn 7; Schilken Jura 1988, 525, 528; Grüneberg/Sprau § 809 Rn 8).

VII. Anspruchsinhalt

93 Der Anspruch nach § 809 BGB richtet sich auf die Besichtigung der Sache (s unten Rn 94 ff), in deren Ansehung dem Gläubiger ein Hauptanspruch gegen den Besitzer zumindest wahrscheinlich zusteht (s oben Rn 51 ff). Diese hat der Schuldner entweder durch deren Vorlegung (s unten Rn 110 ff) oder durch eine Gestattung (s unten Rn 113 f) zu ermöglichen. Welches Verhalten im Einzelfall geschuldet ist, hängt insbesondere von der Art der Sache (s oben Rn 35 ff) und den Besitzverhältnissen ab (s oben Rn 85 ff, in diese Richtung wohl auch jurisPK-BGB/Martinek/Heine [1. 2. 2023] § 809 Rn 17). Praktische Bedeutung hat die im Gesetzeswortlaut angelegte Unterscheidung zwischen der Vorlegung und der Gestattung insbesondere für die Art der Zwangsvollstreckung (s unten Rn 163 ff; Sass 86; wohl **aA** Gniadek 86; MünchKommBGB/Habersack § 809 Rn 10).

1. Besichtigung

a) Abgrenzung von anderen Rechtsfolgen

94 Der Anspruch nach § 809 BGB erschöpft sich in dem Recht auf Besichtigung einer bestimmten Sache (BGH 13. 11. 2003 – I ZR 187/01, NJW-RR 2004, 916, 917 – *Kontrollbesuch*). Ausweislich der Voraussetzung, dass der Anspruchsgegner Besitzer dieser Sache sein muss (s oben Rn 85 ff), gewährt § 809 BGB weder einen Anspruch auf Benennung des Standorts von Sachen, die sich unstreitig nicht mehr im Besitz des Anspruchsgegners befinden (OLG Düsseldorf 30. 1. 2003 – 2 U 71/99, GRUR-RR 2003, 327; Gniadek 86; BeckOGK/

Hoffmann [1. 3. 2023] § 809 Rn 24; **aA** jurisPK-BGB/Martinek/Heine [1. 2. 2023] § 809 Rn 24), noch ein Kontroll- oder Ausforschungsrecht, insbesondere ein **Anspruch auf Durchsuchung** des Privat- oder Geschäftsbereichs des Schuldners, mit dem der Gläubiger erst ermitteln will, ob der Anspruchsgegner (noch) im Besitz einer bestimmten Sache ist (BGH 13. 11. 2003 – I ZR 187/01, NJW-RR 2004, 916, 917 – *Kontrollbesuch*; OLG Hamm 31. 1. 2013 – 4 U 200/12, GRUR-RR 2013, 306, 307; LAG Baden-Württemberg 8. 4. 2013 – 9 Sa 92/12, BeckRS 2013, 70632 unter II 2 c der Entscheidungsgründe; LG Hamburg 22. 6. 2018 – 308 O 343/16, BeckRS 2018, 24338 Rn 80; Beckhaus 26; PWW/Buck-Heeb § 809 Rn 10; Frank/Wiegand CR 2007, 481, 482; BeckOK-BGB/Gehrlein [1. 2. 2023] § 809 Rn 6; Gniadek 86; MünchKommBGB/Habersack § 809 Rn 6; BeckOGK/Hoffmann [1. 3. 2023] § 809 Rn 18, 24; jurisPK-BGB/Martinek/Heine [1. 2. 2023] § 809 Rn 18; NK-BGB/Mielke § 809 Rn 9, 17; Grüneberg/Sprau § 809 Rn 9; Jauernig/Stadler §§ 809–811 Rn 6; Erman/Wilhelmi § 809 Rn 4; Willems NZM 2015, 353, 357). Zulässig ist eine Durchsuchung nur im Rahmen der Zwangsvollstreckung eines Titels, der zur Vorlegung einer bestimmten Sache verpflichtet (§ 758 ZPO; s Amschewitz 244; Bork NJW 1997, 1665, 1671; Gniadek 86 mit Fn 179; BeckOGK/Hoffmann [1. 3. 2023] § 809 Rn 18.1; S Zöllner GRUR-Prax 2010, 74, 75). Von der unzulässigen Suche nach der Sache, die besichtigt werden soll, ist die Durchsuchung dieser Sache (zB darauf, ob sich auf einem Computer eine nicht lizensierte Kopie eines urheberrechtlich geschützten Programms befindet) zu unterscheiden. Letztere ist in den Grenzen des § 809 BGB (s unten Rn 97 ff) zulässig (KG 11. 8. 2000 – 5 U 3069/90, NJW 2001, 233, 235).

Einen Anspruch auf **Erstellung und Vorlegung eines Verzeichnisses** bestimmter, einer **95** Gruppe zugehöriger Sachen, umfasst § 809 BGB nicht (OLG Dresden 10. 4. 1912 – 8 O 142/10, SächsArch 7 [1912] 423, 424; Soergel/Hadding § 809 Rn 7; Planck/Landois § 809 Anm 4). Er kann sich aber zB aus § 260 BGB ergeben.

Von der **Heraus- oder Übergabe** einer Sache (s oben Rn 33) unterscheidet die Besichti- **96** gung nach § 809 BGB – sei es durch Vorlegung (s unten Rn 110 ff), sei es durch Gestattung (s unten Rn 113 f) – sich dadurch, dass sie keine Veränderung der Besitzverhältnisse bewirkt. Die tatsächliche Gewalt über die vorzulegende Sache verbleibt bei dem Schuldner (MünchKommBGB/Habersack § 809 Rn 10; Planck/Landois § 809 Anm 4); der Gläubiger erlangt keinen Besitz (jurisPK-BGB/Martinek/Heine [1. 2. 2023] § 809 Rn 17).

b) Umfang der Besichtigung

aa) Inaugenscheinnahme

Die Besichtigung ist – mit Ausnahme des Vorlegungsorts (§ 811 Abs 1 BGB; zu Ein- **97** zelheiten s § 811 Rn 9 ff mwNw), der Gefahr und der Kosten (§ 811 Abs 2 BGB; zu Einzelheiten s § 811 Rn 20 ff mwNw) – nicht näher geregelt. Inhalt und Umfang des Besichtigungsrechts sind daher durch Auslegung zu ermitteln. In Anbetracht der Tatsache, dass der Anspruch nach § 809 BGB dem Gläubiger den Antritt des Beweises durch Augenschein ermöglicht (§ 371 Abs 2 S 1 Alt 1, S 2 ZPO iVm § 422 ZPO, s unten Rn 145 ff), entspricht die Besichtigung der Inaugenscheinnahme der Sache iS des § 371 ZPO (BGH 8. 1. 1985 – X ZR 18/84, BGHZ 93, 191, 208 = NJW-RR 1986, 480 – *Druckbalken*; Jauernig/Stadler §§ 809–811 Rn 6; weitergehend Gniadek 87 [„wenigstens"]; krit vHartz 159). Dies bedeutet, dass der Schuldner die Sache der **sinnlichen Wahrnehmung** des Gläubigers (s unten Rn 106 ff) unmittelbar aussetzen muss (BGH 8. 1. 1985 – X ZR 18/84, BGHZ 93, 191, 208 = NJW-RR 1986, 480 – *Druckbalken*; Adloff 412 f; HKK/Birr §§ 809–811 Rn 13; Bork NJW 1997, 1665, 1669; PWW/Buck-Heeb § 809 Rn 10; Gniadek 85 f; Soergel/Hadding § 809 Rn 7; vHartz 157 f; Planck/Landois § 809 Anm 4; Marshall, in: FS Preu [1988]

151, 155; jurisPK-BGB/Martinek/Heine [1. 2. 2023] § 809 Rn 17; NK-BGB/Mielke § 809 Rn 14; Schilken Jura 1988, 525, 528; Schreiber JR 2008, 1, 2; BGB-RGRK/Steffen § 809 Rn 1; Wiese, in: FS Herschel [1982] 483, 489), um ihm ein Urteil über die Identität und die Beschaffenheit der Sache zu ermöglichen (Conrad ITRB 2005, 12, 15; MünchKommBGB/Habersack § 809 Rn 9). Da der Gläubiger bei der Inaugenscheinnahme nicht auf die visuelle Wahrnehmung der Sache beschränkt ist (BGH 8. 1. 1985 – X ZR 18/84, BGHZ 93, 191, 208 = NJW-RR 1986, 480 – *Druckbalken*; Gniadek 87; Haas 8; jurisPK-BGB/Martinek/Heine [1. 2. 2023] § 809 Rn 18; Sass 87; Jauernig/Stadler §§ 809–811 Rn 6), kann die Besichtigung auch durch Berühren (Marshall, in: FS Preu [1988] 151, 154; jurisPK-BGB/Martinek/Heine [1. 2. 2023] § 809 Rn 18; Pries 60) und Betasten der Sache (BGH 8. 1. 1985 – X ZR 18/84, BGHZ 93, 191, 208 = NJW-RR 1986, 480 – *Druckbalken*; OLG Stettin 14. 2. 1908, OLGRspr 18, 47, 48; HKK/Birr §§ 809–811 Rn 13; PWW/Buck-Heeb § 809 Rn 10; Dierschke 78; BeckOK-BGB/Gehrlein [1. 2. 2023] § 809 Rn 6; Planck/Landois § 809 Anm 4; Marshall, in: FS Preu [1988] 151, 154; Pries 60; Grüneberg/Sprau § 809 Rn 9; BGB-RGRK/Steffen § 811 Rn 7; Erman/Wilhelmi § 809 Rn 4) sowie durch Riechen (Planck/Landois § 809 Anm 4), durch Hören und durch Schmecken erfolgen.

98 Die Besichtigung einer **Urkunde** (s oben Rn 46) muss sich nicht auf deren äußere Beschaffenheiten beschränken (**aA** Siegel 81). Vielmehr darf der Gläubiger auch den Inhalt der Urkunde zur Kenntnis nehmen. Die gegenteilige Ansicht, welche die Rechtsfolgen der §§ 809, 810 BGB unter Hinweis auf den Wortlaut – konkret die Begriffe „Besichtigung" und „Einsicht" – unterscheidet, ist praktisch kaum umsetzbar, da der Gläubiger regelmäßig auf die Kenntnis des Inhalts angewiesen ist, um sich ein Urteil über die Identität der Urkunde bilden zu können.

99 Bei **technischen Geräten** wird es zur Verwirklichung des Normzwecks, dem Gläubiger mit der Besichtigung ein Mittel an die Hand zu geben, das „zur Verwirklichung des (Haupt-)Anspruchs mehr oder weniger unentbehrlich ist" (Mot II 891 = Mugdan II 498; BGH 2. 5. 2002 – I ZR 45/01, BGHZ 150, 377, 386 = NJW-RR 2002, 1617 – *Faxkarte*), idR erforderlich sein, das Gerät in Betrieb zu nehmen, zB um die Entwicklung von Hitze fühlen oder Störgeräusche hören zu können. Die **Inbetriebnahme** ist im Rahmen der jeweiligen Betriebsanleitung zulässig, es sei denn, dass damit konkrete Gefahren für die Sache verbunden sind (OLG Düsseldorf 8. 4. 1982 – 2 U 176/81, GRUR 1983, 745, 747; Adloff 414; Beckhaus 25; HKK/Birr §§ 809–811 Rn 13; Bork NJW 1997, 1665, 1669 ff; PWW/Buck-Heeb § 809 Rn 10; Frank/Wiegand CR 2007, 481, 482; BeckOK-BGB/Gehrlein [1. 2. 2023] § 809 Rn 6; Götting GRUR Int 1988, 729, 739; BeckOGK/Hoffmann [1. 3. 2023] § 809 Rn 24; Karger 88; König Mitt 2002, 153, 162; Leppin GRUR 1984, 770, 772; Leppin GRUR 1984, 552, 563; jurisPK-BGB/Martinek/Heine [1. 2. 2023] § 809 Rn 18; NK-BGB/Mielke § 809 Rn 14; Grüneberg/Sprau § 809 Rn 9; Jauernig/Stadler §§ 809–811 Rn 6; Stürner/Stadler JZ 1985, 1101, 1103; Tilmann/Schreibauer GRUR 2002, 1015, 1019; Tilmann/Schreibauer, in: FS Erdmann [2002] 901, 906; Erman/Wilhelmi § 809 Rn 4; **aA** MünchKommBGB/Habersack § 809 Rn 11; Soergel/Hadding § 809 Rn 7; Karg ZUM 2000, 934, 943; wohl auch Planck/Landois § 809 Anm 4).

bb) Untersuchung mit Hilfsmitteln

100 Zur Unterstützung seiner Sinne darf der Berechtigte sich bei der Besichtigung einer Sache – ebenso wie das Prozessgericht bei dem Beweis durch Augenschein (statt vieler s Wieczorek/Schütze/Ahrens § 371 ZPO Rn 11 mwNw) – Hilfsmittel bedienen und mit diesen die Sache untersuchen (Adloff 414; Beckhaus 25; HKK/Birr §§ 809–811 Rn 13; Bork NJW 1997, 1665, 1669; BeckOK-BGB/Gehrlein [1. 2. 2023] § 809 Rn 6; Gniadek 88; Münch-

KommBGB/Habersack § 809 Rn 9; Karg ZUM 2000, 934, 943; Leppin GRUR 1984, 552, 564; jurisPK-BGB/Martinek/Heine [1. 2. 2023] § 809 Rn 18; Grüneberg/Sprau § 809 Rn 9; BGB-RGRK/Steffen § 811 Rn 7). Erlaubt ist es zB, die Sache zu fotografieren bzw zu kopieren (Arens GmbHR 2018, 555, 558; Bork NJW 1997, 1665, 1669; PWW/Buck-Heeb § 809 Rn 10; Haeffs 79; jurisPK-BGB/Martinek/Heine [1. 2. 2023] § 809 Rn 18; Grüneberg/Sprau § 809 Rn 9; in diesem Sinne auch BGB-RGRK/Steffen § 811 Rn 9 [Anfertigung von Abschriften]), zu vermessen (BGH 8. 1. 1985 – X ZR 18/84, BGHZ 93, 191, 208 = NJW-RR 1986, 480 – *Druckbalken*; OLG Stettin 14. 2. 1908, OLGRspr 18, 47, 48; HKK/Birr §§ 809–811 Rn 13; PWW/Buck-Heeb § 809 Rn 10; BeckOK-BGB/Gehrlein [1. 2. 2023] § 809 Rn 6; Gniadek 88; MünchKommBGB/Habersack § 809 Rn 9; Haeffs 79; Planck/Landois § 809 Anm 4; Marshall, in: FS Preu [1988] 151, 155; jurisPK-BGB/Martinek/Heine [1. 2. 2023] § 809 Rn 18; NK-BGB/Mielke § 809 Rn 14; Grüneberg/Sprau § 809 Rn 9; BGB-RGRK/Steffen § 811 Rn 7; Erman/Wilhelmi § 809 Rn 4), zu wiegen (BGH 8. 1. 1985 – X ZR 18/84, BGHZ 93, 191, 208 = NJW-RR 1986, 480 – *Druckbalken*; HKK/Birr §§ 809–811 Rn 13; PWW/Buck-Heeb § 809 Rn 10; BeckOK-BGB/Gehrlein [1. 2. 2023] § 809 Rn 6; Gniadek 88; Haeffs 79; Planck/Landois § 809 Anm 4; Marshall, in: FS Preu [1988] 151, 155; jurisPK-BGB/Martinek/Heine [1. 2. 2023] § 809 Rn 18; NK-BGB/Mielke § 809 Rn 14; Grüneberg/Sprau § 809 Rn 9; BGB-RGRK/Steffen § 811 Rn 7; Erman/Wilhelmi § 809 Rn 4) und mit einem Mikroskop zu untersuchen (BGH 8. 1. 1985 – X ZR 18/84, BGHZ 93, 191, 208 = NJW-RR 1986, 480 – *Druckbalken*; PWW/Buck-Heeb § 809 Rn 10; BeckOK-BGB/Gehrlein [1. 2. 2023] § 809 Rn 6; NK-BGB/Mielke § 809 Rn 14; Grüneberg/Sprau § 809 Rn 9; Erman/Wilhelmi § 809 Rn 4). Nicht erforderlich ist, dass das Hilfsmittel unmittelbar in Bezug auf die Substanz der Sache eingesetzt wird. Daher muss zB der Mieter einer Wohnung, der Schimmelbildung beklagt, die Aufstellung eines Raumfeuchtigkeits-Messgeräts (Hygrometer) dulden (LG Augsburg 17. 12. 2004 – 7 S 317/04, WuM 2008, 301 = BeckRS 2004, 17755; zust BeckOGK/Hoffmann [1. 3. 2023] § 809 Rn 24; nur in der Begründung abw Streyl WuM 2016, 135, 137 mit Fn 36: § 555a Abs 1 BGB).

Die Besichtigung eines **Datenträgers** (zB CD-ROM, Diskette, DVD, Festplatte, Magnetband, Speicherkarte) erlaubt auch das Lesen der gespeicherten Daten, die Installation der Software (OLG Köln 30. 3. 2017 – 15 U 97/16, juris Rn 38 = BeckRS 2017, 151590 Rn 34, KG 11. 8. 2000 – 5 U 3069/90, NJW 2001, 233, 235; LG Nürnberg-Fürth 26. 5. 2004 – 3 O 2524/04, MMR 2004, 627, 628; MünchKommBGB/Habersack § 809 Rn 3; vorausgesetzt von BGH 20. 7. 2018 – V ZR 130/17 Rn 16 ff, NJW 2019, 771) sowie die Herstellung von Ausdrucken. Daher kann zB derjenige, dem aus einem Verkehrsunfall mit gewisser Wahrscheinlichkeit ein Ersatzanspruch nach § 7 Abs 1 StVG bzw § 18 Abs 1 S 1 StVG (s oben Rn 58) zusteht, das Steuergerät des Fahrzeugs seines Unfallgegners auslesen lassen (Janal ZGE 10 [2018] 413, 430). Mangels eines Hauptanspruchs gegen den Fahrzeughersteller (s oben Rn 69) besteht jedoch kein Anspruch auf Preisgabe der Herstellersoftware sowie der in einer OBD-App gespeicherten Daten (Janal ZGE 10 [2018] 413, 430). Besteht Ungewissheit darüber, ob die auf einem Datenträger gespeicherte Software ein gewerbliches Schutzrecht verletzt, umfasst die Untersuchung des Datenträgers neben der Software (OLG Hamburg 29. 4. 2004 – 3 U 120/00, ZUM 2005, 394, 395 – *Faxkarte II*; OLG Hamburg 11. 1. 2001 – 3 U 120/00, GRUR-RR 2001, 289, 292; KG 11. 8. 2000 – 5 U 3069/90, NJW 2001, 233, 235; Frank/Wiegand CR 2007, 481, 482) auch den hinter der Software stehenden Source- bzw **Quellcode** (BGH 2. 5. 2002 – I ZR 45/01, BGHZ 150, 377, 383 f = NJW-RR 2002, 1617; BGH 20. 9. 2012 – I ZR 90/09 Rn 18, NJW-RR 2013, 878 – *UniBasic-IDOS*; OLG Frankfurt 17. 1. 2006 – 11 W 21/05, NJW-RR 2006, 1344; OLG Hamburg 29. 4. 2004 – 3 U 120/00, ZUM 2005, 394, 395 – *Faxkarte II*; HKK/Birr §§ 809–811 Rn 13; Bork NJW 1997, 1665, 1669; Frank/Wiegand CR 2007, 481, 482; Gniadek 57; Grützmacher CR 2002, 794; vHartz 163 f; Hassdenteufel 101

ITRB 2016, 198, 200; Grüneberg/Sprau § 809 Rn 9; einschränkend Melullis, in: FS Tilmann [2003] 843, 852 [nur bei nachgewiesener Schutzrechtsverletzung]; **aA** OLG Hamburg 11. 1. 2001 – 3 U 120/00, GRUR-RR 2001, 289, 292), ohne dessen Kenntnis die Rechtsverletzung idR nicht nachgewiesen werden kann (BGH 20. 9. 2012 – I ZR 90/09 Rn 18, NJW-RR 2013, 878 – *UniBasic-IDOS*; Gniadek 57).

cc) Eingriffe in die Substanz der Sache

(1) Allgemeines

102 Das Recht auf Besichtigung einer Sache (s oben Rn 35 ff) nach § 809 BGB wird durch das **Integritätsinteresse des Besitzers** dahingehend begrenzt, dass er **grundsätzlich** keine Eingriffe in Sachsubstanz dulden muss (BGH 2. 5. 2002 – I ZR 45/01, BGHZ 150, 377, 388 f = NJW-RR 2002, 1617 – *Faxkarte*; BGH 8. 1. 1985 – X ZR 18/84, BGHZ 93, 191, 208 = NJW-RR 1986, 480 – *Druckbalken*; LG Berlin 13. 4. 1910, Mitt 1910, 120, 123; HKK/Birr §§ 809–811 Rn 13; Dierschke 78; BeckOK-BGB/Gehrlein [1. 2. 2023] § 809 Rn 6; Haas 8; Pries 60; Radant 44; Schilken Jura 1988, 525, 528; Jauernig/Stadler §§ 809–811 Rn 6; BGB-RGRK/Steffen § 811 Rn 7). Diese Einschränkung, die in dem Wort „Besichtigung" zum Ausdruck kommt, ergibt sich daraus, dass das Gesetz lediglich ein Zurückbehaltungsrecht (§ 811 Abs 2 S 2 BGB; s dazu § 811 Rn 25, 31), aber – abgesehen von dem nur selten verwirklichten § 945 Fall 1 ZPO – keine Verpflichtung des Berechtigten enthält, zu Untersuchungszwecken vorgenommene Beeinträchtigungen zu beseitigen, also den früheren Zustand der Sache wiederherzustellen, und für sonstige Vermögensnachteile des Besitzers aufzukommen (OLG Frankfurt 3. 10. 1985 – 3 U 252/84, NJW-RR 1986, 819, 820; **aA** Melullis, in: FS Tilmann [2003] 843, 850: allgemeiner Rechtsgedanke der §§ 809 ff BGB, dass der Anspruchsteller die wirtschaftlichen Nachteile trägt). Gegenteiliges ist der Regelung des § 811 Abs 2 S 1 BGB nicht zu entnehmen (Melullis, in: FS Tilmann [2003] 843, 849; **aA** Götting GRUR Int 1988, 729, 739; König Mitt 2002, 153, 163), da bewusste und zweckgerichtete Eingriffe in die Sachsubstanz keine Verwirklichung der Gefahr sind (zu dem Umfang der Gefahrtragung s § 811 Rn 23 f mwNw).

(2) Patent-, Urheber- und Wettbewerbsrecht

103 Den Grundsatz, dass der Besitzer keine Eingriffe in die Sachsubstanz dulden muss (s oben Rn 102), hat der BGH für das **Patentrecht** aufgrund des besonderen Geheimhaltungsinteresses des Besitzers dahingehend verabsolutiert, dass dem Besichtigenden sämtliche Eingriffe in die Sachsubstanz, die über die bloße Abnahme von im Übrigen funktionslosen Verkleidungen hinausgehen, insbesondere der Ein- und Ausbau von Teilen, unabhängig von den Umständen des Einzelfalls untersagt sind (BGH 8. 1. 1985 – X ZR 18/84, BGHZ 93, 191, 209 = NJW-RR 1986, 480 – *Druckbalken*; offengelassen von BGH 2. 5. 2002 – I ZR 45/01, BGHZ 150, 377, 388 = NJW-RR 2002, 1617 – *Faxkarte*; abl Götting GRUR Int 1988, 729, 739; König Mitt 2002, 153, 162 f; Marshall, in: FS Preu [1988] 151, 159 f; Stauder GRUR 1985, 518, 519; Stürner/Stadler JZ 1985, 1101, 1102 f). Für das **Urheber- und Wettbewerbsrecht** hält der BGH eine vergleichbare generelle Begrenzung des Besichtigungsanspruchs nicht für angezeigt (BGH 2. 5. 2002 – I ZR 45/01, BGHZ 150, 377, 388 = NJW-RR 2002, 1617 – *Faxkarte*). Erforderlich, aber auch ausreichend sei es, die Befugnisse des Berechtigten in der Weise zu begrenzen, dass durch den Eingriff das Integritätsinteresse des Besitzers nicht in unzumutbarer Weise beeinträchtigt wird (BGH 2. 5. 2002 – I ZR 45/01, BGHZ 150, 377, 388 f = NJW-RR 2002, 1617 – *Faxkarte*).

104 Aufgrund der § 809 BGB zugrundeliegenden Interessenabwägung (s oben Rn 2) erscheint es vorzugswürdig, die generelle Beschränkung des Besichtigungsanspruchs im Bereich des Patentrechts (s oben Rn 102) aufzugeben und die Zumutbarkeit von Substanzeingriffen auf Grundlage einer **Gesamtabwägung der Umstände des Einzelfalls** zu entscheiden. Danach sind Einwirkungen auf die Sachsubstanz – im Einklang mit dem Beweis durch Augenschein (Stürner/Stadler JZ 1985, 1101, 1103; Tilmann/Schreibauer GRUR 2002, 1015, 1019; Tilmann/Schreibauer, in: FS Erdmann [2002] 901, 906) – **ausnahmsweise zulässig**, soweit sie dem Schuldner zumutbar sind (BGH 2. 5. 2002 – I ZR 45/01, BGHZ 150, 377, 388 = NJW-RR 2002, 1617 – *Faxkarte*; Beckhaus 25 f). Dies gilt insbesondere für unerhebliche Eingriffe (OLG Frankfurt 3. 10. 1985 – 3 U 252/84, NJW-RR 1986, 819, 820; Conrad ITRB 2005, 12, 15; MünchKommBGB/Habersack § 809 Rn 9; Haeffs 79; BeckOGK/Hoffmann [1. 3. 2023] § 809 Rn 24; Selke ZfIR 2003, 89, 92; Jauernig/Stadler § 809 Rn 6; ähnlich PWW/Buck-Heeb § 809 Rn 10 [keine unzumutbare Beeinträchtigung des Integritätsinteresses]; weitergehend König Mitt 2002, 153, 163 [„wesentlicher, auch durch den Ersatzanspruch nach § 811 Abs 2 BGB nicht mehr ausgleichbarer Substanzverlust … markiert die Grenze des … Besichtigungsanspruchs"]), sei es, dass sie den Wert und die Gebrauchstauglichkeit der Sache nicht nennenswert beeinträchtigen (OLG Frankfurt 3. 10. 1985 – 3 U 252/84, NJW-RR 1986, 819, 820; BeckOK-BGB/Gehrlein [1. 2. 2023] § 809 Rn 6; jurisPK-BGB/Martinek/Heine [1. 2. 2023] § 809 Rn 19; ähnlich PWW/Buck-Heeb § 809 Rn 10 [keine unzumutbare Beeinträchtigung des Integritätsinteresses]; Bork NJW 1997, 1665, 1670 [keine bleibende Beschädigung]), sei es, dass die Wiederherstellung des vorherigen Zustands mit unerheblichem Aufwand möglich ist (OLG Frankfurt 3. 10. 1985 – 3 U 252/84, NJW-RR 1986, 819, 820; Leppin GRUR 1984, 552, 563; ähnlich Karger 88: keine dauernde Veränderung oder Beschädigung; strenger BeckOGK/Hoffmann [1. 3. 2023] § 809 Rn 24: keine bleibende, nicht restituierbare Beschädigung). Eine solche bloß unerhebliche Einwirkung liegt nicht nur in dem Betreten des zu besichtigenden Grundstücks (MünchKommBGB/Habersack § 809 Rn 9), sondern zB auch dann vor, wenn geringfügige (Boden-)Proben entnommen werden (Adloff 414; MünchKommBGB/Habersack § 809 Rn 9), die funktionslose und wieder anbringbare Verkleidung einer Maschine ohne Beschädigung abgenommen wird (OLG Düsseldorf 8. 4. 1982 – 2 U 176/81, GRUR 1983, 745, 747; LG Berlin 13. 4. 1910, Mitt 1910, 120, 123; HKK/Birr §§ 809–811 Rn 13; PWW/Buck-Heeb § 809 Rn 10; BeckOK-BGB/Gehrlein [1. 2. 2023] § 809 Rn 6; MünchKommBGB/Habersack § 809 Rn 11; Karger 88; König Mitt 2002, 153, 162; jurisPK-BGB/Martinek/Heine [1. 2. 2023] § 809 Rn 19; Melullis, in: FS Tilmann [2003] 843, 849; NK-BGB/Mielke § 809 Rn 14; Grüneberg/Sprau § 809 Rn 9; Jauernig/Stadler §§ 809–811 Rn 6; Tilmann/Schreibauer GRUR 2002, 1015, 1019; Tilmann/Schreibauer, in: FS Erdmann [2002] 901, 906; offengelassen von BGH 8. 1. 1985 – X ZR 18/84, BGHZ 93, 191, 209 = NJW-RR 1986, 480 – *Druckbalken*; OLG Düsseldorf 17. 8. 1981 – 2 U 102/81, GRUR 1983, 741, 744) oder Teile in dem Umfang ein- und ausgebaut werden, der bestimmungsgemäß zum Transport, zur In- und Außerbetriebnahme oder zur Wartung erforderlich ist (OLG Düsseldorf 8. 4. 1982 – 2 U 176/81, GRUR 1983, 745, 747; Adloff 414; BeckOK-BGB/Gehrlein [1. 2. 2023] § 809 Rn 6; vHartz 160; Marshall, in: FS Preu [1988] 151, 160; jurisPK-BGB/Martinek/Heine [1. 2. 2023] § 809 Rn 19; Grüneberg/Sprau § 809 Rn 9; Jauernig/Stadler §§ 809–811 Rn 6; Erman/Wilhelmi § 809 Rn 4; **aA** BGH 8. 1. 1985 – X ZR 18/84, BGHZ 93, 191, 209 = NJW-RR 1986, 480 – *Druckbalken*; MünchKommBGB/Habersack § 809 Rn 11; Soergel/Hadding § 809 Rn 7). Bei biotechnologischen Erfindungen und chemischen Substanzen sind alle *lege artis* ausgeführten wissenschaftlichen Methoden zum Vergleich der zu untersuchenden Probe mit dem patentgeschützten Stoff zumutbar, insbesondere auch die gentechnische Manipulation durch Übertragung einzelner Genabschnitte auf einen anderen Mikroorganismus (MünchKommBGB/Habersack § 809 Rn 14; Kröger/Bausch GRUR 1997, 321, 323; Sass 102 ff; s auch Meyer-Dulheuer GRUR Int 1987, 14, 16 mit zweifelhaftem Hinweis auf BGH 11. 3. 1975 – X ZB 4/74, BGHZ 64, 101 ff = NJW 1975, 1025 – *Bäckerhefe*; wohl auch Adloff 414).

105 **Erhebliche Eingriffe** in die Substanz, welche die Sache zerstören, auf Dauer beschädigen, unbrauchbar machen oder wesentlich beeinträchtigen – sei es die Totaldemontage einer Maschine (OLG Düsseldorf 8. 4. 1982 – 2 U 176/81, GRUR 1983, 745, 747; Stürner/Stadler JZ 1985, 1101, 1103), sei es die tiefgreifende Probebohrung auf einem Grundstück –, sind auch dann unzulässig, wenn sie für die Untersuchung von Teilen notwendig sind (OLG Frankfurt 3. 10. 1985 – 3 U 252/84, NJW-RR 1986, 819, 820; PWW/Buck-Heeb § 809 Rn 10; MünchKommBGB/Habersack § 809 Rn 9; BeckOGK/Hoffmann [1. 3. 2023] § 809 Rn 24). Die Tatsache, dass erhebliche Einwirkungen von dem Besichtigungsrecht nach § 809 BGB nicht gedeckt sind, hindert die Beteiligten nicht daran, einen gesonderten Besichtigungsvertrag zu schließen (s oben Rn 18 f), in dem der Gläubiger sich zu der Wiederherstellung des ursprünglichen Zustands auf seine Kosten sowie zu dem Ausgleich etwaiger Folgeschäden verpflichtet (angedeutet in OLG Frankfurt 3. 10. 1985 – 3 U 252/84, NJW-RR 1986, 819, 820).

c) Berechtigung zur Besichtigung

106 Das Recht auf Besichtigung der Sache steht grundsätzlich dem Gläubiger des Anspruchs nach § 809 BGB zu (OLG München 31. 10. 1986 – 11 W 1282/86, GRUR 1987, 33; Eck/Dombrowski GRUR 2008, 387, 391; vHartz 166; Pries 59).

aa) Zuziehung Dritter

107 Der Gläubiger des Anspruchs nach § 809 BGB muss sein Recht auf Besichtigung der Sache nicht persönlich wahrnehmen (BGH 8. 1. 1985 – X ZR 18/84, BGHZ 93, 191, 208 = NJW-RR 1986, 480 – *Druckbalken*; Adloff 414; Karger 90; Leppin GRUR 1984, 552, 557). Er kann Dritte – sei es ein anwaltlicher Vertreter (OLG München 19. 4. 2001 – 1 U 6107/00, NJW 2001, 2806, 2807; PWW/Buck-Heeb § 809 Rn 8; jurisPK-BGB/Martinek/Heine [1. 2. 2023] § 809 Rn 20; Schilken Jura 1988, 525, 528; Erman/Wilhelmi § 809 Rn 4), zB ein Patentanwalt (Stürner/Stadler JZ 1985, 1101, 1102), sei es eine andere **sachkundige Hilfsperson** (BGH 8. 1. 1985 – X ZR 18/84, BGHZ 93, 191, 208 = NJW-RR 1986, 480 – *Druckbalken*; OLG München 19. 4. 2001 – 1 U 6107/00, NJW 2001, 2806, 2807; OLG Stettin 14. 2. 1908, OLGRspr 18, 47, 48; LG Aurich 28. 10. 2011 – 5 O 854/11, NZBau 2012, 369, 370; LG Braunschweig 20. 8. 1968 – 9 c Q 6/67, GRUR 1971, 28, 29; Beckhaus 26; Bork NJW 1997, 1665, 1669; PWW/Buck-Heeb § 809 Rn 10; Dierschke 78; BeckOK-BGB/Gehrlein [1. 2. 2023] § 809 Rn 6, § 811 Rn 3; Gniadek 98; MünchKommBGB/Habersack § 809 Rn 9; Soergel/Hadding § 809 Rn 7; BeckOGK/Hoffmann [1. 3. 2023] § 809 Rn 24; Karger 90; Planck/Landois § 809 Anm 4; Pries 60; Radant 44; Schilken Jura 1988, 525, 528; Selke ZfIR 2003, 89, 92; Jauernig/Stadler §§ 809–811 Rn 6; Stürner/Stadler JZ 1985, 1101, 1102; Erman/Wilhelmi § 809 Rn 4) – hinzuziehen oder diesen die Besichtigung an Stelle seiner selbst überantworten (**aA** jurisPK-BGB/Martinek/Heine [1. 2. 2023] § 809 Rn 20; Grüneberg/Sprau § 809 Rn 10; BGB-RGRK/Steffen § 811 Rn 6: Einzelfallentscheidung, insbesondere unter Berücksichtigung der Vertraulichkeit des Inhalts der Sache und der Person des Dritten), und zwar nicht nur, wenn dies zur sachgemäßen Ausübung des Besichtigungsrechts erforderlich ist (zB aufgrund einer Sehbehinderung des Gläubigers; Bork NJW 1997, 1665, 1669; **aA** jurisPK-BGB/Martinek/Heine [1. 2. 2023] § 809 Rn 20). Im Verhältnis zu dem Besitzer agiert der Dritte als **Treuhänder** (OLG München 19. 4. 2001 – 1 U 6107/00, NJW 2001, 2806, 2807; OLG München 31. 10. 1986 – 11 W 1282/86, GRUR 1987, 33; Jauernig/Stadler §§ 809–811 Rn 6).

108 Im Prozess über den Hauptanspruch können die Dritten (s oben Rn 107) als **Zeugen** auftreten (Karger 90, 115; Stürner/Stadler JZ 1985, 1101, 1103), wodurch Parteivorbringen zum Beweisergebnis wird (**aA** Karger 90). Ein Nachteil für die Schuldner geht

damit jedoch nicht einher, weil die Zeugen zu wahrheitsgemäßer Aussage verpflichtet (§ 395 Abs 1 ZPO) und den strafrechtlichen Folgen (§§ 153, 154 StGB) einer unwahren Aussage ausgesetzt sind (BGH 8. 1. 1985 – X ZR 18/84, BGHZ 93, 191, 208 f = NJW-RR 1986, 480 – *Druckbalken*; Karger 90; **aA** Sass 71).

bb) Besichtigung ausschließlich durch Dritte

Die Berücksichtigung der Gebote von Treu und Glauben (§ 242 BGB) kann aufgrund einer umfassenden Bewertung sämtlicher Umstände des Einzelfalls unter Berücksichtigung der Interessen aller Beteiligten ausnahmsweise ergeben, dass die Besichtigung der Sache *durch den Gläubiger selbst* dem Anspruchsgegner (s oben Rn 85 ff) unzumutbar ist (s unten Rn 117, 119). In diesen Konstellationen ist der Anspruch nach § 809 BGB nicht ausgeschlossen, sondern lediglich dahingehend eingeschränkt, dass der Gläubiger die Sache nicht selbst, sondern ausschließlich durch einen neutralen und zur Verschwiegenheit verpflichteten Sachverständigen besichtigen darf (s BGH 2. 5. 2002 – I ZR 45/01, BGHZ 150, 377, 389 = NJW-RR 2002, 1617 – *Faxkarte*; BGH 8. 1. 1985 – X ZR 18/84, BGHZ 93, 191, 208 = NJW-RR 1986, 480 – *Druckbalken* für ein einstweiliges Verfügungsverfahren; Amschewitz 235; HKK/Birr §§ 809–811 Rn 10; PWW/Buck-Heeb § 809 Rn 11; Giesker 74; Karger 77; NK-BGB/Mielke § 809 Rn 13; Jauernig/Stadler §§ 809–811 Rn 4; **aA** Erman/Wilhelmi § 809 Rn 2a unter Hinweis auf die verfassungsrechtlich geschützten Gebote des rechtlichen Gehörs und des effektiven Rechtsschutzes). 109

2. Vorlegung (Alt 1)

a) Allgemeines

Bei beweglichen Sachen (s oben Rn 35 ff) schuldet der Besitzer (s oben Rn 85 ff) regelmäßig deren Vorlegung zur Besichtigung (s oben Rn 94 ff). Die Vorlegung ist das aktive Tun (Adloff 413; Gniadek 85; MünchKommBGB/Habersack § 809 Rn 10; vHartz 157; Planck/Landois § 809 Anm 4; Pries 58; Sass 86; Schilken Jura 1988, 525, 528; Schreiber JR 2008, 1, 2; Tilmann/Schreibauer GRUR 2002, 1015, 1019; Tilmann/Schreibauer, in: FS Erdmann [2002] 901, 906), das im Einzelfall erforderlich ist, um dem Gläubiger (s oben Rn 106 f) die Besichtigung der Sache, dh deren unmittelbare sinnliche Wahrnehmung (s oben Rn 97), zu ermöglichen (MünchKommBGB/Habersack § 809 Rn 10; Soergel/Hadding § 809 Rn 7; Karger 82; Sass 86; Jauernig/Stadler §§ 809–811 Rn 5; Erman/Wilhelmi § 809 Rn 4; s auch RG 26. 11. 1903 – Rep VI 140/03, RGZ 56, 63, 66 zu § 172 Abs 1 BGB). Hierfür ist es erforderlich, idR aber auch ausreichend, die Sache dem Gläubiger **vorzuzeigen** (PWW/Buck-Heeb § 809 Rn 10; jurisPK-BGB/Martinek/Heine [1. 2. 2023] § 809 Rn 17; Grüneberg/Sprau § 809 Rn 9; BGB-RGRK/Steffen § 809 Rn 1; s auch RG 26. 11. 1903 – Rep VI 140/03, RGZ 56, 63, 66 zu § 172 Abs 1 BGB) oder – soweit für eine sachdienliche Inaugenscheinnahme (s oben Rn 97 ff) und Untersuchung (s oben Rn 100 f) erforderlich – **auszuhändigen** (BAG 20. 11. 1984 – 1 ABR 64/82, BAGE 47, 218, 225 = NZA 1985, 432; OLG Köln 21. 9. 1995 – 18 W 33/95, NJW-RR 1996, 382; PWW/Buck-Heeb § 809 Rn 10; Soergel/Hadding § 809 Rn 7; Karger 82; jurisPK-BGB/Martinek/Heine [1. 2. 2023] § 809 Rn 17; Grüneberg/Sprau § 809 Rn 9; BGB-RGRK/Steffen § 809 Rn 1; s auch RG 26. 11. 1903 – Rep VI 140/03, RGZ 56, 63, 66 zu § 172 Abs 1 BGB). Die Übersendung der Sache nach einem anderen Ort kann – vorbehaltlich eines abweichenden Vorlegungs- und Besichtigungsvertrags (s oben Rn 18) – aufgrund von § 811 Abs 1 S 1 BGB nicht verlangt werden (Soergel/Hadding § 809 Rn 7). 110

b) Vorlegung von Bestandteilen

Ist die vorzulegende Sache Bestandteil einer anderen Sache, kann grundsätzlich nur 111 die Besichtigung der ganzen Sache verlangt werden (Oertmann § 809 Anm 1 f; Windscheid/Kipp, Lehrbuch des Pandektenrechts § 474 Zusatz 1 = 1065). Einen Anspruch darauf, den Bestandteil im Rahmen der Vorlegung (s oben Rn 110) abzutrennen, begründet § 809 BGB nur ausnahmsweise (BeckOGK/Hoffmann [1. 3. 2023] § 809 Rn 24; Oertmann § 809 Anm 1 f), nämlich wenn die Besichtigung ohne die Trennung nicht möglich ist und der mit der Trennung eventuell einhergehende Eingriff in die Sachsubstanz zulässig ist (s oben Rn 102 ff). Dies gilt auch dann, wenn die Sache ein wesentlicher Bestandteil iS des § 93 BGB ist (Leppin GRUR 1984, 552, 562; Oertmann § 809 Anm 1 f; Pries 33, 60; **aA** Planck/Landois § 809 Anm 4; Windscheid/Kipp, Lehrbuch des Pandektenrechts § 474 Zusatz 1 = 1065), da die Verpflichtung nach § 809 BGB von der dinglichen Rechtslage, insbesondere den §§ 93, 951 Abs 1 S 2 BGB, unabhängig ist (Oertmann § 809 Anm 1 f).

c) Vorlegung durch den mittelbaren Besitzer

112 Der mittelbare Besitzer ist mangels unmittelbarer Sachherrschaft nicht ohne Weiteres in der Lage, die Sache vorzulegen (s oben Rn 87). Daher kann der Gläubiger anstelle der Vorlegung der Sache zur Besichtigung – diese kommt nur ausnahmsweise in Betracht, wenn der mittelbare Besitzer jederzeit von dem unmittelbaren Besitzer die Rückgabe der Sache verlangen kann (zB nach § 695 S 1 BGB) – die Abtretung des Herausgabeanspruchs gegen den unmittelbaren Besitzer aus dem Besitzmittlungsverhältnis verlangen (Planck/Landois § 809 Anm 2 a; BGB-RGRK/Steffen § 809 Rn 5; Erman/Wilhelmi § 809 Rn 3; **aA** [ausschließlich Abtretung des Herausgabeanspruchs] MünchKommBGB/Habersack § 809 Rn 10; jurisPK-BGB/Martinek/Heine [1. 2. 2023] § 809 Rn 17). Steht dem mittelbaren Besitzer seinerseits ein Anspruch nach § 809 BGB gegen den unmittelbaren Besitzer zu, kann dessen Abtretung nicht verlangt werden (**aA** MünchKommBGB/Habersack § 809 Rn 10; wohl auch BGB-RGRK/Steffen § 809 Rn 5; Erman/Wilhelmi § 809 Rn 3), da dieser Anspruch nicht abtretbar ist (s unten Rn 166).

3. Gestattung (Alt 2)

113 Grundstücke können nicht zur Besichtigung vorgelegt werden (s oben Rn 35). Insbesondere für diese Fälle sieht § 809 BGB die Gestattung der Besichtigung durch den Besitzer vor (PWW/Buck-Heeb § 809 Rn 10; vHartz 157 f; Karger 82; Planck/Landois § 809 Anm 4; jurisPK-BGB/Martinek/Heine [1. 2. 2023] § 809 Rn 17; Radant 43; Sass 86; Schreiber JR 2008, 1, 2; Selke ZfIR 2003, 89, 92; Grüneberg/Sprau § 809 Rn 9). Diese Gestattung ist weder eine Willenserklärung noch eine andere aktive Handlung (missverständlich Selke ZfIR 2003, 89, 92 [Erlaubnis]; Jauernig/Stadler §§ 809–811 Rn 6 [Erlaubnis]), sondern ein Unterlassen (MünchKommBGB/Habersack § 809 Rn 10; Grüneberg/Sprau § 809 Rn 9; nur terminologisch abw [passives Verhalten] Beckhaus 26; vHartz 157; s auch Planck/Landois § 809 Anm 4; Pries 58; Sass 86; **aA** Adloff 413), nämlich die Besichtigung nicht zu behindern, also zu dulden (LG Berlin 13. 4. 1910, Mitt 1910, 120, 123; Osterloh-Konrad 37; Schilken Jura 1988, 525, 528; Schreiber JR 2008, 1, 2).

114 Ist der Anspruchsgegner nur **mittelbarer Besitzer** der Sache, genügt seine Gestattung – vorbehaltlich der freiwilligen Duldung des unmittelbaren Besitzers – nicht, um die Sache zu besichtigen (s oben Rn 94 ff). Daher kann der Gläubiger nach seiner Wahl anstelle der Gestattung der Besichtigung – diese kommt nur ausnahmsweise in Betracht, wenn der mittelbare Besitzer seinerseits dem unmittelbaren Besitzer die Gestattung der Besichtigung durch den Gläubiger auf Grundlage des Besitzmittlungsverhältnisses untersagt hat – die Abtretung des Herausgabeanspruchs gegen den

unmittelbaren Besitzer aus dem Besitzmittlungsverhältnis verlangen (Planck/Landois § 809 Anm 2 a; BGB-RGRK/Steffen § 809 Rn 5; Erman/Wilhelmi § 809 Rn 3; **aA** [ausschließlich Abtretung des Herausgabeanspruchs] MünchKommBGB/Habersack § 809 Rn 10; jurisPK-BGB/Martinek/Heine [1. 2. 2023] § 809 Rn 17). Steht dem mittelbaren Besitzer seinerseits ein Anspruch nach § 809 BGB gegen den unmittelbaren Besitzer zu, kann dessen Abtretung nicht verlangt werden (**aA** MünchKommBGB/Habersack § 809 Rn 10; wohl auch BGB-RGRK/Steffen § 809 Rn 5; Erman/Wilhelmi § 809 Rn 3) da dieser Anspruch nicht abtretbar ist (s unten Rn 166).

VIII. Einwendungen und Einreden

Die Vorschrift des § 809 BGB begründet einen schuldrechtlichen Anspruch (s oben Rn 10), dem der Schuldner die allgemeinen Einwendungen und Einreden entgegensetzen kann, insbesondere das Schikaneverbot (§ 226 BGB; s LG Berlin 13. 4. 1910, Mitt 1910, 120, 123; Giesker 73), die Gebote von Treu und Glauben (§ 242 BGB, s unten Rn 117 ff), den Ausschluss der Leistungspflicht nach § 275 Abs 1 BGB, die Erfüllung nach § 362 Abs 1 BGB (s unten Rn 124), Zurückbehaltungsrechte (s unten Rn 125) und die Einrede der Verjährung (§ 214 Abs 1 BGB, s unten Rn 126 ff). **115**

Das **Eigentum** an der Sache – gleichgültig, ob es einem Dritten (**aA** BeckOGK/Hoffmann [1. 3. 2023] § 809 Rn 10) oder dem Anspruchsgegner zusteht – schließt den Besichtigungsanspruch weder ganz noch teilweise aus (RG 7. 11. 1908 – Rep I 638/07, RGZ 69, 401, 406 – *Nietzsche-Briefe*; PWW/Buck-Heeb § 809 Rn 9; BeckOK-BGB/Gehrlein [1. 2. 2023] § 809 Rn 1; Karger 70; Planck/Landois § 809 Anm 2 a; jurisPK-BGB/Martinek/Heine [1. 2. 2023] § 809 Rn 2; Schilken Jura 1988, 525, 528; Selke ZfIR 2003, 89, 92; Grüneberg/Sprau § 809 Rn 1, 8; Jauernig/Stadler §§ 809–811 Rn 2; BGB-RGRK/Steffen § 809 Rn 5; Wiese, in: FS Herschel [1982] 483, 489; S Zöllner GRUR-Prax 2010, 74, 75). Vielmehr handelt es sich bei der Besichtigung der Sache um eine Einwirkung, die der Eigentümer – sei es der Anspruchsgegner, sei es ein Dritter – nach § 903 S 1 BGB dulden muss. Gleiches gilt für ein **Besitzrecht** (jurisPK-BGB/Martinek/Heine [1. 2. 2023] § 809 Rn 2). Auch die Verbindung der vorzulegenden Sache mit einer anderen schließt den Anspruch nach § 809 BGB nicht aus (Pries 32); es besteht lediglich kein Anspruch auf Abtrennung der Sache, weshalb grundsätzlich (nur) die Besichtigung der ganzen Sache verlangt werden kann (s oben Rn 111). **116**

1. Überwiegendes Gegeninteresse des Anspruchsgegners (§ 242 BGB)

a) Allgemeines

Die in § 242 BGB verankerten Gebote von Treu und Glauben bilden eine allen Rechten immanente Inhaltsbegrenzung (statt vieler s BGH 12. 7. 2016 – XI ZR 564/15 Rn 43, BGHZ 211, 123 = NJW 2016, 3512; BGH 16. 2. 2005 – IV ZR 18/04, NJW-RR 2005, 619, 620; Grüneberg/Grüneberg § 242 Rn 38 mwNw). Sie können den Anspruch nach § 809 BGB entweder ganz oder teilweise ausschließen (RG 7. 11. 1908 – Rep I 638/07, RGZ 69, 401, 406 – *Nietzsche-Briefe*; LG Braunschweig 20. 8. 1968 – 9 c Q 6/67, GRUR 1971, 28, 29; Adloff 417; Bork NJW 1997, 1665, 1669; Brandi-Dohrn CR 1987, 835, 836; Gernhuber, Das Schuldverhältnis § 24 VI 1 = 591 f; Giesker 74; Gniadek 53, 75; vHartz 164; Heldmann ZZP 26 [1899] 407, 427; Karger 77, 85, 94; König Mitt 2002, 153, 155; Planck/Landois § 809 Anm 2 c; Leppin GRUR 1984, 552, 557; jurisPK-BGB/Martinek/Heine [1. 2. 2023] § 809 Rn 5; Osterloh-Konrad 36; Schilken Jura 1988, 525, 528; Grüneberg/Sprau § 809 Rn 11; Stürner/Stadler JZ 1985, 1101; Wiese, in: **117**

FS Herschel [1982] 483, 489; Erman/Wilhelmi § 809 Rn 2a) oder sich darin erschöpfen, dass das Recht zur Besichtigung der Sache nicht dem Anspruchsteller (s oben Rn 109), sondern nur einem neutralen und zur Verschwiegenheit verpflichteten Sachverständigen zusteht (s unten Rn 119, BGH 2. 5. 2002 – I ZR 45/01, BGHZ 150, 377, 389 = NJW-RR 2002, 1617 – *Faxkarte*; BGH 8. 1. 1985 – X ZR 18/84, BGHZ 93, 191, 208 = NJW-RR 1986, 480 – *Druckbalken* für ein einstweiliges Verfügungsverfahren; Amschewitz 235; HKK/Birr §§ 809–811 Rn 10; PWW/Buck-Heeb § 809 Rn 11; Giesker 74; Karger 77; NK-BGB/Mielke § 809 Rn 13; Jauernig/Stadler §§ 809–811 Rn 4; **aA** Erman/Wilhelmi § 809 Rn 2a unter Hinweis auf die verfassungsrechtlich geschützten Gebote des rechtlichen Gehörs und des effektiven Rechtsschutzes). Ob die Besichtigung der Sache dem Anspruchsgegner unzumutbar ist und daher den Geboten von Treu und Glauben widerspricht und welche Einschränkung § 242 BGB gebietet, ist mithilfe einer **umfassenden Bewertung sämtlicher Umstände des Einzelfalls** unter Berücksichtigung der Interessen aller Beteiligten zu entscheiden (BGH 12. 7. 2016 – XI ZR 564/15 Rn 43, BGHZ 211, 123 = NJW 2016, 3512; Gniadek 75, 79 ff; Osterloh-Konrad 36 f; Sass 59; Grüneberg/Sprau § 809 Rn 11; zu dem Gebot der Abwägung bei § 242 BGB s auch BGH 7. 5. 1997 – IV ZR 179/96, BGHZ 135, 333, 337 = NJW 1997, 2519; Grüneberg/Grüneberg § 242 Rn 7). Dabei sind an die Unzumutbarkeit der Besichtigung **hohe Anforderungen** zu stellen. Zu der Darlegungs- und Beweislast s unten Rn 141.

b) Einzelfälle

aa) Gefahr der Beschädigung

118 Die Befürchtung des Anspruchsgegners (s oben Rn 85 ff), die Sache könne im Zuge der Besichtigung – idR aufgrund eines beabsichtigten Substanzeingriffs (s oben Rn 102 ff) – verändert oder beschädigt werden, ist idR kein Anlass, den Besichtigungsanspruch nach § 242 BGB zu modifizieren oder gar auszuschließen. Häufig wird bereits keine durch Tatsachen belegbare konkrete Gefahr bestehen (BGH 2. 5. 2002 – I ZR 45/01, BGHZ 150, 377, 389 = NJW-RR 2002, 1617 – *Faxkarte*), da Veränderungen oder Beschädigungen der Sache sich in erster Linie zum Nachteil des Anspruchstellers auswirken, weil diesem bei der gerichtlichen Durchsetzung des Hauptanspruchs regelmäßig die Darlegungs- und Beweislast obliegt (OLG München 19. 4. 2001 – 1 U 6107/00, NJW 2001, 2806, 2807). Liegt ausnahmsweise eine durch Tatsachen belegbare konkrete Gefahr von Veränderungen oder Beschädigungen vor, kann der Besitzer sein Interesse an dem unversehrten Erhalt der Sache selbst ausreichend wahren, indem er zB Fotos, Sicherungskopien etc anfertigt (OLG München 19. 4. 2001 – 1 U 6107/00, NJW 2001, 2806, 2807).

bb) Geheimhaltungsinteresse

119 Besteht aufseiten des Anspruchsgegners ein berechtigtes Geheimhaltungsinteresse, weil zB durch die Besichtigung ein **Geschäfts-, Betriebs- oder Fabrikationsgeheimnis** offenbart (BGH 8. 1. 1985 – X ZR 18/84, BGHZ 93, 191, 210 ff = NJW-RR 1986, 480 – *Druckbalken*; OLG Düsseldorf 8. 4. 1982 – 2 U 176/81, GRUR 1983, 745, 746; OLG Düsseldorf 17. 8. 1981 – 2 U 102/81, GRUR 1983, 741, 743; HKK/Birr §§ 809–811 Rn 10; PWW/Buck-Heeb § 809 Rn 11; BeckOK-BGB/Gehrlein [1. 2. 2023] § 809 Rn 5; Gniadek 76; MünchKommBGB/Habersack § 809 Rn 7, 11; Karger 94; Planck/Landois § 809 Anm 2 c; Markfort 168; jurisPK-BGB/Martinek/Heine [1. 2. 2023] § 809 Rn 5; McGuire GRUR Int 2005, 15, 17; Osterloh-Konrad 36 f; Grüneberg/Sprau § 809 Rn 11; Jauernig/Stadler §§ 809–811 Rn 4; Stürner/Stadler JZ 1985, 1101; Tilmann/Schreibauer, in: FS Erdmann [2002] 901, 907; Erman/Wilhelmi § 809 Rn 2a) oder eine Verschwiegenheitspflicht verletzt würde (Planck/Landois § 809 Anm 2 c), kann die Erfüllung des Anspruchs ausnahmsweise unzumutbar sein (BGB-RGRK/Steffen § 809

Rn 9). Einen vollständigen Ausschluss des Anspruchs wird die drohende Beeinträchtigung des Gegeninteresses jedoch nur selten rechtfertigen (PWW/Buck-Heeb § 809 Rn 11; Bork NJW 1997, 1665, 1669; Osterloh-Konrad 37; ähnlich Pries 61 f). Zur Wahrung des berechtigten Geheimhaltungsinteresses wird es regelmäßig genügen, das Besichtigungsrecht einzuschränken, sei es gegenständlich dahingehend, dass bestimmte Teile der Sache von der Besichtigung ausgenommen werden (BeckOGK/Hoffmann [1. 3. 2023] § 809 Rn 21; Erman/Wilhelmi § 809 Rn 2a), sei es personell dergestalt, dass die Besichtigung anstelle des Anspruchstellers ausschließlich einem neutralen und zur Verschwiegenheit verpflichteten Dritten gewährt wird (BGH 2. 5. 2002 – I ZR 45/01, BGHZ 150, 377, 389 = NJW-RR 2002, 1617 – *Faxkarte*; OLG München 31. 10. 1986 – 11 W 1282/86, GRUR 1987, 33; OLG Düsseldorf 8. 4. 1982 – 2 U 176/81, GRUR 1983, 745, 746; Beckhaus 26; HKK/Birr §§ 809–811 Rn 10; PWW/Buck-Heeb § 809 Rn 11; MünchKommBGB/Habersack § 809 Rn 11; Soergel/Hadding § 809 Rn 5; BeckOGK/Hoffmann [1. 3. 2023] § 809 Rn 21; Karg ZUM 2000, 934, 944; Marshall, in: FS Preu [1988] 151, 155 f; Osterloh-Konrad 35, 39; Sass 77; Schlosser JZ 2003, 427, 428; Grüneberg/Sprau § 809 Rn 11; Jauernig/Stadler §§ 809–811 Rn 4; Stadler, in: FS Leipold [2009] 201, 210 f; BGB-RGRK/Steffen § 810 Rn 7; Stürner/Stadler JZ 1985, 1101, 1102; s auch für das einstweilige Verfügungsverfahren BGH 8. 1. 1985 – X ZR 18/84, BGHZ 93, 191, 208 = NJW-RR 1986, 480 – *Druckbalken*; Tilmann/Schreibauer, in: FS Erdmann [2002] 901, 907).

Die Befürchtung, dass im Rahmen der Besichtigung Informationen bekannt werden, 120
welche die **Gefahr einer strafrechtlichen Verfolgung** für den Anspruchsgegner oder einen seiner nahen Angehörigen erhöhen, begründet kein berechtigtes Geheimhaltungsinteresse (Bork NJW 1997, 1665, 1669; Gniadek 76; vHartz 155; BeckOGK/Hoffmann [1. 3. 2023] § 809 Rn 23; Karger 79; Sass 60; Tilmann/Schreibauer GRUR 2002, 1015, 1021; Tilmann/Schreibauer, in: FS Erdmann [2002] 901, 909; s auch BGH 30. 4. 1964 – VII ZR 156/62, BGHZ 41, 318, 323 ff = NJW 1964, 1469 zu § 666 BGB; **aA** PWW/Buck-Heeb § 809 Rn 11; jurisPK-BGB/Martinek/Heine [1. 2. 2023] § 809 Rn 5; Grüneberg/Sprau § 809 Rn 11; Erman/Wilhelmi § 809 Rn 2a). Zur Vermeidung einer unverhältnismäßigen Beeinträchtigung des Persönlichkeitsrechts des Anspruchsgegners (Art 2 Abs 1 GG iVm Art 1 Abs 1 GG, s unten Rn 121 ff) genügt es, dass die im Rahmen der Besichtigung bekannt gewordenen Informationen nicht gegen seinen Willen zweckentfremdet und der Verwertung für eine Strafverfolgung zugeführt werden dürfen (BVerfG 13. 1. 1981 – 1 BvR 116/77, BVerfGE 56, 37, 50 = NJW 1981, 1431 zu § 100 KO). Für die Umsetzung dieser verfassungsrechtlichen Vorgabe ist ein **Beweisverwertungsverbot** für Straf- und Ordnungswidrigkeitenverfahren in entsprechender Anwendung von § 140b Abs 8 PatG und § 101 Abs 8 UrhG ggf iVm § 101a Abs 4 UrhG erforderlich, aber auch ausreichend (Bork NJW 1997, 1665, 1669; Gniadek 76; vHartz 155; BeckOGK/Hoffmann [1. 3. 2023] § 809 Rn 23; Karger 79; Sass 60; Tilmann/Schreibauer GRUR 2002, 1015, 1021; Tilmann/Schreibauer, in: FS Erdmann [2002] 901, 909; s auch BVerfG 13. 1. 1981 – 1 BvR 116/77, BVerfGE 56, 37, 50 f = NJW 1981, 1431 zu § 100 KO; BGH 30. 4. 1964 – VII ZR 156/62, BGHZ 41, 318, 323 ff = NJW 1964, 1469 zu § 666 BGB).

cc) Allgemeines Persönlichkeitsrecht

Die in den Grundrechten liegenden Wertentscheidungen strahlen insbesondere über 121
die zivilrechtlichen Generalklauseln, ua § 242 BGB, in das Privatrecht ein (sog Theorie der mittelbaren Drittwirkung; s statt vieler BVerfG 6. 11. 2019 – 1 BvR 16/13 Rn 76, BVerfGE 152, 152 = NJW 2020, 300; Grüneberg/Grüneberg § 242 Rn 8 jeweils mwNw). Daher kann die von dem Anspruchsteller begehrte Besichtigung – abhängig von den Umständen des Einzelfalls, insbesondere des Gegenstands der Besichtigung – das All-

gemeine Persönlichkeitsrecht des Anspruchsgegners aus **Art 2 Abs 1 GG iVm Art 1 Abs 1 GG** beeinträchtigen (vHARTZ 153). Ob die Beeinträchtigung in ihrer konkreten Gestalt verhältnismäßig und daher von dem Anspruchsgegner hinzunehmen oder unzumutbar ist, hängt von einer Abwägung der betroffenen Grundrechtspositionen unter Berücksichtigung der Umstände des Einzelfalls ab (statt vieler s BVerfG 6. 11. 2019 – 1 BvR 16/13 Rn 77, BVerfGE 152, 152 = NJW 2020, 300; BVerfG 11. 4. 2018 – 1 BvR 3080/09 Rn 33, BVerfGE 148, 267 = NJW 2018, 1667 jeweils mwNw; HKK/BIRR §§ 809–811 Rn 9). Diese ergibt im Grundsatz folgende Differenzierung:

122 **(1)** Eine Besichtigung, die in die sog **Intimsphäre** und damit in den unantastbaren Kernbereich des Allgemeinen Persönlichkeitsrechts eingreifen würde (BVerfG 14. 9. 1989 – 2 BvR 1062/87, BVerfGE 80, 367, 373 f = NJW 1990, 563; BVerfG 15. 1. 1970 – 1 BvR 13/68, NJW 1970, 555; BVerfG 16. 7. 1969 – 1 BvL 19/63, NJW 1969, 1707), zB die Einsicht in das auf einem Datenträger gespeicherte elektronische Tagebuch, ist dem Anspruchsgegner grundsätzlich unzumutbar und daher nach § 242 BGB ausgeschlossen (HKK/BIRR §§ 809–811 Rn 9; BeckOK-BGB/GEHRLEIN [1. 2. 2023] § 809 Rn 5; MünchKommBGB/HABERSACK § 809 Rn 7; BeckOGK/HOFFMANN [1. 3. 2023] § 809 Rn 21; NK-BGB/MIELKE § 809 Rn 11; OSTERLOH-KONRAD 37; SASS 62 ff; BGB-RGRK/STEFFEN § 809 Rn 9; ERMAN/WILHELMI § 809 Rn 2a).

123 **(2)** Betrifft die Besichtigung hingegen lediglich die sog **Privatsphäre**, ist grundsätzlich keine Einschränkung des Besichtigungsanspruchs geboten (HKK-BGB/BIRR §§ 809–811 Rn 9; SASS 61 f; SELKE ZfIR 2003, 89, 92). Daher kann der Anspruchsgegner zB die Besichtigung seiner Wohnräume nicht unter Hinweis auf seinen dortigen Lebensmittelpunkt verweigern.

2. Erfüllung (§ 362 Abs 1 BGB)

124 Nach § 362 Abs 1 BGB erlischt der Besichtigungsanspruch nach § 809 BGB nicht bereits mit der Vornahme der Leistungshandlung – hier der Vorlegung der Sache zur Besichtigung (s oben Rn 110 ff) oder der Gestattung der Besichtigung (s oben Rn 113 f) –, sondern erst mit dem Eintritt des Leistungserfolgs (OLG Köln 11. 11. 2009 – 5 U 77/09, VersR 2010, 1504, 1506), also der Besichtigung der Sache (s oben Rn 94 ff) durch den Gläubiger oder eine von ihm beauftragte Person (s oben Rn 106 ff). Zu der Möglichkeit einer erneuten Besichtigung s oben Rn 83.

3. Zurückbehaltungsrechte, insbesondere Kostenvorschuss und Sicherheitsleistung (§ 811 Abs 2 S 2 BGB)

125 Der Schuldner eines Anspruchs nach § 809 BGB (s oben Rn 85 ff) kann die Vorlegung einer Sache zur Besichtigung oder die Gestattung der Besichtigung (s oben Rn 94 ff) nicht nur verweigern, solange ihm ein fälliger Anspruch gegen den Gläubiger zusteht – sei es nach § 273 Abs 1 BGB, sei es zB nach § 50 Abs 3 S 1 BRAO (OLG Braunschweig 9. 5. 1913, OLGE 27, 98, 99 zu § 32 RAO) –, sondern nach § 811 Abs 2 S 2 BGB auch, solange bis ihm der Gläubiger die Kosten vorschießt und wegen der Gefahr Sicherheit leistet. Zu Einzelheiten dieser dilatorischen Einrede s § 811 Rn 25, 30 f.

4. Einrede der Verjährung (§ 214 Abs 1 BGB)

a) Keine Unverjährbarkeit

Der Besichtigungsanspruch nach § 809 BGB unterliegt gemäß § 194 Abs 1 BGB – ebenso wie andere präparatorische Informationsansprüche (BGH 10. 5. 2012 – I ZR 145/11 Rn 22, GRUR 2012, 1248 – *Fluch der Karibik* zu § 242 BGB; BGH 3. 4. 1996 – VIII ZR 54/95, NJW 1996, 2100, 2101 zu § 87c HGB; **aA** BGH 28. 4. 1992 – X ZR 85/89, BeckRS 1992, 7996 Rn 33; BGH 18. 2. 1972 – I ZR 82/70, GRUR 1972, 558, 560 – *Teerspritzmaschinen*; Staudinger/Peters/Jacoby [2019] Anh zu § 217 Rn 2) – der Verjährung (OLG Karlsruhe 27. 4. 2001 – 14 U 187/00, NJW-RR 2002, 951; LG Köln 8. 9. 1993 – 24 S 45/92, VersR 1994, 296; Sass 161; **aA** PWW/Buck-Heeb § 809 Rn 7; juris-PK-BGB/Martinek/Heine [1. 2. 2023] § 809 Rn 8; Jauernig/Stadler §§ 809–811 Rn 1; Erman/Wilhelmi § 809 Rn 7). Eine § 898 BGB vergleichbare Bestimmung der Unverjährbarkeit, die neben dem Anspruch auf Berichtigung des Grundbuchs nach § 894 BGB auch den Vorlegungsanspruch nach § 896 BGB (s oben Rn 30) umfasst, enthält der Titel 25 (§§ 809–811 BGB) nicht. In Betracht käme einzig eine entsprechende Anwendung von § 898 BGB. Die Tatsache, dass die Vorschrift systematisch eine Ausnahme enthält und daher grundsätzlich eng auszulegen ist (BGH 22. 5. 1989 – VIII ZR 192/88, BGHZ 107, 315, 320 = NJW 1989, 2053 zu § 571 Abs 1 BGB aF; BGH 6. 11. 1953 – I ZR 97/52, BGHZ 11, 135, 143 = NJW 1954, 305 zu § 22a LitUrhG; BGH 15. 12. 1951 – II ZR 108/51, BGHZ 4, 219, 222 = NJW 1952, 223 zu der 32. DVO zum UmstG; BGH 29. 5. 1951 – I ZR 87/50, BGHZ 2, 237, 244 = NJW 1951, 601 zu § 21 Abs 4 UmstG; RG 14. 11. 1936 – I 124/36, RGZ 153, 1, 23 zu § 22a Abs 2 LitUrhG; RG 5. 4. 1933 – I 175/32, RGZ 140, 231, 239 zu § 12 Abs 2 Nr 5 LitUrhG), schließt eine Analogie nicht aus (Larenz, Methodenlehre der Rechtswissenschaft 355 f; Larenz/Canaris, Methodenlehre der Rechtswissenschaft 175 f; **aA** BGH 17. 10. 1995 – VI ZR 358/94, NJW 1996, 53, 54 zu § 1664 Abs 1 BGB; RG 4. 12. 1900 – Rep II 238/00, RGZ 47, 356, 360 zu § 916 BGB; wohl auch BGH 22. 5. 1989 – VIII ZR 192/88, BGHZ 107, 315, 320 = NJW 1989, 2053 [„ausdehnenden Anwendung"] zu § 571 Abs 1 BGB aF). Die Materialien zu § 898 BGB legen diese sogar insoweit nahe, als die Regelung auf einem allgemeinen Rechtsgedanken beruht, der auch auf § 809 BGB zutrifft, nämlich dass der Hilfsanspruch von dem jeweiligen Hauptanspruch auf Verwirklichung des Rechts abhängen müsse, also nur dann nicht mehr geltend gemacht werden könne, sobald der Hauptanspruch verjährt sei (Prot III 107 = Mugdan III 560 zu § 843 BGB-E I). Allerdings dürfte es – jedenfalls seit der Neufassung des Verjährungsrechts mWv 1. 1. 2002 (Art 1 Abs 1 Nr 3 iVm Art 9 Abs 1 S 2 G v 26. 11. 2001, BGBl 2001 I 3138) – an einer Regelungslücke fehlen. 126

b) Verjährungsfrist

Der Besichtigungsanspruch nach § 809 BGB unterliegt – ebenso wie andere Informationsansprüche (BGH 4. 10. 1989 – IVa ZR 198/88, BGHZ 108, 393, 399 = NJW 1990, 180 zu § 2314 Abs 1 BGB; BGH 2. 11. 1960 – V ZR 124/59, BGHZ 33, 373, 379 = NJW 1961, 602 zu § 2314 Abs 1 BGB; BGH 10. 5. 2012 – I ZR 145/11 Rn 22, GRUR 2012, 1248 – *Fluch der Karibik* zu § 242 BGB; BGH 26. 5. 1994 – IX ZR 39/93, NJW 1994, 3102, 3106 [insoweit nicht abgedruckt in BGHZ 126, 138 ff] zu § 242 BGB; BGH 4. 10. 1989 – IVa ZR 198/88, NJW 1990, 180, 181 zu § 2314 Abs 1 BGB; Osterloh-Konrad 298; Winkler von Mohrenfels 87) – selbstständig und unabhängig von dem Hauptanspruch der **regelmäßigen Verjährungsfrist nach § 195 BGB** (Groh ZIP 2021, 724, 730 f; MünchKommBGB/Habersack § 809 Rn 15; Soergel/Hadding § 809 Rn 3; Osterloh-Konrad 298; Grüneberg/Sprau § 809 Rn 12; s auch Planck/Landois Vor §§ 809–811; Pries 66; Sass 162). Für eine entsprechende Anwendung der für den Hauptanspruch geltenden Verjährungsregelungen besteht mangels einer Regelungslücke kein Raum (**aA** BeckOGK/Hoffmann [1. 3. 2023] § 809 Rn 5 f). 127

c) Beginn der Verjährungsfrist

128 Die regelmäßige Verjährungsfrist (§ 195 BGB, s oben Rn 127) beginnt gemäß **§ 199 Abs 1 BGB** (Groh ZIP 2021, 724, 730 f; MünchKommBGB/Habersack § 809 Rn 15; Soergel/Hadding § 809 Rn 3; Grüneberg/Sprau § 809 Rn 12) mit dem Schluss des Jahres, in dem der Besichtigungsanspruch entstanden ist und der Gläubiger von den anspruchsbegründenden Umständen und der Person des Schuldners (s oben Rn 85 ff) Kenntnis erlangt oder ohne grobe Fahrlässigkeit erlangen müsste. Der Besichtigungsanspruch nach § 809 BGB entsteht iS des § 199 Abs 1 Nr 1 BGB, sobald er erstmals geltend gemacht und im Wege der Klage durchgesetzt werden kann (MünchKommBGB/Habersack § 809 Rn 15; Pries 63; allgemein zur Entstehung eines Anspruchs iS des § 199 Abs 1 Nr 1 BGB s Staudinger/Peters/Jacoby [2019] § 199 Rn 3 ff mwNw). Wann die Besichtigung tatsächlich verlangt wird, ist unerheblich (Haas 9, 37, MünchKommBGB/Habersack § 809 Rn 15; Pries 63; **aA** Oertmann § 809 Anm 4). Sind die Voraussetzungen des § 809 BGB über einen längeren Zeitraum verwirklicht – was häufig der Fall sein dürfte –, führt dies nicht dazu, dass der Anspruch fortwährend neu entsteht (MünchKommBGB/Habersack § 809 Rn 15; **aA** Planck/Landois Vor §§ 809–811; Enneccerus/Lehmann, Recht der Schuldverhältnisse § 218 IV 3 = 867; Pries 66). Der Anspruch nach § 809 BGB ist nämlich – im Unterschied zB zu § 535 Abs 1 S 2 BGB (BGH 17. 2. 2010 – VIII ZR 104/09, BGHZ 184, 253, Rn 17 = NJW 2010, 1292; BGH 22. 4. 2016 – V ZR 189/15 Rn 36, NJW-RR 2017, 210) – **keine Dauerverpflichtung**, sondern mit der Vorlegung der Sache zur Besichtigung (s oben Rn 110 ff) oder der Gestattung der Besichtigung (s oben Rn 113 f) auf eine einmalige Handlung gerichtet.

d) Ende der Verjährungsfrist

129 Das Ende der Verjährungsfrist des Besichtigungsanspruchs nach § 809 BGB (s oben Rn 127) ist im Ausgangspunkt unter Anwendung der **§§ 188 ff BGB** zu bestimmen.

130 Aufgrund der Funktion des § 809 BGB als präparatorischer Informationsanspruch (s oben Rn 3) werden die §§ 188 ff BGB (s oben Rn 129) um eine **ungeschriebene Ablaufhemmung** dahingehend ergänzt, dass der Besichtigungsanspruch nach § 809 BGB nicht vor dem Hauptanspruch in Ansehung der Sache (s oben Rn 51 ff) verjähren kann (BGH 25. 7. 2017 – VI ZR 222/16 Rn 8, NJW 2017, 2755 zu § 242 BGB; **aA** Winkler von Mohrenfels 87). Diese ergibt sich aus den Zwecken der Verjährung, nämlich dem Rechtsfrieden und der Rechtssicherheit (BGH 25. 7. 2017 – VI ZR 222/16 Rn 9, NJW 2017, 2755 zu § 242 BGB), da die Beteiligten im Kern regelmäßig nicht um die Besichtigung der Sache, sondern um den Hauptanspruch streiten. Dieser Streit würde durch die Verjährung nur des Besichtigungsanspruchs nicht gelöst. Im Gegenteil, seine Lösung würde mit der Annahme der Verjährung nur des Besichtigungsanspruchs erschwert (BGH 25. 7. 2017 – VI ZR 222/16 Rn 10, NJW 2017, 2755 zu § 242 BGB). Dem steht der weitere Zweck der Verjährung, nämlich der Schuldnerschutz, nicht entgegen. Das geschützte Interesse des Schuldners, nicht länger wegen länger zurückliegender Vorgänge, die er nicht mehr aufklären kann, in Anspruch genommen zu werden (BGH 20. 4. 1993 – X ZR 67/92, BGHZ 122, 241, 244 = NJW-RR 1993, 1269; BGH 25. 7. 2017 – VI ZR 222/16 Rn 11, NJW 2017, 2755 zu § 242 BGB; Neuner, Allgemeiner Teil des Bürgerlichen Rechts § 22 Rn 1 mwNw), bezieht sich auf den Hauptanspruch und nicht auf bloße Hilfsansprüche – hier § 809 BGB –, die allein den Zweck haben, dem Gläubiger die Durchsetzung des noch nicht verjährten Hauptanspruchs zu ermöglichen (BGH 25. 7. 2017 – VI ZR 222/16 Rn 11, NJW 2017, 2755 zu § 242 BGB).

131 Zu der Auswirkung der **Verjährung des Hauptanspruchs** in Ansehung der Sache (s oben Rn 51 ff) auf den Besichtigungsanspruch nach § 809 BGB s oben Rn 84.

IX. Leistungsstörungen

132 In Anbetracht der Tatsache, dass die Verpflichtung nach § 809 BGB ein gesetzliches Schuldverhältnis begründet (s oben Rn 10), bestimmen die Rechtsfolgen einer Verletzung der Vorlegungs- oder Gestattungspflicht (s oben Rn 93 ff) sich in erster Linie nach den **allgemeinen Vorschriften der §§ 280 ff BGB** (Mot II 892 = Mugdan II 499; Dierschke 77; MünchKommBGB/Habersack § 809 Rn 1, § 811 Rn 6; Erman/Wilhelmi § 809 Rn 6; s auch Enneccerus/Lehmann, Recht der Schuldverhältnisse § 218 IV 2 = 867; Karger 92 f; Planck/Landois § 809 Anm 5; Oertmann § 809 Anm 4; Pries 112 ff; Radant 45; Sass 164; **aA** BeckOGK/Hoffmann [1. 3. 2023] § 809 Rn 7.1: keine Anwendung der §§ 281 ff BGB). Während des Verzugs des Schuldners kann der Gläubiger nach § 280 Abs 1, 2 BGB iVm § 286 BGB Schadensersatz (PWW/Buck-Heeb § 809 Rn 12; MünchKommBGB/Habersack § 811 Rn 6; Erman/Wilhelmi § 809 Rn 6; s auch BGB-RGRK/Steffen § 811 Rn 9 zu § 286 BGB aF; **aA** BeckOGK/Hoffmann [1. 3. 2023] § 809 Rn 7.1: Ersatz des Verzugsschadens bei einem Herausgabeanspruch als Hauptanspruch nur nach §§ 989, 990 Abs 2 BGB), bei Ausschluss der Leistungspflicht nach § 275 Abs 1 oder Abs 2 BGB Schadensersatz statt der Leistung nach § 280 Abs 1, 3 BGB iVm § 283 S 1 BGB (Erman/Wilhelmi § 809 Rn 6; **aA** BeckOGK/Hoffmann [1. 3. 2023] § 809 Rn 7.1) sowie die Herausgabe des Ersatzes nach § 285 BGB verlangen. Soweit der allgemeine Besichtigungsanspruch nicht nach § 275 Abs 1 oder Abs 2 BGB ausgeschlossen ist, die fällige Leistung aber nicht oder nicht wie geschuldet erbracht wird, kann der Gläubiger Schadensersatz statt der Leistung nur unter den Voraussetzungen des § 280 Abs 1, 3 BGB iVm § 281 BGB verlangen. Schadensersatz neben der Leistung kann der Gläubiger nach § 280 Abs 1 BGB verlangen (PWW/Buck-Heeb § 809 Rn 12), wobei der Schuldner die Pflichtverletzung grundsätzlich nur zu vertreten hat, wenn er zuvor eindeutig zur Vorlegung der Sache aufgefordert wurde (wohl auch Haas 37 f; Sass 165 f; BGB-RGRK/Steffen § 811 Rn 9; iE auch Planck/Landois Vor §§ 809–811; Pries 113: Anspruch entsteht erst mit Geltendmachung).

133 Übergibt der Schuldner die vorzulegende Sache vorsätzlich einem anderen, um den Besichtigungsanspruch zu vereiteln (*dolo desinere possidere*), ist er auch nach **§ 826 BGB** schadensersatzpflichtig (PWW/Buck-Heeb § 809 Rn 12; Dierschke 83; Enneccerus/Lehmann, Recht der Schuldverhältnisses § 218 II = 866; Haas 37; MünchKommBGB/Habersack § 811 Rn 6; Karger 93; Planck/Landois Vor §§ 809–811; Oertmann § 809 Anm 4; Pries 64, 113; Sass 165; Schmieding 21; BGB-RGRK/Steffen § 811 Rn 9; **aA** Radant 46: Anwendungsfall von § 226 BGB).

X. Prozessuales

1. Erkenntnisverfahren

134 Ob der Anspruch nach § 809 BGB mit einer selbstständigen Leistungsklage durchgesetzt werden kann (s unten Rn 135 ff) oder nur innerprozessual im Rahmen des Rechtsstreits über den Hauptanspruch von Bedeutung ist (s unten Rn 145 ff), hängt zum einen davon ab, wer die Sache besitzt, deren Besichtigung begehrt wird, zum anderen davon, ob ein Rechtsstreit über den Hauptanspruch bereits anhängig ist.

a) Selbstständige Leistungsklage

135 Der Anspruch nach § 809 BGB ist trotz seines präparatorischen Charakters (s oben Rn 3) ein eigenständiger Anspruch, der als solcher grundsätzlich (zu der Ausnahme s unten Rn 137 f) im Wege einer selbstständigen Leistungsklage gegen den Besitzer der Sache (s oben Rn 85 ff) geltend gemacht werden kann (BGH 8. 1. 1985 – X ZR 18/84, BGHZ 93, 191, 204 = NJW-RR 1986, 480 – *Druckbalken*; RG 12. 7. 1927 – VI 183/27, WarnRspr 1927 Nr 142; LG Aurich 28. 10. 2011 – 5 O 854/11, NZBau 2012, 369; Warneyer/Bohnenberg Vor §§ 809–811; PWW/Buck-Heeb § 809 Rn 14; Foerster ZHR 176 [2012] 221, 239; BeckOK-BGB/Gehrlein [1. 2. 2023] § 809 Rn 7; Gniadek 111; MünchKommBGB/Habersack § 809 Rn 16; jurisPK-BGB/Martinek/Heine [1. 2. 2023] § 809 Rn 21; NK-BGB/Mielke Rn 20; Pries 66; Schilken Jura 1988, 525, 530; Schreiber JR 2008, 1, 4; Grüneberg/Sprau § 809 Rn 13; Jauernig/Stadler §§ 809–811 Rn 12; BGB-RGRK/Steffen Vor § 809 Rn 7; Stürner/Stadler JZ 1985, 1101, 1102; Erman/Wilhelmi § 809 Rn 5).

aa) Klageantrag

136 Die Tatsache, dass § 809 BGB sich in dem Recht auf Besichtigung einer bestimmten Sache erschöpft (s oben Rn 94), hat zur Folge, dass der Kläger die Sache (s oben Rn 35 ff), deren Besichtigung er begehrt, in seinem Klageantrag konkret bezeichnen muss (§ 253 Abs 2 Nr 2 ZPO ggf iVm § 495 Abs 1 ZPO, s BGH 7. 4. 2022 – I ZR 222/20 Rn 75, GRUR 2022, 899 – *Porsche 911*; OLG Hamm 31. 1. 2013 – 4 U 200/12, GRUR-RR 2013, 306, 307; S Zöllner GRUR-Prax 2010, 74, 76). **Sachgesamtheiten** (zB Bibliothek, Nachlass, Warenlager) sind *als solche* keine tauglichen Gegenstände des Besichtigungsanspruchs (s oben Rn 38). Dies hat allerdings nicht zur Folge, dass ein hinreichend bestimmter Klageantrag (§ 253 Abs 2 Nr 2 ZPO ggf iVm § 495 Abs 1 ZPO) nur vorliegt, wenn der Kläger sämtliche zugehörigen Sachen – ggf nach einer Auskunftsklage (zB § 2314 Abs 1 S 1 BGB) – konkret benennt. Im Gegenteil, aus Gründen der Prozessökonomie werden die Anforderungen an die Bestimmtheit des Klageantrags dahingehend abgesenkt, dass die bestimmte Bezeichnung der Sachgesamtheit genügt (Pries 42). Der Antrag, alle von der Staatsanwaltschaft in einem bestimmten strafrechtlichen Ermittlungsverfahren sichergestellten Beweismittel zu besichtigen, ist gleichwohl zu unbestimmt (LAG Baden-Württemberg 8. 4. 2013 – 9 Sa 92/12, BeckRS 2013, 70632 unter II 2 c der Entscheidungsgründe). Gleiches gilt für die lediglich pauschale Bezugnahme auf alle ein bestimmtes Fahrzeugmodell betreffenden Entwürfe, Konstruktionszeichnungen und Aktennotizen (BGH 7. 4. 2022 – I ZR 222/20, GRUR 2022, 899 Rn 75 – *Porsche 911*; dem folgend BeckOK-BGB/Gehrlein [1. 2. 2023] § 809 Rn 1).

bb) Rechtsschutzbedürfnis

137 Ist bereits ein Rechtsstreit über den Hauptanspruch in Ansehung der Sache (s oben Rn 51 ff) gegen dessen Besitzer anhängig, fehlt ausnahmsweise das Rechtsschutzbedürfnis für die selbstständige Leistungsklage auf Besichtigung der Sache (iE auch Baumgärtel, in: FS Schima [1969] 41, 46; Foerster ZHR 176 [2012] 221, 237 f zu § 810 BGB; krit Wieczorek/Schütze/Ahrens § 422 ZPO Rn 1, § 421 Rn 15). Diese kann nur noch innerprozessual im Rahmen der Beweisaufnahme verlangt werden (s unten Rn 145 ff).

138 Das außergerichtliche Angebot des Besitzers, der Kläger könne die Sache ohne Anerkennung einer Rechtspflicht besichtigen, lässt das Rechtsschutzbedürfnis nicht entfallen, da dem Besitzer die Möglichkeit verbleibt, die Besichtigung entgegen seiner Erklärung zu verweigern oder nur eingeschränkt zu gestatten (RG 12. 7. 1927 – VI 183/27, WarnRspr 1927 Nr 142).

cc) Darlegungs- und Beweislast

Die Darlegungs- und Beweislast für die Tatsachen, die den Besichtigungsanspruch nach § 809 BGB begründen, nämlich der Besitz des Anspruchsgegners (s oben Rn 50, 85 ff) sowie die Umstände, aus denen sich der Hauptanspruch in Ansehung der Sache (s oben Rn 51 ff) und das Interesse an der Besichtigung der Sache ergibt (s oben Rn 80 ff), obliegt dem Anspruchsteller (PWW/Buck-Heeb § 809 Rn 13, 14; Dierschke 57 ff; Enneccerus/Lehmann, Recht der Schuldverhältnisse § 218 III = 866; BeckOK-BGB/Gehrlein [1. 2. 2023] § 809 Rn 7; Gniadek 76 f; MünchKommBGB/Habersack § 809 Rn 16; Hövermann, in: Baumgärtel/Laumen/Prütting, Handbuch der Beweislast § 809 Rn 1; Karger 80; Planck/Landois § 809 Anm 3; jurisPK-BGB/Martinek/Heine [1. 2. 2023] § 809 Rn 21; NK-BGB/Mielke § 809 Rn 21; Oertmann § 809 Anm 2; Radant 30, 83, 84; Siegel 75; Grüneberg/Sprau § 809 Rn 13; BGB-RGRK/Steffen § 809 Rn 10; Windscheid/Kipp, Lehrbuch des Pandektenrechts § 474 Zusatz 2 = 1066). Die bloße Glaubhaftmachung (§ 294 ZPO) genügt – im Unterschied zum gemeinen Recht (s oben Rn 8) und zum einstweiligen Verfügungsverfahren (s unten Rn 150) – nicht (Mot II 891 = Mugdan II 498; Prot VI 195 = Mugdan II 1219; PWW/Buck-Heeb § 809 Rn 13; Dierschke 57 ff, 61; Enneccerus/Lehmann, Recht der Schuldverhältnisse § 218 III = 867; Haas 26; Gniadek 76 f; MünchKommBGB/Habersack § 809 Rn 16; Soergel/Hadding § 809 Rn 8; Haeffs 79; Hövermann, in: Baumgärtel/Laumen/Prütting, Handbuch der Beweislast § 809 Rn 1; Karger 80; Leonhard, Die Beweislast 377; jurisPK-BGB/Martinek/Heine [1. 2. 2023] § 809 Rn 21; Matthiass, Lehrbuch des Bürgerlichen Rechts, Bd I § 140 I A 2 = 697; NK-BGB/Mielke § 809 Rn 21; Pries 67 ff; Radant 83; Schilken Jura 1988, 525, 530; Schmieding 22 f; Siegel 75; BGB-RGRK/Steffen § 809 Rn 10; Windscheid/Kipp, Lehrbuch des Pandektenrechts § 474 Zusatz 2 = 1066; **aA** Unger JheringsJb 33 [1894] 299, 315), und zwar auch nicht bezüglich des Interesses an der Besichtigung (PWW/Buck-Heeb § 809 Rn 13; Haas 26; MünchKommBGB/Habersack § 809 Rn 16; Matthiass, Lehrbuch des Bürgerlichen Rechts, Bd I § 140 I A 2 = 697; Sass 50). 139

Die Absicht, sich mithilfe der Besichtigung Gewissheit über einen Hauptanspruch in Ansehung der Sache zu verschaffen (**§ 809 Alt 2 BGB**, s oben Rn 71 ff), hat nicht zur Folge, dass der Anspruch ohne nähere Darlegungen zu dem Hauptanspruch jedermann zusteht, der in Erfahrung bringen will, ob ihm gegen andere Ansprüche in Ansehung der Sache zustehen (BGH 8. 1. 1985 – X ZR 18/84, BGHZ 93, 191, 205 = NJW-RR 1986, 480 – *Druckbalken*; s auch RG 10. 2. 1932 – I 210/31, RGZ 135, 188, 192 zu § 810 BGB). Eine solche Auslegung setzte der Sache nach das im Zivilprozessrecht geltende **Verbot des Ausforschungsbeweises** (statt vieler s Zöller/Greger Vor § 284 ZPO Rn 8c f mwNw) außer Kraft (BGH 8. 1. 1985 – X ZR 18/84, BGHZ 93, 191, 205 = NJW-RR 1986, 480 – *Druckbalken*). Da niemand – unbeschadet der prozessualen Wahrheitspflicht (§ 138 Abs 1 ZPO) – verpflichtet ist, seinem Gegner das für den Prozesssieg erforderliche Material zu verschaffen (s oben Rn 73), muss der Kläger die Voraussetzungen des Hauptanspruchs, dessen Bestehen durch die Besichtigung endgültig geklärt werden soll, bis zu dem Punkt nachweisen, an dem nur noch die Besichtigung fehlt, um abschließend urteilen zu können (BGH 8. 1. 1985 – X ZR 18/84, BGHZ 93, 191, 206 = NJW-RR 1986, 480 – *Druckbalken*; BGH 20. 7. 2018 – V ZR 130/17 Rn 16, NJW 2019, 771; OLG Hamm 31. 1. 2013 – 4 U 200/12, GRUR-RR 2013, 306, 308; OLG Hamburg 26. 5. 2005 – 3 U 91/04, ZUM 2005, 394, 395 – *Faxkarte II*; KG 11. 8. 2000 – 5 U 3069/90, NJW-RR 2001, 233, 235; PWW/Buck-Heeb § 809 Rn 6; Dierschke 68 f; BeckOK-BGB/Gehrlein [1. 2. 2023] § 809 Rn 4; Gniadek 61; MünchKommBGB/Habersack § 809 Rn 6; Haeffs 79; vHartz 144; Hövermann, in: Baumgärtel/Laumen/Prütting, Handbuch der Beweislast § 809 Rn 1; Markfort 168; jurisPK-BGB/Martinek/Heine [1. 2. 2023] § 809 Rn 13; Meyer-Dulheuer GRUR Int 1987, 14, 16; NK-BGB/Mielke § 809 Rn 9; Oertmann § 809 Anm 1 c α; Osterloh-Konrad 35; Schilken Jura 1988, 525, 528; Schreiber JR 2008, 1, 2; Siegel 140

76; Jauernig/Stadler §§ 809–811 Rn 3; BGB-RGRK/Steffen § 809 Rn 8; ähnlich Sass 46 ff [Verdachtsgründe für das Bestehen des Hauptanspruchs]; krit BeckOGK/Hoffmann [1. 3. 2023] § 809 Rn 17). Hieraus ergibt sich folgende Differenzierung (gänzlich abw Tilmann/Schreibauer GRUR 2002, 1015, 1022): Der Kläger muss – mit Ausnahme der Tatsachen, die durch die Besichtigung geklärt werden sollen – sämtliche anspruchsbegründenden Umstände zur Überzeugung des Gerichts darlegen und im Streitfall beweisen (BGH 8. 1. 1985 – X ZR 18/84, BGHZ 93, 191, 205 f = NJW-RR 1986, 480 – *Druckbalken*; BGH 20. 7. 2018 – V ZR 130/17 Rn 16, NJW 2019, 771; BGH 20. 9. 2012 – I ZR 90/09 Rn 20, NJW-RR 2013, 878 – *UniBasic-IDOS*; Bork NJW 1997, 1665, 1668; Haas 28; MünchKommBGB/Habersack § 809 Rn 16; Karger 80; Planck/Landois § 809 Anm 3; jurisPK-BGB/Martinek/Heine [1. 2. 2023] § 809 Rn 21; Oertmann § 809 Anm 1 c β; Radant 84 f; Schreiber JR 2008, 1, 2; Erman/Wilhelmi § 809 Rn 2; ähnlich Windscheid/Kipp, Lehrbuch des Pandektenrechts § 474 Zusatz 2 = 1066). Hinsichtlich der von der Besichtigung betroffenen Voraussetzungen muss der Kläger, um den nach materiellem Recht erforderlichen Grad der Wahrscheinlichkeit des Hauptanspruchs zu erreichen (s oben Rn 74 ff), Tatsachen darlegen und im Streitfall beweisen, die als Indizien darauf hinweisen, dass die zu besichtigende Sache die den Hauptanspruch tragende Beschaffenheit aufweist (Gniadek 77; Soergel/Hadding § 809 Rn 8; vHartz 144; Hövermann, in: Baumgärtel/Laumen/Prütting, Handbuch der Beweislast § 809 Rn 1; König Mitt 2002, 153, 155; S Zöllner GRUR-Prax 2010, 74; **aA** [Beweis von Verdachtsgründen genügt] Sass 47 f).

141 Tatsachen, die ein **berechtigtes Gegeninteresse** begründen können (s oben Rn 117 ff), muss der Beklagte darlegen (Sass 70). Die schlichte Behauptung, es bestünden berechtigte Gegeninteressen, genügt nicht (LG Nürnberg-Fürth 23. 3. 2005 – 3 O 4156/04, BeckRS 2011, 12419). Im Streitfall ist anstelle des (Voll-)Beweises die Glaubhaftmachung iS des § 294 ZPO ausreichend, aber auch erforderlich (BGH 8. 1. 1985 – X ZR 18/84, BGHZ 93, 191, 192 [Ls] = NJW-RR 1986, 480 – *Druckbalken*; LG Braunschweig 20. 8. 1968 – 9 c Q 6/67, GRUR 1971, 28, 29; Gniadek 77; MünchKommBGB/Habersack § 809 Rn 11; Markfort 171 f; Marshall, in: FS Preu [1988] 151, 159; **aA** [Beweis] PWW/Buck-Heeb § 809 Rn 13; Hövermann, in: Baumgärtel/Laumen/Prütting, Handbuch der Beweislast § 809 Rn 1; Karger 80; Grüneberg/Sprau § 809 Rn 11; wohl auch Sass 70 f; **aA** OLG Düsseldorf 8. 4. 1982 – 2 U 176/81, GRUR 1983, 745, 746; OLG Düsseldorf 17. 8. 1981 – 2 U 102/81, GRUR 1983, 741, 744: Vortrag, dass Betriebsgeheimnisse naheliegen, genügt).

dd) Urheberbenennung (§ 76 ZPO) bei mittelbarem Besitz

142 Die Passivlegitimation für den Besichtigungsanspruch nach § 809 BGB beruht ausschließlich auf dem Besitz der Sache, deren Besichtigung begehrt wird (s oben Rn 85, s HKK/Birr §§ 809–811 Rn 5). Dem steht die Tatsache, dass der Besitzer auch Schuldner des Hauptanspruchs in Ansehung der Sache sein muss (s oben Rn 69), nicht entgegen; sie hat insbesondere nicht zur Folge, dass die Passivlegitimation auch auf dem Hauptanspruch beruht (**aA** Planck/Landois § 809 Anm 2 c; Pries 57 f; Radant 25 f; Siegel 81). Sie ist eine Voraussetzung des Besichtigungsanspruchs, die als solche über dessen Entstehung entscheidet und nicht (nur) über die Passivlegitimation. Daher kann der Beklagte, der unmittelbarer Besitzer der Sache ist, sich mittels § 76 Abs 1 S 1 ZPO verteidigen (PWW/Buck-Heeb § 809 Rn 14; MünchKommBGB/Habersack § 809 Rn 16; BeckOGK/Hoffmann [1. 3. 2023] § 809 Rn 8; Wieczorek/Schütze/Mansel § 76 ZPO Rn 16; jurisPK-BGB/Martinek/Heine [1. 2. 2023] § 809 Rn 21; Grüneberg/Sprau § 809 Rn 13; Windscheid/Kipp, Lehrbuch des Pandektenrechts § 474 Zusatz 3 = 1066; Erman/Wilhelmi § 809 Rn 3; **aA** Haas 36; Planck/Landois § 809 Anm 2 c; Pries 57 f).

Um sich mittels § 76 Abs 1 S 1 ZPO gegen einen Besichtigungsanspruch nach § 809 BGB zu verteidigen (s oben Rn 142), muss der Beklagte behaupten, aufgrund eines Besitzmittlungsverhältnisses iS des § 868 BGB (zu Einzelheiten s Staudinger/Gutzeit [2018] § 868 Rn 15 ff mwNw) unmittelbarer Besitzer der Sache zu sein, und bis zu der Verhandlung zur (Haupt-)Sache einen Schriftsatz – ohne anwaltliche Vertretung, und zwar auch im Anwaltsprozess (Zöller/Althammer § 76 ZPO Rn 3; Wieczorek/Schütze/Mansel § 76 ZPO Rn 24; MünchKommZPO/Schultes § 76 Rn 4; Musielak/Voit/Weth § 76 ZPO Rn 3) – bei Gericht einreichen, in dem er den mittelbaren Besitzer benennt, ihm den Streit verkündet und beantragt, den mittelbaren Besitzer zur Erklärung zu laden. Diese Urheberbenennung hat nicht nur zur Folge, dass der Beklagte die Verhandlung zur (Haupt-)Sache vorübergehend verweigern kann (§ 76 Abs 1 S 2 ZPO), sondern auch, dass der mittelbare Besitzer an dessen Stelle den Prozess übernehmen kann (§ 76 Abs 3 S 1 ZPO) oder der Beklagte dem Klägerantrag genügen darf (§ 76 Abs 2 ZPO), also wegen der Vorlegung keinen Regress des mittelbaren Besitzers fürchten muss (statt vieler s Stein/Jonas/Jacoby § 76 ZPO Rn 14; Wieczorek/Schütze/Mansel § 76 ZPO Rn 43 mwNw). 143

ee) Umfang der materiellen Rechtskraft

Ein rechtskräftiges Urteil, das die Verpflichtung ausspricht, eine bestimmte Sache zur Besichtigung vorzulegen oder deren Besichtigung zu gestatten (s oben Rn 93 ff), ist **nicht präjudiziell für den Hauptanspruch** (Enneccerus/Lehmann, Recht der Schuldverhältnisse § 218 IV 4 = 867; Pries 70). Dies gilt auch dann, wenn der Kläger sich nicht erst mit Hilfe der Vorlegung Gewissheit verschaffen will, ob ihm ein Hauptanspruch in Ansehung der Sache zusteht. Gegenstand der materiellen Rechtskraft ist nur die Entscheidung über den Streitgegenstand; die übrigen Urteilselemente, insbesondere die rechtlichen Zwischenergebnisse, erwachsen grundsätzlich auch dann nicht in Rechtskraft, wenn das Urteil auf ihnen beruht (statt vieler s Zöller/Vollkommer Vorbem § 322 ZPO Rn 24, 28 mwNw). Eine Bindung an das Präjudiz besteht nur ausnahmsweise, wenn das Bestehen des Hauptanspruchs Gegenstand einer Zwischenfeststellungsklage iS des § 256 Abs 2 ZPO war (statt vieler s Zöller/Greger § 256 ZPO Rn 21 mwNw). 144

b) Anhängiger Rechtsstreit über den Hauptanspruch

Selbstständige Leistungsklagen auf Besichtigung einer Sache (s oben Rn 135 ff) sind selten. Ursächlich hierfür ist, dass die Gläubiger sogleich den Hauptanspruch einklagen und den Anspruch nach § 809 BGB ausschließlich im Rahmen dieses Rechtsstreits zum Antritt des Beweises durch Augenschein (§§ 371 ff ZPO) nutzen können. Der bürgerlich-rechtliche Besichtigungsanspruch erlaubt es den Klägern nämlich, den ihnen obliegenden Beweis (s oben Rn 2) nach **§ 371 Abs 2 S 1 Alt 1, S 2 ZPO iVm § 422 ZPO** dadurch anzutreten, dass das Gericht dem Beklagten, der auch Besitzer des Augenscheinsobjekts ist, eine Frist zur Herbeischaffung der Sache setzt (RG 7. 11. 1908 – Rep I 638/07, RGZ 69, 401, 405 – *Nietzsche-Briefe*; OLG Frankfurt 25. 9. 1979 – 5 U 210/78, DB 1979, 2476; Stein/Jonas/C Berger § 422 ZPO Rn 10 jeweils zu § 810). 145

Alternativ zu einem Beweisantritt nach § 371 Abs 2 S 1 Alt 1, S 2 ZPO iVm § 422 ZPO (s oben Rn 145) kann der Kläger den Augenscheinsbeweis nach **§ 371 Abs 2 S 1 Alt 2 ZPO** durch den Antrag auf Erlass einer Anordnung nach **§ 144 Abs 1 S 1, 2 ZPO** antreten, in der das Gericht dem Beklagten aufgibt, die in seinem Besitz befindliche Sache innerhalb einer bestimmten Frist zur Einnahme des Augenscheins sowie zur Begutachtung durch Sachverständige vorzulegen. Von der Möglichkeit, diese 146

Anordnung von Amts wegen zu erlassen (statt vieler s Zöller/Greger § 144 ZPO Rn 1), dürfen die Gerichte aufgrund der den Zivilprozess beherrschenden Parteiherrschaft regelmäßig verfahrensfehlerfrei absehen, jedenfalls wenn sie den Kläger zuvor erfolglos auf die Möglichkeit eines Beweisantrags hingewiesen haben (BGH 27. 2. 2019 – VIII ZR 255/17 Rn 18 f, MDR 2019, 563; Zöller/Greger § 144 ZPO Rn 1). Die Vorlegungsanordnung nach § 371 Abs 2 S 1 ZPO ist – im Unterschied zu einem Titel über den Anspruch nach § 809 BGB (s unten Rn 163 ff) – nicht vollstreckbar (statt vieler s Zöller/Feskorn § 427 ZPO Rn 1). Die innerprozessualen Folgen der unterlassenen Vorlegung ergeben sich in erster Linie aus § 371 Abs 2 S 2 ZPO iVm § 427 ZPO und § 371 Abs 3 ZPO jeweils ggf iVm § 144 Abs 3 ZPO. Außerdem kann das Gericht die Weigerung des Beklagten, den Gegenstand des Beweisantrags zugänglich zu machen, abhängig von den Umständen des Einzelfalls zu seinem Nachteil würdigen (§ 286 Abs 1 S 1 ZPO; s BGH 8. 1. 1985 – X ZR 18/84, BGHZ 93, 191, 204 = NJW-RR 1986, 480 – *Druckbalken*; RG 1. 4. 1938 – I 188/37, GRUR 1938, 428, 429; Heldmann ZZP 26 [1899] 407, 425; König Mitt 2002, 153, 154; Schlosser JZ 2003, 427, 428; Stadler, in: FS Leipold [2009] 201, 202 f; Tilmann GRUR 2005, 737; Tilmann/Schreibauer, in: FS Erdmann [2002] 901, 915).

147 Das Recht, dem Besitzer des Augenscheinsobjekts eine Frist zur Herbeischaffung der Sache zu setzen – sei es nach § 371 Abs 2 S 1 Alt 1, S 2 ZPO iVm § 422 ZPO (s oben Rn 145), sei es nach § 371 Abs 2 S 1 Alt 2 ZPO iVm § 144 Abs 1 S 2 ZPO (s oben Rn 146) –, hat das Gericht nicht nur, wenn der Beklagte sich im Besitz der Sache befindet, sondern auch dann, wenn ein **Dritter Besitzer des Augenscheinsobjekts** ist. Ihm gegenüber kann die Anordnung entweder auf § 371 Abs 2 S 1 Alt 2 ZPO iVm § 144 Abs 1 S 1, 2 ZPO oder auf § 371 Abs 2 S 1 Alt 1, S 2 ZPO iVm §§ 429 S 1 Hs 1, 431 Abs 1 ZPO oder – ohne Beweisantrag – auf § 144 Abs 1 S 1, 2 ZPO gestützt werden. Kommt der Dritte der Anordnung, die Sache vorzulegen, innerhalb der bestimmten Frist nicht nach, fehlen allerdings mangels einer ihm obliegenden prozessualen Mitwirkungspflicht § 371 Abs 2 S 2 ZPO iVm § 427 ZPO sowie § 371 Abs 3 ZPO vergleichbare Rechtsfolgenbestimmungen (statt vieler s Wieczorek/Schütze/Ahrens § 429 ZPO Rn 4). Da stattdessen – abhängig von der Behebbarkeit des Hindernisses für die Vorlegung der Sache – nur § 356 ZPO oder § 230 ZPO gelten (Wieczorek/Schütze/Ahrens § 431 ZPO Rn 9; Zöller/Feskorn § 431 ZPO Rn 3), muss der Gläubiger, um den Augenscheinsbeweis antreten zu können, seinen Besichtigungsanspruch – wie § 371 Abs 2 S 2 ZPO iVm § 429 S 1 Hs 2 ZPO klarstellt – mittels einer selbstständigen Leistungsklage (s oben Rn 135 ff) durchsetzen (BGB-RGRK/Steffen Vor § 809 Rn 7).

148 Ist die Sache eine **Urkunde** (s oben Rn 46), gelten die §§ 422–432 ZPO nicht nur gemäß § 371 Abs 2 S 2 ZPO entsprechend, sondern auch unmittelbar (zu Einzelheiten s § 810 Rn 292 f mwNw). Außerdem kann die Vorlegung der Urkunde sowohl nach § 144 ZPO als auch nach § 142 ZPO angeordnet werden (BeckOK-BGB/Gehrlein [1. 2. 2023] § 809 Rn 1; Grüneberg/Sprau § 809 Rn 1; wohl auch NK-BGB/Mielke § 809 Rn 20; Grüneberg/Sprau § 809 Rn 13). Zu Einzelheiten s § 810 Rn 294.

c) Stufenklage (§ 254 ZPO)

149 Das auf § 809 BGB gestützte Begehren, eine in fremdem Besitz befindliche Sache zu besichtigen, ist als erste Stufe einer Stufenklage iS des § 254 ZPO **idR unzulässig** (aA Gniadek 111; s auch Tinnefeld CR 2013, 417, 420 zu § 101a Abs 1 UrhG). Die Stufenklage steht zwar nicht nur bei Klagen auf Rechnungslegung und Vorlegung eines Vermögensverzeichnisses zur Verfügung, sondern – über den Wortlaut von § 254 ZPO hinaus – auch bei anderen vorbereitenden Auskunfts- und Informationsansprüchen (statt vieler s Zöller/Greger § 254 ZPO Rn 2 mwNw). Aus dem Wortlaut des § 254 ZPO sowie der systematischen Einordnung dieser Bestimmung unmittelbar hinter § 253 ZPO folgt aber, dass die Auskunft im Rahmen der Stufenklage lediglich ein Hilfsmittel ist, um die (noch) fehlende Bestimmtheit des Leistungsanspruchs herbeizuführen (BGH 29. 3. 2011 – VI ZR 117/10 Rn 8, BGHZ 189, 79 = NJW 2011, 1815; BGH 18. 4. 2002 – VII ZR 160/01, NJW 2002, 2952, 2953; BGH 2. 3. 2000 – III ZR 65/99, NJW 2000, 1645, 1646; Zöller/Greger § 254 ZPO Rn 4). Daher ist das Auskunftsbegehren im Rahmen einer Stufenklage unzulässig, wenn es nicht der Bestimmbarkeit des Leistungsanspruchs dient, sondern dem Kläger sonstige mit der Bestimmbarkeit als solcher nicht in Zusammenhang stehende Informationen für seine Rechtsverfolgung verschaffen soll (BGH 29. 3. 2011 – VI ZR 117/10 Rn 8, BGHZ 189, 79 = NJW 2011, 1815; BGH 18. 4. 2002 – VII ZR 160/01, NJW 2002, 2952, 2953; BGH 2. 3. 2000 – III ZR 65/99, NJW 2000, 1645, 1646). Letzteres wird insbesondere der Fall sein, wenn der Leistungsanspruch auf Unterlassung gerichtet ist oder – im Fall des § 809 BGB Alt 2 (s oben Rn 71 ff) – Ungewissheit ausschließlich darüber besteht, ob der Leistungsanspruch dem Grunde nach besteht. Lediglich ausnahmsweise, wenn zB die Höhe eines Zahlungsanspruchs von einer ungewissen Beschaffenheit der Sache abhängt (s oben Rn 59), wird eine Stufenklage zulässig sein.

2. Einstweiliges Verfügungsverfahren

Der Besichtigungsanspruch nach § 809 BGB kann nicht nur im ordentlichen Verfahren (s oben Rn 134 ff), sondern auch im Wege der einstweiligen Verfügung geltend gemacht werden (RG 13. 2. 1932 – IX 494/31, LZ 1932, 605; OLG Frankfurt 10. 6. 2010 – 15 U 192/09, juris Rn 31; OLG Karlsruhe 27. 4. 2001 – 14 U 187/00, NJW-RR 2002, 951; KG 11. 8. 2000 – 5 U 3069/90, NJW 2001, 233, 234 f; LG Aurich 28. 10. 2011 – 5 O 854/11, NZBau 2012, 369; LG Nürnberg-Fürth 26. 5. 2004 – 3 O 2524/04, MMR 2004, 627, 628; Adloff 418 f; Bork NJW 1997, 1665, 1668, 1671; PWW/Buck-Heeb § 809 Rn 14; Conrad ITRB 2005, 12, 15; Frank/Wiegand CR 2007, 481, 483; Gniadek 112; Götting GRUR Int 1988, 729, 738; MünchKommBGB/Habersack § 809 Rn 16; Soergel/Hadding § 809 Rn 8; vHartz 169; Karg ZUM 2000, 934, 942; Kröger/Bausch GRUR 1997, 321, 323; Leineweber ZfBR 2005, 110, 112; Leppin GRUR 1984, 695, 696; Melullis, in: FS Tilmann [2003] 843, 847 f; NK-BGB/Mielke § 809 Rn 22; Pries 66; Sass 171; Schilken Jura 1988, 525, 530; Schreiber JR 2008, 1, 3 f; Selke ZfIR 2003, 89, 93; Grüneberg/Sprau § 809 Rn 13; Jauernig/Stadler §§ 809–811 Rn 1, 12; Wieczorek/Schütze/Thümmel § 935 ZPO Rn 10; Tilmann/Schreibauer GRUR 2002, 1015, 1016; Tilmann/Schreibauer, in: FS Erdmann [2002] 901, 904, 923; Zöller/Vollkommer § 935 ZPO Rn 9; Erman/Wilhelmi § 809 Rn 5; zweifelnd Haedicke, in: FS Schricker [2005] 19, 27). Hierfür muss der Antragsteller Tatsachen vortragen – im Streitfall genügt im Unterschied zum ordentlichen Verfahren (s oben Rn 139) die Glaubhaftmachung (§ 936 ZPO iVm § 920 Abs 2 ZPO, § 294 ZPO; s KG 11. 8. 2000 – 5 U 3069/90, NJW 2001, 233, 234; LG Braunschweig 20. 8. 1968 – 9 c Q 6/67, GRUR 1971, 28; Bork NJW 1997, 1665, 1671; Brandi-Dohrn CR 1987, 835, 836; Stein/Jonas/Bruns Vor § 935 ZPO Rn 57; PWW/Buck-Heeb § 809 Rn 14; MünchKommZPO/Drescher § 935 Rn 13; Enneccerus/Lehmann, Recht der Schuldverhältnisse § 218 III mit Fn 6 = 867; Gniadek 119; Karger 99; König Mitt 2002, 153, 155; jurisPK-BGB/Martinek/Heine [1. 2. 2023] § 809 Rn 21; NK-BGB/Mielke § 809 Rn 21; Siegel 75; Schilken Jura 1988, 525, 530; BGB-RGRK/Steffen § 809 Rn 10; Wieczorek/Schütze/Thümmel § 935 ZPO Rn 27) –, aus denen der Verfügungsanspruch – konkret die Voraussetzungen des § 809 BGB (s oben Rn 34 ff) – und der Verfügungsgrund (s unten Rn 151, 159) sich ergeben (OLG Frankfurt 17. 1. 2006 – 11 W 21/05, NJW-RR 2006, 1344; OLG Karlsruhe 27. 4. 2001 – 14 U 187/00, NJW-RR 2002, 951; MünchKommBGB/Habersack § 809 150

Rn 16 mit Fn 75; vHartz 170; Hövermann, in: Baumgärtel/Laumen/Prütting, Handbuch der Beweislast § 809 Rn 2; NK-BGB/Mielke § 809 Rn 21; Sass 174 f; Siegel 75; Grüneberg/Sprau § 809 Rn 13; S Zöllner GRUR-Prax 2010, 74, 76).

a) Sicherungsverfügung (§ 935 ZPO)

aa) Verfügungsgrund

151 Der Erlass einer sog Sicherungsverfügung setzt nach § 935 ZPO – neben dem Verfügungsanspruch, konkret dem Besichtigungsanspruch nach § 809 BGB, idR dessen Alt 2 (s oben Rn 71 ff) – die Besorgnis voraus, dass durch eine Veränderung des bestehenden Zustands (zB das Beiseiteschaffen der Sache) die Verwirklichung des Besichtigungsanspruchs vereitelt oder wesentlich erschwert wird (zu Einzelheiten s Gniadek 119 f). Eine solche Gefährdung der Besichtigung kann sich insbesondere daraus ergeben, dass Tatsachen den konkreten Verdacht begründen, der Besitzer werde die Sache verändern oder beiseiteschaffen (statt vieler s Stein/Jonas/Bruns § 935 ZPO Rn 12), sowie aus dem Umstand, dass die Sache nur kurzfristig verfügbar ist, zB als Ausstellungsstück auf einer Messe (OLG Düsseldorf 17. 8. 1981 – 2 U 102/81, GRUR 1983, 741, 742; Adloff 419). Der hierfür erforderliche Sachvortrag ist weder bei einer gewerblichen Schutzrechtsverletzung (**aA** Tilmann/Schreibauer GRUR 2002, 1015, 1021; Tilmann/Schreibauer, in: FS Erdmann [2002] 901, 924; S Zöllner GRUR-Prax 2010, 74, 76 jeweils unter Hinweis auf Art 50 TRIPS) noch bei einer wettbewerbsrechtlichen Rechtsverletzung entbehrlich. Die Erleichterung nach **§ 12 Abs 1 UWG** gilt nur für Unterlassungsansprüche aus dem UWG, nicht hingegen für den bürgerlich-rechtlichen Besichtigungsanspruch (OLG Hamm 31. 1. 2003 – 4 U 200/12, GRUR-RR 2013, 306, 307).

bb) Inhalt der Sicherungsverfügung (§ 938 Abs 1 ZPO)

152 Den Inhalt der einstweiligen Verfügung bestimmt das Gericht gemäß § 938 Abs 1 ZPO nach freiem Ermessen. Bei der Ausübung des Ermessens ist das **Verbot der Vorwegnahme der Hauptsache** zu beachten (statt vieler s Wieczorek/Schütze/Thümmel § 935 ZPO Rn 9 ff; Zöller/Vollkommer § 938 ZPO Rn 2 mwNw), wonach der Vollzug der einstweiligen Verfügung nicht zur Befriedigung, sondern nur zur Sicherung des Hauptanspruchs führen darf (Bork NJW 1997, 1665, 1671; zu diesem Grundsatz s statt vieler Zöller/Vollkommer § 938 ZPO Rn 3). Die gegenteilige Ansicht, bei § 809 BGB scheide aufgrund der Natur als Hilfsanspruch (s oben Rn 3) eine Vorwegnahme der Hauptsache *per se* aus, da der Gläubiger mit der Besichtigung der Sache noch nicht befriedigt sei (LG Nürnberg-Fürth 26. 5. 2004 – 3 O 2524/04, MMR 2004, 627, 628; Tilmann/Schreibauer GRUR 2002, 1015, 1016; Tilmann/Schreibauer, in: FS Erdmann [2002] 901, 904, 916), reduziert § 809 BGB darauf, in dem Rechtsstreit über den Hauptanspruch den Beweis durch Augenschein zu ermöglichen (s oben Rn 145 ff), und verkennt damit, dass die Vorschrift einen eigenständigen Anspruch enthält. Zur Vermeidung einer Vorwegnahme der Hauptsache sind **idR drei Anordnungen zweckmäßig**. Im Einzelnen:

(1) Beschlagnahme und Sequestration der Sache

153 Aufgrund des Verfügungsgrunds (s oben Rn 151) wird es regelmäßig zweckmäßig sein, einen Gerichtsvollzieher mit der Beschlagnahme und Sequestration der Sache zu beauftragen (Amschewitz 243 f; Gniadek 121; vHartz 169; Karger 94, 96; Markfort 172; Sass 179; Stauder JZ 1985, 518; zurückhaltend Marshall, in: FS Preu [1988] 151, 157). Um zu verhindern, dass dem Besitzer wirtschaftliche Nachteile entstehen, die über das für die Besichtigung Erforderliche (s oben Rn 94 ff) hinausgehen, sollte die Sequestration zeitlich begrenzt werden.

(2) Besichtigung der Sache durch Dritte, Verschwiegenheitspflicht

Im Anschluss an die Beschlagnahme (s oben Rn 153) wird die Sache besichtigt (s oben Rn 94 ff), allerdings nicht – wie es § 809 BGB vorsieht (s oben Rn 106) – durch den Gläubiger selbst, sondern ausschließlich durch einen neutralen **Dritten** (zB einen von der IHK bestimmten Sachverständigen; s OLG Frankfurt 17. 1. 2006 – 11 W 21/05, NJW-RR 2006, 1344; OLG Karlsruhe 27. 4. 2001 – 14 U 187/00, NJW-RR 2002, 951; KG 11. 8. 2000 – 5 U 3069/90, NJW 2001, 233, 234; OLG Düsseldorf 8. 4. 1982 – 2 U 176/81, GRUR 1983, 745, 746 f; Amschewitz 244; Bork NJW 1997, 1665, 1671; PWW/Buck-Heeb § 809 Rn 14; Conrad ITRB 2005, 12, 15; Frank/Wiegand CR 2007, 481, 483; BeckOK-BGB/Gehrlein [1. 2. 2023] § 809 Rn 7; Gniadek 122; MünchKommBGB/Habersack § 809 Rn 16; Soergel/Hadding § 809 Rn 8; BeckOGK/Hoffmann [1. 3. 2023] § 809 Rn 25; Hövermann, in: Baumgärtel/Laumen/Prütting, Handbuch der Beweislast § 809 Rn 2; jurisPK-BGB/Martinek/Heine [1. 2. 2023] § 809 Rn 21; NK-BGB/Mielke § 809 Rn 22; Sass 179; Schreiber JR 2008, 1, 4; Grüneberg/Sprau § 809 Rn 13; Jauernig/Stadler §§ 809–811 Rn 12; Stadler, in: FS Leipold [2009] 201, 212; Erman/Wilhelmi § 809 Rn 5). Die Auswahl des Dritten obliegt nicht dem Antragsteller (**aA** Karger 105); sie steht nach § 938 Abs 1 ZPO im Ermessen des Gerichts. Der Dritte muss die Besichtigung nicht allein vornehmen; er darf – ebenso wie der Berechtigte selbst (s oben Rn 107) – Hilfspersonen hinzuziehen (OLG Düsseldorf 8. 4. 1982 – 2 U 176/81, GRUR 1983, 745, 747; krit Markfort 175 f). 154

Sofern der für die Besichtigung ausgewählte Dritte (s oben Rn 154) nicht kraft Gesetzes einer **Verschwiegenheitspflicht** unterliegt (zB § 39a Abs 2 S 1 PAO), entspricht es pflichtgemäßem Ermessen (§ 938 Abs 1 ZPO), ihn durch gerichtliche Anordnung zur Verschwiegenheit über die gefundenen Ergebnisse zu verpflichten (BGH 16. 11. 2009 – X ZB 37/08 Rn 20, BGHZ 183, 153 = GRUR 2010, 318 – *Lichtbogenschnürung*; OLG Frankfurt 10. 6. 2010 – 15 U 192/09, juris Rn 33; OLG Düsseldorf 8. 4. 1982 – 2 U 176/81, GRUR 1983, 745, 746 f; MünchKommBGB/Habersack § 809 Rn 16; Karger 109; NK-BGB/Mielke § 809 Rn 22; Stadler, in: FS Leipold [2009] 201, 212). Fehlt diese Anordnung ausnahmsweise, ergibt die Verschwiegenheitspflicht sich jedenfalls aus der treuhänderischen Stellung des Dritten (s oben Rn 107). Diese impliziert nicht nur, dass die Auskunfts- und Herausgabepflicht (§§ 666, 667 BGB ggf iVm § 675 Abs 1 BGB) bis zu der rechtskräftigen Entscheidung über den Besichtigungsanspruch im ordentlichen Verfahren stillschweigend abbedungen sind (Karger 109), sondern auch, dass der Besichtigungsvertrag ein (echter) Vertrag zugunsten des Besitzers ist, kraft dessen dieser die Verschwiegenheit über die Besichtigungsergebnisse fordern kann (§ 328 Abs 1, 2 BGB; s Karger 109; Leppin GRUR 1984, 552, 561 f). Zieht der Dritte für die Besichtigung Hilfspersonen hinzu (s oben Rn 154), muss er diese in der Weise zur Verschwiegenheit gegenüber dem Antragsteller und anderen Personen verpflichten, dass dem Antragsgegner bei einer Verletzung der Verschwiegenheitspflicht Schadensersatzansprüche gegen die Hilfspersonen zustehen (OLG Düsseldorf 8. 4. 1982 – 2 U 176/81, GRUR 1983, 745, 747). 155

Den **Umfang der Besichtigung** (s oben Rn 97 ff) bzw die in dem Bericht zu verschriftenden Feststellungen darf das Gericht – insbesondere wenn der Antragsgegner ein schutzwürdiges Geheimhaltungsinteresse (s oben Rn 119 f) glaubhaft gemacht hat (s oben Rn 141) – nicht dem Dritten überlassen (BGH 8. 1. 1985 - X ZR 18/84, BGHZ 93, 191, 192 [Ls d] = NJW-RR 1986, 480; Karger 106; Marshall, in: FS Preu [1988] 151, 156). Es muss die Grenzen des Besichtigungsrechts selbst bestimmen (Karger 106; Marshall, in: FS Preu [1988] 151, 155 f). 156

(3) Geheimhaltung des Besichtigungsergebnisses

157 Zu der Anordnung, dass ausschließlich ein Dritter zu der Besichtigung berechtigt ist (s oben Rn 154), muss jedenfalls die weitere Anordnung hinzutreten (**aA** LG Nürnberg-Fürth 26. 5. 2004 – 3 O 2524/04, MMR 2004, 627, 628; Marshall, in: FS Preu [1988] 151, 158; S Zöllner GRUR-Prax 2010, 74, 77), dass der Bericht über die Besichtigung – einsehbar nur für das Gericht (PWW/Buck-Heeb § 809 Rn 14; Frank/Wiegand CR 2007, 481, 483; Karger 96; Markfort 172) und den anwaltlichen Vertreter des Antragstellers (krit Melullis, in: FS Tilmann [2003] 843, 853 f; **aA** Karger 96) – bei Gericht oder einer anderen neutralen Stelle (zB Notar) zu hinterlegen ist (Soergel/Hadding § 809 Rn 8; Karger 110; Grüneberg/Sprau § 809 Rn 13), und zwar aufgrund des Verbots der Vorwegnahme der Hauptsache (s oben Rn 152) nicht nur bis zu dem Abschluss des Verfügungsverfahrens (**aA** KG 11. 8. 2000 – 5 U 3069/90, NJW 2001, 233, 234; Erman/Wilhelmi § 809 Rn 5; ähnlich Conrad ITRB 2005, 12, 15 [„zumindest"]; Jauernig/Stadler §§ 809–811 Rn 12 [„frühestens"]), sondern bis zu der rechtskräftigen Entscheidung über den Besichtigungsanspruch im ordentlichen Verfahren (s unten Rn 158; OLG Düsseldorf 8. 4. 1982 – 2 U 176/81, GRUR 1983, 745, 747; Bork NJW 1997, 1665, 1671; Eck/Dombrowski GRUR 2008, 387, 389; Gniadek 124; NK-BGB/Mielke § 809 Rn 22; Osterloh-Konrad 39; Sass 179 f; Spindler/M P Weber MMR 2006, 711, 712; wohl auch OLG Frankfurt 10. 6. 2010 – 15 U 192/09, juris Rn 34 [„Durchführung eines Hauptsacheverfahrens"]).

cc) Auswirkung der Sicherungsverfügung auf das Erkenntnisverfahren

158 Der Erlass einer einstweiligen Verfügung mit dem in den Rn 153 ff beschriebenen Inhalt hat Auswirkung auf die anschließende Entscheidung im Erkenntnisverfahren (s oben Rn 134 ff). Die selbstständige Leistungsklage ist nicht mehr auf die Besichtigung der Sache zu richten, sondern auf Einsicht in den gerichtlich verwahrten Bericht (vHartz 168; Markfort 172; iE auch Karger 111 f, der in der Gestattung der Freigabe eine Willenserklärung sieht). Eine Abweichung von dem materiell-rechtlichen Anspruchsinhalt (s oben Rn 93 ff) liegt darin nicht, weil der geschuldete Leistungserfolg (s oben Rn 124) erst mit der Aushändigung des Berichts über die Besichtigung eintritt.

b) Leistungs- bzw Befriedigungsverfügung

159 Die sog Leistungs- bzw Befriedigungsverfügung erschöpft sich nicht in der Sicherung oder der vorläufigen Regelung eines einstweiligen Zustands, sondern führt zu der Erfüllung des Verfügungsanspruchs (s oben Rn 124). Eine solche Leistungs- bzw Befriedigungsverfügung, die – im Unterschied zu einer Sicherungsverfügung (s oben Rn 151 ff) – dem Gläubiger selbst die begehrte Besichtigung der Sache ermöglichen würde, kommt in Anlehnung an § 940 BGB nur ausnahmsweise in Betracht (Stürner JZ 1985, 453, 456 f; wohl **aA** Tilmann/Schreibauer GRUR 2002, 1015; Tilmann/Schreibauer, in: FS Erdmann [2002] 901, 919 unter Hinweis auf Art 50 TRIPS), nämlich wenn sie bei Abwägung der gegenseitigen Interessen zu der **Abwendung wesentlicher Nachteile** nötig erscheint (Schilken Jura 1988, 525, 530; Schreiber JR 2008, 1, 4). Dies setzt voraus, dass der Gläubiger auf die sofortige Besichtigung dringend angewiesen ist und diese, soll sie ihren Sinn nicht verlieren, so kurzfristig erfolgen muss, dass die Erwirkung eines Titels im ordentlichen Verfahren wegen der unvermeidlichen Verzögerung nicht zumutbar ist, weil zwischenzeitlich irreversible Fakten geschaffen würden oder der Verweis auf das ordentliche Verfahren praktisch einer Rechtsverweigerung gleichkäme (statt vieler s Zöller/Vollkommer § 940 ZPO Rn 6 mwNw).

c) Mündliche Verhandlung

Die beantragte einstweilige Verfügung – sei es eine Sicherungsverfügung (s oben Rn 151 ff), sei es eine Leistungs- bzw Befriedigungsverfügung (s oben Rn 159) – wird grundsätzlich aufgrund einer mündlichen Verhandlung erlassen (statt vieler s Zöller/Vollkommer § 937 ZPO Rn 3 mwNw). Lediglich in dringenden Fällen kann die Entscheidung nach **§ 937 Abs 2 Alt 1 ZPO** ohne mündliche Verhandlung ergehen. Hierfür muss die Eilbedürftigkeit der Maßnahme über die den Verfügungsgrund begründende Dringlichkeit (s oben Rn 151, 159) hinausgehen (statt vieler s Zöller/Vollkommer § 937 ZPO Rn 5; **aA** Adloff 419). Eine solche gesteigerte Eilbedürftigkeit wird nicht vermutet, und zwar auch nicht bei wettbewerbsrechtlichen Rechtsverletzungen nach § 12 Abs 1 UWG (Scharen, in: Ahrens, Der Wettbewerbsprozess Kap 53 Rn 1; Singer, in: Ahrens, Der Wettbewerbsprozess Kap 47 Rn 9; Sponheimer, in: FS Geimer [2017] 703, 709; Wieczorek/Schütze/Thümmel § 937 ZPO Rn 7; Zöller/Vollkommer § 937 ZPO Rn 5; s auch Teplitzky GRUR 1978, 286 f zu § 25 UWG aF). Sie muss gesondert begründet werden (statt vieler s Zöller/Vollkommer § 937 ZPO Rn 5). Hierfür genügt es, dass die mündliche Verhandlung den Erfolg der einstweiligen Verfügung voraussichtlich vereiteln würde, zB weil diese aufgrund der Gefahr einer Beweisvereitelung einen Überraschungseffekt erfordert (statt vieler s OLG Frankfurt 10. 6. 2010 – 15 U 192/09, juris Rn 35; Zöller/Vollkommer § 937 ZPO Rn 5). **160**

3. Selbstständiges Beweisverfahren

In selbstständigen Beweisverfahren nach **§ 485 Abs 2 ZPO** gelten für die Begutachtung einer Sache durch einen Sachverständigen nach § 492 Abs 1 ZPO in erster Linie die §§ 402–414 ZPO, ergänzend nach § 402 ZPO die §§ 373–401 ZPO sowie die allgemeinen Vorschriften über die Beweisaufnahme (§§ 355–370 ZPO). Die Vorschriften enthalten keine prozessuale Verpflichtung des Gegners, an der Beweiserhebung mitzuwirken, insbesondere die Sache vorzulegen (OLG Karlsruhe 27. 4. 2001 – 14 U 187/00, NJW-RR 2001, 951; OLG Düsseldorf 17. 8. 1981 – 2 U 102/81, GRUR 1983, 741, 743; OLG Stettin 14. 2. 1908, OLGRspr 18, 47; LG Aurich 28. 10. 2011 – 5 O 854/11, NZBau 2012, 369; Adloff 406; Wieczorek/Schütze/Ahrens § 485 ZPO Rn 4 ff; BeckOK-BGB/Gehrlein [1. 2. 2023] § 809 Rn 6; Karger 144 f; Leppin GRUR 1984, 552, 559; Marshall, in: FS Preu [1988] 151; jurisPK-BGB/Martinek/Heine [1. 2. 2023] § 809 Rn 21; Stadler, in: FS Leipold [2009] 201, 204 f; Wussow NJW 1969, 1401, 1406). Eine gesicherte Grundlage, die das Gericht zu der Anordnung der Mitwirkung ermächtigt, existiert nicht; § 371 Abs 2 ZPO ist auf sichernde Beweisverfahren nach § 485 Abs 1 ZPO (s unten Rn 162) beschränkt (KG 10. 4. 2013 – 9 W 94/12, NJW 2014, 85; Wieczorek/Schütze/Ahrens § 485 ZPO Rn 42; Stein/Jonas/C Berger § 485 ZPO Rn 14), die Anwendung von § 144 ZPO wird überwiegend abgelehnt (KG 10. 4. 2013 – 9 W 94/12, NJW 2014, 85; OLG Karlsruhe 12. 8. 2013 – 6 W 56/13, BeckRS 2014, 5839; Saenger/Kiessling § 492 ZPO Rn 1; Willer NJW 2014, 22 ff; wohl auch Musielak/Voit/M Huber § 492 ZPO Rn 1; **aA** KG 21. 10. 2005 – 7 W 46/05, NJW-RR 2006, 241; Stein/Jonas/C Berger § 492 ZPO Rn 11; Fellner MDR 2013, 1011; BeckOK-ZPO/Kratz [1. 12. 2022] § 492 Rn 1; offengelassen von BGH 16. 5. 2013 – VII ZB 61/12 Rn 9, NJW 2013, 2687). Will der Antragsteller sich nicht mit der Aussicht abfinden, dass das Gericht die Weigerung der Vorlegung im Prozess frei würdigt (Stein/Jonas/C Berger § 492 ZPO Rn 11; Wussow NJW 1969, 1401, 1406), kann er die Vorlegung der Sache zur Besichtigung erreichen, indem er neben dem selbstständigen Beweisverfahren – bei Vorliegen der Voraussetzungen der §§ 935 ff ZPO – gestützt auf den Anspruch nach § 809 BGB den Erlass einer **einstweiligen Verfügung** (s oben Rn 150 ff) beantragt (sog **Düsseldorfer Verfahren**; s OLG Karlsruhe 27. 4. 2001 – 14 U 187/00, NJW-RR 2001, 951; LG Aurich 28. 10. 2011 – 5 O 854/11, NZBau **161**

2012, 369; Stein/Jonas/C Berger § 492 ZPO Rn 11; Eck/Dombrowski GRUR 2008, 387, 392; Frank/Wiegand CR 2007, 481, 483; Kühnen GRUR 2005, 185, 187; Pesch MMR 2019, 223, 226; Sass 171; Stadler, in: FS Leipold [2009] 201, 211 f; Tinnefeld CR 2013, 417, 420; **aA** Leppin GRUR 1984, 552, 559 f [Inkompatibilität von § 809 BGB und gerichtlichen Beweissicherungsverfahren]). Ein wesentlicher Vorteil der Kombination der einstweiligen Verfügung mit dem selbstständigen Beweisverfahren besteht darin, dass kein Privatgutachten entsteht, sondern ein gerichtlich bestellter Sachverständiger ein auch im nachfolgenden Verfahren über den Hauptanspruch als Beweismittel verwertbares Gutachten erstellt (Adloff 414; Stadler ZZP 123 [2010] 261, 270).

162 In sichernden Beweisverfahren kann nach **§ 485 Abs 1 ZPO** nicht nur die Begutachtung durch einen Sachverständigen, sondern ua auch die Einnahme des Augenscheins angeordnet werden. Die Aufnahme dieses Beweismittels erfolgt gemäß § 492 Abs 1 ZPO nach § 371 Abs 2 ZPO, also entweder dadurch, dass das Gericht dem Besitzer der Sache – sei es der Gegner, sei es ein Dritter – aufgrund eines Anspruchs nach § 809 BGB eine Frist zur Herbeischaffung setzt (§ 371 Abs 2 S 1 Alt 1, S 2 ZPO iVm § 422 ZPO bzw § 429 S 1 Hs 1 ZPO, s oben Rn 145, 147), oder nach § 371 Abs 2 S 1 Alt 2 ZPO – unabhängig von dem Bestehen eines Anspruch nach § 809 BGB – eine Anordnung nach § 144 Abs 1 ZPO erlässt (s oben Rn 146 f, zu dieser Möglichkeit im sichernden Beweisverfahren s KG 10. 4. 2013 – 9 W 94/12, NJW 2014, 85; Wieczorek/Schütze/Ahrens § 492 ZPO Rn 10).

4. Zwangsvollstreckung

a) Vorlegung einer beweglichen Sache zur Besichtigung

163 Die Zwangsvollstreckung aus Urteilen, die auf die Vorlegung einer beweglichen Sache zur Besichtigung lauten (§ 809 Alt 1 BGB, s oben Rn 110 ff), erfolgt nicht nach § 887 Abs 1, 2 ZPO oder § 888 ZPO (**aA** RG 2. 1. 1903 – VII 215/02, RGZ 53, 232, 234 [Handelsbücher]; Warneyer/Bohnenberg Vor §§ 809–811; Enneccerus/Lehmann, Recht der Schuldverhältnisse § 218 IV 5 = 867; MünchKommBGB/Habersack § 809 Rn 17; Soergel/Hadding § 809 Rn 8; BeckOGK/Hoffmann [1. 3. 2023] § 809 Rn 26; Planck/Landois § 809 Anm 5; Pries 72, 74; Siegel 254; Erman/Wilhelmi § 809 Rn 6; s auch OLG Kiel 10. 5. 1912 – W II 53/12, SeuffArch 68 Nr 70 zu § 810 BGB), sondern in **entsprechender Anwendung von § 883 ZPO** (OLG Düsseldorf 17. 1. 2014 – 2 W 43/13, BeckRS 2014, 127336 Rn 8; OLG Köln 7. 12. 1987 – 2 W 175/87, NJW-RR 1988, 1210 f; OLG Hamm 4. 10. 1973 – 14 W 73/73, OLGZ 174, 251, 252 = NJW 1974, 653; OLG Bamberg 10. 1. 1972 – 2 W 62/71, DGVZ 1972, 112; OLG Bamberg 6. 8. 1930 – BeschwReg 382/30, JW 1930, 3330; LG Itzehoe 5. 2. 1982 – 4 T 243/81, DGVZ 1982, 187; Stein/Jonas/Bartels § 883 ZPO Rn 10; Baur/Stürner/Bruns, Zwangsvollstreckungsrecht Rn 39.6; Bork NJW 1997, 1665, 1671 f; PWW/Buck-Heeb § 809 Rn 14; Gaul/Schilken/Becker-Eberhard, Zwangsvollstreckungsrecht § 70 Rn 5; BeckOK-BGB/Gehrlein [1. 2. 2023] § 809 Rn 7; MünchKommZPO/Gruber § 883 Rn 13, § 887 Rn 5; Isay JW 1932, 153; Janal ZGE 10 [2018] 413, 431; Jauernig/Berger/Kern, Zwangsvollstreckungsrecht § 26 Rn 8; Karger 93; Musielak/Voit/Lackmann § 883 ZPO Rn 3; jurisPK-BGB/Martinek/Heine [1. 2. 2023] § 809 Rn 22; NK-BGB/Mielke § 809 Rn 24; W Müller 43; Osterloh-Konrad 303; Schilken DGVZ 1988, 49, 52; Schilken Jura 1988, 525, 531; Zöller/Seibel § 883 ZPO Rn 2; Thomas/Putzo/Seiler § 883 ZPO Rn 3; Grüneberg/Sprau § 809 Rn 13; BGB-RGRK/Steffen Vor § 809 Rn 8; Stürner 346 mit Fn 92; s auch BFH 16. 5. 2000 – VII B 200/98, InVO 2001, 71, 73 zu AEAO Nr 4 aF; OLG Frankfurt 14. 2. 2018 – 26 W 2/18 Rn 10, NJW-RR 2018, 765 zu § 118 Abs 1 HGB; OLG Frankfurt 10. 3. 2003 – 20 W 96/99, InVO 2003, 445 zu § 51b GmbHG; OLG Frankfurt 17. 7. 1991 – 20 W 43/91, NJW-RR 1992, 171 zu § 51b GmbHG; Haber-

MALZ NJW 2013, 3403, 3405 f zu § 630g Abs 1 S 1 BGB; offengelassen von BAG 16. 11. 2010 – 9 AZR 573/09 Rn 15, BAGE 136, 156 = NJW 2011, 1306; nur methodologisch abw [direkte Anwendung von § 883 ZPO] RG 7. 6. 1905 – V B 191/05, SeuffArch 60 Nr 250; OLG Köln 21. 9. 1995 – 18 W 33/95, NJW-RR 1996, 382; OLG München 20. 6. 1994 – 7 W 1660/94, BeckRS 1994, 5459; ADLOFF 422; AMSCHEWITZ 237; GÖTTING GRUR Int 1988, 729, 738; NK-BGB/MIELKE § 811 Rn 7; SASS 186 ff; SCHREIBER JR 2008, 1, 4; s auch KG 17. 11. 1997 – 25 W 5329/97, InVO 1998, 108, 109 zu § 810 BGB; OLG Köln 30. 11. 1988 – 2 W 228/88, NJW-RR 1989, 568, 569 zu § 259 Abs 1 BGB; OLG Köln 12. 10. 1988 – 2 U 149/87, NJW-RR 1989, 567, 568 zu § 259 Abs 1 BGB; WIECZOREK/SCHÜTZE/RENSEN ZPO § 883 Rn 17 zu § 810 BGB). Der wesentliche Unterschied zwischen den Vollstreckungsarten zeigt sich, wenn die vorzulegende Sache sich nicht oder nicht mehr im Besitz des Schuldners befindet. In diesem Fall kann der Schuldner nämlich nur bei der Herausgabevollstreckung nach § 883 Abs 2 ZPO zu der **Abgabe einer eidesstattlichen Versicherung** über den Verbleib der Sache herangezogen werden (eingehend dazu OLG Hamm 4. 10. 1973 – 14 W 73/73, NJW 1974, 653). Allein dieser Vorteil für den Gläubiger vermag die entsprechende Anwendung von § 883 ZPO methodologisch nicht zu rechtfertigen (wohl **aA** NK-BGB/MIELKE § 809 Rn 24). Er legt jedoch die Annahme einer Regelungslücke im Zwangsvollstreckungsrecht betreffend die Vorlegung beweglicher Sachen nahe, die nicht nur aufgrund der sachgerechten Möglichkeit einer eidesstattlichen Versicherung, sondern auch in Anbetracht der Tatsache, dass die zu erwirkende Handlung ein Minus zu der Herausgabe ist (OLG München 20. 6. 1994 – 7 W 1660/94, BeckRS 1994, 5459; AMSCHEWITZ 237; SCHILKEN Jura 1988, 525, 531; SCHREIBER JR 2008, 1, 4; s auch OLG Kiel 10. 5. 1912 – W II 53/12, SeuffArch 68 Nr 70 zu § 810 BGB), durch die entsprechende Anwendung von § 883 ZPO zu schließen ist (*maius minus continent*). Dem steht **§ 887 Abs 3 ZPO** nicht entgegen; insbesondere schließt die Vorschrift die Regelungslücke nicht aus. Im Gegenteil, der in ihr angeordnete Vorrang der Herausgabevollstreckung gegenüber der Handlungsvollstreckung (§ 887 Abs 1, 2 ZPO) gilt nicht nur für die Erwirkung einer Herausgabe, sondern konsequenterweise auch bei der (nur) entsprechenden Anwendung der §§ 883 ff ZPO.

Die Herausgabe einer beweglichen Sache erwirkt der Gerichtsvollzieher nach § 883 **164**
Abs 1 ZPO und § 127 Abs 1 S 1 GVGA dadurch, dass er diese dem Schuldner wegnimmt und dem Gläubiger übergibt (statt vieler s ZÖLLER/SEIBEL § 883 ZPO Rn 10). Diese Veränderung der Besitzverhältnisse ginge über das materiell-rechtlich nach § 809 BGB Geschuldete (s oben Rn 96) hinaus, wäre also von dem Titel auf Vorlegung der beweglichen Sache zur Besichtigung nicht mehr umfasst (OLG Kiel 10. 5. 1912 – W II 53/12, SeuffArch 68 Nr 70; s auch OLG Frankfurt 17. 7. 1991 – 20 W 43/91, NJW-RR 1992, 171 zu § 51a GmbHG). Um die **inhaltliche Grenze des Titels auf Vorlegung einer beweglichen Sache zur Besichtigung** zu wahren, ist es bei der entsprechenden Anwendung von § 883 Abs 1 ZPO (s oben Rn 163) erforderlich, die von dem Gerichtsvollzieher vorzunehmenden Handlungen anzupassen, nämlich dahingehend, dass die dauernde Wegnahme der Sache durch eine nur vorübergehende substituiert wird und an die Stelle der Übergabe der Sache an den Gläubiger eine nur vorübergehende Überlassung ohne Besitzaufgabe des Schuldners tritt (OLG Hamm 4. 10. 1973 – 14 W 73/73, NJW 1974, 653; wohl auch jurisPK-BGB/MARTINEK/HEINE [1. 2. 2023] § 809 Rn 22).

b) Gestattung der Besichtigung einer Sache

Die Zwangsvollstreckung aus Urteilen, die auf die Gestattung der Besichtigung einer **165**
– idR unbeweglichen – Sache lauten (§ 809 Alt 2 BGB, s oben Rn 113 f), erfolgt weder nach § 883 Abs 1 ZPO (**aA** KARGER 93) noch nach § 888 ZPO (wohl **aA** WARNEYER/BOH-

nenberg Vor §§ 809–811; MünchKommBGB/Habersack § 809 Rn 17; Soergel/Hadding § 809 Rn 8; BeckOGK/Hoffmann [1. 3. 2023] § 809 Rn 26; Planck/Landois § 809 Anm 5; Erman/Wilhelmi § 809 Rn 6), sondern nach **§ 890 ZPO** (LG Berlin 13. 4. 1910, Mitt 1910, 120, 123; BeckOGK/Hoffmann [1. 3. 2023] § 809 Rn 26; Oertmann § 809 Anm 4; Pries 73; Sass 189; Schreiber JR 2008, 1, 4). Eine direkte Anwendung von § 883 Abs 1 ZPO scheidet unabhängig von der zu erwirkenden Handlung bereits deshalb aus, weil Gegenstand der Herausgabevollstreckung nur bewegliche Sachen sein können. Eine entsprechende Anwendung der Vorschrift ist – im Unterschied zu der Vorlegung einer beweglichen Sache zur Besichtigung (s oben Rn 163) – nicht geboten, da unbewegliche Sachen stets vorgefunden werden und daher kein Bedürfnis für die Abgabe einer eidesstattlichen Versicherung nach § 883 Abs 2 ZPO besteht. Der Anwendung von § 888 ZPO steht entgegen, dass die zu erwirkende Gestattung keine Handlung des Schuldners erfordert, sondern sich in der Duldung einer Handlung erschöpft, nämlich der Besichtigung der Sache (s oben Rn 113). Leistet der Schuldner Widerstand, kann der Gläubiger nach § 892 ZPO einen Gerichtsvollzieher zuziehen, der unter Zuziehung von Zeugen (§ 759 ZPO) nach Maßgabe von § 758 Abs 3 ZPO zur Anwendung von Gewalt befugt ist (Amschewitz 244; Gniadek 126 ff; Tilmann GRUR 2005, 737, 739).

XI. Verfügungen über den Anspruch

166 Der Anspruch nach § 809 BGB setzt ein *eigenes* Interesse des Gläubigers an der Besichtigung der Sache voraus (s oben Rn 80 ff), das daraus resultiert, dass er einen *eigenen* (Haupt-)Anspruch in Ansehung der Sache hat oder sich Gewissheit verschaffen will, ob ihm ein solcher Hauptanspruch zusteht (s oben Rn 80). Daher ist der nach § 809 BGB entstandene Anspruch **unselbstständig** dergestalt, dass er nur dem Inhaber des Hauptanspruchs zusteht und weder abgetreten (PWW/Buck-Heeb § 809 Rn 8; MünchKommBGB/Habersack § 809 Rn 1; BeckOGK/Hoffmann [1. 3. 2023] § 809 Rn 4; Hoffmann 140; Planck/Landois Vor §§ 809–811; jurisPK-BGB/Martinek/Heine [1. 2. 2023] § 809 Rn 2; Osterloh-Konrad 294; Sass 159; Grüneberg/Sprau § 809 Rn 7; Erman/Wilhelmi § 809 Rn 1; s auch BGH 28. 2. 1989 – XI ZR 91/88, BGHZ 107, 104, 110 = NJW 1989, 1601 zu §§ 675, 666 BGB; BGH 18. 7. 2003 – IXa ZB 148/03, NJW-RR 2003, 1555, 1556 zu §§ 675 Abs 1, 666 BGB; Staudinger/Bittner/Kolbe [2019] § 259 Rn 20; Staudinger/Busche [2022] § 401 Rn 34; Gernhuber, Das Schuldverhältnis § 24 I 4 = 569 f; Haeffs 88 f; MünchKommBGB/Kieninger § 399 Rn 19; MünchKommBGB/Krüger § 259 Rn 17 zu § 259 BGB; Pries 65) noch vererbt werden kann (Haas 29). Der Gläubiger kann Dritte lediglich zu der Ausübung seines Besichtigungsrechts ermächtigen (BeckOGK/Hoffmann [1. 3. 2023] § 809 Rn 4; Grüneberg/Sprau § 809 Rn 7).

167 Bei der **Abtretung des Hauptanspruchs** geht ein bestehender Anspruch nach § 809 BGB nicht auf den Zessionar über (Planck/Landois Vor §§ 809–811; Sass 159; **aA** BeckOGK/Hoffmann [1. 3. 2023] § 809 Rn 4); der Besichtigungsanspruch ist trotz seines präparatorischen Charakters (s oben Rn 3) kein akzessorisches Recht (**aA** Haeffs 88 f). Daher ist der Zessionar nur dann auch Gläubiger des Anspruchs nach § 809 BGB, wenn dessen Voraussetzungen infolge der Abtretung des Hauptanspruchs in seiner Person erfüllt sind, der Besichtigungsanspruch also bei ihm neu entstanden ist (Planck/Landois Vor §§ 809–811; jurisPK-BGB/Martinek/Heine [1. 2. 2023] § 809 Rn 2; Pries 65 f; Sass 160).

168 Der Besichtigungsanspruch nach § 809 BGB ist eine nicht abtretbare Forderung (s oben Rn 166), die als solche der **Pfändung** nach § 851 Abs 1 ZPO nicht unterliegt (Gernhuber, Das Schuldverhältnis § 24 I 4 = 569 f; Planck/Landois Vor §§ 809–811; Pries 65;

Sass 159; s auch Haeffs 90; **aA** RG 7. 10. 1930 – VII ZR 609/29, SeuffArch 85 Nr 53 zu § 666 BGB; RG 8. 10. 1915 – VII 271/14, Recht 1916 Nr 200 zu § 259 BGB).

§ 810
Einsicht in Urkunden

Wer ein rechtliches Interesse daran hat, eine in fremdem Besitz befindliche Urkunde einzusehen, kann von dem Besitzer die Gestattung der Einsicht verlangen, wenn die Urkunde in seinem Interesse errichtet oder in der Urkunde ein zwischen ihm und einem anderen bestehendes Rechtsverhältnis beurkundet ist oder wenn die Urkunde Verhandlungen über ein Rechtsgeschäft enthält, die zwischen ihm und einem anderen oder zwischen einem von beiden und einem gemeinschaftlichen Vermittler gepflogen worden sind.

Materialien: § 775 BGB-E I; § 696 BGB-E II; § 794 BGB-E III; Mot II 891 = Mugdan II 498; Prot II 771 = Mugdan II 1219; Jakobs/Schubert, SchR III 748 ff.

Schrifttum

1. Kommentare, Lehrbücher, Handbücher
Ahrens, Der Beweis im Zivilprozess (2015)
Altmeppen, Gesetz betreffend die Gesellschaften mit beschränkter Haftung (11. Aufl 2023)
Anders/Gehle (Hrsg), Zivilprozessordnung mit GVG und anderen Nebengesetzen (81. Aufl 2023)
Arndts vArnesberg, Lehrbuch der Pandekten (14. Aufl 1889)
Baumgärtel/Laumen/Prütting, Handbuch der Beweislast, Bd 2, §§ 1–811 BGB (5. Aufl 2023)
Baur/Stürner/Bruns, Zwangsvollstreckungsrecht (14. Aufl 2022)
vBayer, Vorträge über den gemeinen ordentlichen Civilprozeß (10. Aufl 1869)
beck-online.Großkommentar zum AktG, Spindler/Stilz (Hrsg) (Stand 1. 4. 2023)
beck-online.Großkommentar zum Zivilrecht, Gsell/Krüger/Lorenz/Reymann (Hrsg) (Stand 1. 3. 2023)
Beck'scher Online-Kommentar BGB, Hau/Poseck (Hrsg) (65. Ed, Stand 1. 2. 2023)
Beuthien, Genossenschaftsgesetz (16. Aufl 2018)
Brox/Walker, Zwangsvollstreckungsrecht (12. Aufl 2021)
Dauner-Lieb/Langen (Hrsg), NomosKommentar, BGB, Schuldrecht, Bd 2/3, §§ 662–853 (4. Aufl 2021)
Deutsch/Matthies, Arzthaftungsrecht. Grundlagen, Rechtsprechung, Gutachter- und Schlichtungsstellen (2. Aufl 1987)
Enneccerus/Lehmann, Recht der Schuldverhältnisse (15. Aufl 1958)
Erfurter Kommentar zum Arbeitsrecht, Müller-Glöge/Preis/Schmidt (Hrsg) (23. Aufl 2023)
Erman, BGB, Westermann/Grunewald (Hrsg) (17. Aufl 2023)
Gaul/Schilken/Becker-Eberhard, Zwangsvollstreckungsrecht (12. Aufl 2010)
Gemeinschaftskommentar zum Betriebsverfassungsgesetz, Wiese/Kreutz/Oetker/Raab/Weber/Franzen/Gutzeit/Jacobs/Schubert, Bd II, §§ 74–132 (12. Aufl 2022)
Glück, Ausführliche Erläuterung der Pandecten nach Hellfeld. Ein Kommentar für meine Zuhörer, Vierter Theil, Erste Abtheilung (1796)
ders, Ausführliche Erläuterung der Pandecten nach Hellfeld. Ein Kommentar, Zweiundzwanzigster Theil, Erste Abtheilung (1820)

Großkommentar zum Aktiengesetz, HIRTE/MÜLBERT/ROTH (Hrsg), Vierter Band, Teilband 2, §§ 92–94 (5. Aufl 2015)
Großkommentar zum Aktiengesetz, HIRTE/MÜLBERT/ROTH (Hrsg), Siebter Band, Teilband 1, §§ 118–130 (5. Aufl 2017)
Großkommentar zum Aktiengesetz, HIRTE/MÜLBERT/ROTH (Hrsg), Siebter Band, Teilband 3, §§ 147–149 (5. Aufl 2021)
Großkommentar zum Aktiengesetz, HOPT/WIEDEMANN (Hrsg), Siebenter Band/Teil 1, §§ 221–240 (4. Aufl 2012)
Großkommentar zum Handelsgesetzbuch, STAUB (Begr), CANARIS/HABERSACK/SCHÄFER (Hrsg), Vierter Band, §§ 161–236 (5. Aufl 2015)
GRÜNEBERG, BGB (82. Aufl 2023)
HABERSACK/CASPER/LÖBBE (Hrsg), Gesetz betreffend die Gesellschaften mit beschränkter Haftung (GmbHG), Großkommentar, Bd II, §§ 29–52 (3. Aufl 2020)
HABERSACK/MÜLBERT/SCHLITT, Unternehmensfinanzierung am Kapitalmarkt (4. Aufl 2019)
HERBERGER/MARTINEK/RÜSSMANN/WETH/WÜRDINGER (Hrsg), Juris-Praxiskommentar BGB, Bd 2 – Schuldrecht (10. Aufl 2023, Stand 1. 2. 2023)
HEYMANN (Begr), Handelsgesetzbuch, Bd 2, §§ 105–237 (3. Aufl 2020)
Historisch-kritischer Kommentar zum BGB, SCHMOECKEL/RÜCKERT/SCHÄFER (Hrsg), Bd 3, 2. Teilband (2013)
HOPT, Handelsgesetzbuch (42. Aufl 2023)
HOPT/SEIBT (Hrsg), Schuldverschreibungsrecht (2. Aufl 2023)
JAUERNIG (Begr), BGB, STÜRNER (Hrsg) (19. Aufl 2023)
JAUERNIG/BERGER/KERN, Zwangsvollstreckungsrecht (24. Aufl 2021)
KASER/KNÜTEL/LOHSSE, Römisches Privatrecht (22. Aufl 2021)
vKELLER, Pandekten (1861)
KOCH, Aktiengesetz (17. Aufl 2023)
Kölner Kommentar zum Aktiengesetz, NOACK/ZETZSCHE (Hrsg), Bd 7, §§ 76–94 AktG (4. Aufl 2023)
Kölner Kommentar zum Aktiengesetz, ZÖLLNER/NOACK (Hrsg), Bd 3/1, §§ 118–130 AktG (3. Aufl 2021)
Kölner Kommentar zum Aktiengesetz, ZÖLLNER/NOACK (Hrsg), Bd 4/2, §§ 192–240 (3. Aufl 2021)
KRIEGER/SCHNEIDER (Hrsg), Handbuch der Managerhaftung (3. Aufl 2017)
LANG/WEIDMÜLLER, Genossenschaftsgesetz (40. Aufl 2022)
LARENZ, Methodenlehre der Rechtswissenschaft (6. Aufl 1991)
LARENZ/CANARIS, Methodenlehre der Rechtswissenschaft (3. Aufl 1995)
LAUFS/KATZENMEIER/LIPP, Arztrecht (8. Aufl 2021)
LAUFS/KERN/REHBORN, Handbuch des Arztrechts (5. Aufl 2019)
LUTTER/HOMMELHOFF, GmbH-Gesetz (20. Aufl 2020)
LUTTER/HOMMELHOFF/TEICHMANN (Hrsg), SE-Kommentar, SE-VO, SEAG, SEBG, Arbeitsrecht, Konzernrecht, Steuerrecht (2. Aufl 2015)
MATTHIASS, Lehrbuch des Bürgerlichen Rechts, Bd 1 (1900)
Münchener Handbuch des Gesellschaftsrechts, Bd 3, Gesellschaft mit beschänkter Haftung: GmbH, WICKE/BACHMANN (Hrsg) (6. Aufl 2023)
Münchener Handbuch des Gesellschaftsrechts, Bd 5, Verein, Stiftung bürgerlichen Rechts, BEUTHIEN/GUMMERT/SCHÖPFLIN (Hrsg) (5. Aufl 2021)
Münchener Kommentar zum Aktiengesetz, GOETTE/HABERSACK (Hrsg), Bd 2, §§ 76–117, MitbestG, DrittelbG (6. Aufl 2023)
Münchener Kommentar zum Aktiengesetz, GOETTE/HABERSACK (Hrsg), Bd 3, §§ 118–178 (5. Aufl 2022)
Münchener Kommentar zum Aktiengesetz, GOETTE/HABERSACK (Hrsg), Bd 5, §§ 278–328, SpruchG, ÖGesAusG, Österreichisches Konzernrecht (5. Aufl 2020)
Münchener Kommentar zum BGB, SÄCKER/RIXECKER/OETKER/LIMPERG (Hrsg), Bd 1, Allgemeiner Teil, §§ 1–240, AllgPersönlR, ProstG, AGG (9. Aufl 2021)
Münchener Kommentar zum BGB, SÄCKER/RIXECKER/OETKER/LIMPERG (Hrsg), Bd 7, Schuldrecht – Besonderer Teil IV, §§ 705–853, PartGG, ProdHaftG (8. Aufl 2020)
Münchener Kommentar zum GmbHG, FLEISCHER/GOTTE (Hrsg), Bd 2, §§ 35–52 GmbHG (4. Aufl 2023)

Münchener Kommentar zum HGB, DRESCHER/FLEISCHER/K SCHMIDT (Hrsg), Bd 2, Handelsgesellschaften und stille Gesellschaft, §§ 105–229 (5. Aufl 2022)
Münchener Kommentar zum HGB, DRESCHER/FLEISCHER/K SCHMIDT (Hrsg), Bd 3, Handelsgesellschaften und stille Gesellschaft, §§ 167–237 (4. Aufl 2019)
Münchener Kommentar zum VVG, LANGHEID/WANDT (Hrsg), Bd 2, §§ 100–216 (2. Aufl 2017)
Münchener Kommentar zur ZPO, KRÜGER/RAUSCHER (Hrsg), Bd 2, §§ 355–945b (6. Aufl 2020)
MUSIELAK/VOIT (Hrsg), ZPO (20. Aufl 2023)
NOACK/SERVATIUS/HAAS, Gesetz betreffend die Gesellschaften mit beschränkter Haftung (23. Aufl 2022)
OERTMANN, Kommentar zum Bürgerlichen Gesetzbuch und seinen Nebengesetzen, Zweites Buch, Recht der Schuldverhältnisse, Zweite Abteilung, §§ 433–853 (5. Aufl 1929)
OETKER, Handelsgesetzbuch (7. Aufl 2021)
Planck's Kommentar zum BGB, STROHAL (Hrsg), Bd 2/2: Recht der Schuldverhältnisse (Besonderer Teil) (4. Aufl 1928)
PRÖLSS/MARTIN, Versicherungsvertragsgesetz, (31. Aufl 2021)
PRÜTTING/WEGEN/WEINREICH (Hrsg), BGB (18. Aufl 2023)
REICHERT (Begr), Vereins- und Verbandsrecht (14. Aufl 2018)
RGRK – Reichsgerichtsrätekommentar, Das Bürgerliche Gesetzbuch mit besonderer Berücksichtigung der Rechtsprechung des Reichsgerichts und des Bundesgerichtshofs, Bd II/4, §§ 631–811 (12. Aufl 1978)
SAUTER/SCHWEYER/WALDNER, Der eingetragene Verein. Gemeinverständliche Erläuterung des Vereinsrechts unter Berücksichtigung neuester Rechtsprechung mit Formularteil (21. Aufl 2021)
K SCHMIDT/LUTTER (Hrsg), Aktiengesetz, Kommentar (4. Aufl 2020)
SCHOLZ (Begr), Kommentar zum GmbHG, Bd II, §§ 35–52, Anh. § 45 Gesellschafterversammlung und Gesellschafterkompetenzen in der GmbH & Co. KG (12. Aufl 2021)
SCHÖNKE/SCHRÖDER, Strafgesetzbuch (30. Aufl 2019)
SEYFARTH, Vorstandsrecht (13. Aufl 2023)
SOERGEL, BGB, Bd 1, Allgemeiner Teil I, §§ 1–103 BGB (13. Aufl 2000)
SOERGEL, BGB, Bd 11/3, Schuldrecht 9/3, §§ 780–822 BGB (13. Aufl 2012)
STAUDINGER, BGB, §§ 164–240 (Stellvertretung, Zustimmung, Fristen, Verjährung, Selbsthilfe, Sicherheitsleistung) (2019)
STAUDINGER, BGB, §§ 241–243 (Treu und Glauben) (2019)
STAUDINGER, BGB, §§ 362–396 (Erfüllung, Hinterlegung, Aufrechnung) (2022)
STAUDINGER, BGB, §§ 630a–630g (Behandlungsvertrag) (2021)
STAUDINGER, BGB, §§ 652–655; 656a–656d (Maklervertrag, Vermittlung von Kaufverträgen über Wohnungen und Einfamilienhäuser) (2021)
STAUDINGER, BGB, §§ 1113–1203 (Hypothek, Grundschuld, Rentenschuld) (2019)
STEIN/JONAS, ZPO, BORK/ROTH (Hrsg), Bd 2, §§ 78–147 (23. Aufl 2016)
STEIN/JONAS, ZPO, BORK/ROTH (Hrsg), Bd 5, §§ 328–510c (23. Aufl 2015)
STEIN/JONAS, ZPO, BORK/ROTH (Hrsg), Bd 8, §§ 802a–915h (23. Aufl 2017)
STÖBER/OTTO, Handbuch zum Vereinsrecht (12. Aufl 2021)
THOMAS/PUTZO (Begr), ZPO (44. Aufl 2023)
vVANGEROW, Lehrbuch der Pandekten, Bd 3 (7. Aufl 1869)
WARNEYER, Das Bürgerliche Gesetzbuch für das Deutsche Reich, Bd 1, §§ 1–1296 (11. Aufl 1950)
WIECZOREK/SCHÜTZE, ZPO, Bd 2, §§ 50–127a (5. Aufl 2022)
WIECZOREK/SCHÜTZE, ZPO, Bd 3, §§ 128–252 (5. Aufl 2022)
WIECZOREK/SCHÜTZE, ZPO, Bd 6, §§ 355–510c (4. Aufl 2014)
WIECZOREK/SCHÜTZE, ZPO, Bd 10/2, §§ 864–915h (4. Aufl 2015)
WINDSCHEID/KIPP, Lehrbuch des Pandektenrechts (9. Aufl 1906)
ZIEMONS/BINNEWIES (Hrsg), Handbuch der Aktiengesellschaft. Gesellschaftsrecht, Steuerrecht (92. Lfg, 4/2023)
ZÖLLER (Begr), Zivilprozessordnung (34. Aufl 2022).

2. Monographien

AFFOLTER, Die Actio ad exhibendum und ihre Bedeutung für das heutige Prozeßrecht (1880)
AMSCHEWITZ, Die Durchsetzungsrichtlinie und ihre Umsetzung im deutschen Recht (2008)
APT, Die Pflicht zur Urkundenedition in dogmengeschichtlicher Entwicklung (1892)
T BAYER, Ärztliche Dokumentationspflicht und Einsichtsrecht in Patientenakten. Eine Untersuchung zu den §§ 630f und 630g BGB mit Bezügen zum nationalen sowie europäischen Datenschutzrecht (2018)
BECKHAUS, Die Bewältigung von Informationsdefiziten bei der Sachverhaltsaufklärung. Die Enforcement-Richtlinie als Ausgangspunkt für die Einführung einer allgemeinen Informationsleistungspflicht in das deutsche Zivilrecht (2010)
DEMELIUS, Die Exhibitionspflicht in ihrer Bedeutung für das classische und heutige Recht (1872)
EBKE, Die Arbeitspapiere des Wirtschaftsprüfers und Steuerberaters im Zivilprozess (2003)
FEST, Anleihebedingungen. Rechtssicherheit trotz Inhaltskontrolle (2022)
GIESKER, Das Recht des Privaten an der eigenen Geheimsphäre. Ein Beitrag zur Lehre von den Individualrechten (1904)
GNIADEK, Die Beweisermittlung im gewerblichen Rechtsschutz und Urheberrecht (2011)
HAAS, Die Bedeutung der actio ad exhibendum des gemeinen und bürgerlichen Rechts (§ 809 BGB) (1905)
HAEFFS, Der Auskunftsanspruch im Zivilrecht. Zur Kodifikation des allgemeinen Auskunftsanspruchs aus Treu und Glauben (§ 242 BGB) (2010)
vHARTZ, Beweissicherung im gewerblichen Rechtsschutz und Urheberrecht. Umsetzung internationaler Vorgaben in nationales Recht (2004)
HUGGENBERGER, Die Pflicht zur Urkundenedition nach der Reichscivilprozessordnung und dem Entwurfe eines Bürgerlichen Gesetzbuches für das Deutsche Reich. Mit historischer Einleitung und einem Anhange (1889)
JUNG, Akteneinsichts- und Informationsrechte des Bürgers (1970)
KARGER, Beweisermittlung im deutschen und U.S.-amerikanischen Softwareverletzungsprozeß (1996)
KOHLER, Prozessrechtliche Forschungen (1889)
LENKAITIS, Krankenunterlagen aus juristischer, insbesondere zivilrechtlicher Sicht (1979)
LILIE, Ärztliche Dokumentation und Informationsrechte des Patienten. Eine arztrechtliche Studie zum deutschen und amerikanischen Recht (1980)
MARKTFORT, Geistiges Eigentum im Zivilprozeß (2001)
MITTERMAIER, Ueber die Gründe der Verpflichtung zur Edition von Urkunden (1835)
MÜLLER, Das Verhältnis der Herausgabe- und Handlungsvollstreckung (1978)
OSTERLOH-KONRAD, Der allgemeine vorbereitende Informationsanspruch. Zivilrechtliche Auskunfts- und Rechenschaftsansprüche und ihre Funktion im Zivilprozess (2007)
PETER, Das Recht auf Einsicht in Krankenunterlagen – Zugleich ein Beitrag zum Anwendungsbereich des § 810 BGB – (1989)
PRIES, Der Anspruch auf Vorlegung von Sachen und Urkunden aus §§ 809–811 des Bürgerlichen Gesetzbuchs (1913)
RADANT, Die Ansprüche auf Vorlegung von Sachen (1909)
REITHMANN, Allgemeines Urkundenrecht – Begriffe und Beweisregeln (1972)
RENSBURG, Die Anwendungsfälle der actio ad exhibendum (1896)
ROSENBERG, Die Beweislast auf der Grundlage des Bürgerlichen Gesetzbuchs und der Zivilprozessordnung (5. Aufl 1965)
SASS, Die Beschaffung von Informationen und Beweisen. Eine Untersuchung zum Anwendungsbereich der §§ 809, 810 BGB im Spannungsfeld zwischen Besichtigungs- und Geheimhaltungsinteresse (2002)
SCHLITT, Die Informationsrechte des stillen Gesellschafters in der typischen stillen Gesellschaft und in der stillen Publikumsgesellschaft (1996)
SIEGEL, Die Vorlegung von Urkunden im Prozess (1904)
STÜRNER, Die Aufklärungspflicht der Parteien des Zivilprozesses (1976)
WINKLER VON MOHRENFELS, Abgeleitete Informationsleistungspflichten im deutschen Zivilrecht (1986)

WOSNITZA, Das Recht auf Auskunft im bankvertraglichen Dauerschuldverhältnis. Systematische Übersicht über Informationsansprüche nach Vertragsschluß bei typischen Bankgeschäften und ihre rechtsdogmatische Abstimmung aufeinander (1991).

3. Unselbstständige Beiträge

AHRENS, Ärztliche Aufzeichnungen und Patienteninformation – Wegmarken des BGH, NJW 1983, 2609–2613
ANEMÜLLER, Die typisch stille Gesellschaft und die typische Unterbeteiligung (Teil I), ErbStB 2023, 54–63
ARENS, Die Beweislastverteilung im Rahmen des § 64 GmbHG – Bestehen noch Exkulpationsmöglichkeiten für den Geschäftsführer?, GmbHR 2018, 555–560
ARMBRÜSTER, Ansprüche des VN auf Einsicht in Sachverständigengutachten, VersR 2013, 944–952
BACHMANN, Die Einmann-AG, NZG 2001, 961–971
ders, Reform der Organhaftung? – Materielles Haftungsrecht und seine Durchsetzung in privaten und öffentlichen Unternehmen, in: Ständige Deputation des Deutschen Juristentages (Hrsg), Bd I, Gutachten (2014), E 1-E 124
BÄHR/REUTER, Einsichtnahme in Patientenakten durch private Krankenversicherer, VersR 2011, 953–958
BAUMGÄRTEL, Klage auf Vornahme, Widerruf oder Unterlassung einer Prozesshandlung in einem bereits anhängigen Prozeß, in: FS Schima (1969) 41–58
BEMMANN, Die tierärztliche Dokumentationspflicht und das Einsichtsrecht in tierärztliche Behandlungsunterlagen, VersR 2005, 760–767
C BERGER, Beweisführung mit elektronischen Dokumenten, NJW 2005, 1016–1020
BINDER, Das Informationsstatut des besonderen Vertreters (§ 147 Abs 2 AktG), ZHR 176 (2012) 380–411
BORK, Effiziente Beweissicherung für den Urheberrechtsverletzungsprozess – dargestellt am Beispiel raubkopierter Computerprogramme, NJW 1997, 1665–1672
BORN, Erleichterung der Darlegungs- und Beweislast für ausgeschiedene Organmitglieder im Innenhaftungsprozess de lege lata?, in: FS Bergmann (2018) 79–91
BÜRGE, Der Kupolofenfall – zwischen Beweislastverteilung und Auskunftsanspruch, in: FS Lüke (1997) 7–33
BRINKMANN, Würdigung des Entwurfes eines allgemeinen Handelsgesetzbuches für Deutschland, welchen die durch das Reichsministerium der Justiz niedergesetzte Kommission veröffentlicht hat, AcP 33 (1850) 67–100
BUCK-HEEB, Urkundeneinsicht nach § 810 BGB und unzulässige Ausforschung, WuB 2014, 495–498
BÜTTNER, Durchsetzung von Auskunfts- und Rechnungslegungsansprüchen, FamRZ 1992, 629–633
DAHNS, Berufspflichten bei der Wahrnehmung eines Mandats, NJW-Spezial 2015, 318
DANIELS, Die Ansprüche des Patienten hinsichtlich der Krankenunterlagen des Arztes, NJW 1976, 345–349
DEILMANN/OTTE, Verteidigung ausgeschiedener Organmitglieder gegen Schadensersatzklagen – Zugang zu Unterlagen der Gesellschaft, BB 2011, 1291–1295
DERLEDER/WOSNITZA, Auskunftspflichten der Banken beim Teilzahlungskredit, ZIP 1991, 901–910
DIEHL, Anmerkung zu OLG Düsseldorf, Urt v 5. 3. 2013 – I-1 U 115/12, Zfs 2014, 89–90
DIMSIC/SCHWARZ, Feindliche Betriebsübernahme: Betriebsübergang der besonderen Art, NZA 2016, 1436–1441
DISSARS, Das Informationsrecht des ausgeschiedenen Gesellschafters gegen die Gesellschaft, DStR 2020, 1514–1517
ECK/DOMBROWSKI, Rechtsschutz gegen Besichtigungsverfügungen im Patentrecht, GRUR 2008, 387–393
FABRITIUS, Der besondere Vertreter gemäß § 147 Abs 2 AktG, in: GS Gruson (2009) 133–149
FASSBENDER, Die Hauptversammlung der Aktiengesellschaft aus notarieller Sicht, RNotZ 2009, 425–457
FELLNER, Duldung von Bauteilöffnungen am Gemeinschaftseigentum im selbständigen Beweisverfahren durch Dritte, MDR 2013, 1011–1012
FLEISCHER/DANNINGER, Darlegungs- und Be-

weislast bei Organhaftung und Gesamtrechtsnachfolge, AG 2020, 193–200
Florstedt, Zu Auskunfts- und Kontrollrechten von Genussrechtsinhabern. Zugleich Besprechung BGH v 14. 6. 2016 – II ZR 121/15, ZIP 2016, 1529, ZIP 2017, 49–58
Foerster, Beweislastverteilung und Einsichtsrecht bei Inanspruchnahme ausgeschiedener Organmitglieder, ZHR 176 (2012) 221–249
Frank/Wiegand, Der Besichtigungsanspruch im Urheberrecht de lege ferenda, CR 2007, 481–487
Freund, Brennpunkte der Organhaftung. Anmerkungen aus der Praxis zur organrechtlichen Innenhaftung, NZG 2015, 1419–1424
Friedländer, Anmerkung zu KG 28. 6. 1920 – 22 U 2349/20, JW 1920, 1041
Fuhrmann/Kayser, Vorstände zwischen Risiko und Haftung. Vorstandshaftung aus rechtlicher und vergütungsspezifischer Sicht – Wie eine über 100 Jahre alte Regelungsmaterie plötzlich zum Tagesgespräch wurde, AG 2015, R260-R263
Gehrlein, Kein Anspruch des Patienten auf Ablichtung seiner Krankenunterlagen, NJW 2001, 2773–2774
ders, Der Anspruch auf Einsicht in ein Hauptversammlungsprotokoll – eine gesetzesferne, aber interessante Rechtsschöpfung, WM 1994, 2054–2058
Gimmerthal, Zur Lehre von der Edition der Urkunden, AcP 54 (1871) 81–109
Goldschmidt, Ueber Editionspflicht, insbesondere betreffend gemeinschaftliche Urkunden und Handelsbücher – Ein Rechtsgutachten, ZHR 29 (1883) 341–412
Götting, Die Entwicklung neuer Methoden der Beweisbeschaffung zur Bekämpfung von Schutzrechtsverletzungen. Die Anton-Piller-Order – Ein Modell für das deutsche Recht?, GRUR Int 1988, 729–744
Gottwald, Zur Anfechtung einer inkorrekten Entscheidung – Anmerkung zu BGH, Urteil vom 20. 6. 1977 – II ZR 30/77 –, ZZP 92 (1979) 364–369
Grimme, Der Anspruch auf Einsichtnahme in (Vertrags-)Urkunden nach § 810 BGB, JA 1985, 320–325
Groh, Das Einsichtsrecht des ausgeschiedenen, in Anspruch genommenen Vorstandsmitglieds: Umfang, Umsetzung und Verletzungsfolgen, ZIP 2021, 724–735
Grooterhorst, Das Einsichtnahmerecht des ausgeschiedenen Vorstandsmitgliedes in Geschäftsunterlagen im Haftungsfall, AG 2011, 389–398
Grunewald, Zum Informationsrecht in der GmbH & Co. KG – Besprechung der Entscheidung BGH WM 1988, 1447 –, ZGR 1989, 545–553
D Gutman, Anspruch auf Herausgabe von Arbeitspapieren des Wirtschaftsprüfers, BB 2010, 171–175
Haas/Scholl, Informationsansprüche und -pflichten im Idealverein, in: FS Hadding (2004) 365–389
Habermalz, Das Akteneinsichtsrecht des Patienten und seine zivilprozessuale Durchsetzung, NJW 2013, 3403–3407
Harsch, Die Beweisvereitelung im Mietrecht, WuM 2020, 1–7
Heldmann, Die Pflicht zur Vorlegung von Augenscheinsobjekten, ZZP 26 (1899) 407–441
Hillig, § 809 BGB. in seinen Beziehungen zum Urheberrecht, JW 1916, 474–475
Hirschfeld/Gerhold, (K)eine Lösung der Beweisnot in Geschäftsleiterhaftungsfällen über Art 15 DSGVO, ZIP 2021, 394–402
Holthausen/Held, D&O ist Chefsache – Rechtliche Hintergründe und Handlungsempfehlungen, GmbHR 2020, 741–751
Hornkohl, Überwindung von ungewissen Sachverhalten – Ist die Zeit reif für eine allgemeine Offenlegung von Beweismitteln im deutschen Zivilprozess?, GVRZ 2021, 17
Hüffer, Verwaltungskontrolle und Rechtsverfolgung durch Sonderprüfer und besondere Vertreter (§§ 142, 147 Abs 2 AktG), ZHR 174 (2010) 642–682
Humrich, Die (vermeintlichen) Informationsrechte des besonderen Vertreters nach § 147 II AktG, NZG 2014, 441–447
Husmann, Die Problematik in der Praxis bei Mitteilung und Übergabe ärztlicher Befunde, in: Mergen (Hrsg), Die juristische Problematik in der Medizin, Bd II (1971) 183–216
Isay, Die Vollstreckung von Urteilen auf Vorlegung von Urkunden, JW 1932, 153
Jäckel, Über den Begriff, die Pflicht zur Füh-

rung und Aufbewahrung sowie die Rechtsnatur der Krankenunterlagen, in: Mergen (Hrsg), Die juristische Problematik in der Medizin, Bd II (1971) 163–182

JAEGER, Das Recht des Kfz-Haftpflichtversicherers zur Besichtigung des beschädigten Fahrzeugs, VersR 2011, 50–52

ders, Die fiktive Abrechnung des Kaskoschadens, Zfs 2022, 304–310

JÖSTLEIN, Technische Aufzeichnungen als Beweismittel im Zivilprozeß, DRiZ 1973, 409–413

KARG, Interferenz der ZPO durch TRIPS – Auswirkungen auf den einstweiligen Rechtsschutz im Urheberrechtsprozess, ZUM 2000, 934–945

KIETHE, Das Informationsrecht des ausscheidenden GmbH-Gesellschafters, DStR 1993, 1708–1714

KITZ, Rechtsdurchsetzung im geistigen Eigentum – die neuen Regeln, NJW 2008, 2374–2377

KLING, Der besondere Vertreter im Aktienrecht, ZGR 2009, 190–230

KOEHLER, Der Informationsanspruch des GmbH-Gesellschafters. Aktuelle Rechtsprechung und ausgewählte Fälle zu §§ 51a und 51b GmbHG, GmbHR 2022, 292–301

KOHLER, Zur Editionslehre, AcP 79 (1892) 1–48

vKÖHLER, Einsicht in Behördenakten, NJW 1956, 1462–1464

KOPPENSTEINER, Abhängige Aktiengesellschaften aus rechtspolitischer Sicht. Eine Skizze, in: FS Steindorff (1990) 79–112

KORT, Das Informations- und Prüfungsrecht des stillen Gesellschafters nach § 233 HGB, DStR 1997, 1372–1376

KOTTHOFF/WIECZOREK, Rechtsrahmen von Softwarelizenzaudits – Zulässigkeit und Grenzen, MMR 2014, 3–10

KRIEGER, Beweislastumkehr und Informationsanspruch des Vorstandsmitglieds bei Schadensersatzforderungen nach § 93 Abs 2 AktG, in: FS U H Schneider (2011) 717–735

KRÜGER, Vorsatzanfechtung, Wissenszurechnung und Factoring. Anmerkung zu BGH, BeckRS 2021, 34448, und OLG Schleswig-Holstein, BeckRS 2021, 17503, NZI 2021, 1008–1010

KUGELMANN, Das Informationsfreiheitsgesetz des Bundes, NJW 2005, 3609–3613

KÜHNEN, Die Besichtigung im Patentrecht, GRUR 2005, 185–196

KÜMMELMANN, Anspruch des Gegners auf Übersendung einer Abschrift eines verlorengegangenen Anwaltsschreiben, AnwBl 1981, 427–428

LAUFS, Krankenpapiere und Persönlichkeitsschutz, NJW 1975, 1433–1437

LINDE, Beitrag zur Lehre über die Edition der Quitungen, Zeitschrift für Civilrecht und Prozess 1 (1828) 220–226

LOHR, Das Auskunfts- und Einsichtsrecht des Gesellschafters. Satzungsregelungen zu den Ausübungsmodalitäten, GmbH-StB 2018, 160–162

MANN/WANSLEBEN, Vollziehung von Beschlüssen der Gläubigerversammlung nach dem SchVG, BB 2017, 963–968

MAX, Die Leitung der Hauptversammlung, AG 1991, 77–94

MECKBACH, Organhaftung und Beweisrisiken. Adäquate Risikoallokation durch Vertragsgestaltung, NZG 2015, 580–585

MEYER, Teilzahlungen von Wechselindossanten, JW 1936, 2043–2044

MICHEL, Anmerkung zu BGH, Urteil v 7. 12. 1995 – IX ZR 110/95 – Beweispflicht des Bürgen bei behaupteter Forderungstilgung durch Hauptschuldner, WiB 1996, 270

MÜLLER, Führungskräfte: Haftung und Enthaftung, NZA-Beilage 2014, 30–37

NASSALL, Auskunfts- und Akteneinsichtsrechte des Konkursverwalters gegenüber dem Rechtsanwalt des Gemeinschuldners?, KTS 1988, 633–654

NIETSCH, Klageinitiative und besondere Vertretung in der Aktiengesellschaft, ZGR 2011, 589–637

NÜSSGENS, Zur ärztlichen Dokumentationspflicht und zum Recht auf Einsicht in die Krankenunterlagen, in: FS Boujong (1996) 831–845

OPHEYS/TMIMI, Das Recht auf Akteneinsicht im Vergabeverfahren. Reichweite und Grenzen im Ober- und Unterschwellenbereich, VergabeR 2021, 426–438

PESCH, Computerimplementierte Erfindungen in Patentverletzungsverfahren, MMR 2019, 223–228

PFEIFER, Zur Frage der Offenlegung der Krankengeschichten im Verfahren nach dem Erbkrankennachwuchsgesetz, JW 1936, 3029–3032

PRIESS/GABRIEL, Das Akteneinsichtsrecht im

Zivilprozess als vergaberechtliches Rechtsschutzproblem, NJW 2008, 331–334

Reischl, Materielle und prozessuale Aspekte zivilrechtlicher Rechenschafts- und Auskunftsansprüche, JR 1997, 404–410

Rieger, Einsichtsrecht des Patienten in Krankenunterlagen. Überblick über den aktuellen Stand der Rechtsprechung, DMW 1999, 130–132

Riemer, Der Datenauskunftsanspruch gem Art 15 DSGVO als pre-trial-discovery und prima lex des Auskunftsrechts, DSB 2019, 223–225

ders, Der Datenauskunftsanspruch gem Art 15 DS-GVO als Tool zur Informationsgewinnung – Wie die discovery light Einzug in den deutschen Zivilprozess erhielt, DAR 2022, 127–133

Rilk, Replik zu Meyer, Teilzahlungen von Wechselindossanten, JW 1936, 2044–2045

Röcken, Die Herausgabe der Mitgliederliste, ZStV 2015, 71–75

Römermann, Einsichtsrecht von Vereinsmitgliedern in die Mitgliederliste, NZG 2011, 56–59

Ruchatz, Auskunftspflichten der Aktiengesellschaft bei Organhaftungsverfahren im Verhältnis zum Anspruchsgegner und gegenüber dem D&O-Versicherer, AG 2015, 1–10

Ruckteschler/Grillitsch, Organhaftung – Zur Durchsetzung des Einsichtsrechts ausgeschiedener Organmitglieder, in: FS Elsing (2016) 1129–1144

Schaffrath/Jangner, Umweltaltlasten: Durchsetzung von Haftpflichtversicherungsansprüchen bei Unauffindbarkeit der Versicherungsverträge, VersR 1996, 1065–1070

Schiessl, Abhängigkeitsbericht bei Beteiligungen der öffentlichen Hand – Besprechung des Beschlusses BGHZ 135, 107 – VW/Niedersachsen –, ZGR 1998, 871–881

Schilken, Ansprüche auf Auskunft und Vorlegung von Sachen im materiellen Recht und im Verfahrensrecht, Jura 1988, 525–532

ders, Probleme der Herausgabevollstreckung, DGVZ 1988, 49–60

Schippel, Dateilizenzaudits, CR 2021, 505–512

U H Schneider, Der mühsame Weg der Durchsetzung der Organhaftung durch den besonderen Vertreter nach § 147 AktG, ZIP 2013, 1985–1991

C Schmidt, Recht des Kindes auf Kenntnis des leiblichen Vaters, NZFam 2017, 881–884

Schmitz/Jastrow, Das Informationsfreiheitsgesetz des Bundes, NVwZ 2005, 984–995

Schoch, Die Ausnahmetatbestände des IFG in der Rechtsprechung des BVerwG, ZGI 2021, 3–10

Scholz, Die Vorbereitung von Sekundärrechtsschutz durch Informationszugangsansprüche gegen den Staat, NVwZ 2015, 1111–1114

C Schreiber, Das Recht auf Besichtigung von Sachen, JR 2008, 1–5

Schulteis, Kein Anspruch eines ausgeschiedenen Mitglieds einer Genossenschaft auf Einsichtnahme in deren Jahresabschluss und Prüfungsbericht, GWR 2019, 45

Schulte-Zeu, Die Übergangsfähigkeit zivilrechtlicher Akteneinsichtsansprüche von Patienten und Pflegeheimbewohnern gegen Ärzte, Kliniken und Pflegeheime – Zugleich Besprechung der BGH-Urteile vom 23. 3. 2010 (VI ZR 327/08) VersR 2010, 971 und (VI ZR 249/08) VersR 2010, 969 –, VersR 2011, 194–198

Schwennicke, Anmerkung zu OLG Frankfurt, Beschluß vom 21. 8. 1995 – 20 W 124/95, WiB 1996, 169

vSelle, Die sekundäre Darlegungslast in gesellschaftsrechtlichen Streitigkeiten, NZG 2023, 1199–1205

Spindler/Dorschel, Auskunftsansprüche gegen Internet-Service-Provider. Zivilrechtliche Grundlagen und datenschutzrechtliche Grenzen, CR 2005, 38–47

Stadler, „Was drei wissen, das erfahren hundert" – Auskunftspflichten und Geheimnisschutz im Zivilprozess nach Umsetzung der Richtlinie zur Durchsetzung der Rechte des geistigen Eigentums, in: FS Leipold (2009) 201–220

Starck, Muß bei der Klage auf Vorlegung einer Urkunde aus § 810 BGB der Kläger beweisen, daß der Beklagte noch im Besitze der Urkunde ist?, Recht 1913, 631–632

Steiner/Lüdicke, (Keine) Gleichstellung von aktiven und ausgeschiedenen Kommanditisten in der Insolvenz?, NZI 2019, 320–326

M Stöber, Die Informationsrechte von Genussrechtsinhabern, NZG 2017, 1401–1407

Tauth/Roeder, Der Geschäftsführer auf der „Abschussliste" – Ist die Sicherung von Unterlagen erlaubte Verteidigungsvorbereitung oder

unbefugter Datendiebstahl?, BB 2013, 1333–1338
Tilmann/Schreibauer, Beweissicherung vor und im Patentverletzungsprozess, in: FS Erdmann (2002) 901–926
Tinnefeld, Der Anspruch auf Besichtigung von Quellcode nach der Entscheidung „UniBasic-IDOS“ des BGH. Zugleich eine Anmerkung zu BGH, Urt v 11. 4. 2013 – I ZR 90/09, CR 2013, 417–422
Uhlenbruck, Gerichtliche Anordnung der Vorlage von Urkunden gegenüber dem Insolvenzverwalter, NZI 2002, 589–590
Unger, Handeln auf fremde Gefahr, JheringsJb 33 (1894) 299–359
Verhoeven, Der besondere Vertreter nach § 147 AktG: Erwacht ein schlafender Riese?, ZIP 2008, 245–255
Wasserburg, Die ärztliche Dokumentationspflicht im Interesse des Patienten, NJW 1980, 617–624
F Weber, Die Offenlegung von Beweismitteln nach Umsetzung der Kartellschadensersatzrichtlinie im deutsche und spanischen Recht, ZZP 131 (2018) 457–479
Weiss, Die Verpflichtung des Rechtsanwalts zur Herausgabe von Handakten, JR 1971, 356–359
Wentz/Döding, § 93 Abs 2 Satz 2 AktG und die sekundäre Darlegungslast im Erbfall, WM 2020, 1458–1462
Werner, Der Informationsanspruch des ausgeschiedenen GmbH-Gesellschafters, GmbHR 2013, 68–74
ders, Der Informationsanspruch des ausgeschiedenen GmbH-Gesellschafters, GmbHR 2016, 852–858
ders, Haftungsrisiken bei M & A-Projekten (Teil I). Die Haftung des GmbH-Geschäftsführers bei Unternehmenskäufen, ZWH 2014, 169–176
ders, Vorläufiger Rechtsschutz zur Durchsetzung von gesellschafterlichen Informationsansprüchen gegen die GmbH, GmbHR 2016, 1252–1257
Wiese, Probleme bei der Edition von Briefen, in: FS Herschel (1982) 483–501
Wietfeld, Der Einsatz psychologischer Testverfahren bei der Personalauswahl – Grundlagen und rechtliche Bewertung, ZfA 2016, 215–260
Wiethaup, Herausgabe von Krankenblättern an Dritte?, JR 1954, 174–175
C-W Wilhelmi, Der Notar in der Hauptversammlung der Aktiengesellschaft, BB 1987, 1331–1338
Wilsing/Kleemann, Haftung des AG-Vorstands wegen Zinsswap-Geschäften zum Zinshedging ohne entsprechende Unterlegung mit Darlehensverträgen, EWiR 2016, 45–46
Wirth, Der „besondere Vertreter“ nach § 147 Abs 2 AktG – Ein neuer Akteur auf der Bühne?, in: FS Hüffer (2010) 1129–1151
Wussow, Probleme der gerichtlichen Beweissicherung in Baumängelsachen, NJW 1969, 1401–1408
ders, Auskunfts- und Vorlegungspflicht des Haftpflichtversicherers gegenüber dem Versicherungsnehmer, NJW 1962, 420–424
Zekoll/Bolt, Die Pflicht zur Vorlage von Urkunden im Zivilprozess – Amerikanische Verhältnisse in Deutschland?, NJW 2002, 3129–3134
Zinger, Anmerkung zu einer Entscheidung des OLG Köln, Urteil vom 29. 1. 2020 (11 U 14/19) – Zum Anspruch auf Akteneinsichtsrecht bei Vergabeverfahren im unterschwelligen Bereich, VergabeR 2020, 703–704
Zoller, Die Mikro-, Foto- und Telekopie im Zivilprozeß, NJW 1993, 429–435
S Zöllner, Der Vorlage- und Besichtigungsanspruch im gewerblichen Rechtsschutz – Ausgewählte Probleme, insbesondere im Eilverfahren, GRUR-Prax 2010, 74–79.

Systematische Übersicht

Alphabetische Übersicht

I. Normzweck

1 Rechtsverhältnisse und Verhandlungen über Rechtsgeschäfte werden häufig zu Beweiszwecken schriftlich festgehalten. Aufgrund des hohen Beweiswerts solcher Urkunden (§§ 415 ff ZPO) hat derjenige, der ein Recht aus dem beurkundeten Rechtsverhältnis oder im Zusammenhang mit den dokumentierten Verhandlungen geltend machen oder sich gegen einen solchen Anspruch verteidigen will, aber nicht im Besitz der Urkunde ist, ein grundsätzlich schutzwürdiges **Interesse an der Einsicht in die Urkunde**. Dieses Interesse konfligiert mit dem Grundsatz, dass niemand einen Eingriff in den durch die Rechtsordnung abgeschlossenen Kreis seiner Privatrechte dulden muss. Diesen für Urkunden sogar strafbewährten Grundsatz (§§ 202, 203 StGB;

s Lilie 147) konkretisieren § 858 Abs 1 BGB und § 859 Abs 1 BGB dahingehend, dass der Besitzer sich jeder nicht gestatteten Störung mit Gewalt erwehren darf. Eine Ausnahme in Gestalt einer Duldungspflicht, welche die Widerrechtlichkeit einer eigenmächtigen Einsichtnahme ohne oder gegen den Willen des Besitzers legitimieren würde, enthält die Vorschrift des § 810 BGB nicht. Liegen ihre Voraussetzungen vor, relativiert sie die Grundsatzentscheidung lediglich durch einen **einklagbaren Anspruch** (s unten Rn 12, 285 ff), der den Besitzer zur Gestattung der Einsicht in die Urkunde verpflichtet (s unten Rn 253 ff).

Der Einsichtsanspruch nach § 810 BGB dient dem **Ausgleich der gegenläufigen Interessen des Anspruchstellers und des Besitzers** (MünchKommBGB/Habersack § 810 Rn 1; jurisPK-BGB/Martinek/Heine [1. 2. 2023] § 810 Rn 2). Einerseits soll demjenigen, der Einsicht in eine Urkunde begehrt, ein Mittel an die Hand gegeben werden, um sein Recht aus dem beurkundeten Rechtsverhältnis auch in Fällen nachweisen zu können, in denen der Beweis auf andere Weise nur schwer oder gar nicht erbracht werden könnte. Andererseits soll vermieden werden, dass der Anspruch zu einer Ausspähung insbesondere auch solcher Informationen missbraucht wird, die der Besitzer aus schutzwürdigen Gründen geheim halten möchte, und der Gläubiger sich über sein schutzwürdiges Interesse hinaus wertvolle Kenntnisse verschafft. 2

Die Tatsache, dass nicht jedes Interesse an dem Inhalt der Urkunde den Anspruch nach § 810 BGB begründet, sondern nur ein rechtliches, das auf die Förderung, Erhaltung oder Verteidigung einer Rechtsposition aus dem beurkundeten Rechtsverhältnis gerichtet ist (s unten Rn 229 ff), lässt erkennen, dass der Einsichtsanspruch ein Hilfs- bzw **präparatorischer Informationsanspruch** ist (Groh ZIP 2021, 724, 730; Hornkohl GVRZ 2021, 17 Rn 11; jurisPK-BGB/Martinek/Heine [1. 2. 2023] § 810 Rn 2; Osterloh-Konrad 42; Wosnitza 66), der dem Gläubiger im Interesse einer erleichterten Rechtsverwirklichung gewährt ist (OLG Frankfurt 13. 10. 2016 – 1 U 23/14, BeckRS 2016, 118609 Rn 14; HKK/Birr §§ 809–811 Rn 2; jurisPK-BGB/Martinek/Heine [1. 2. 2023] § 810 Rn 1; Sass 123; ähnlich [Erweiterung gegenüber § 809 BGB] NK-BGB/Mielke § 810 Rn 1; Jauernig/Stadler §§ 809–811 Rn 9). 3

Praktische Bedeutung hat der Einsichtsanspruch nach § 810 BGB insbesondere im Gesellschaftsrecht für ausgeschiedene Gesellschafter (s unten Rn 22 ff) sowie im Prozessrecht für den Beweis durch Urkunden nach § 422 ZPO und § 429 S 1 Hs 1 ZPO (s unter Rn 292 ff; MünchKommBGB/Habersack § 810 Rn 19; BeckOGK-BGB/Hoffmann [1. 3. 2023] § 810 Rn 4; Markfort 181; jurisPK-BGB/Martinek/Heine [1. 2. 2023] § 810 Rn 8; Jauernig/Stadler §§ 809–811 Rn 1; BGB-RGRK/Steffen Vor § 809 Rn 6; Erman/Wilhelmi Vor § 809 Rn 1). 4

II. Gesetzesgeschichte

1. Ursprung im römischen Recht

Die historischen Wurzeln des Einsichtsanspruchs nach § 810 BGB liegen im römischen Recht (Bürge, in: FS Lüke [1997] 7, 19). Dieses behandelte Urkunden ohne Rücksicht auf ihren Inhalt als Sachen (Radant 50). Als solche unterstanden sie den für *res corporales* geltenden Regeln, wonach die Vorlage einer Urkunde nur derjenige verlangen konnte, dem ein dingliches oder obligatorisches Recht an der Urkunde zustand (Radant 50; vVangerow, Lehrbuch der Pandekten, Bd 3 § 708 I = 642). Wer das Ei- 5 gentum an der Urkunde behauptete, konnte außerdem zur Vorbereitung der *rei vindicatio* die *actio ad exhibendum* (s § 809 Rn 5 f) geltend machen (Radant 50 f; Siegel 13; vVangerow, Lehrbuch der Pandekten, Bd 3 § 708 I = 642). Ein von dem Recht an der Urkunde unabhängiges Recht, die Urkunde aufgrund ihres Inhalts einzusehen, war dem römischen Recht zunächst fremd (Radant 51 f).

6 Die Begrenzung des Einsichtsrechts auf Personen, denen ein Recht an der Urkunde zustand (s oben Rn 5), wurde im Laufe der Zeit durch Ausnahmen aufgeweicht. Zunächst durch prätorische Edikte betreffend zwei Arten von Urkunden, nämlich zum einen durch das *interdictum de tabulis exhibendis* für **Testamente**, wonach außer dem Erben als Eigentümer der Urkunde zB auch Legatare Einsicht nehmen konnten (s Arndts vArnesberg, Lehrbuch der Pandekten § 346 Nr 4 = 674; vBayer, Vorträge über den gemeinen ordentlichen Civilprozeß § 292 A 1 a = 958; Goldschmidt ZHR 29 [1883] 341, 385; Huggenberger 11; vVangerow, Lehrbuch der Pandekten, Bd 3 § 708 I = 642 f), und zum anderen für die **Rechnungsbücher** (*rationes*) der Bankiers (*argentarii*) und der Wechsler (*nummularii*, s Goldschmidt ZHR 29 [1883] 341, 385; Glück, Ausführliche Erläuterungen der Pandecten, Th 4, Abt 1 § 286b = 39 ff; Radant 52 f; vVangerow, Lehrbuch der Pandekten, Bd 3 § 708 I = 642 f; zu Einzelheiten s Huggenberger 7 f). Diese gegenständlich begrenzten Einsichtsrechte wurden später auf Grundlage der *aequitas exhibendi* um eine *actio in factum* (zu dieser Methode s statt vieler Kaser/Knütel/Lohsse, Römisches Privatrecht § 56 Rn 1 ff) ergänzt (Goldschmidt ZHR 29 [1883] 341, 373; Huggenberger 10; Radant 51; Rensburg 29), wonach jedermann Einsicht in solche Urkunden verlangen konnte, die zumindest auch in seinen Angelegenheiten errichtet worden sind (Goldschmidt ZHR 29 [1883] 341, 383 f; vVangerow, Lehrbuch der Pandekten, Bd 3 § 708 I = 643).

7 Neben die in Rn 5 f genannten Einsichtsrechte, die unabhängig von einem Prozess bestanden (Radant 53), trat eine eigenständige **prozessuale Pflicht** zur Urkundenvorlage (*editio*). Sie schränkte den Grundsatz *nemo contra se edere tenetur*, wonach keine Partei ohne besondere Verbindlichkeit der anderen Waffen gegen sich selbst in die Hände liefern muss (Gimmerthal AcP 54 [1871] 81, 82; vVangerow, Lehrbuch der Pandekten, Bd 3 § 708 II = 644), dahingehend ein, dass der Beklagte von dem Kläger bei der Begründung der Klage vor dem Prätor (*editio actionis*) die Vorlage sämtlicher Urkunden verlangen konnte, mithilfe derer dieser die Klageforderung zu beweisen beabsichtigte (Glück, Ausführliche Erläuterungen der Pandecten, Th 4, Abt 1 § 286a = 34; Glück, Ausführliche Erläuterungen der Pandecten, Th 22, Abt 1 § 1171 = 112 ff; vVangerow, Lehrbuch der Pandekten, Bd 3 § 708 = 641).

2. Entwicklung im gemeinen Recht und Aufnahme in das BGB

8 Die im römischen Recht bestehende Dichotomie von der prozessualen Urkundenedition einerseits (s oben Rn 7) und den von einem Prozess unabhängigen Klagen auf Vorlage einer Urkunde andererseits (s oben Rn 5 f) galt im gemeinen Recht fort (Unger JheringsJb 33 [1894] 299, 317). Gegenstand der durch das Prozessrechtsverhältnis begründeten **prozessualen Editionslast** waren in erster Linie die Urkunden, die der Kläger zur Begründung seines Anspruchs anführte (OLG Rostock 21. 3. 1870, SeuffA 24 Nr 99; OLG Jena 15. 2. 1861, SeuffA 24 Nr 285; Huggenberger 5; Kohler AcP 79 [1892] 1, 10 f; Kohler 78). Deren Vorlage durfte der Beklagte aufgrund des Gebots des prozessualen Wohlverhaltens unabhängig von einer richterlichen Anordnung erwarten (Kohler AcP 79 [1892] 1; **aA** Mittermaier 48 ff). Über diese allgemeine Editionslast konnte das Gericht hinausgehen und anordnen, dass der Kläger sämtliche in seinem Besitz befindlichen, dem Beklagten zur Verteidigung dienenden Urkunden vorzulegen habe (Huggenberger 5 f; Kohler AcP 79 [1892] 1, 3). Die **materiell-rechtliche Editionspflicht** war kein dingliches Recht (*actio in rem*; **aA** Demelius 272), sondern in Anlehnung an die Vorlagepflicht der Bankiers (*argentarii*) und der *actio in factum* (s oben Rn 6) ein auf dem Konzept von der **Gemeinschaftlichkeit der Urkunde** (*documenta communia*, s Apt 32 ff; Huggenberger 10; Kohler AcP 79 [1892] 1, 12; Radant 53; **aA** Demelius 269 ff; Mittermaier 28 ff, die jeweils den Begriff der gemeinschaftlichen Urkunde ablehnen) gründender obligatorischer Anspruch (*jus ad rem exhibendum*, s Heldmann ZZP 26 [1899] 407, 415; Kohler AcP 79 [1892] 1, 13 f). Zur Begründung der Gemeinschaftlichkeit einer Urkunde genügte die bloße Absicht der Verfasser nicht (Kohler AcP 79 [1892], 1 23). Erforderlich, aber auch ausreichend, war entweder das Miteigentum an der Urkunde (OLG Lübeck 11. 9. 1875, SeuffA 32 Nr 196; OLG Darmstadt 1858, SeuffA 13 Nr 291; Bürge, in: FS Lüke [1997] 7, 22; Gimmerthal AcP 54 [1871] 81, 108 f; Goldschmidt ZHR 29 [1883] 341, 388; Linde Zeitschrift für Civilrecht und Prozess 1 [1828] 220 f) oder die Gemeinschaftlichkeit des Urkundeninhalts (RG 21. 11. 1893 – III 169/93, SeuffA 49 Nr 214; OLG Rostock 17. 11. 1873, SeuffA 29 Nr 85; Bürge, in: FS Lüke [1997] 7, 22; Glück, Ausführliche Erläuterungen der Pandecten, Th 22, Abt 1 § 1157 = 20; Goldschmidt ZHR 29 [1883] 341, 388; vKeller, Pandekten § 382 I 2 a = 710; Kohler AcP 79 [1892] 1, 12, 23; Radant 53 ff; weitgehend Windscheid/Kipp, Lehrbuch des Pandektenrechts [9. Aufl 1906] § 474 Nr 6 = 1064 f: Beurkundung einer Tatsache, die Einfluss auf die Vermögensverhältnisse des Gläubigers hat, genügt; **aA** Heldmann ZZP 26 [1899] 407, 415 f [Interesse an der Errichtung]), insbesondere die Verschriftung eines zwischen den Parteien bestehenden Rechtsverhältnisses (RG 12. 5. 1882, SeuffA 37 Nr 348; OLG Lübeck 11. 9. 1875, SeuffA 32 Nr 196; OLG Darmstadt 1858, SeuffA 13 Nr 291; OLG Wolfenbüttel 20. 10. 1840, SeuffA 20 Nr 84; OLG Kassel 25. 4. 1840, SeuffA 1 Nr 130; Goldschmidt ZHR 29 [1883] 341, 389; Glück, Ausführliche Erläuterungen der Pandecten, Th 22, Abt 1 § 1171 = 110; Linde Zeitschrift für Civilrecht und Prozess 1 [1828] 220).

Im Zuge der **Kodifikation** wurde die prozessuale Editionslast (s oben Rn 8) – abgesehen von der Sonderregelung betreffend Handelsbücher in Art 37 ADHGB (dazu Brinkmann AcP 33 [1850] 67, 94 f; Goldschmidt ZHR 29 [1883] 341, 367 ff; Huggenberger 30 ff; Kohler AcP 79 [1892] 1, 35 f) – nicht mehr ausschließlich als eigenständiges prozessuales Gebot verstanden – so zB aber noch Theil I Titel 10 § 89 allgemeine Gerichtsordnung für die preußischen Staaten (dazu Huggenberger 16 ff) sowie § 311 BGB allgemeine bürgerliche Processordnung für das Königreich Hannover –, sondern zunehmend – zB in den Verfahrensordnungen von Bayern (§ 386 CPO) und Württemberg (§ 537 CPO) – mit dem Konzept von der Gemeinschaftlichkeit des Urkundeninhalts (s oben Rn 8) verknüpft und entsprechend beschränkt (zu Einzelheiten s Kohler AcP 79 [1892] 1, 24). Diese Regelungssystematik wurde schließlich mWv 1. 10. 1879 (G v 30. 1. 1877, RGBl 83) in **§ 387 ZPO aF** übernommen (Prot II 774 = Mugdan II 1221). Danach waren sowohl der Prozessgegner als auch Dritte (**§ 394 Hs 1 ZPO aF**) zu der Vorlegung einer Urkunde verpflichtet, wenn der Beweisführer nach den Vorschriften des bürgerlichen Rechts (zB Art 105 Abs 1 Hs 1, 145 Abs 2, 160 Abs 1, 193 Abs 1 Hs 2, 225 Abs 1 Hs 1 ADHGB) einen Anspruch auf Herausgabe oder Vorlegung der Urkunde hatte (§ 387 Nr 1 ZPO aF; zu Einzelheiten s Huggenberger 24 ff) oder die Urkunde ihrem Inhalte nach eine für den Beweisführer und den Gegner bzw Dritten gemeinschaftliche war (§ 387 Nr 2 ZPO aF). Aufgrund dieser Entwicklung sowie der Tatsache, dass wesentliche Partikularrechtsordnungen wie zB das ALR außerhalb des Prozessrechts keine Bestimmungen über die Urkundenedition enthielten 9

(Mot II 891 = Mugdan II 498 zu § 775 BGB-E I), sah **§ 775 BGB-E I** einen materiell-rechtlichen Einsichtsanspruch nur in Anlehnung an das Prozessrecht vor, nämlich „sofern die Voraussetzungen vorhanden sind, unter welchen in einem Rechtsstreite ein Dritter nach den Bestimmungen der ZPO zu der durch Beweisbeschluß für erheblich erklärten Vorlegung einer Urkunde verpflichtet ist."

10 Die Regelung des § 775 BGB-E I (s oben Rn 9) war Gegenstand erheblicher Kritik. Zu § 775 BGB-E I iVm §§ 394, 387 Nr 2 ZPO aF wurde auf Grundlage der überwiegenden Rechtsauffassung, welche die Vorlegungspflicht auf schwebende Gerichtsverfahren beschränkte (RG 30. 12. 1884 – Rep II 175/84, RGZ 12, 412, 414 f; Goldschmidt ZHR 29 [1883] 341, 359, 361 f, 372; Huggenberger 38 f; **aA** Kohler AcP 79 [1892] 1, 44), bemängelt, dass das berechtigte Bedürfnis, die Urkunde bereits vorprozessual zu der Beurteilung der Erfolgsaussichten des Rechtsstreits einzusehen, übersehen werde (Prot II 772 = Mugdan II 1220). Im Unterschied dazu nahm § 387 Nr 1 ZPO aF ggf iVm § 394 ZPO aF auf Ansprüche Bezug, mit denen die Vorlegung einer Urkunde außerhalb eines schwebenden Prozesses verlangt werden konnte. Da § 775 BGB-E I einen solchen Anspruch jedoch nicht begründete, sondern seinerseits auf die §§ 394, 387 Nr 1 ZPO aF verwies, wurde die Regelung – zu Recht – als zirkulär kritisiert (Apt 69; Huggenberger 57; Unger JheringJb 33 [1894] 299, 317 [„eigenthümlicher Zirkel"]). Diese Mängel beseitigte die zweite Kommission. Ihre Mitglieder waren sich darüber einig, die Voraussetzungen des Einsichtsrechts im bürgerlichen Recht zu regeln (Prot II 772 = Mugdan II 1219) und in der ZPO lediglich diese Vorschriften aufzugreifen (Prot II 772 f = Mugdan II 1220). Obgleich Einigkeit auch darüber bestand, an dem Konzept von der Gemeinschaftlichkeit des Urkundeninhalts als Editionsgrund (s oben Rn 8) festzuhalten (Prot II 773 = Mugdan II 1220), lehnte die Mehrheit es ab, die Gemeinschaftlichkeit – wie noch in § 387 Nr 2 ZPO aF geschehen – als Voraussetzung in den Gesetzestext aufzunehmen. Der Befürchtung, bei dieser Gestaltung könne die Vorlegungspflicht zu einer allgemeinen Bürgerpflicht werden, sollte durch die Regelung einzelner Fälle vorgebeugt werden, in denen der Inhalt einer Urkunde den Editionssucher angehe (Prot II 775 = Mugdan II 1221). Aufgrund dieser Erwägungen wurde nach dem Vorbild anderer Kodifikationen (zB § 1566 SächsBGB) und Entwürfe (zB Art 1042 Entwurf eines allgemeinen deutschen Gesetzes über Schuldverhältnisse [sog Dresdner Entwurf], Art 973, 974 Entwurf eines Bürgerlichen Gesetzbuches für das Königreich Bayern) **§ 696 BGB-E II** beschlossen, dessen Wortlaut unverändert als § 810 BGB Gesetz wurde.

3. Entwicklung seit Inkrafttreten des BGB

11 Seit dem Inkrafttreten des BGB am 1. 1. 1900 (G v 18. 8. 1896, RGBl 1896, 195) hat der Wortlaut des § 810 BGB – abgesehen von zwei orthographischen Anpassungen („Anderen" und „Besitze") und der Einführung der Überschrift („Einsicht in Urkunden") im Zuge der Neubekanntmachung des BGB mWv 1. 1. 2002 (BGBl 2002 I, 42) – keine Änderung erfahren.

III. Rechtsnatur des Anspruchs

12 Die Verpflichtung des Besitzers einer Urkunde, einem anderen unter den Voraussetzungen des § 810 BGB die Einsicht zu gestatten (s unten Rn 253 ff), ist keine dingliche, auf der Urkunde ruhende Belastung (Siegel 27). Vielmehr handelt es sich – ausweislich der systematischen Stellung der Vorschrift in Buch 2, Abschnitt 8, Titel 25 des BGB – um einen kraft Gesetzes entstehenden **schuldrechtlichen Anspruch** (OLG Frankfurt 13. 10. 2016 – 1 U 23/14, BeckRS 2016, 118609 Rn 14; jurisPK-BGB/Martinek/Heine [1. 2. 2023] § 810 Rn 2; Siegel 27), der eine Sonderverbindung in Gestalt eines gesetzlichen Schuldverhältnisses zwischen dem Berechtigten als Gläubiger und dem Besitzer als Schuldner begründet (Derleder/Wosnitza ZIP 1990, 901, 903; MünchKommBGB/Habersack § 810 Rn 1; Kiethe DStR 1993, 1708, 1712; jurisPK-BGB/Martinek/Heine [1. 2. 2023] § 810 Rn 2; Pries 100; Wosnitza 66; **aA** Kiethe DStR 1993, 1708, 1712 [bestehende Sonderverbindung sei Voraussetzung]).

Die Vorschrift des § 810 BGB ist **dispositiv**, dh die Beteiligten können den Anspruch erweitern (zB gegenständlich auf eine gesamte Akte, s unten Rn 286), in gegenständlicher oder personeller Hinsicht einschränken (zB auf Kopien oder die Einsichtnahme durch einen Dritten, s BGH 23. 10. 1961 – II ZR 102/60, WM 1961, 1329, 1330; RAG 25. 4. 1934 – RAG 52/34, JW 1934, 2181, 2182; Gehrlein NJW 2001, 2773; Peter 246) oder sogar ausschließen (RAG 25. 4. 1934 – RAG 52/34, JW 1934, 2181, 2182; Grunewald ZGR 1989, 545, 548; MünchKommBGB/Habersack § 810 Rn 1). 13

IV. Verhältnis zu anderen Ansprüchen

1. Überblick

Das Begehren, Kenntnis von dem Inhalt einer Urkunde zu erlangen, die sich in fremdem Besitz befindet, kann nicht nur durch den Einsichtsanspruch nach § 810 BGB oder andere Einsichts- und Vorlegungsansprüche (s unten Rn 15 ff) erreicht werden, sondern auch durch Auskunfts- (s unten Rn 85 ff) und Herausgabeansprüche (s unten Rn 88 ff). 14

2. Andere Einsichts- und Vorlegungsansprüche

Die Vorschrift des § 810 BGB enthält keine abschließende Regelung des Rechts, in fremdem Besitz befindliche Urkunden einzusehen (MünchKommBGB/Habersack § 810 Rn 2; jurisPK-BGB/Martinek/Heine [1. 2. 2023] § 810 Rn 5), sondern einen allgemeinen, dh von dem Bestehen eines bestimmten Rechtsverhältnisses unabhängigen (LG Frankfurt aM 25. 7. 1988 – 2/24 S 54/88, NJW-RR 1988, 1129), Einsichtsanspruch. Dieser lässt die besonderen Einsichtsrechte, die sich aus einer vertraglichen Nebenpflicht oder einer gesetzlichen Sonderregelung ergeben, grundsätzlich unberührt (Mot II 892 = Mugdan II 498; Planck/Landois § 810 Anm 7; Oertmann § 810 Anm 5; **aA** AG Nürnberg 26. 6. 1991 – 13 C 4515/91, NJW-RR 1991, 1523, 1524), sodass **Idealkonkurrenz** besteht (Siegel 29; **aA** PWW/Buck-Heeb § 810 Rn 1), es sei denn, dass die gesetzliche Sonderregelung abschließenden Charakter hat (s unten Rn 18, 42, 53, 55, 57, 62, 76, 79, 82, 84) oder der Gläubiger unter dem Gesichtspunkt des Rechtsschutzinteresses gehalten ist, zunächst den Anspruch geltend zu machen, der ihn schneller, besser und ohne zusätzliche Inanspruchnahme gerichtlicher Hilfe zum Ziel führt (BGH 20. 1. 1971 – VIII ZR 251/69, BGHZ 55, 201 [Ls] = NJW 1971, 656 zu § 260 Abs 2 BGB und § 810 BGB; BeckOGK/Hoffmann [1. 3. 2023] § 810 Rn 2). 15

a) Arbeitsrecht

aa) Individualarbeitsrecht

16 Die **Personalakte** (zu dem formellen und materiellen Personalaktenbegriff s BAG 16. 11. 2010 – 9 AZR 573/09 Rn 13, BAGE 136, 156 = NJW 2011, 1306 mwNw) ist keine im Interesse des Arbeitnehmers errichtete Urkunde iS des § 810 Fall 1 BGB (s unten Rn 172). Einsicht können die Arbeitnehmer während des bestehenden Arbeitsverhältnisses daher nur nach **§ 83 Abs 1 S 1 BetrVG** und – leitende Angestellte – nach **§ 26 Abs 2 S 1 SprAuG** verlangen. Nach der Beendigung des Arbeitsverhältnisses ergibt derselbe Anspruch sich aus der nachwirkenden arbeitgeberseitigen Schutz- und Rücksichtnahmepflicht gemäß § 241 Abs 2 BGB iVm dem Grundrecht auf informationelle Selbstbestimmung aus Art 2 Abs 1 GG iVm Art 1 Abs 1 GG (zu Einzelheiten s BAG 16. 11. 2010 – 9 AZR 573/09 Rn 34 ff, BAGE 136, 156 = NJW 2011, 1306 mwNw).

17 **Bundesbeamte** haben – auch nach der Beendigung ihres Beamtenverhältnisses (§ 110 Abs 1 S 2 BBG) – gemäß **Art 15 Abs 3 S 1 DSGVO** iVm § 110 Abs 1 S 1 BBG Anspruch auf Einsicht in die vollständige Personalakte. Für **Landesbeamte** enthalten die Beamtengesetze der Länder entsprechende Regelungen, zB Art 107 Abs 1 BayBG.

bb) Kollektives Arbeitsrecht

18 Dem **Betriebsrat** sind nach **§ 80 Abs 2 S 2 Hs 1 BetrVG** auf Verlangen jederzeit die zur Durchführung seiner Aufgaben, insbesondere der Überwachungsaufgabe nach § 80 Abs 1 Nr 1 BetrVG, erforderlichen Unterlagen zur Verfügung zu stellen (zu Einzelheiten s statt vieler ErfK/Kania § 80 BetrVG Rn 17 ff; GK-BetrVG/C Weber § 80 Rn 57 ff). Dem Wirtschaftsausschuss, einem Hilfsorgan des Betriebsrats (statt vieler s ErfK/Kania § 106 BetrVG Rn 1), steht nach **§ 106 Abs 2 S 1 BetrVG** ein vergleichbarer Unterrichtungsanspruch zu (zu Einzelheiten s statt vieler ErfK/Kania § 106 BetrVG Rn 4 ff; GK-BetrVG/Oetker § 106 Rn 56 ff). Die Vorschriften sind aufgrund der Tatsache, dass der Betriebsrat lediglich teilrechtsfähig ist, dh Inhaber nur der ihm durch das BetrVG verliehenen Ansprüche sein kann, im Übrigen aber weder rechts- noch vermögensfähig ist (statt vieler s BAG 24. 4. 1986 – 6 AZR 607/83, BAGE 52, 1, 9 f = NZA 1987, 100), abschließend, sodass kein Raum für eine ergänzende Anwendung von § 810 BGB besteht.

b) Bürgerliches Recht

19 Besteht zwischen dem Besitzer einer Urkunde und demjenigen, der Einsicht in diese begehrt, ein Vertrag oder ein gesetzliches Rechtsverhältnis, umfasst diese Sonderverbindung nicht selten die **Nebenleistungspflicht** des Besitzers (§ 241 Abs 2 BGB), dem anderen Teil Einsicht zu gestatten (OLG Hamburg 17. 12. 1910, OLGE 22, 351 [Treuhandverhältnis]; MünchKommBGB/Habersack § 810 Rn 2; jurisPK-BGB/Martinek/Heine [1. 2. 2023] § 810 Rn 5). Ein solches vertragliches Einsichtsrecht ist insbesondere für den Arzt- bzw Behandlungsvertrag in Bezug auf die Patientenakte anerkannt (s unten Rn 68) und seit dem 26. 2. 2013 (Art 1 Nr 4 iVm Art 5 G v 20. 2. 2013, BGBl 2013 I 277) in **§ 630g Abs 1 S 1 BGB** niedergelegt (s unten Rn 68 f). Weitere besondere Einsichtsansprüche, die auf einer Sonderbeziehung beruhen und Eingang in das Gesetz gefunden haben, sind **§ 259 Abs 1 BGB** (Belege über Ein- und Ausgaben im Rahmen einer Verwaltung), **§ 260 Abs 1 BGB** (Bestandsverzeichnis) und **§ 896 BGB** (Hypotheken-, Grundschuld oder Rentenschuldbrief). Den Ansprüchen ist gemeinsam, dass sie die Entstehung eines Anspruchs nach § 810 BGB nicht ausschließen (Schilken Jura 1988, 525, 526 zu § 259 Abs 1 BGB), also in Idealkonkurrenz daneben bestehen (s oben Rn 15).

Mietverträge enthalten – jedenfalls im Wege der ergänzenden Auslegung (§ 157 BGB) – einen Anspruch des Mieters auf Einsicht in die Abrechnungsunterlagen für die Nebenkostenabrechnung (AG Delmenhorst 21. 8. 2003 – 4b C 5150/03 [V]; AG Bremen 15. 10. 2001 – 8 C 0148/01, WuM 2002, 32; weitergehend AG Oldenburg 10. 6. 1992 – 19 C 276/92 III, WuM 1993, 412 [Übersendung von Kopien und Belegen]). Ist bei einem Mietvertrag über Geschäftsräume eine Umsatzmiete vereinbart, hat der Mieter dem Vermieter auch ohne konkrete vertragliche Vereinbarung Einsicht in seine Geschäftsbücher zu gewähren (KG 21. 11. 2011 – 8 U 77/11, MDR 2012, 516). 20

Die Vorschrift des § 810 BGB enthält keine abschließende Sonderregelung für Urkunden dergestalt, dass bei Nichtvorliegen der Voraussetzungen des § 810 BGB (zB bei Nichterfüllung der Anforderungen an den Zweck und Inhalt der Urkunde, s unten Rn 128 ff) ein Rückgriff auf **§ 809 BGB** ausgeschlossen wäre (Haeffs 81 f; Oertmann § 810 Anm 5 c; **aA** Amschewitz 238; Giesker 76; wohl auch PWW/Buck-Heeb § 809 Rn 4; vHartz 139; jurisPK-BGB/Martinek/Heine [1. 2. 2023] § 810 Rn 3 [„subsidiär"]; diff nach dem Inhalt der Urkunde Nassall KTS 1988, 633, 638). Im Gegenteil, da Urkunden Sachen sind (statt vieler s § 809 Rn 46 mwNw), kann auch unter den Voraussetzungen des § 809 BGB (statt vieler s § 809 Rn 34 ff) deren Vorlegung verlangt werden (RG 7. 11. 1908 – Rep I 638/07, RGZ 69, 401, 405 – *Nietzsche-Briefe*; RG 24. 3. 1933 – III 33/32, HRR 1933 Nr 1466; Enneccerus/Lehmann, Recht der Schuldverhältnisse § 219 III = 869; Soergel/Hadding § 809 Rn 2; Haeffs 81 f; BeckOGK/Hoffmann [1. 3. 2023] § 809 Rn 12; NK-BGB/Mielke § 809 Rn 4; Osterloh-Konrad 29; Sass 79; Schilken Jura 1988, 525, 528; C Schreiber JR 2008, 1; Grüneberg/Sprau § 809 Rn 3; Jauernig/Stadler §§ 809–811 Rn 2; BGB-RGRK/Steffen § 810 Rn 3, § 809 Rn 4; Wiese, in: FS Herschel [1982] 483, 488). Von Bedeutung ist die kumulative Anwendbarkeit von § 809 BGB insbesondere in Fällen, in denen der Gläubiger sich durch die Einsicht in die Urkunde die für das Bestehen eines Anspruchs nach § 810 BGB erforderliche Gewissheit über den Urkundeninhalt verschaffen will (sog **Kombinationsanspruch**, s dazu § 809 Rn 54 mwNw). Unzulässig ist der Rückgriff auf § 809 BGB nur ausnahmsweise, nämlich wenn die Anwendung von § 810 BGB aufgrund einer abschließenden Sonderregelung außerhalb des BGB (zB Art 13.2 Annex IV NCPR, s unten Rn 84) ausgeschlossen ist (LG Aachen 7. 3. 2018 – 11 O 231/17, BeckRS 2018, 39564 Rn 16). 21

c) Gesellschaftsrecht

aa) Personengesellschaften

(1) GbR, OHG und KG

(a) Mitgliedschaftliche Einsichtsrechte

Die **Gesellschafter einer GbR und oHG** haben, auch wenn sie von der Geschäftsführung ausgeschlossen sind, nach **§ 716 Abs 1 BGB** (ab 1. 1. 2024: § 717 Abs 1 S 1 BGB) bzw **§ 118 Abs 1 HGB** (ab 1. 1. 2024: § 105 Abs 3 HGB iVm § 717 Abs 1 BGB) das Recht, sich von den Angelegenheiten der Gesellschaft persönlich zu unterrichten, die Geschäfts- bzw Handelsbücher und die Papiere der Gesellschaft einzusehen und sich aus ihnen eine Bilanz und einen Jahresabschluss oder eine andere Übersicht über den Stand des Gesellschaftsvermögens anzufertigen. Dieses mitgliedschaftliche Einsichtsrecht schließt die Anwendbarkeit von § 810 BGB zwar nicht aus (wohl auch Oetker/Lieder § 118 HGB Rn 25; **aA** PWW/Buck-Heeb § 810 Rn 1; Siegel 45). Solange die Mitgliedschaft des einsichtsbegehrenden Gesellschafters besteht, hat der Einsichtsanspruch nach § 810 BGB aber keine praktische Bedeutung, da weder § 716 Abs 1 BGB noch § 118 Abs 1 HGB – im Unterschied zu § 810 BGB (s unten Rn 229 ff, 289) – die Darlegung und im Streitfall den Beweis eines rechtlichen Interesses voraussetzt. 22

23 Für die **Komplementäre einer KG** gilt aufgrund der Tatsache, dass **§ 161 Abs 2 HGB** (ab 1. 1. 2024: § 161 Abs 2 HGB) ua die Geltung von § 118 Abs 1 HGB (ab 1. 1. 2024: § 105 Abs 3 HGB iVm § 717 Abs 1 BGB) anordnet, das in Rn 22 Ausgeführte entsprechend. Im Unterschied dazu sind **Kommanditisten** nach **§ 166 Abs 1 HGB** (ab 1. 1. 2024: § 166 Abs 1 S 1 HGB) grundsätzlich nur berechtigt, die abschriftliche Mitteilung des Jahresabschlusses (§ 242 Abs 3 HGB) zu verlangen und dessen Richtigkeit unter Einsicht der Bücher und Papiere der Gesellschaft zu prüfen. Die Vorlegung der Bücher und Papiere können sie nach **§ 166 Abs 3 HGB** (ab 1. 1. 2024: § 166 Abs 1 S 2 HGB) nur bei Vorliegen eines wichtigen Grundes, insbesondere dem begründeten Verdacht nicht ordnungsgemäßer Geschäfts- oder Buchführung (statt vieler s BGH 8. 2. 2018 – III ZR 65/17 Rn 26, ZIP 2018, 1186; Oetker/Oetker § 166 HGB Rn 22a; Hopt/Roth § 166 HGB Rn 9 jeweils mwNw) mittels einer gerichtlichen Anordnung erwirken. Diese mitgliedschaftlichen Einsichtsrechte schließen die Anwendung von § 810 BGB zwar nicht aus (Oetker/Oetker § 166 HGB Rn 46). Solange die Mitgliedschaft des einsichtsbegehrenden Komplementärs oder Kommanditisten besteht, hat der Einsichtsanspruch nach § 810 BGB aber keine praktische Bedeutung, da weder § 118 Abs 1 HGB iVm § 116 Abs 2 HGB noch § 166 Abs 1 HGB – im Unterschied zu § 810 BGB (s unten Rn 229 ff, 289) – die Darlegung und im Streitfall den Beweis eines rechtlichen Interesses voraussetzt.

(b) Ausgeschiedene Gesellschafter

24 Das mitgliedschaftliche Einsichtsrecht erlischt mit dem Ausscheiden des Gesellschafters aus der Gesellschaft (BGH 7. 4. 2008 – II ZR 181/04, NJW 2008, 2987 Rn 29 [GbR]; BGH 17. 4. 1989 – II ZR 258/88, NJW 1989, 3272, 3273 [KG]; BGH 11. 7. 1968 – II ZR 92/67, WM 1968, 1245 [KG]; BGH 10. 6. 1963 – II ZR 88/61, WM 1963, 989, 990 [KG]; BGH 23. 10. 1961 – II ZR 102/60, WM 1961, 1329 [OHG]; OGH 25. 5. 1950 – I ZS 85/49, OGHZ 4, 39, 42 [OHG]; RG 28. 6. 1927 – II 464/26, RGZ 117, 332, 333 [OHG]; OLG München 23. 2. 2017 – 23 U 2748/16, BeckRS 2017, 102599 Rn 61 [GbR]; OLG Karlsruhe 16. 11. 2000 – 19 U 34/99, NZG 2001, 654 [GbR]; OLG Düsseldorf 26. 3. 1999 – 16 U 63/98, NZG 1999, 876, 877 [KG]; OLG Hamm 21. 1. 1999 – 27 U 179/98, NJW-RR 2000, 1701, 1704 [KG]; OLG Hamm 18. 1. 1993 – 8 U 132/92, NJW-RR 1994, 933, 934 [KG]; Dissars DStR 2020, 1514; Soergel/Hadding § 810 Rn 8; Stürner 347). Ab diesem Zeitpunkt kann der ehemalige Gesellschafter – das gleiche Recht steht seinen Erben zu – ausschließlich nach § 810 BGB die Gestattung der Einsicht in die Bücher und Papiere der Gesellschaft aus der Zeit seiner Zugehörigkeit zu der Gesellschaft verlangen (BGH 17. 4. 1989 – II ZR 258/88, NJW 1989, 3272, 3273 [KG]; BGH 10. 6. 1963 – II ZR 88/61, WM 1963, 989, 990 [KG]; BGH 16. 2. 1959 – II ZR 194/57, WM 1959, 595, 598 [OHG]; OLG München 23. 2. 2017 – 23 U 2748/16, BeckRS 2017, 102599 Rn 61 [GbR]; OLG Hamm 5. 3. 2014 – 8 U 54/13, BeckRS 2014, 123575 Rn 30 [KG]; OLG Karlsruhe 16. 11. 2000 – 19 U 34/99, NZG 2001, 654 [GbR]; OLG Düsseldorf 26. 3. 1999 – 16 U 63/98, NZG 1999, 876, 877 [KG]; OLG Hamm 21. 1. 1999 – 27 U 179/98, NJW-RR 2000, 1701, 1704 [KG]; OLG Hamm 18. 1. 1993 – 8 U 132/92, NJW-RR 1994, 933, 934 [KG]; OLG Kiel 26. 10. 1906, OLGE 16, 91 [OHG]; LG Hagen 16. 3. 2022 – 3 O 44/19, BeckRS 2022, 16730 Rn 23 [GbR]; LG Köln 1. 6. 2016 – 84 O 255/15, BeckRS 2016, 135563 Rn 11 f [GbR]; GroßkommHGB/Casper § 166 Rn 53; MünchKommHGB/Enzinger § 118 Rn 5; BeckOK-BGB/Gehrlein [1. 2. 2023] § 810 Rn 3; MünchKommHGB/Grunewald § 166 Rn 41; MünchKommBGB/Habersack § 810 Rn 8; Soergel/Hadding § 810 Rn 2, 8; BeckOGK/Hoffmann [1. 3. 2023] § 810 Rn 11; Oetker/Lieder § 118 HGB Rn 25; NK-BGB/Mielke § 810 Rn 12; Hopt/Roth § 118 HGB Rn 11, § 166 HGB Rn 2, 13; Jauernig/Stadler §§ 809–811 Rn 10; Steiner/Lüdicke NZI 2019, 320, 324).

Das für den Anspruch nach § 810 BGB erforderliche **rechtliche Interesse** an der begehrten Einsicht (s unten Rn 229 ff) besteht bei einer gesellschaftsvertraglichen Beschränkung bzw Modifikation der Abfindungsansprüche (§ 738 Abs 1 S 2 BGB ggf iVm § 105 Abs 3 HGB und § 161 Abs 2 HGB, ab 1. 1. 2024: § 728 Abs 1 S 1 BGB iVm § 105 Abs 3 HGB und § 161 Abs 2 HGB) nur, wenn der ausgeschiedene Gesellschafter Tatsachen darlegt und im Streitfall beweist, welche die Möglichkeit einer höheren Abfindung zumindest nahelegen (BGH 20. 6. 1994 – II ZR 103/93, ZIP 1994, 1523, 1526). Hierfür ist es ausreichend, aber nicht erforderlich, dass der ausgeschiedene Gesellschafter das auf Grundlage des Gesellschaftsvertrags berechnete Abfindungsguthaben als solches in Zweifel zieht; es genügt, dass er sich Gewissheit darüber verschaffen will, ob ein erhebliches Missverhältnis zu dem wirklichen Wert seiner Beteiligung besteht (BGH 17. 4. 1989 – II ZR 258/88, NJW 1989, 3272, 3273; BGH 25. 9. 1980 – II ZR 255/79, ZIP 1981, 75, 76; LG Hagen 16. 3. 2022 – 3 O 44/19, BeckRS 2022, 16730 Rn 25; Soergel/Hadding § 810 Rn 7). In gegenständlicher Hinsicht beschränkt das berechtigte Interesse den Einsichtsanspruch auf Urkunden, die für die Berechnung seiner Abfindungsansprüche oder sonstiger Ansprüche aus der Zeit seiner Zugehörigkeit zu der Gesellschaft von Bedeutung sind (BGH 17. 4. 1989 – II ZR 258/88, NJW 1989, 3272, 3273 [KG]; BGH 10. 6. 1963 – II ZR 88/61, WM 1963, 989, 990 [KG]; BGH 16. 2. 1959 – II ZR 194/57, WM 1959, 595, 598 [OHG]; OLG Hamm 21. 1. 1999 – 27 U 179/98, NJW-RR 2000, 1701, 1704 [KG]; OLG Kiel 26. 10. 1906, OLGE 16, 91 [OHG]; MünchKommHGB/Enzinger § 118 Rn 5; Oetker/Lieder § 118 HGB Rn 25; NK-BGB/Mielke § 810 Rn 12; Hopt/Roth § 118 HGB Rn 11). 25

Dem Einsichtsanspruch ausgeschiedener Gesellschafter nach § 810 BGB (s oben Rn 24) steht es nicht entgegen, dass ein Gericht einen **Sachverständigen** mit der **Nachprüfung** der von den verbliebenen Gesellschaftern aufgestellten **Rechnung** beauftragt. Andernfalls wäre der ausgeschiedene Gesellschafter nicht in der Lage, seine etwaigen Einwände gegen die aufgestellte Rechnung und die von dem Sachverständigen vorgenommene Nachprüfung mit der auch für ihn notwendigen Sachkenntnis zu begründen (BGH 16. 2. 1959 – II ZR 194/57, WM 1959, 595, 598). 26

(c) Vollbeendigung der Gesellschaft

Nach **§ 157 Abs 3 HGB** (ab 1. 1. 2024: § 152 Abs 2 HGB) ggf iVm § 161 Abs 2 HGB stehen die Einsichtsrechte nach § 118 Abs 1 HGB (ab 1. 1. 2024: § 717 Abs 1 BGB iVm § 105 Abs 3 HGB) ggf iVm § 161 Abs 2 HGB (s oben Rn 22) und § 166 Abs 1, 3 HGB (ab 1. 1. 2024: § 166 Abs 1 S 1, 2, s oben Rn 23) den Gesellschaftern und deren Erben über die Vollbeendigung der Gesellschaft hinaus zu. Auf das Einsichtsrecht nach § 810 BGB sind sie nur ausnahmsweise beschränkt, nämlich wenn das Geschäft nach der Beendigung der Liquidation veräußert und fortgesetzt wird (Hopt/Roth § 157 HGB Rn 7; s auch RG 29. 3. 1899 – Rep I 40/99, RGZ 43, 133, 135 zu Art 145 Abs 2 ADHGB). 27

(2) Stille Gesellschaft

Dem stillen Gesellschafter stehen in Anlehnung an § 166 HGB (s oben Rn 23) ein ordentliches Informationsrecht (**§ 233 Abs 1 HGB**, ab 1. 1. 2024: § 233 HGB iVm § 166 Abs 1 S 1 HGB) und ein außerordentliches Informationsrecht (**§ 233 Abs 3 HGB**, ab 1. 1. 2024: § 233 HGB iVm § 166 Abs 1 S 2 HGB) zu. Diese schließen die Anwendung von § 810 BGB zwar nicht aus (Oetker/Wedemann § 233 HGB Rn 2). Solange die Mitgliedschaft des einsichtsbegehrenden stillen Gesellschafters besteht, hat der Einsichtsanspruch nach § 810 BGB aber keine praktische Bedeutung, da die Informationsrechte nach § 233 Abs 1, 3 HGB – im Unterschied zu § 810 BGB (s unten Rn 229 ff, 28

289) – kein von ihm darzulegendes und im Streitfall zu beweisendes rechtliches Interesse voraussetzen.

29 Die mitgliedschaftlichen Informationsrechte des stillen Gesellschafters (§ 233 Abs 1, 3 HGB, ab 1. 1. 2024: § 233 HGB iVm § 166 Abs 1 S 1, 2 HGB, s oben Rn 28) enden mit der Beendigung seiner Gesellschafterstellung (BGH 11. 7. 1968 – II ZR 179/66, BGHZ 50, 316, 324 = NJW 1968, 2003; BGH 8. 4. 1976 – II ZR 203/74, WM 1976, 1027, 1030; BGH 11. 7. 1968 – II ZR 92/67, WM 1968, 1245; BayObLG 21. 6. 1918, OLGE 38, 195 jeweils zu § 338 HGB aF; OLG Hamburg 4. 3. 2004 – 11 U 200/03, ZIP 2004, 1099, 1100 – *WiRe Industrie- und Immobilienanlagen AG*; OLG Bamberg 26. 7. 1999 – 4 U 62/99, OLG-Report 2000, 275; Dissars DStR 2020, 1514; Kort DStR 1997, 1372, 1373; Soergel/Hadding § 810 Rn 8; Hopt/Roth § 233 HGB Rn 2; MünchKommHGB/K Schmidt § 233 Rn 31; Stürner 347; Heymann/Wackerbarth § 233 HGB Rn 4; Oetker/Wedemann § 233 HGB Rn 12), und zwar auch für Sachverhalte, die noch in die Zeit seiner Mitgliedschaft fallen (OLG Hamburg 4. 3. 2004 – 11 U 200/03, ZIP 2004, 1099, 1100 – *WiRe Industrie- und Immobilienanlagen AG*; Hopt/Roth § 233 HGB Rn 2; Schlitt 139 ff; Heymann/Wackerbarth § 233 HGB Rn 4; Oetker/Wedemann § 233 HGB Rn 12; **aA** OLG Frankfurt 28. 2. 1967 – 5 U 27/66, BB 1967, 1182; diff Hopt/Roth § 235 HGB Rn 5 nur für schwebende Geschäfte). Daher kann der **ausgeschiedene Gesellschafter** Einsicht in die Bücher und Papiere des Geschäftsinhabers nur noch unter den Voraussetzungen des § 810 BGB verlangen (BGH 8. 4. 1976 – II ZR 203/74, DB 1976, 2106, 2107; BGH 11. 7. 1968 – II ZR 92/67, WM 1968, 1245; RG 17. 3. 1926 – II 304/25, JW 1926, 1812 f jeweils zu § 338 HGB aF; OLG Rostock 1. 2. 2018 – 1 U 53/17, GmbHR 2019, 605; OLG Hamburg 4. 3. 2004 – 11 U 200/03, ZIP 2004, 1099, 1100 – *WiRe Industrie- und Immobilienanlagen AG*; OLG Bamberg 26. 7. 1999 – 4 U 62/99, OLG-Report 2000, 275; Anemüller ErbStB 2023, 54, 61; BeckOK-BGB/Gehrlein [1. 2. 2023] § 810 Rn 3; MünchKommBGB/Habersack § 810 Rn 8; Soergel/Hadding § 810 Rn 8; BeckOGK/Hoffmann [1. 3. 2023] § 810 Rn 11; Kort DStR 1997, 1372, 1373; Planck/Landois § 810 Anm 3 c β; Hopt/Roth § 233 HGB Rn 2; MünchKommHGB/K Schmidt § 233 Rn 31; BGB-RGRK/Steffen § 810 Rn 11; Oetker/Wedemann § 233 HGB Rn 12).

bb) GmbH

(1) Mitgliedschaftliches Einsichtsrecht

30 Seit dem 1. 1. 1981 bestimmt **§ 51a Abs 1 GmbHG** (Art 1 Nr 19 iVm Art 13 § 2 G v 4. 7. 1980, BGBl 1980 I 836; zu der vorherigen Rechtslage s BGH 12. 6. 1954 – II ZR 154/53, BGHZ 14, 53, 57 = NJW 1964, 1564; RG 28. 10. 1901 – Rep I 208/01, RGZ 49, 142, 149; RG 27. 10. 1941 – II 94/41, Recht 1942, 279; RG 21. 8. 1940 – II 25/40, HRR 1940 Nr 1359; RG 27. 10. 1897 – I 179/97, JW 1898, 15 [Nr 37]), dass die Geschäftsführer einer GmbH jedem Gesellschafter – auch einem solchen, der sich zu einer Übertragung seines Geschäftsanteils verpflichtet hat (BayObLG 15. 10. 1999 – 3Z BR 239/99, ZIP 2000, 18, 20; iE auch Soergel/Hadding § 810 Rn 8) – auf Verlangen unverzüglich Auskunft über die Angelegenheiten der Gesellschaft zu geben und die Einsicht der Bücher und Schriften (zB Handelsbücher, Protokolle der Aufsichtsratssitzungen) zu gestatten haben. Dieses mitgliedschaftliche Einsichtsrecht schließt einen Rückgriff auf § 810 BGB zwar nicht aus (MünchKommGmbHG/Hillmann § 51a Rn 9; **aA** OLG Saarbrücken 21. 9. 2010 – 8 W 215/10–36, GmbHR 2011, 33, 34; PWW/Buck-Heeb § 810 Rn 1, 11); insbesondere ein *lex specialis*-Verhältnis liegt mangels einer Überschneidung der Tatbestände nicht vor. Solange die Mitgliedschaft des einsichtsbegehrenden Gesellschafters besteht, hat der Einsichtsanspruch nach § 810 BGB aber keine praktische Bedeutung (MünchKommGmbHG/Hillmann § 51a Rn 9), da das Einsichtsrecht aus § 51a Abs 1 GmbHG prinzipiell unbeschränkt ist und seine Grenze erst in einer nicht zweckentsprechenden Wahrneh-

mung findet (BGH 11. 11. 2002 – II ZR 125/02, BGHZ 152, 339, 344 = GmbHR 2003, 295; BGH 6. 3. 1997 – II ZB 4/96, BGHZ 135, 48, 54 = NJW 1997, 1985; Hüffer/Schäfer, in: Habersack/Casper/Löbbe § 51a GmbHG Rn 57; **aA** [sog Lehre vom Informationsbedürfnis] Scholz/K Schmidt § 51 GmbHG Rn 8) mit der Folge, dass der Gesellschafter – im Unterschied zu § 810 BGB (s unten Rn 229 ff, 289) – kein rechtliches Interesse darlegen und im Streitfall beweisen muss.

(2) Ausgeschiedene Gesellschafter

(a) Rückgriff auf den Einsichtsanspruch nach § 810 BGB

Ausgeschiedenen Gesellschaftern steht das mitgliedschaftliche Auskunfts- und Einsichtsrecht nach § 51a Abs 1 GmbHG (s oben Rn 30) nicht mehr zu (BGH 11. 7. 1988 – II ZR 346/87, NJW 1989, 225, 226; BayObLG 1. 7. 1993 – 3 Z BR 96/93, BayObLGZ 1993, 267, 269 = ZIP 1993, 1162, 1163; BayObLG 18. 3. 1991 – BReg 3 Z 69/90, BayObLGZ 1991, 127, 136 = NJW-RR 1991, 1252; KG 2. 8. 1999 – 2 W 509/99, GmbHR 1999, 1202, 1203; OLG Jena 16. 7. 1996 – 6 W 415/96, GmbHR 1996, 699, 700; OLG Frankfurt 21. 8. 1995 – 20 W 124/95, NJW-RR 1996, 871, 872; OLG Köln 26. 10. 1988 – 16 Wx 114/88, WM 1989, 218, 219; OLG Karlsruhe 11. 12. 1984 – 11 W 135/84, GmbHR 1985, 362, 363; Dissars DStR 2020, 1514; Soergel/Hadding § 810 Rn 8; MünchKommGmbHG/Hillmann § 51a Rn 18; Hüffer/Schäfer, in: Habersack/Casper/Löbbe § 51a GmbHG Rn 13; Lohr GmbH-StB 2018, 160, 161; Kiethe DStR 1993, 1708; Noack, in: Noack/Servatius/Haas § 51a GmbHG Rn 7; Scholz/K Schmidt § 51a GmbHG Rn 13; Schwennicke WiB 1996, 169; Werner GmbHR 2016, 852, 853), sobald sie aus der Gesellschafterliste gelöscht sind (Altmeppen § 51a GmbHG Rn 13; Lutter/Hommelhoff/Bayer § 51a GmbHG Rn 5), und zwar auch nicht mehr für Angelegenheiten, die noch in die Zeit ihrer Mitgliedschaft fallen (Noack, in: Noack/Servatius/Haas § 51a GmbHG Rn 7). In Betracht kommt – ggf neben anderen Auskunfts- und Informationsrechten – der Einsichtsanspruch nach § 810 BGB (BGH 28. 4. 1977 – II ZR 208/75, WM 1977, 781, 782; OLG Naumburg 12. 12. 2013 – 9 U 58/13 [Hs], GmbHR 2014, 209; OLG Köln 26. 10. 1988 – 16 Wx 114/88, WM 1989, 218, 219; OLG Frankfurt 20. 11. 1981 – 10 U 26/81, BB 1982, 143, 144; Böhm/Breier, in: Handbuch des Gesellschaftsrechts, Bd 3 § 33 Rn 6; BeckOK-BGB/Gehrlein [1. 2. 2023] § 810 Rn 3; MünchKommBGB/Habersack § 810 Rn 8; Soergel/Hadding § 810 Rn 8; MünchKommGmbHG/Hillmann § 51a Rn 9; Hüffer/Schäfer, in: Habersack/Casper/Löbbe § 51a GmbHG Rn 13; Koehler GmbHR 2022, 292 Rn 4; Lohr GmbH-StB 2018, 160, 161; Noack, in: Noack/Servatius/Haas § 51a GmbHG Rn 7; Scholz/K Schmidt § 51a GmbHG Rn 13; Schwennicke WiB 1996, 169; Winkler von Mohrenfels 75). Nach dieser Vorschrift können ausgeschiedene Gesellschafter, insbesondere diejenigen, deren Geschäftsanteile eingezogen worden sind, ebenso wie ihre Rechtsnachfolger Einsicht in die Geschäftsunterlagen der Gesellschaft verlangen (BGH 11. 7. 1988 – II ZR 346/87, NJW 1989, 225, 226; BGH 28. 4. 1977 – II ZR 208/77, WM 1977, 781, 782; BayObLG 18. 3. 1991 – BReg 3 Z 69/90, BayObLGZ 1991, 127, 137 = NJW-RR 1991, 1252; OLG Naumburg 12. 12. 2013 – 9 U 58/13, GmbHR 2014, 209; KG 2. 8. 1999 – 2 W 509/99, GmbHR 1999, 1202, 1203; OLG Karlsruhe 30. 12. 1998 – 15 W 13/98, NZG 2000, 435, 436; OLG Frankfurt 21. 8. 1995 – 20 W 124/95, NJW-RR 1996, 871, 872; OLG Hamm 22. 11. 1993 – 8 U 33/93, DB 1994, 1232; MünchKommBGB/Habersack § 810 Rn 8; MünchKommGmbHG/Hillmann § 51a Rn 18; BeckOGK/Hoffmann [1. 3. 2023] § 810 Rn 11; Jauernig/Stadler §§ 809–811 Rn 10; Werner GmbHR 2016, 852, 853 ff; zu dem Umfang des Anspruchs s unten Rn 34 f). 31

Dem Einsichtsanspruch nach § 810 BGB (s oben Rn 31) steht es nicht entgegen, dass ein Gericht die Ermittlung des Abfindungsguthabens einem Sachverständigen überträgt und dabei die Möglichkeit hat, die Vorlage der Geschäftsunterlagen nach § 423 ZPO sowie den §§ 258 ff HGB (s unten Rn 64) anzuordnen (BGH 28. 4. 1977 – II ZR 208/ 32

77, WM 1977, 781, 782). Der Berechtigte muss nämlich unabhängig hiervon die Möglichkeit haben, sich anhand der Berechnungsgrundlagen selbst über die Höhe seines Abfindungsanspruchs zu informieren (BGH 28. 4. 1977 – II ZR 208/77, WM 1977, 781, 782; BGH 16. 2. 1959 – II ZR 194/57, WM 1959, 595).

33 Der Einsichtsanspruch des ausgeschiedenen Gesellschafters nach § 810 BGB (s oben Rn 31) kann nach allgemeiner Ansicht nicht weitergehend sein als das Einsichtsrecht des Gesellschafters. Daher finden die Ausschlussgründe des **§ 51a Abs 2 GmbHG** entsprechende Anwendung (OLG Naumburg 12. 12. 2013 – 9 U 58/13, GmbHR 2014, 209, 210; Böhm/Breier, in: Handbuch des Gesellschaftsrechts, Bd 3 § 33 Rn 6; MünchKommBGB/Habersack § 810 Rn 8 mit Fn 49; MünchKommGmbHG/Hillmann § 51a Rn 18; Koehler GmbHR 2022, 292 Rn 26; Werner GmbHR 2016, 852, 855).

(b) Umfang des Einsichtsanspruchs nach § 810 BGB

34 Der Einsichtsanspruch des ausgeschiedenen Gesellschafters nach § 810 BGB (s oben Rn 31) beschränkt sich grundsätzlich – ebenso wie im Recht der Personengesellschaften (s oben Rn 24) – auf Geschäftsunterlagen der Gesellschaft, die den **Zeitraum vor dem Ausscheiden** des Gesellschafters betreffen (Winkler von Mohrenfels 75). Ob und in welchem Umfang der ausgeschiedene Gesellschafter Einsicht auch in Unterlagen verlangen kann, die für die **Zeit nach seinem Ausscheiden** aufgestellt wurden (zB Folgebilanzen, die Hinweise für die Bewertung seiner Beteiligung zum Stichtag enthalten), ist im Einzelfall im Wege einer Abwägung zu entscheiden, nämlich des rechtlichen Interesses an der Einsicht (s unten Rn 229 ff) einerseits und des Interesses der Gesellschaft und der verbliebenen Gesellschafter, einem nunmehr Außenstehenden nicht mehr als unbedingt nötig Einblick in die Geschäftspapiere zu geben, andererseits (BGH 28. 4. 1977 – II ZR 208/77, WM 1977, 781, 782; Kiethe DStR 1993, 1708, 1712). Danach ist dem ausgeschiedenen Gesellschafter das Einsichtsrecht für einen späteren Zeitraum als das Jahr seines Ausscheidens grundsätzlich zu versagen (BGH 28. 4. 1977 – II ZR 208/77, WM 1977, 781, 782; PWW/Buck-Heeb § 810 Rn 11; iE auch BeckOK-BGB/Gehrlein [1. 2. 2023] § 810 Rn 3). Selbst Einsicht in den Jahresabschluss für das Geschäftsjahr, in dem der Gesellschafter ausgeschieden ist, kann grundsätzlich nicht verlangt werden, da das schutzwürdige Informationsinteresse des Gesellschafters idR durch die Vorlage einer auf den Tag seines Ausscheidens abstellenden Bilanz mit den zugehörigen Belegen befriedigt ist (BGH 28. 4. 1977 – II ZR 208/77, WM 1977, 781, 783; Kiethe DStR 1993, 1708, 1713). Lediglich ausnahmsweise ist dem ausgeschiedenen Gesellschafter Einsicht in den Jahresabschluss zu gestatten, wenn zB die Gesellschaft die rechtzeitige Aufstellung einer solchen Bilanz versäumt hat (BGH 28. 4. 1977 – II ZR 208/77, WM 1977, 781, 782 f; Kiethe DStR 1993, 1708, 1713).

35 Ist die GmbH persönlich haftender und geschäftsführender Gesellschafter einer KG und spielt das unternehmerische Geschehen sich in der **GmbH & Co KG** ab, umfasst der Einsichtsanspruch nach § 810 BGB gegen die GmbH (s oben Rn 31) auch die Bilanz und den zugehörigen Prüfungsbericht der KG, wenn der Geschäftsführer der GmbH auch diese Urkunden besitzt (BGH 11. 7. 1988 – II ZR 346/87, NJW 1989, 225, 226; Hopt/Roth § 118 HGB Rn 11).

(c) Gerichtliche Geltendmachung des Einsichtsanspruchs nach § 810 BGB

36 Der Einsichtsanspruch nach § 810 BGB ist – im Unterschied zu dem Auskunfts- und Einsichtsrecht nach § 51a Abs 1 GmbHG (s § 51b S 1 GmbHG iVm § 132 Abs 3 S 1

AktG, § 99 Abs 1 AktG) – im **streitigen Zivilverfahren** zu verfolgen (zu Einzelheiten s unten Rn 285 ff); für ihn besteht im Verfahren der freiwilligen Gerichtsbarkeit (§ 51b GmbHG) kein Raum (BayObLG 1. 7. 1993 – 3Z BR 96/93, BayObLGZ 1993, 267, 271 = ZIP 1993, 1162; BayObLG 18. 3. 1991 – BReg 3 Z 69/90, BayObLGZ 1991, 127, 137 = NJW-RR 1991, 1252; OLG Saarbrücken 21. 9. 2010 – 8 W 215/10–36, GmbHR 2011, 33, 34; OLG Jena 16. 7. 1996 – 6 W 415/96, GmbHR 1996, 699, 700; OLG Frankfurt 21. 8. 1995 – 20 W 124/95, NJW-RR 1996, 871, 872; OLG Köln 26. 10. 1988 – 16 Wx 114/88, WM 1989, 218, 219; MünchKommGmbHG/Hillmann § 51 Rn 18; Hüffer/Schäfer, in: Habersack/Casper/Löbbe § 51a GmbHG Rn 13; Scholz/K Schmidt § 51a GmbHG Rn 13; Schwennicke WiB 1996, 169; Werner GmbHR 2016, 1252, 1256; Werner GmbHR 2016, 852, 857). Ist ein Antrag nach § 51a Abs 1 GmbHG unbegründet, weil zB der Antragsteller im Zeitpunkt der Entscheidung nicht mehr Gesellschafter ist (s oben Rn 30 f), kann das Einsichtsbegehren aufgrund der Verschiedenartigkeit der Verfahren nicht mittels eines Hilfsantrags nach § 810 BGB fortgeführt werden (LG Köln 16. 3. 2020 – 82 O 94/19, ZIP 2020, 2237, 2239 f; Werner GmbHR 2016, 1252, 1256).

(3) Organhaftung

Zu der Anwendung von § 810 BGB im Zusammenhang mit der Organhaftung nach § 43 Abs 2 GmbHG bzw § 52 Abs 1 GmbHG iVm §§ 116 Satz 1, 93 Abs 2 S 1 AktG s unten Rn 45 ff. **37**

cc) AG, KGaA

(1) Allgemeines

Dem Aktienrecht ist ein § 51a Abs 1 GmbHG vergleichbares Recht der Gesellschafter, jederzeit die Bücher und Schriften der Gesellschaft einsehen zu können (s oben Rn 30), fremd. Stattdessen existiert ein auf Publikumsgesellschaften abgestimmtes Informationssystem bestehend aus **38**

- **individuellen Auskunfts- und Einsichtsrechten**, die gemäß dem Grundsatz des § 118 Abs 1 S 1 AktG ggf iVm § 278 Abs 3 AktG überwiegend nur in der Hauptversammlung (§ 131 Abs 1 S 1, 2 AktG ggf iVm § 278 Abs 3 AktG, § 293g Abs 3 AktG, § 295 Abs 2 S 3 AktG, § 319 Abs 3 S 5 AktG, § 326 AktG), vereinzelt jedoch auch außerhalb derselben (§ 67 Abs 6 S 1 AktG, § 129 Abs 4 S 2 AktG jeweils ggf iVm § 278 Abs 3 AktG und § 327b Abs 1 S 2 AktG), geltend gemacht werden können, **39**

- **kollektiven Einsichtsrechten** dergestalt, dass die Gesellschaft verpflichtet ist, bestimmte Dokumente zur Einsicht der Aktionäre auszulegen (zB § 52 Abs 2 S 2 AktG, § 175 Abs 2 S 1 AktG, § 179a Abs 2 S 1 AktG jeweils ggf iVm § 278 Abs 3 AktG, § 293f Abs 1 AktG, § 293g Abs 1 AktG, § 319 Abs 3 S 1 AktG, § 320 Abs 4 S 1 AktG, § 327c Abs 3 AktG, § 49 Abs 2 UmwG, § 62 Abs 3 S 1, Abs 5 S 5 UmwG), und **40**

- **Offenlegungs- und Publizitätspflichten** (zB §§ 325 ff HGB, §§ 114 ff WpHG). **41**

Die in Rn 39 ff genannten Informationsrechte bilden ein geschlossenes System mit der Folge, dass der allgemeine Einsichtsanspruch nach § 810 BGB den Aktionären nicht zusteht. **42**

(2) Niederschrift und sonstige Aufzeichnungen der Hauptversammlung

43 Die **Niederschrift** über die Beschlüsse der Hauptversammlung und deren Verhandlung (§ 130 Abs 1 S 1 AktG ggf iVm § 278 Abs 3 AktG) dient in erster Linie der Rechtssicherheit und Transparenz, damit keine Unklarheiten über die Annahme oder Ablehnung von Anträgen und die gestellten Anträge besteht (statt vieler s BGH 21. 10. 2014 – II ZR 330/13 Rn 17, BGHZ 203, 68 = NJW 2015, 336; BGH 19. 9. 1994 – II ZR 248/92, BGHZ 127, 107, 113 = AG 1994, 559). Dieser Normzweck legt es nahe, dass die Niederschrift zumindest auch im Interesse der (künftigen) Aktionäre errichtet wird, also eine Urkunde iS des § 810 Fall 1 BGB (s unten Rn 130 ff) ist (**aA** GroßkommAktG/Mülbert § 130 Rn 138; KölnKommAktG/Noack/Zetsche § 130 Rn 388; K Schmidt/Lutter/Ziemons § 130 AktG Rn 84). Gleichwohl steht den einzelnen Aktionären grundsätzlich kein Anspruch auf Gestattung der Einsicht nach § 810 BGB zu (Fassbender RNotZ 2009, 425, 449; KölnKommAktG/Noack/Zetsche § 130 Rn 386; **aA** MünchKommAktG/Kubis § 130 Rn 84; Siegel 57; BeckOGK-AktG/Wicke [1. 1. 2023] § 130 Rn 93; wohl auch Gehrlein WM 1994, 2054, 2057 f). Ursächlich hierfür ist, dass die zum Handelsregister eingereichte Niederschrift samt ihrer Anlagen von jedermann nach **§ 9 Abs 1 S 1 HGB** eingesehen werden kann (s unten Rn 72), weshalb weder die Aktionäre noch gesellschaftsfremde Dritte ein *schutzwürdiges* rechtliches Interesse daran haben, die Gesellschaft solle die Einsicht gestatten (s unten Rn 246). Ist die Niederschrift entgegen § 130 Abs 5 AktG ggf iVm § 278 Abs 3 AktG nicht zum Handelsregister eingereicht worden, steht den Aktionären bei einer **notariellen Niederschrift** (§ 130 Abs 1 S 1, 2 AktG) gleichwohl kein Anspruch nach § 810 BGB gegen die Gesellschaft zu, weil die Originalurkunde (s unten Rn 263) von dem Notar verwahrt wird (GroßkommAktG/Mülbert § 130 Rn 138; **aA** MünchKommAktG/Kubis § 130 Rn 84; C-W Wilhelmi BB 1987, 1331, 1336 f). Ein Anspruch auf Einsicht der Urschrift gegen den Notar besteht nur nach Maßgabe von **§ 51 Abs 3 Fall 2 BeurkG**; die Vorschrift ist *lex specialis* gegenüber § 810 BGB (s unten Rn 73; GroßkommAktG/Mülbert § 130 Rn 136; C-W Wilhelmi BB 1987, 1331, 1336). Daher verbleibt für einen Anspruch nach § 810 Fall 1 BGB nur ausnahmsweise Raum, nämlich bei einer privatschriftlichen Niederschrift (§ 130 Abs 1 S 3 AktG), die entgegen § 130 Abs 5 AktG ggf iVm § 278 Abs 3 AktG nicht zum Handelsregister eingereicht worden ist (iE auch MünchKommAktG/Kubis § 130 Rn 84; C-W Wilhelmi BB 1987, 1331, 1336 f).

44 Zulässig und bei zahlreichen Aktiengesellschaften seit Jahren üblich ist es, die Hauptversammlung in Ton und oder Bild aufzuzeichnen und oder ein **stenographisches Wortprotokoll** über den Verlauf anzufertigen (statt vieler s K Schmidt/Lutter/Ziemons § 130 AktG Rn 85 f mwNw). Die Aushändigung einer Abschrift des Wortprotokolls kann ein Aktionär aufgrund seiner Mitgliedschaft bzw der Treuepflicht nur insoweit verlangen, als es seine Fragen und Redebeiträge sowie die darauf erteilten Antworten einschließlich der dazu gegebenen Begründungen der Mitglieder des Vorstands enthält (BGH 19. 9. 1994 – II ZR 248/92, BGHZ 127, 107, 113 = AG 1994, 559; Gehrlein WM 1994, 2054, 2057; MünchKommBGB/Habersack § 810 Rn 2; Soergel/Hadding § 810 Rn 1; Koch § 130 AktG Rn 33; GroßkommAktG/Mülbert § 130 Rn 157; K Schmidt/Lutter/Ziemons § 130 AktG Rn 85; **aA** OLG München 23. 9. 1992 – 7 U 3015/92, AG 1993, 186 f). Einen Anspruch auf Gestattung der Einsicht in die übrigen Teile des Protokolls gewährt § 810 BGB den Aktionären nicht (BGH 19. 9. 1994 – II ZR 248/92, BGHZ 127, 107, 110 = AG 1994, 559; GroßkommAktG/Mülbert § 130 Rn 158). Das Protokoll unterfällt keinem Vorlegungstatbestand (s unten Rn 128 ff), insbesondere wird es grundsätzlich nicht im Interesse der einzelnen Aktionäre errichtet (s unten Rn 183). Gleiches gilt im Ergebnis für die **Ton- und Bildaufzeichnungen**; sie sind keine Urkunden (s unten Rn 125).

(3) Organhaftung
(a) Verteidigung der Organmitglieder

Organmitgliedern, die von der Gesellschaft mit der Behauptung einer Pflichtverletzung auf Schadensersatz in Anspruch genommen werden, obliegt nach § 93 Abs 2 S 2 AktG ggf iVm § 116 S 2 AktG der Nachweis objektiv und subjektiv pflichtgemäßen Handelns (zu Einzelheiten s statt vieler K Schmidt/Lutter/Sailer-Coceani § 93 AktG Rn 41 ff mwNw). Dieser Nachweis wird ausgeschiedenen Organmitgliedern grundsätzlich (zu der Ausnahme s unten Rn 46) dadurch erschwert, dass sie sämtliche Unterlagen, die sie zum Zweck der Amtsführung erlangt oder erstellt haben, einschließlich der zu privaten Zwecken angefertigten Kopien (Born, in: FS Bergmann [2018] 79, 85; **aA** Ziemons/Binnewies/Ziemons, Handbuch Aktiengesellschaft Teil I, Rn 8.431), nach Beendigung ihrer Amtszeit der Gesellschaft gemäß § 675 Abs 1 BGB iVm § 667 BGB zurück- bzw herauszugeben haben (BGH 7. 7. 2008 – II ZR 71/07, ZIP 2008, 1821 Rn 3 – *Metro*; BGH 3. 12. 1962 – II ZR 63/60, WM 1963, 161, 162; Born, in: FS Bergmann [2018] 79, 85; Grooterhorst AG 2011, 389, 390; Meckbach NZG 2015, 580, 582; MünchKommAktG/Spindler § 93 Rn 235 mwNw). Das daraus resultierende Informationsdefizit wird – neben einer sekundären Darlegungslast der Gesellschaft (BGH 4. 11. 2002 – II ZR 224/00, BGHZ 152, 280, 285 = NJW 2003, 358; Born, in: FS Bergmann [2018] 79, 86 ff mwNw) – dadurch kompensiert, dass die ausgeschiedenen Organmitglieder sowohl nach § 810 Fall 1 BGB als auch nach **§ 242 BGB iVm der nachwirkenden Treuepflicht** einen materiell-rechtlichen Anspruch auf Gestattung der Einsicht haben (RG 4. 4. 1908 – I 599/07, WarnR 1908 Nr 465; LG München I 10. 12. 2013 – 5 HK O 1387/10, NZG 2014, 345, 347 – *Siemens/Neubürger*; Warneyer/Bohnenberg § 810; Born, in: FS Bergmann [2018] 79, 90; Deilmann/Otte BB 2011, 1291, 1292; BeckOGK-AktG/Fleischer [1. 4. 2023] § 93 Rn 279; Foerster ZHR 176 [2012] 221, 233; Freund NZG 2015, 1419, 1421; Groh ZIP 2021, 724, 727; MünchKommBGB/Habersack § 810 Rn 8; GroßkommAktG/Hopt/Roth § 93 Rn 448; Soergel/Hadding § 810 Rn 8; Hirschfeld/Gerhold ZIP 2021, 394, 396; Krieger/Schneider/Krieger, Handbuch der Managerhaftung Rn 3.40; Krieger, in: FS Schneider [2011] 717, 722 ff; Meckbach NZG 2015, 580, 582; KölnKommAktG/Cahn § 93 Rn 165; Ruchatz AG 2015, 1, 2; Ruckteschler/Grillitsch, in: FS Elsing [2016] 1129, 1131 f; vSelle, NZG 2023, 1199, 1202; Seyfarth, Vorstandsrecht § 23 Rn 53; MünchKommAktG/Spindler § 93 Rn 235; Wilsing/Kleemann EWiR 2016, 45, 46; s auch BGH 4. 11. 2002 – II ZR 224/00, BGHZ 152, 280, 285 = NJW 2003, 358 [GmbH]; OLG Frankfurt 25. 9. 1979 – 5 U 210/78, DB 1979, 2476 f [Aufsichtsrat einer KG]; nur methodologisch abw [Analogie] Bachmann, Reform der Organhaftung? Gutachten E zum 70 DJT [2014] 36; Freund NZG 2015, 1419, 1421; krit [unzureichend für die Erben des Organmitglieds] Fleischer/Danninger AG 2020 193 Rn 15; Fuhrmann/Kayser AG 2015, R260, R262; Holthausen/Held GmbHR 2020, 741, 743), und zwar in die Unterlagen, die zu ihrer Verteidigung erforderlich sind (BGH 4. 11. 2002 – II ZR 224/00, BGHZ 152, 280, 285 = NJW 2003, 358 [GmbH]; Born, in: FS Bergmann [2018] 79, 89; Hirschfeld/Gerhold ZIP 2021, 394, 396; Krieger/Schneider/Krieger, Handbuch der Managerhaftung Rn 3.40; Müller NZA-Beilage 2014, 30, 33; Rieger, in: FS Peltzer [2001] 339, 351 f; K Schmidt/Lutter/Sailer-Coceani § 93 AktG Rn 44; vSelle, NZG 2023, 1199, 1202; Seyfarth, Vorstandsrecht § 23 Rn 54; BGB-RGRK/Steffen § 810 Rn 11; Wilsing/Kleemann EWiR 2016, 45, 46; weitergehend Foerster ZHR 176 [2012] 221, 235: alle Unterlagen der klagenden Gesellschaft). Die kumulative Anwendung der Anspruchsgrundlagen hat nicht nur zur Folge, dass Einsicht sowohl in Urkunden (s unten Rn 91 ff) als auch in elektronische Dokumente verlangt werden kann (Born, in: FS Bergmann [2018] 79, 89), sondern äußert sich auch darin, dass die zu § 810 BGB entwickelten strengen Anforderungen an die Bezeichnung der Urkunden im Klageantrag (s unten Rn 286) nicht gelten (Born, in: FS Bergmann [2018] 79, 90 f; dies übersehen Wentz/Döding WM 2020, 1458, 1460). 45

46 Ausnahmsweise steht den ausgeschiedenen Organmitgliedern ein **Zurückbehaltungsrecht** zu, das es ihnen erlaubt, die Rück- bzw Herausgabe (§ 675 Abs 1 BGB iVm § 667 BGB, s oben Rn 45) der zu ihrer Verteidigung angefertigten Kopien zu verweigern. Die bloß abstrakte Möglichkeit, von der Gesellschaft mit dem Vorwurf einer Pflichtverletzung in Anspruch genommen zu werden (§ 93 Abs 2 S 1 AktG ggf iVm § 116 S 1 AktG), genügt hierfür jedoch nicht (BGH 7. 7. 2008 – II ZR 71/07, ZIP 2008, 1821 Rn 5 – *Metro*; BGH 11. 7. 1968 – II ZR 108/67, WM 1968, 1325, 1328; Born, in: FS Bergmann [2018] 79, 85; Grooterhorst AG 2011, 389, 390; MünchKommAktG/Spindler § 84 Rn 121 mwNw). Erforderlich ist vielmehr, dass der Innenhaftungsprozess bereits anhängig ist. Nur unter dieser Voraussetzung wäre es als Verstoß gegen Treu und Glauben (*dolo agit qui petit, quod statim redditurus est*) zu werten, wenn die Gesellschaft die Herausgabe von Kopien verlangt, auf die das Organmitglied zur Beweisführung einen Anspruch hat (BGH 21. 12. 1989 – X ZR 30/89, BGHZ 110, 30, 33 f = NJW 1990, 1289 – *Marder* [GmbH]; Born, in: FS Bergmann [2018] 79, 85 f; iE auch Werner ZWH 2014, 169, 175).

47 Die **Reichweite des Einsichtsrechts** ausgeschiedener Organmitglieder (s oben Rn 45) umfasst jedenfalls Protokolle von Vorstands- bzw Aufsichtsratssitzungen (Krieger, in: FS Schneider [2011] 717, 723). Nicht umfasst sind Unterlagen, welche die Gesellschaft nach dem Ausscheiden des Organmitglieds anfertigen lässt, insbesondere solche, die dazu dienen, das Bestehen etwaiger Ersatzansprüche zu prüfen, wie zB interne Untersuchungsprotokolle, Ergebnisse von Mitarbeiterbefragungen und eingeholte Rechtsgutachten zur Frage der Organhaftung (Born, in: FS Bergmann [2018] 79, 90; Deilmann/Otte BB 2011, 1291, 1293; Krieger/Schneider/Krieger, Handbuch Managerhaftung Rn 3.40; Krieger, in: FS Schneider [2011] 717, 727 f; Ruchatz AG 2015, 1, 3; Seyfarth, Vorstandsrecht § 23 Rn 55; Werner GmbHR 2013, 68, 71).

48 Zu der **prozessualen Durchsetzung** des Einsichtsanspruchs ausgeschiedener Organmitglieder (s oben Rn 45) s Bachmann, Reform der Organhaftung? Gutachten E zum 70 DJT (2014) 37; Foerster ZHR 176 (2012) 221, 237 ff; Groh ZIP 2021, 724, 731 f; Ruckteschler/Grillitsch, in: FS Elsing (2016) 1129, 1138 ff.

(b) Anspruchsverfolgung durch Aktionäre oder Gesellschaftsgläubiger

49 Bei der Prüfung, ob der AG ein Ersatzanspruch gegen ein Vorstands- oder Aufsichtsmitglied nach § 93 Abs 2 S 1 AktG ggf iVm § 116 S 1 AktG zusteht – bei der KGaA iVm § 278 Abs 2 AktG (statt vieler s LG Köln 5. 7. 1976 – 8 O 561/75, AG 1977, 76, 77; MünchKommAktG/Perlitt § 278 Rn 267) – und ein gerichtliches Verfahren zu dessen Durchsetzung eingeleitet werden soll, kann der Aufsichtsrat bzw Vorstand auf sämtliche im Besitz der Gesellschaft befindlichen Unterlagen, einschließlich der von dem betreffenden Organmitglied zurück- bzw herausgegebenen Dokumente (s oben Rn 45), zugreifen. Sind die Gläubiger der Gesellschaft ausnahmsweise nach § 93 Abs 5 S 1 AktG ggf iVm § 116 S 1 AktG berechtigt, den Ersatzanspruch im Wege der Prozessstandschaft (statt vieler s K Schmidt/Lutter/Sailer-Coceani § 93 AktG Rn 68 mwNw) geltend zu machen, haben sie nach § 810 Fall 1 BGB (s unten Rn 130 ff) einen Anspruch gegen die Gesellschaft auf Gestattung der Einsicht in die **Sitzungsprotokolle** des jeweiligen Organs (Bachmann NZG 2001, 961, 970 mit Fn 162; MünchKommBGB/Habersack § 810 Rn 6; iE auch LG Köln 5. 7. 1976 – 8 O 561/75, AG 1977, 76, 77). Bei dem konzernrechtlichen Ersatzanspruch nach § 309 Abs 2 S 1 AktG steht dieser Einsichtsanspruch unter den Voraussetzungen von § 309 Abs 4 S 1 bzw S 3 AktG sowohl jedem Aktionär als auch den Gläubigern der Gesellschaft zu.

Obwohl der Zweck des **Abhängigkeitsberichts** vor allem darin besteht, den außenstehenden Aktionären sowie den Gläubigern der Gesellschaft durch Verbesserung ihrer Beweislage die Durchsetzung der konzernrechtlichen Ersatzansprüche (§ 117 Abs 1 S 1, 2, Abs 2 S 1 AktG, § 317 Abs 1 S 1, 2, Abs 3 AktG) zu erleichtern (statt vieler s BGH 17. 3. 1997 – II ZB 3/96, BGHZ 135, 107, 109 f = AG 1997, 374), lehnt die hM einen Einsichtsanspruch dieser Personen unter Hinweis auf mögliche in dem Bericht enthaltenen Geschäfts- und Betriebsgeheimnisse ab (OLG Düsseldorf 11. 4. 1988 – 19 W 32/86, AG 1988, 275, 277; MünchKommAktG/Altmeppen § 312 Rn 10 f; Koch § 312 AktG Rn 38; Schiessl ZGR 1998, 871, 873; K Schmidt/Lutter/J Vetter § 312 AktG Rn 7; s auch BT-Drucks IV/171, 230 zu § 301 AktG-E). Vorzugswürdig erscheint es allerdings, in dem Abhängigkeitsbericht aufgrund des Normzwecks von § 312 AktG eine Urkunde iS von § 810 Fall 1 BGB (s unten Rn 130 ff) zu sehen und den außenstehenden Aktionären sowie den Gesellschaftsgläubigern den Einsichtsanspruch zu gewähren, sofern sie ausnahmsweise nach § 117 Abs 5 S 1 AktG oder § 317 Abs 4 AktG iVm § 309 Abs 4 S 3 AktG zur Geltendmachung der Ersatzansprüche befugt sind. Enthält der Bericht tatsächlich Geschäfts- und Betriebsgeheimnisse, erfordert deren Wahrung nicht notwendig einen Ausschluss des Anspruchs (Bachmann NZG 2001, 961, 970 mit Fn 162; iE auch Koppensteiner, in: FS Steindorff [1990] 79, 109). Vielmehr ist es regelmäßig ausreichend, das Einsichtsrecht in personeller Hinsicht einzuschränken, nämlich dahingehend, dass es anstelle des Aktionärs bzw Gläubigers einem zur Verschwiegenheit verpflichteten Rechtsanwalt (§ 43a Abs 2 S 1 BRAO) zusteht (s unten Rn 267). **50**

(c) Anspruchsverfolgung durch besondere Vertreter

Für den besonderen Vertreter (§ 147 Abs 2 S 1 AktG) enthält das Aktienrecht keine § 145 Abs 1 AktG vergleichbare Vorschrift, wonach der Vorstand dem Sonderprüfer Einsicht in die Bücher und Schriften der Gesellschaft zu gestatten hat. Hieraus darf aber nicht geschlossen werden, dass dem besonderen Vertreter kein vergleichbares Recht zusteht (**aA** Humrich NZG 2014, 441, 446). Im Gegenteil, es widerspräche der Bestellung des besonderen Vertreters, dürfte der Vorstand die Geltendmachung des Ersatzanspruchs durch die Vorenthaltung wesentlicher Informationen behindern (RG 4. 1. 1913 – Rep II 297/13, RGZ 83, 248, 249 f). Daher besteht weitgehend Einigkeit darüber, dass der besondere Vertreter als Annexkompetenz zu seinem Verfolgungsrecht berechtigt ist, die Gestattung der Einsicht in diejenigen Dokumente zu verlangen, die bei der Führung des Prozesses nicht entbehrt werden können (RG 4. 1. 1913 – Rep II 297/13, RGZ 83, 248, 250; OLG München 28. 11. 2007 – 7 U 4498/07, NZG 2008, 230, 233; LG Duisburg 16. 4. 2013 – 22 O 12/13, ZIP 2013, 1379, 1380; LG München I 6. 9. 2007 – 5HK O 12570/07, NZG 2007, 916 f – *UniCredit*; MünchKommAktG/Arnold § 147 Rn 87; Fabritius, in: GS Gruson [2009] 133, 147; Hüffer ZHR 174 [2010] 642, 671; Kling ZGR 2009, 190, 214 f; Koch § 147 AktG Rn 26; U H Schneider ZIP 2013, 1985, 1986 f; **aA** Humrich NZG 2014, 441, 445 f [kein Einsichtsrecht]; Wirth, in: FS Hüffer [2010] 1129, 1143 [nur grundlegende gesellschaftsrechtliche Informationen, zB Satzung, Geschäftsordnungen, Jahresabschlüsse]), zB Protokolle der Vorstands- und Aufsichtsratssitzungen, Planungsunterlagen und Kostenrechnungen (U H Schneider ZIP 2013, 1985, 1987). Dieses Ergebnis stützt das aktienrechtliche Schrifttum überwiegend auf eine entsprechende Anwendung von § 111 Abs 2 S 1 AktG (GroßkommAktG/Schmolke § 147 Rn 463; K Schmidt/Lutter/Spindler § 147 AktG Rn 30; Verhoeven ZIP 2008, 245, 247; **aA** Nietsch ZGR 2011, 589, 620 [Auslegung von § 147 Abs 2 AktG im Lichte von § 145 Abs 2 AktG]). Lediglich soweit Urkunden (s unten Rn 91 ff), die aufgrund ihres Zwecks oder Inhalts vorlegungspflichtig sind (s unten Rn 128 ff), Gegenstand des Einsichtsbegehrens sind, kann dieses auch unter Rückgriff auf § 810 BGB begründet werden (RG 4. 1. 1913 – Rep **51**

II 297/13, RGZ 83, 248, 250; iE auch BINDER ZHR 176 [2012] 380, 397 ff [teleologische Extension]; SOERGEL/HADDING § 810 Rn 8; dagegen MünchKommAktG/ARNOLD § 147 Rn 90; Großkomm-AktG/SCHMOLKE § 147 Rn 438). Der wesentliche Unterschied dieser Rechte zeigt sich bei der gerichtlichen Durchsetzung. Während das aktienrechtliche Schrifttum – unabhängig von der Anspruchsgrundlage – überwiegend einen sog Interorganstreit befürwortet (BINDER ZHR 176 [2012] 380, 403 f; KLING ZGR 2009, 190, 220 ff; BeckOGK-AktG/MOCK [1. 4. 2023] § 147 Rn 217.1; K SCHMIDT/LUTTER/SPINDLER § 147 AktG Rn 29), gesteht die Rechtsprechung dem besonderen Vertreter stattdessen das Recht zu, den Anspruch nach § 810 BGB im eigenen Namen gegen die Gesellschaft als Besitzer der Urkunden (s unten Rn 252) geltend zu machen (RG 4. 1. 1913 – Rep II 297/13, RGZ 83, 248, 250 f).

(4) Genussrechte

52 Genussrechte gewähren kein gesellschaftsrechtlich geprägtes Mitgliedschaftsrecht. Sie sind – auch bei einer aktienähnlichen Ausgestaltung (zu Einzelheiten s statt vieler HOPT/SEIBT/FEST, Schuldverschreibungsrecht § 221 AktG Rn 398 ff) – schuldrechtlicher Natur und erschöpfen sich in bloßen geldwerten Ansprüchen gegen die Gesellschaft (statt vieler s BGH 5. 10. 1992 – II ZR 172/91, BGHZ 119, 305, 309 f = NJW 1993, 57 – *Klöckner*; HOPT/SEIBT/FEST, Schuldverschreibungsrecht § 221 AktG Rn 359 f mwNw). Daher stehen den Genussrechtsgläubigern die mitgliedschaftlichen Informations- und Einsichtsrechte (§ 125 Abs 2, 4 AktG, § 131 Abs 1 S 1 AktG, § 175 Abs 2 S 1, 2 AktG) nicht zu (statt vieler s HOPT/SEIBT/FEST, Schuldverschreibungsrecht § 221 AktG Rn 469; K SCHMIDT/LUTTER/MERKT § 221 AktG Rn 85 jeweils mwNw). Können die Zahlungsansprüche – abhängig von ihrer vertraglichen Ausgestaltung im Einzelfall – dem Grunde oder der Höhe nach durch bestimmte Posten in dem Jahresabschluss (§ 242 Abs 3 HGB) oder Beschlüsse der Hauptversammlung (zB die Verwendung des Bilanzgewinns oder eine Kapitalmaßnahme) beeinflusst werden, sehen die Genussrechtsbedingungen aufgrund des schutzwürdigen Informationsinteresses der Gläubiger regelmäßig vertragliche Auskunfts- und Informationsrechte vor (statt vieler s HOPT/SEIBT/FEST, Schuldverschreibungsrecht § 221 AktG Rn 469; GroßkommAktG/HIRTE § 221 Rn 405; KOCH § 221 AktG Rn 29). Fehlt eine solche Regelung in den Genussrechtsbedingungen, kommt ein Auskunftsanspruch nach den §§ 666, 681 S 2, 687 Abs 2 S 1 BGB iVm § 242 BGB (statt vieler s WÖCKENER/BECKER, in: HABERSACK/MÜLBERT/SCHLITT, Unternehmensfinanzierung am Kapitalmarkt Rn 13.3; HOPT/SEIBT/FEST, Schuldverschreibungsrecht § 221 AktG Rn 469; BeckOGK-AktG/SEILER [1. 1. 2023] § 221 Rn 28 jeweils mwNw) – im Einzelfall ergänzt durch einen Einsichtsanspruch nach § 810 BGB (s unten Rn 85; KölnKommAktG/FLORSTEDT § 221 AktG Rn 620; methodologisch abw M STÖBER NZG 2017, 1401, 1405 [Analogie]) – in Betracht, allerdings nur, wenn die Gläubiger – was aufgrund der Offenlegungspflichten nach den §§ 325 ff HGB und den §§ 114 ff WpHG selten der Fall sein dürfte – sich nicht aus allgemein zugänglichen Quellen (zB Bundesanzeiger, Unternehmensregister, Homepage des Unternehmens) selbst unterrichten können (s unten Rn 246).

dd) SE

53 Die SE-VO enthält nur einzelne Offenlegungspflichten, nämlich in Art 8 Abs 2 S 1, Abs 12 SE-VO, Art 15 Abs 2 SE-VO, Art 59 Abs 3 SE-VO und Art 65 SE-VO. Diese Unvollständigkeit wird gemäß **Art 9 Abs 1 Buchst c Ziff ii SE-VO** dadurch kompensiert, dass bei einer SE mit Sitz in Deutschland die individuellen und kollektiven Auskunfts- und Einsichtsrechte des AktG (s oben Rn 38 ff) Anwendung finden (statt vieler s HOMMELHOFF/TEICHMANN, in: LUTTER/HOMMELHOFF/TEICHMANN, SE-Kommentar Art 9 SE-VO Rn 54). Da diese Informationsrechte ein geschlossenes System bilden (s oben

Rn 42), steht den Aktionären der allgemeine Einsichtsanspruch nach § 810 BGB nicht zu.

ee) Genossenschaft

(1) Mitgliedschaftliche Einsichtsrechte

Im Genossenschaftsrecht existieren sowohl **kollektive Einsichtsrechte** dergestalt, dass die Gesellschaft verpflichtet ist, bestimmte Dokumente zur Einsicht der Mitglieder auszulegen (§ 43a Abs 6 S 1 GenG [Liste der Vertreter und Ersatzvertreter der Vertreterversammlung], § 48 Abs 3 S 1 GenG [Jahresabschluss, Lagebericht, Bericht des Aufsichtsrats]) als auch **individuelle Einsichtsrechte** der Mitglieder, nämlich in § 31 Abs 1 S 1 GenG (Mitgliederliste), § 47 Abs 4 S 1 GenG (Niederschrift der Generalversammlung), § 59 Abs 1 S 2 GenG (zusammengefasstes Ergebnis des Prüfungsberichts) und § 93 S 3 GenG (Bücher und Schriften der Gesellschaft). Die Einsichtsrechte schließen die Anwendung von § 810 BGB aus bzw lassen das Bedürfnis einer konkurrierenden Anwendung entfallen. Im Einzelnen: 54

(a) Mitgliederliste

Das Einsichtsrecht nach **§ 31 Abs 1 S 1 GenG** weist die Besonderheit auf, dass es nicht nur Mitgliedern, sondern auch Dritten zusteht, die ein berechtigtes Interesse darlegen. Diese Erweiterung der Aktivlegitimation über den Kreis der Mitglieder hinaus sowie die Voraussetzung eines berechtigten Interesses legen es nahe, § 31 Abs 1 S 1 GenG als abschließendes *lex specialis* hinsichtlich der Mitgliederliste gegenüber § 810 BGB anzusehen. 55

(b) Niederschrift der Generalversammlung, zusammengefasstes Ergebnis des Prüfungsberichts

Im Unterschied zu § 31 Abs 1 S 1 GenG (s oben Rn 55) stehen die Einsichtsrechte nach **§ 47 Abs 4 S 1 GenG** und **§ 59 Abs 1 S 2 GenG** ausschließlich den Mitgliedern zu. Ob diese mitgliedschaftlichen Einsichtsrechte die Anwendung von § 810 BGB ausschließen, kann letztlich dahinstehen. Solange nämlich die Mitgliedschaft des einsichtsbegehrenden Mitglieds besteht, hat der Einsichtsanspruch nach § 810 BGB jedenfalls keine praktische Bedeutung, da weder § 47 Abs 4 S 1 GenG noch § 59 Abs 1 S 2 GenG – im Unterschied zu § 810 BGB (s unten Rn 299 ff, 289) – ein von dem Mitglied darzulegendes und im Streitfall zu beweisendes rechtliches Interesse voraussetzt. Gläubiger der Gesellschaft und andere gesellschaftsfremde Dritte haben ebenfalls keinen Anspruch auf Einsicht nach § 810 BGB, da weder die Niederschrift (§ 47 Abs 1–3 GenG) noch das zusammengefasste Ergebnis des Prüfungsberichts einem Vorlegungstatbestand des § 810 BGB (s unten Rn 128 ff) unterfällt. 56

(c) Bücher und Schriften der Genossenschaft

Das Einsichtsrecht nach **§ 93 S 3 GenG** unterscheidet sich von § 157 Abs 3 HGB (s oben Rn 27) zum einen durch die Erweiterung des Kreises der Aktivlegitimierten um Gläubiger, zum anderen im Verfahren dadurch, dass die Einsicht in die Bücher und Schriften der Genossenschaft eine gerichtliche Ermächtigung voraussetzt. Beide Abweichungen legen es nahe, § 93 S 3 GenG als abschließende Regelung für die Zeit nach Beendigung der Liquidation anzusehen, die einen Rückgriff auf § 810 BGB, der – bei Vorliegen der Voraussetzungen – das Erfordernis der gerichtlichen Ermächtigung unterlaufen würde, ausschließt (**aA** Beuthien/Wolff § 93 GenG Rn 3; Lang/Weidmüller/Holthaus/Lehnhoff § 93 GenG Rn 6). 57

(2) Ausgeschiedene Mitglieder

58 Ausgeschiedenen Mitgliedern stehen die mitgliedschaftlichen Einsichtsrechte (§ 31 Abs 1 S 1 GenG, § 47 Abs 4 S 1 GenG, § 59 Abs 1 S 2 GenG, § 93 S 3 GenG, s oben Rn 54 ff) nicht zu (Dissars DStR 2020, 1514; Soergel/Hadding § 810 Rn 8). Sie können von der Genossenschaft jedoch nach § 810 Fall 1 BGB (s unten Rn 130 ff) die Gestattung der Einsicht in den Jahresabschluss (§ 242 Abs 3 HGB) sowie in einzelne Abschnitte der Niederschrift der Generalversammlung (Generalia, Feststellung des Jahresabschlusses, Gewinn-/Verlustverwendung) verlangen, soweit diese Dokumente für die Überprüfung ihres Auseinandersetzungsguthabens von Bedeutung sind (OLG Schleswig 5. 9. 2018 – 9 U 43/18, BeckRS 2018, 29709 Rn 7 ff; LG Kiel 23. 3. 2018 – 14 HKO 170/17, BeckRS 2018, 29770 Rn 7 f; Jauernig/Stadler §§ 809–811 Rn 10; **aA** Schulteis GWR 2019, 45) und das rechtliche Interesse an der Einsichtnahme im Einzelfall schutzwürdig ist (s unten Rn 229 ff, 245 ff).

ff) Verein

59 Das Vereinsrecht (§§ 21 ff BGB) enthält keine § 131 AktG (s oben Rn 39), § 51a GmbHG (s oben Rn 30) oder § 31 GenG (s oben Rn 55) vergleichbare Vorschrift, die den Mitgliedern ein individuelles Auskunfts- oder Einsichtsrecht gewährt. Dieser Zustand ist das Ergebnis historisch bedingter Zufälligkeiten, die nicht die Annahme rechtfertigen können, das Fehlen entsprechender Regelungen sei Ausdruck des gesetzgeberischen Willens, den Mitgliedern eines Vereins ein solches Recht zu verwehren (BGH 21. 6. 2010 – II ZR 219/09 Rn 11, ZIP 2010, 2397). Im Gegenteil, nach ganz überwiegender Ansicht steht jedem Vereinsmitglied kraft seines Mitgliedschaftsrechts auch außerhalb der Mitgliederversammlung (**aA** [analog § 131 Abs 1 S 1 AktG] Haas/Scholl, in: FS Hadding [2004] 365, 379 f; MünchKommBGB/Leuschner § 38 Rn 22 f; wohl auch Soergel/Hadding § 38 Rn 17) ein Anspruch auf Einsicht in die Bücher und Urkunden des Vereins (zB Mitgliederliste) zu, wenn und soweit es ein berechtigtes Interesse (s unten Rn 60) darlegen kann, dem kein überwiegendes Geheimhaltungsinteresse des Vereins oder berechtigte Belange der Vereinsmitglieder entgegenstehen (BGH 21. 6. 2010 – II ZR 219/09 [Ls 1], ZIP 2010, 2397; OLG Hamm 26. 4. 2023 – 8 U 94/22, ZIP 2023, 1897, 1898; OLG Saarbrücken 2. 4. 2008 – 1 U 450/07, NZG 2008, 677; OLG München 15. 11. 1990 – 19 U 3483/90, BeckRS 2012, 05531; Grüneberg/Ellenberger § 38 Rn 1a; Soergel/Hadding § 38 Rn 17; Neudert/Waldner, in: Sauter/Schweyer/Waldner, Der eingetragene Verein Rn 336; Reichert/Wagner, Vereins- und Verbandsrechts Rn 1418 f; Röcken ZStV 2015, 71, 72; Schöpflin, in: Münchener Handbuch des Gesellschaftsrechts, Bd 5 § 34 Rn 17; krit Stöber/Otto, Handbuch zum Vereinsrecht Rn 402; **aA** AG Bremen 28. 11. 2005 – 1 C 61/05, BeckRS 2007, 03858).

60 Unter welchen Voraussetzungen ein **berechtigtes Interesse** des einzelnen Vereinsmitglieds an der Einsicht in Bücher und Urkunden des Vereins besteht, kann nicht abstrakt beantwortet werden. Geboten ist vielmehr eine Beurteilung der Umstände des Einzelfalls (BGH 21. 6. 2010 – II ZR 219/09 Rn 6, ZIP 2010, 2397; OLG Hamm 26. 4. 2023 – 8 U 94/22, ZIP 2023, 1897, 1898; Reichert/Wagner, Vereins- und Verbandsrechts Rn 1420). Hinsichtlich der Mitgliederliste besteht ein berechtigtes Interesse jedenfalls dann, wenn andere Mitglieder kontaktiert werden sollen, um das für die Einberufung einer Mitgliederversammlung erforderliche Stimmenquorum (§ 37 Abs 1 BGB) erreichen zu können (BGH 21. 6. 2010 – II ZR 219/09 Rn 6, ZIP 2010, 2397; OLG Hamm 26. 4. 2023 – 8 U 94/22, ZIP 2023, 1897, 1898; Stöber/Otto, Handbuch zum Vereinsrecht Rn 402). Zu Einzelheiten s Röcken ZStV 2015, 71, 72 f; Römermann NZG 2011, 56, 58.

Das mitgliedschaftliche Einsichtsrecht der Vereinsmitglieder (s oben Rn 59) schließt die **Anwendung von § 810 BGB** zwar nicht aus, reduziert die praktische Bedeutung der Vorschrift im Vereinsrecht aber erheblich, zum einen weil es in gegenständlicher Hinsicht nicht auf Urkunden (s unten Rn 91 ff) beschränkt ist, also zB auch die Unterrichtung aus gespeicherten Daten umfasst (BGH 21. 6. 2010 – II ZR 219/09 Rn 4, ZIP 2010, 2397), zum anderen weil anstelle eines rechtlichen Interesses (s unten Rn 229 ff) jedes berechtigte Interesse (s oben Rn 60) genügt. 61

d) Handelsrecht
aa) Handelsvertreter

Bei der Abrechnung der Provision kann der Handelsvertreter nach § 87c Abs 2 HGB einen Buchauszug über sämtliche Geschäfte verlangen, für die ihm nach § 87 HGB Provision gebührt. Wird der Buchauszug verweigert oder bestehen begründete Zweifel an der Richtigkeit oder Vollständigkeit der Abrechnung oder des Buchauszugs, kann der Handelsvertreter nach **§ 87c Abs 4 HGB** verlangen, dass nach Wahl des Unternehmers entweder ihm oder einem von ihm zu bestimmenden Wirtschaftsprüfer oder vereidigten Buchsachverständigen Einsicht in die Geschäftsbücher oder die sonstigen Urkunden gewährt wird, soweit dies zur Feststellung der Richtigkeit oder Vollständigkeit der Abrechnung oder des Buchauszugs erforderlich ist. Dieser Anspruch, den das RG dem Handelsvertreter vor dem Inkrafttreten des Handelsvertreterrechts (§§ 84 ff HGB, s Art 1 G v 6. 8. 1953, BGBl 1953 I 771) am 1. 12. 1953 aus § 810 BGB zugesprochen hat (RG 14. 5. 1915 – Rep III 398/14, RGZ 87, 10, 12), ist nunmehr *lex specialis* gegenüber § 810 BGB (wohl auch BGH 16. 5. 1960 – VII ZR 206/59, BGHZ 32, 302, 306 = NJW 1960, 1662; **aA** RG 14. 5. 1915 – Rep III 398/14, RGZ 87, 10, 12 f zu § 91 HGB aF), da dessen kumulative Anwendung das Wahlrecht des Unternehmers unterlaufen würde. 62

Subsidiär im Verhältnis zu § 87c Abs 4 HGB ist nicht nur der Einsichtsanspruch nach § 810 BGB (s oben Rn 62), sondern auch der bürgerlich-rechtliche **Offenbarungseidsanspruch nach § 260 Abs 2 BGB** (BGH 16. 5. 1960 – VII ZR 206/59, BGHZ 32, 302, 305 f = NJW 1960, 1662). Dieser Unterschied zu Auskunftsansprüchen (s unten Rn 85 ff) beruht darauf, dass es sich idR um umfangreiche und komplizierte geschäftliche Vorgänge handelt, zu deren Erhellung der Offenbarungseidsanspruch nur wenig geeignet ist (BGH 20. 1. 1971 – VIII ZR 251/69, BGHZ 55, 201, 206 = NJW 1971, 656). 63

bb) Handelsmakler

Um die Richtigkeit und Vollständigkeit der Schlussnote eines Handelsmaklers oder anderer Beweismittel zu überprüfen, kann das Gericht nach **§ 102 HGB** im Laufe eines Rechtsstreits – nicht notwendig einer Handelssache iS des § 95 GVG – zwischen dem Handelsmakler und einer Geschäftspartei, zwischen den Parteien des vermittelten Geschäfts oder zwischen Dritten auch ohne Antrag einer Partei die Vorlegung des Tagebuchs anordnen. Diese materielle Prozessleitungsbefugnis lässt die Möglichkeit des Beweisantritts nach § 422 ZPO iVm § 810 BGB unberührt (Hopt/Roth § 102 HGB Rn 1). Gleiches gilt für die **§§ 258–260 HGB** (Stein/Jonas/C Berger § 422 ZPO Rn 15; Hopt/Merkt § 258 HGB Rn 1), wonach das Gericht im Laufe eines Rechtsstreits auf Antrag oder von Amts wegen die Vorlegung der Handelsbücher einer Partei anordnen kann. 64

e) Immaterialgüterrecht

65 Um den Inhabern von Schutzrechten bei hinreichender Wahrscheinlichkeit einer Schutzrechtsverletzung die Durchsetzung ihrer Vernichtungs-, Unterlassungs- und Schadensersatzansprüche zu erleichtern, hat der deutsche Gesetzgeber im Zuge der Umsetzung der Enforcement-Richtlinie 2004/48/EG mWv 1. 9. 2008 (Art 2 Nr 4, Art 3 Nr 1, Art 4 Nr 4, Art 5 Nr 1, Art 6 Nr 10, Art 7 Nr 5, Art 8 Nr 2 iVm Art 10 S 2 G v 7. 7. 2008, BGBl 2008 I 1191) die **§§ 46a Abs 1 S 1, 2, 46b Abs 1 S 1 DesignG**, **§§ 24c Abs 1 S 1, 2, 24d Abs 1 S 1 GebrMG** ggf iVm **§ 9 Abs 2 HalblSchG**, **§§ 19a Abs 1 S 1, 2, 19b Abs 1 S 1 MarkenG**, **§§ 140c Abs 1 S 1, 2, 140d Abs 1 S 1 PatG**, **§§ 37c Abs 1 S 1, 2, 37d Abs 1 S 1 SortSchG** und **§§ 101 Abs 1 S 1, 2, 101b Abs 1 S 1 UrhG** erlassen, die dem Inhaber des Schutzrechts das Recht einräumen, von dem vermeintlichen Verletzer die Vorlage von Urkunden, insbesondere Bank-, Finanz- und Handelsunterlagen, zu verlangen, soweit diese zur Begründung seiner Ansprüche erforderlich sind. Diese Ansprüche bestehen ausweislich von § 50 DesignG, § 24g GebrMG ggf iVm § 9 Abs 4 HalblSchG, § 19d MarkenG, § 141a PatG, § 37g SortSchG und § 102a UrhG in Idealkonkurrenz neben dem Anspruch aus § 810 BGB (BeckOGK/Hoffmann [1. 3. 2023] § 810 Rn 22; **aA** Kotthoff/Wieczorek MMR 2014, 3, 5).

66 Ein wesentlicher Unterschied der immaterialgüterrechtlichen Vorlegungsansprüche (s oben Rn 65) zu dem allgemeinen Einsichtsanspruch nach § 810 BGB besteht darin, dass sie eine Schadensersatzpflicht desjenigen vorsehen, der die Vorlage begehrt hat, wenn keine Verletzung vorlag oder drohte (§ 46a Abs 5 DesignG, § 24c Abs 5 GebrMG ggf iVm § 9 Abs 2 HalblSchG, § 19a Abs 5 MarkenG, § 140c Abs 5 PatG, § 37c Abs 5 SortSchG, § 101a Abs 5 UrhG). Die Ersatzpflicht ist eine **Gefährdungshaftung**, die als solche auch dann besteht, wenn das Vorlegungsbegehren begründet war (Kitz NJW 2008, 2374, 2377). Eine entsprechende Anwendung der Ersatzansprüche, deren unmittelbarer Anwendungsbereich auf den jeweiligen immaterialgüterrechtlichen Vorlegungsanspruch beschränkt ist, auf ein Begehren nach § 810 BGB kommt mangels einer Regelungslücke nicht in Betracht (iE wohl auch Kitz NJW 2008, 2374, 2377 [„Schlechterstellung … gegenüber § 809"]), da sie zur Umsetzung der Vorgaben der Enforcement-Richtlinie 2004/48/EG und daher nur in dessen sachlichen Anwendungsbereich geschaffen wurden.

67 Die immaterialgüterrechtlichen Vorlegungsansprüche (s oben Rn 65) bestehen gegen den vermeintlichen Verletzer des jeweiligen Schutzrechts. Befindet die begehrte Urkunde sich im Besitz eines **Dritten**, kann die Einsichtnahme nur unter den Voraussetzungen des § 810 BGB verlangt werden (Beckhaus 34; BeckOGK/Hoffmann [1. 3. 2023] § 810 Rn 22).

f) Medizinrecht, insbesondere Krankenunterlagen

68 Nach dem am 26. 2. 2013 in Kraft getretenen **§ 630g Abs 1 S 1 BGB** (Art 1 Nr 4 iVm Art 5 G v 20. 2. 2013, BGBl 2013 I 277) ist dem Patienten auf Verlangen unverzüglich Einsicht in die vollständige, ihn betreffende Patientenakte zu gewähren, soweit der Einsichtnahme nicht erhebliche therapeutische Gründe oder sonstige erhebliche Rechte entgegenstehen (zu Einzelheiten s Staudinger/Gutmann [2021] § 630g Rn 22 ff mwNw). Die Vorschrift enthält keine gesetzliche Anspruchsgrundlage, sondern gibt lediglich eine durch das Recht auf Selbstbestimmung und die personale Würde des Patienten verfassungsrechtlich gebotene (Art 1 Abs 1 GG iVm Art 2 Abs 1 GG; s BVerfG [Kammer] 9. 1. 2006 – 2 BvR 443/02 Rn 24, NJW 2006, 1116; BVerfG [Kammer] 18. 11.

2004 – 1 BvR 2315/04, NJW 2005, 1103, 1104; BVerfG [Kammer] 16. 9. 1998 – 1 BvR 1130/98, NJW 1999, 1777; BGH 23. 3. 2010 – VI ZR 249/08 Rn 17, BGHZ 185, 74 = NJW-RR 2010, 1117; BGH 6. 12. 1988 – VI ZR 76/88, BGHZ 106, 146, 148 = NJW 1989, 764; BGH 7. 11. 2013 – III ZR 54/13 Rn 14, NJW 2014, 298; Rehborn/Kern, in: Laufs/Kern/Rehborn, Handbuch des Arztrechts § 62 Rn 1) und bereits vor dem 26. 2. 2013 anerkannte (BGH 23. 3. 2010 – VI ZR 249/08 Rn 17, BGHZ 185, 74 = NJW-RR 2010, 1117; BGH 23. 11. 1982 – VI ZR 222/79, BGHZ 85, 327, 331 f = NJW 1983, 328; BGH 28. 6. 1978 – VI ZR 183/76, BGHZ 72, 132, 137 f = NJW 1978, 2337; BGH 31. 5. 1983 – VI ZR 259/81, NJW 1983, 2627, 2628; OLG Frankfurt 9. 5. 2011 – 8 W 20/11, GesR 2011, 672, 673; OLG München 19. 4. 2001 – 1 U 6107/00, NJW 2001, 2806; OLG Koblenz 19. 9. 1994 – 2 Ss 123/94, MedR 1995, 29, 30 f; KG 1. 6. 1981 – 20 U 96/81, NJW 1981, 2521, 2522; OLG Bremen 31. 7. 1979 – 1 U 47/79 [b], NJW 1980, 644; OLG Köln 15. 7. 1974 – 10 W 9/74, JMBl NRW 1974, 263; LG München I 19. 11. 2008 – 9 O 5324/08, GesR 2009, 201; LG Bremen 25. 7. 2008 – 3 O 2011/07, MedR 2009, 480, 481; LG Münster 16. 8. 2007 – 11 S 1/07, NJW-RR 2008, 441; LG Kiel 30. 3. 2007 – 8 O 59/06, NJW-RR 2007, 1623 f; LG Düsseldorf 12. 11. 1998 – 3 O 240/98, NJW 1999, 873; LG Dortmund 3. 7. 1997 – 17 S 76/97, NJW-RR 1998, 261; LG Köln 16. 6. 1993 – 25 O 270/92, NJW-RR 1994, 1539; LG Aachen 16. 10. 1985 – 7 S 90/85, NJW 1986, 1551; LG Limburg 17. 1. 1979 – 3 S 244/78, NJW 1979, 607; LG Göttingen 16. 11. 1978 – 2 O 152/78, NJW 1979, 601, 602; AG Hagen 25. 8. 1997 – 10 C 33/97, NJW-RR 1998, 262, 263; AG Essen 21. 4. 1997 – 12 C 13/97, NJW-RR 1998, 262; AG Wetzlar 15. 8. 1979 – 3 C 707/78, VersR 1979, 484; Bähr/Reuter VersR 2011, 953, 954; Bemmann VersR 2005, 760, 765; HKK/Birr §§ 809–811 Rn 11; Deutsch/Matthies 68; BeckOK-BGB/Gehrlein [1. 2. 2023] § 810 Rn 6; Gehrlein NJW 2001, 2773; Habermalz NJW 2013, 3403; Soergel/Hadding § 810 Rn 1; BeckOGK/Hoffmann [1. 3. 2023] § 810 Rn 17; Lilie 140 ff; jurisPK-BGB/Martinek/Heine [1. 2. 2023] § 810 Rn 15; Nüssgens, in: FS Boujong [1996] 831, 840; Rieger DMW 1999, 130; Schilken Jura 1988, 525, 529; Wasserburg NJW 1980, 617, 620; **aA** BGH 6. 11. 1962 – VI ZR 29/62, NJW 1963, 389; OLG Hamburg 22. 1. 1960 – 1 W 5/60, MDR 1960, 501 f; OLG Stuttgart 4. 2. 1958 – 6 U 35/57, NJW 1958, 2118, 2119; LG Hannover 24. 6. 1955 – 10 S 108/55, NJW 1956, 348; Laufs NJW 1975, 1433, 1435; Wiethaup JR 1954, 174, 175; diff Winkler von Mohrenfels 75 f) **vertragliche Nebenleistungspflicht aus dem Behandlungsvertrag** wieder (statt vieler s OLG Köln 2. 3. 2015 – 5 U 105/14, BeckRS 2015, 7005 Rn 3; Staudinger/Gutmann [2021] § 630g Rn 22 mwNw). Obwohl diese Pflicht das Einsichtsrecht nach § 810 Fall 1 BGB (s unten Rn 130 ff) unberührt lässt, die Ansprüche also – soweit die Patientenakte eine Urkunde ist (s unten Rn 91 ff), also nicht elektronisch geführt wird – in **Idealkonkurrenz** nebeneinander bestehen (OLG Köln 2. 3. 2015 – 5 U 105/14, BeckRS 2015, 7005 Rn 3; Staudinger/Gutmann [2021] § 630g Rn 22; MünchKommBGB/Habersack § 810 Rn 15; jurisPK-BGB/Martinek/Heine [1. 2. 2023] § 810 Rn 15; NK-BGB/Mielke § 810 Rn 15; Grüneberg/Sprau § 810 Rn 5; Erman/Wilhelmi § 810 Rn 4), hat § 810 BGB innerhalb des Anwendungsbereichs von § 630g Abs 1 S 1 BGB an Bedeutung eingebüßt, da der Nachweis eines rechtlichen Interesses an der Einsichtnahme bei § 630g Abs 1 S 1 BGB – im Unterschied zu § 810 BGB (s unten Rn 229 ff, 289) – entbehrlich ist (Habermalz NJW 2013, 3403; MünchKommBGB/Habersack § 810 Rn 15, 16; jurisPK-BGB/Martinek/Heine [1. 2. 2023] § 810 Rn 15; NK-BGB/Mielke § 810 Rn 15; s auch BGH 6. 12. 1988 – VI ZR 76/88, BGHZ 106, 146, 148 = NJW 1989, 764; BGH 31. 5. 1983 – VI ZR 259/81, NJW 1983, 2627, 2628; Bähr/Reuter VersR 2011, 953, 954; Nüssgens, in: FS Boujong [1996] 831, 841; wohl **aA** PWW/Buck-Heeb § 810 Rn 1). Erforderlich und praktisch bedeutsam ist der Rückgriff auf § 810 BGB nur bei Sachverhalten, die § 630g BGB nicht unterfallen, sei es, dass kein wirksamer Behandlungsvertrag iS des § 630a Abs 1 BGB besteht (s unten Rn 70), sei es, dass Einsicht in andere ärztliche Unterlagen als die Patientenakte begehrt wird (s unten Rn 69).

69 Der Anspruch nach § 630g Abs 1 S 1 BGB umfasst die **vollständige Patientenakte**, zu deren Führung der Behandelnde nach § 630f Abs 1 S 1 BGB verpflichtet ist. Das Attribut der Vollständigkeit ist normativ auszulegen, und zwar dahingehend, dass der Anspruch nach § 630g Abs 1 S 1 BGB nur die Dokumente umfasst, die der Behandelnde nach § 630f Abs 2 BGB in die Patientenakte aufnehmen muss (iE auch Staudinger/Gutmann [2021] § 630g Rn 45). Hierzu gehören neben den medizinischen, objektivierbaren Befunden und Berichten über Behandlungsmaßnahmen (zB Medikation, Operationen) auch die Schilderung subjektiver Wahrnehmungen und persönlicher Eindrücke des Behandelnden (OLG Karlsruhe 3. 8. 2017 – 7 U 202/16, MDR 2017, 1300; s auch RegBegr, BT-Drucks 17/10488, 27 zu § 630g BGB-E). Einsicht in **andere Urkunden**, die der Behandelnde nicht nach § 630f Abs 2 BGB in die Patientenakte aufnehmen muss, kann der Patient nicht nach § 630g Abs 1 S 1 BGB, sondern allenfalls nach § 810 Fall 1 BGB verlangen (Jauernig/Stadler §§ 809–811 Rn 9), jedoch nur, wenn sie zumindest auch in seinem Interesse errichtet worden sind (s unten Rn 130 ff). Auf allgemeine, die innere Organisation des Krankenhauses betreffende Unterlagen, die unabhängig von der Behandlung des Anspruchstellers errichtet werden (zB Personalpläne), trifft dies nicht zu (OLG Karlsruhe 3. 8. 2017 – 7 U 202/16, MDR 2017, 1300; Erman/Wilhelmi § 810 Rn 4).

70 Das Einsichtsrecht des Patienten nach § 630g Abs 1 S 1 BGB setzt aufgrund seiner Natur als vertragliche Nebenleistungspflicht (s oben Rn 68) einen Behandlungsvertrag iS des § 630a Abs 1 BGB voraus (statt vieler s Staudinger/Gutmann [2021] § 630g Rn 22; **aA** Habermalz NJW 2013, 3403, 3404: analoge Anwendung bei faktischem Behandlungsverhältnis). Besteht **kein wirksamer Behandlungsvertrag**, sei es, dass die Behandlung ohne Vertrag vorgenommen wird (zB als Geschäftsführung ohne Auftrag bei der Notaufnahme eines bewusstlosen Patienten), sei es, dass der Vertrag kein Behandlungsvertrag iS des § 630a Abs 1 BGB ist (eingehend dazu T Bayer 23 ff), kann der Anspruch auf Einsicht in die Patientenakte sich entweder aus einer vertraglichen Nebenpflicht oder aus § 810 Fall 1 BGB ergeben (jurisPK-BGB/Martinek/Heine [1. 2. 2023] § 810 Rn 15; NK-BGB/Mielke § 810 Rn 15; Wasserburg NJW 1980, 617, 621). Dies ist zB der Fall, bei einem Vertrag über eine veterinärmedizinische Behandlung (s unten Rn 154; LG Hildesheim 12. 3. 1991 – 3 O 31/91, NJW-RR 1992, 415 f; AG Bad Hersfeld 22. 11. 2005 – 10 C 766/05 [10], RdL 2006, 56; MünchKommBGB/Habersack § 810 Rn 15; s auch OLG Köln 11. 11. 2009 – 5 U 77/09, VersR 2010, 1504, 1505; iE wohl auch Bemmann VersR 2005, 760, 765; BeckOGK/Hoffmann [1. 3. 2023] § 810 Rn 18), bei einem Lehranalysevertrag (BGH 7. 11. 2013 – III ZR 54/13 Rn 15, 20 ff, NJW 2014, 298; OLG Celle 14. 1. 2013 – 1 U 61/12, MedR 2013, 369; PWW/Buck-Heeb § 810 Rn 7; MünchKommBGB/Habersack § 810 Rn 15; iE auch NK-BGB/Mielke § 242 Rn 15; eingehend dazu Bemmann VersR 2005, 760, 764 ff) sowie bei dem Vertrag über die Unterbringung in einem Pflegeheim (BGH 23. 3. 2010 – VI ZR 249/08 Rn 12, BGHZ 185, 74 = NJW-RR 2010, 1117; BGH 26. 2. 2013 – VI ZR 359/11 Rn 6, NZS 2013, 553; PWW/Buck-Heeb § 810 Rn 7; MünchKommBGB/Habersack § 810 Rn 15; NK-BGB/Mielke § 810 Rn 19a; Grüneberg/Sprau § 810 Rn 5; iE auch BGH 23. 3. 2010 – VI ZR 327/08 Rn 11, VersR 2010, 971 [vertragliche Nebenpflicht]; wohl auch Schultze-Zeu VersR 2011, 194, 195; s auch LG Karlsruhe 22. 1. 2010 – 9 S 311/09, NJW 2010, 3380 zu § 11 Abs 1 Nr 7 HeimG).

g) Öffentliche Register, behördliche Akten und öffentlich verwahrte Urkunden

71 Als Vorschrift des bürgerlichen Rechts ist der personelle Anwendungsbereich des Einsichtsanspruchs nach § 810 BGB auf Rechtsbeziehungen zwischen Privatpersonen begrenzt (vKöhler NJW 1956, 1460, 1462; jurisPK-BGB/Martinek/Heine [1. 2. 2023] § 810 Rn 6). Für die Einsicht in öffentliche Register (s unten Rn 72), amtlich verwahrte

Urkunden (s unten Rn 73 f), Verwaltungsakten (s unten Rn 75 f) sowie Prozess- bzw Gerichtsakten (s unten Rn 77 f) existieren zahlreiche Sondervorschriften. Im Einzelnen:

aa) Öffentliche Register

Ein Anspruch auf Einsicht in öffentliche Register besteht nach Maßgabe von **§ 79 Abs 1 S 1 BGB** (Vereinsregister), **§ 1563 Abs 1 S 1 BGB** (Güterrechtsregister), **§ 9 Abs 1 S 1 HGB** (Handelsregister, einschließlich der zum Handelsregister eingereichten Dokumente, zB der Gesellschafterlisten), ab dem 1. 1. 2024 iVm **§ 707b Nr 2 BGB** (Art 1 Nr 3 iVm Art 137 S 1 G v 10. 8. 2021, BGBl 2021 I 3436; Gesellschaftsregister), **§ 12 Abs 1 S 1 GBO** (Grundbuch, einschließlich der zur Ergänzung der Eintragungen in Bezug genommenen Dokumente), **§ 23 Abs 1 S 1 GwG** iVm TrEinV (Transparenzregister), **§ 85 Abs 1 S 1 Hs 2, Abs 2 LuftFzgG** (Register für Pfandrechte an Luftfahrzeugen, einschließlich der zur Ergänzung der Eintragungen in Bezug genommenen Urkunden) und **§ 8 Abs 1 S 1 Hs 2 SchRegO** (Schiffsregister und Schiffsbauregister). Die Luftfahrzeugrolle ist kein öffentliches Register. Gespeicherte Daten darf das Luftfahrt-Bundesamt an nicht-öffentliche Stellen gemäß **§ 64 Abs 8 S 1 LuftVG** nur übermitteln, wenn diese zur Durchsetzung oder Abwehr von Rechtsansprüchen im Zusammenhang mit dem Luftverkehr erforderlich sind. 72

bb) Amtlich verwahrte Urkunden

Das Recht, die idR von dem Notar verwahrte (§ 45 Abs 1 BeurkG) Urschrift einer **notariellen Urkunde** einzusehen, steht nach **§ 51 Abs 3 BeurkG** nur denjenigen zu, die nach § 51 Abs 1 BeurkG eine Ausfertigung verlangen können. 73

Bei dem zuständigen **Nachlassgericht** können nach **§ 1953 Abs 3 S 2 BGB** die Ausschlagung, nach **§ 2010 BGB** das Inventar, nach **§ 2081 Abs 2 S 2 BGB** die Anfechtungserklärung, nach **§ 2146 Abs 2 BGB** die Anzeige des Eintritts der Nacherbfolge, nach **§ 2228 BGB** die Erklärungen nach § 2198 Abs 1 S 2 BGB, § 2199 Abs 3 BGB, § 2202 Abs 2 BGB, § 2226 S 2 BGB, nach **§ 2384 Abs 2 BGB** die Anzeige des Erbschaftskaufs und nach **§ 357 Abs 1 FamFG** die eröffneten Verfügungen von Todes wegen eingesehen werden. 74

cc) Verwaltungsakten

In Verwaltungs- und Sozialverwaltungsverfahren hat die Behörde den Beteiligten nach **§ 29 Abs 1 S 1 VwVfG** bzw **§ 25 Abs 1 S 1 SGB X** Einsicht in die das Verfahren betreffenden Akten zu gestatten, soweit deren Kenntnis zur Geltendmachung oder Verteidigung ihrer Interessen erforderlich ist. Für Finanzverwaltungsverfahren enthält die AO aufgrund des Steuergeheimnisses (§ 30 AO) kein vergleichbares Einsichtsrecht. Außerdem hat jedermann nach **§ 1 Abs 1 S 1 IFG** Anspruch auf Zugang zu amtlichen Informationen (dazu allgemein Kugelmann NJW 2005, 3609 ff; Schmitz/Jastrow NVwZ 2005, 984 ff; Schoch ZGI 2021, 3 ff). Neben diese allgemeinen Einsichts- und Informationsrechte können besondere Einsichtsrechte treten, zB **§ 3 Abs 1 S 1, Abs 2 S 1 UIG**. 75

Soweit die Behörde die Akten im Rahmen ihrer öffentlich-rechtlichen Aufgabe angelegt hat, sind die öffentlich-rechtlichen Einsichtsrechte (s oben Rn 75) abschließend, sodass ein Rückgriff auf § 810 BGB ausscheidet (Jung 31, 96 ff, 103, 183 f; iE auch Soergel/Hadding § 810 Rn 17; Radant 74). Soweit die Akten hingegen einen **privatrechtlichen Inhalt** haben, zB fiskalische Hilfsgeschäfte dokumentieren (Jung 31; PWW/Buck-Heeb 76

§ 810 Rn 11; Grüneberg/Sprau § 810 Rn 8; BGB-RGRK/Steffen § 810 Rn 17) oder eine Erbschaftssache betreffen (BayVGH 3. 2. 1961 – Nr 242 III 59, BayVBl 1962, 121, 122), kann Einsicht ausschließlich nach § 810 BGB verlangt werden (Scholz NVwZ 2015, 1111, 1113). Dieser Anspruch ist – obgleich er sich gegen den Rechtsträger der Behörde richtet – im ordentlichen Rechtsweg (s unten Rn 285 ff) geltend zu machen (BayVGH 3. 2. 1961 – Nr 242 III 59, BayVBl 1962, 121, 122; BGB-RGRK/Steffen § 810 Rn 17).

dd) Prozess- bzw Gerichtsakten

77 Einsicht in Prozess- bzw Gerichtsakten können die Parteien bzw Beteiligten nur nach Maßgabe von **§ 299 Abs 1, 2 ZPO** ggf iVm § 495 Abs 1 ZPO (Zivilprozess) ggf iVm § 46 Abs 2 S 1 ArbGG (Arbeitsgerichtsprozess, Urteilsverfahren) ggf iVm § 80 Abs 2 S 1 ArbGG (Arbeitsgerichtsprozess, Beschlussverfahren), **§ 13 Abs 1–3 FamFG** (familiengerichtliche Verfahren und sonstige der freiwilligen Gerichtsbarkeit), **§ 100 Abs 1 S 1 VwGO** (Verwaltungsgerichtsprozess) oder **§ 78 Abs 1 S 1 FGO** (Finanzgerichtsprozess) verlangen. Im Sozialgerichtsprozess besteht der Einsichtsanspruch nach **§ 120 Abs 1 S 1 SGG** nur insoweit, als die die Verfahrensakten übermittelnde Behörde dieses Recht nicht ausgeschlossen hat.

78 Bei der Zwangsversteigerung oder Zwangsverwaltung von Grundstücken im Wege der Zwangsvollstreckung ist nach **§ 42 Abs 1, 2 ZVG** jedermann die Einsicht der Mitteilungen des Grundbuchamts, der erfolgten Anmeldungen sowie der anderen das Grundstück betreffenden Nachweisungen, die ein Beteiligter eingereicht hat, gestattet. Unter den Voraussetzungen des **§ 144 Abs 1 S 1 ZVG** haben die Beteiligten darüber hinaus das Recht, die Urkunden, mit denen der Ersteher oder der für mithaftend erklärte Bürge nachgewiesen hat, dass er diejenigen Berechtigten, deren Ansprüche durch das Gebot gedeckt sind, befriedigt hat oder dass er von ihnen als alleiniger Schuldner angenommen ist, nebst der Erklärung des Erstehers oder des Bürgen auf der Geschäftsstelle des Amtsgerichts einzusehen. Auf die Zwangsversteigerung eines im Schiffsregister eingetragenen Schiffs, eines Schiffsbauwerks, das im Schiffsbauregister eingetragen ist oder in dieses Register eingetragen werden kann, eines in der Luftfahrzeugrolle oder eines in dem Register für Pfandrechte an Luftfahrzeugen eingetragenen Luftfahrzeugs sind die §§ 42, 144 ZVG nach **§ 162 ZVG** bzw **§ 171a S 1, 2 ZVG** entsprechend anzuwenden.

h) Umweltrecht

79 Liegen Tatsachen vor, welche die Annahme begründen, dass eine Anlage iS des § 3 Abs 2 UmweltHG einen Schaden verursacht hat, können die potenziell Geschädigten von dem Inhaber der Anlage im ersten Schritt nach § 8 Abs 1 S 1 UmweltHG (nur) Auskunft verlangen, soweit dies zur Feststellung erforderlich ist, dass ein Anspruch auf Schadensersatz nach dem UmweltHG besteht. Ein Anspruch auf Einsicht in die vorhandenen Unterlagen besteht gemäß **§ 8 Abs 3 S 1 UmweltHG** erst bei der begründeten Annahme, dass die erteilte Auskunft unvollständig, unrichtig oder nicht ausreichend ist, oder wenn die Auskunft nicht in angemessener Frist erteilt wird. Diese Subsidiarität impliziert, dass § 8 Abs 3 S 1 UmweltHG *lex specialis* gegenüber § 810 BGB ist (PWW/Buck-Heeb § 810 Rn 1).

i) Vergaberecht

80 In Vergabeverfahren im sog Oberschwellenbereich (§ 106 Abs 1 S 1 GWB) können die Beteiligten nach **§ 165 Abs 1 GWB** die Akten bei der Vergabestelle einsehen (eingehend dazu Opheys/Tmimi VergabeR 2021, 426 ff). Auf Verfahren im sog Unterschwellenbereich findet die Vorschrift weder direkte noch – mangels einer Regelungslücke – entsprechende Anwendung (OLG Köln 29. 1. 2020 – 11 U 14/19, VergabeR 2020, 696, 702; Zinger VergabeR 2020, 703). Den unterlegenen Bietern kann jedoch ein Anspruch auf Einsicht in die Vergabeakten (§ 163 Abs 2 S 3 GWB) aus § 810 Fall 2 BGB (s unten Rn 184 ff, 205) oder – weil die vergaberechtliche Ausschreibung ein gesetzliches Schuldverhältnis iS des § 311 Abs 2 Nr 1 BGB begründet (statt vieler s BGH 9. 6. 2011 – X ZR 143/10 Rn 11, BGHZ 190, 89 = NZBau 2011, 498 – *Rettungsdienstleistungen II*) – nach § 242 BGB zustehen (s Rn 85; Opheys/Tmimi VergabeR 2021, 426, 434 ff).

j) Versicherungsrecht

Ist der Versicherungsschein abhandengekommen, kann der Versicherungsnehmer von dem Versicherer nach **§ 3 Abs 3 S 1 VVG** die Ausstellung eines neuen Versicherungsscheins verlangen. Außerdem kann er nach § 810 Fall 2 BGB (s unten Rn 184 ff, 189) Einsicht in die Vertragsunterlagen des Versicherers verlangen (OLG Köln 23. 2. 1989 – 5 U 215/88, r + s 1989, 171; Prölss/Martin/Rudy § 3 VVG Rn 9; Schaffrath/Jangner VersR 1996, 1065, 1066). **81**

Für den Bereich der **Haftpflichtversicherung** enthält **§ 119 Abs 3 S 2 VVG** die Obliegenheit des Dritten, dem Versicherer die zur Feststellung des Schadensereignisses und der Höhe des Schadens erforderlichen Belege (zB Reparaturrechnungen) im Rahmen des Zumutbaren zu beschaffen. Diese Vorschrift weist zwei wesentliche Unterschiede zu § 810 BGB auf, weshalb sie in ihrem Verhältnis als *lex specialis* anzusehen ist (wohl **aA** Jaeger VersR 2011, 50), nämlich zum einen, dass sie – unabhängig davon, ob es sich um eine gesetzliche Obliegenheit oder entgegen der amtlichen Überschrift um eine Verhaltenspflicht (so zB MünchKommVVG/W-T Schneider § 119 Rn 2 mwNw) handelt – keinen klagbaren Anspruch begründet (statt vieler s MünchKommVVG/W-T Schneider § 119 Rn 2 mwNw), zum anderen, dass der Dritte der Obliegenheit bzw Verpflichtung grundsätzlich durch die Vorlage von Abschriften oder Fotokopien seiner Unterlagen genügt (OLG Bremen 17. 5. 1990 – 3 W 29/90, NJW-RR 1990, 1181, 1182; LG Berlin 14. 12. 1962 – 2 S 87/62, VersR 1963, 275 jeweils zu § 158d Abs 3 S 2 VVG aF). Ursächlich für die letztgenannte Abweichung ist, dass der Versicherer die Berechtigung des von dem Geschädigten geltend gemachten Anspruchs grundsätzlich anhand dieser Dokumente prüfen kann, also nicht auf die Originalurkunden angewiesen ist. Lediglich ausnahmsweise kann Einsicht in die Originalurkunden verlangt werden, wenn zB Zweifel an der Übereinstimmung von Ur- und Abschrift bestehen (MünchKommBGB/Habersack § 810 Rn 3; offengelassen von OLG Bremen 17. 5. 1990 – 3 W 29/90, NJW-RR 1990, 1181, 1182). **82**

Im Bereich der **Krankenversicherung** ist der Versicherer nach **§ 202 S 1 VVG** ua verpflichtet, auf Verlangen des Versicherungsnehmers oder der versicherten Person Einsicht in Gutachten oder Stellungnahmen zu geben, die er bei der Prüfung seiner Leistungspflicht über die Notwendigkeit einer medizinischen Behandlung eingeholt hat. Dieses Einsichtsrecht schließt die Anwendbarkeit von § 810 BGB zwar nicht aus (Armbrüster VersR 2013, 944, 948), verringert aber dessen praktische Bedeutung, da der Anspruch nach § 202 S 1 VVG – im Unterschied zu § 810 BGB (s unten Rn 229 ff, 289) – unabhängig von der Darlegung und dem im Streitfall erforderlichen Beweis eines rechtlichen Interesses besteht (Armbrüster VersR 2013, 944, 948). **83**

k) Internationale Übereinkommen

84 Soweit völkerrechtliche Verträge infolge der Ratifizierung (Art 59 Abs 2 S 1 GG) unmittelbar geltendes Recht darstellen, sind darin enthaltene Vorschriften, die ein Einsichtsrecht gewähren, idR abschließend, sodass für einen Rückgriff auf § 810 BGB kein Raum verbleibt. Dies gilt zB für die Akten des Invaliditätsausschusses nach **Art 13.2 Annex IV NCPR** (LG Aachen 7. 3. 2018 – 11 O 231/17, BeckRS 2018, 39564 Rn 16; iE ähnlich OLG Köln 8. 2. 2019 – 5 U 47/18, MedR 2020, 224, 225 [keine deutsche Gerichtsbarkeit]) und die Tatbestandsaufnahme nach **Art 42 CIM** (RG 10. 2. 1932 – I 210/31, RGZ 135, 188, 192 zu Art 43 Internationales Übereinkommen über den Eisenbahnfrachtverkehr v 23. 10. 1924) sowie den Internationalen Telegraphenvertrag v 22. 7. 1875 in der Lissabonner Fassung v 11. 6. 1908 (OLG München 13. 2. 1914, SeuffA 69 Nr 238; iE auch Soergel/Hadding § 810 Rn 5).

3. Auskunftsansprüche

a) Verhältnis zum Einsichtsanspruch

85 Nicht selten umfassen vertragliche und gesetzliche Sonderverbindungen die Verpflichtung eines Teils, dem anderen bestimmte Auskünfte zu erteilen. Derartige Auskunftsansprüche stehen grundsätzlich – gleichgültig, ob sie eine besondere Regelung im Gesetz erfahren haben (zB **§ 666 BGB** ggf iVm § 675 Abs 1 BGB oder § 681 S 2 BGB, **§ 1790 Abs 4 BGB**) oder den Grundsätzen von Treu und Glauben (**§ 242 BGB**) entspringen (zu Einzelheiten s statt vieler Staudinger/Bittner/Kolbe [2019] § 242 Rn 18 ff mwNw) – in Idealkonkurrenz zu dem Einsichtsanspruch nach § 810 BGB (BGH 31. 3. 1971 – VIII ZR 198/69, WM 1971, 565, 566; OGH 25. 5. 1950 – I ZS 85/49, OGHZ 4, 39, 42 f; OLG Hamm 18. 1. 1993 – 8 U 132/92, NJW-RR 1994, 933, 934; Dissars DStR 2020, 1514, 1517; BeckOK-BGB/Gehrlein [1. 2. 2023] § 810 Rn 1; Soergel/Hadding § 810 Rn 1; Karger 66; Jauernig/Stadler §§ 809–811 Rn 13; BGB-RGRK/Steffen § 810 Rn 2; Stürner 346; Wosnitza 66), und zwar auch dann, wenn die Auskunft Informationen umfasst, die in einer Urkunde niedergelegt sind. Gleiches gilt für das Verhältnis von § 810 BGB zu den datenschutzrechtlichen Auskunftsansprüchen nach **Art 13 ff DSGVO** sowie **§ 57 Abs 1 S 1 BDSG** (MünchKommBGB/Habersack § 810 Rn 2; Riemer DSB 2019, 223). Werden ein Auskunftsanspruch und der Einsichtsanspruch nach § 810 BGB gerichtlich geltend gemacht, handelt es sich bereits aufgrund des divergierenden Anspruchsinhalts – Übermittlung von Wissen einerseits, Gestattung der Einsicht in die Urkunde andererseits (s unten Rn 253 ff) – um unterschiedliche Streitgegenstände (BGB-RGRK/Steffen § 810 Rn 2).

b) Ergänzende Urkundenvorlegung

86 Besteht neben dem Anspruch auf Auskunft über den Inhalt einer Urkunde (s oben Rn 85) kein Anspruch nach § 810 BGB mit dessen Hilfe der Gläubiger die Richtigkeit der erteilten Auskunft überprüfen könnte, kommt ausnahmsweise ein **Vorlegungsanspruch aus § 242 BGB** in Betracht (BGH 31. 3. 1971 – VIII ZR 198/69, WM 1971, 565, 566; OLG Düsseldorf 15. 9. 1995 – 7 U 119/94, NJW-RR 1996, 1464, 1466; Krieger, in: FS Schneider [2011] 717, 725; s auch BGH 12. 6. 1954 – II ZR 154/53, BGHZ 14, 53, 56 = NJW 1954, 1564 zum GmbH-Recht; **aA** AG Nürnberg 26. 6. 1991 – 13 C 4515/91, NJW-RR 1991, 1523, 1524). Für dessen Begründung ist es erforderlich, aber auch ausreichend, dass besondere Umstände vorliegen, die für den Gläubiger des Auskunftsanspruchs einen **wichtigen Grund** bilden, um die Urkunde persönlich einsehen und prüfen zu dürfen (BGH 12. 6. 1954 – II ZR 154/53, BGHZ 14, 53, 57 = NJW 1964, 1564). Ein solcher wichtiger Grund ist insbeson-

dere gegeben, wenn die Erteilung der Auskunft der Sache nach (zB die mündliche Auskunft bei komplexen Vorgängen) nicht geeignet ist, dem Berechtigten die erforderliche Klarheit zu verschaffen (BGH 31. 3. 1971 – VIII ZR 198/69, WM 1971, 565, 566; OLG Düsseldorf 15. 9. 1995 – 7 U 119/94, NJW-RR 1996, 1464, 1466).

c) Anspruch auf Offenbarungseid

Besteht ein Anspruch auf Auskunft über den Inhalt einer Urkunde (zB die Geschäftsbücher des Prinzipals) neben dem Einsichtsanspruch nach § 810 BGB (s oben Rn 85), kann der Gläubiger bei einem auf Tatsachen gründenden Verdacht, dass die erteilte Auskunft unrichtig ist, von dem Verpflichteten nach **§ 260 Abs 2 BGB** die Leistung des sog **Offenbarungseides** verlangen (zu der Anwendung von § 260 Abs 2 BGB auf andere Auskunftsansprüche als § 260 Abs 1 BGB s BeckOK-BGB/S Lorenz [1. 2. 2023] § 260 Rn 38). Dieser Anspruch ist nicht grundsätzlich subsidiär gegenüber dem Einsichtsanspruch nach § 810 BGB in dem Sinne, dass der Anspruchsteller zunächst versuchen müsste, sich durch die Einsichtnahme selbst Gewissheit über die Richtigkeit der erteilten Auskunft zu verschaffen (BGH 20. 1. 1971 – VIII ZR 251/69, BGHZ 55, 201, 204 = NJW 1971, 656). Da eine solche Rangfolge dem Gesetz nicht zu entnehmen ist, steht **grundsätzlich** dem Gläubiger die Entscheidung zu, welchen Anspruch er als seinen Interessen am besten entsprechend vorrangig geltend machen will (BGH 20. 1. 1971 – VIII ZR 251/69, BGHZ 55, 201, 205 = NJW 1971, 656; dem folgend Erman/Wilhelmi § 810 Rn 9). Lediglich **ausnahmsweise**, nämlich unter dem Gesichtspunkt des Rechtsschutzinteresses (s oben Rn 15), kann der Gläubiger gehalten sein, zunächst den Einsichtsanspruch geltend zu machen (BGH 20. 1. 1971 – VIII ZR 251/69, BGHZ 55, 201, 206 = NJW 1971, 656; dem folgend Erman/Wilhelmi § 810 Rn 9). Allein die Tatsache, dass der Offenbarungseid in einem erneuten gerichtlichen Verfahren (§ 261 BGB, § 889 ZPO) abgenommen werden muss, genügt hierfür nicht. Vielmehr müssen besondere Umstände hinzutreten, aufgrund derer der Gläubiger im Einzelfall mithilfe des Einsichtsanspruchs schneller und besser an sein Ziel gelangt (BGH 20. 1. 1971 – VIII ZR 251/69, BGHZ 55, 201, 206 = NJW 1971, 656). Dies ist zB anzunehmen, wenn er über Sonderwissen verfügt, das es ihm bei Einsicht in die Urkunde erlaubt, die Richtigkeit der Auskunft schneller zu überprüfen als der Verpflichtete es könnte (BGH 20. 1. 1971 – VIII ZR 251/69, BGHZ 55, 201, 206 f = NJW 1971, 656). 87

4. Herausgabeansprüche

Ansprüche auf Aushändigung, Rück- oder Herausgabe einer Urkunde dienen idR entweder dazu, einen Anspruch durchzusetzen (s unten Rn 89), oder dem Schuldnerschutz (s unten Rn 90). 88

a) Durchsetzungen eines anderen Anspruchs

Wer Eigentümer einer Urkunde (s unten Rn 91 ff) ist, kann deren Herausgabe nach **§ 985 BGB** verlangen. Dieser Anspruch ist insbesondere bei sog Präsentationspapieren (zB dem Wechsel) und Schuldscheinen (§ 952 Abs 1 BGB, s dazu Windscheid/Kipp, Lehrbuch des Pandektenrechts § 475 Anm 6 = 1067) von Bedeutung. Bei einer Abtretung ist der Zedent nach **§ 402 BGB** verpflichtet, dem Zessionar die zum Beweis der Forderung dienenden Urkunden herauszugeben, soweit sie sich in seinem Besitz befinden. In der Zwangsvollstreckung bestimmt **§ 836 Abs 3 S 1 ZPO** Entsprechendes, um dem Gläubiger die Durchsetzung der gepfändeten und zur Einziehung überwiesenen Forderung gegen den Drittschuldner zu erleichtern. 89

b) Schuldnerschutz

90 Wer eine Forderung erfüllt hat, über die ein Schuldschein ausgestellt worden ist, kann nach **§ 371 S 1 BGB** die Rückgabe des Schuldscheins verlangen und dadurch einer erneuten Inanspruchnahme vorbeugen. Infolge einer Abtretung ist der Schuldner dem Zessionar gegenüber nach **§ 410 Abs 1 S 1 BGB** nur gegen Aushändigung einer von dem Zedenten über die Abtretung ausgestellten Urkunde zur Leistung verpflichtet. Wird eine grundpfandrechtlich gesicherte Forderung erfüllt, kann der Eigentümer nach **§ 1144 BGB** die Aushändigung des Hypothekenbriefs sowie der sonstigen zur Berichtigung des Grundbuchs oder zur Löschung der Hypothek erforderlichen Urkunden (zB Löschungsbewilligung) verlangen. Entsprechendes gilt für die Grundschuld (§ 1192 Abs 1 BGB; s statt vieler BGH 25. 4. 1988 – II ZR 17/87, NJW 1988, 3260, 3261) und die Rentenschuld (§ 1200 Abs 2 BGB), wenn die Zahlung nicht auf die gesicherte Forderung, sondern auf das dingliche Recht erfolgt (Staudinger/Wolfsteiner [2019] § 1144 Rn 30). Nach **Art 50 Abs 2 WG** kann jeder Wechselverpflichtete, gegen den Rückgriff genommen wird oder werden kann, die Entrichtung der Rückgriffssumme verweigern, bis ihm der Wechsel mit dem Protest und eine quittierte Rechnung ausgehändigt wird.

V. Anspruchsvoraussetzungen

1. Urkunde

a) Begriff

91 Gegenstand des Rechts auf Einsicht nach § 810 BGB sind ausschließlich Urkunden. Aufgrund des Zusammenhangs des materiell-rechtlichen Anspruchs mit den Vorschriften über den Beweis durch Urkunden (§§ 415 ff ZPO), insbesondere der Vorlegungspflicht nach § 422 ZPO (s unten Rn 292), ist von dem **zivilprozessualen Urkundenbegriff** auszugehen (BGH 27. 5. 2014 – XI ZR 264/13 Rn 22, NJW 2014, 3312; Beckhaus 28; MünchKommBGB/Habersack § 810 Rn 3; BeckOGK/Hoffmann [1. 3. 2023] § 810 Rn 5; jurisPK-BGB/Martinek/Heine [1. 2. 2023] § 810 Rn 9; C Schreiber JR 2008, 1, 2; Grüneberg/Sprau § 810 Rn 1; Erman/Wilhelmi § 810 Rn 2). Danach sind Urkunden durch Niederschrift verkörperte (s unten Rn 92, 117 f) Gedankenerklärungen (s unten Rn 119), die Aussagen über Rechtsgeschäfte oder Rechtsverhältnisse zum Inhalt haben (BGH 28. 11. 1975 – V ZR 127/74, BGHZ 65, 300, 301 = NJW 1976, 294; BGH 27. 5. 2014 – XI ZR 264/13 Rn 22, NJW 2014, 3312; BGH 6. 11. 1962 – VI ZR 29/62, NJW 1963, 389; Amschewitz 238; PWW/Buck-Heeb § 810 Rn 2; Buck-Heeb WuB 2014, 495, 497; Derleder/Wosnitza ZIP 1990, 901, 903; Anders/Gehle/Gehle Vor § 415 ZPO Rn 6; BeckOK-BGB/Gehrlein [1. 2. 2023] § 810 Rn 1; Grimme JA 1985, 320, 321; MünchKommBGB/Habersack § 810 Rn 3; Soergel/Hadding § 810 Rn 3; BeckOGK/Hoffmann [1. 3. 2023] § 810 Rn 5; jurisPK-BGB/Martinek/Heine [1. 2. 2023] § 810 Rn 9; NK-BGB/Mielke § 810 Rn 2; Pries 75 f mit 87; Sass 108; Schilken Jura 1988, 525, 529; Grüneberg/Sprau § 810 Rn 1; Jauernig/Stadler §§ 809–811 Rn 9; BGB-RGRK/Steffen § 810 Rn 3; Wasserburg NJW 1980, 617, 621; Erman/Wilhelmi § 810 Rn 2; Wosnitza 67; **aA** Jöstlein DRiZ 1973, 409, 411 [auch außerhalb des Rechtsverkehrs liegende Äußerungen]). Zu der Abgrenzung von Augenscheinsobjekten s unten Rn 116 ff.

92 Der besondere Beweiswert von Urkunden resultiert daraus, dass die Gedankenerklärung verkörpert, also fest mit einem körperlichen Gegenstand verbunden ist (sog **Perpetuierungsfunktion**). Das Material des Gegenstands ist unerheblich (BGH 27. 5. 2014 – XI ZR 264/13 Rn 22, NJW 2014, 3312; MünchKommBGB/Habersack § 810 Rn 3; Jöst-

LEIN DRiZ 1973, 409, 411; RADANT 63); insbesondere eine Beschränkung auf papierne Dokumente ist dem Gesetz nicht zu entnehmen. Daher können zB auch schriftlich (s unten Rn 117 f) in Holz, in Stein oder auf Stoff verkörperte Erklärungen Urkunden iS des § 810 BGB sein (PLANCK/LANDOIS § 810 Anm 2; s auch ZÖLLER/FESKORN Vor §§ 415–444 ZPO Rn 2 zu §§ 415 ff ZPO).

Obwohl nur echte Urkunden die Beweiskraft der §§ 415 ff ZPO entfalten (statt vieler s ZÖLLER/FESKORN § 439 ZPO Rn 1), setzt der zivilprozessuale Urkundenbegriff – im Unterschied zu dem Urkundenbegriff des materiellen Strafrechts (statt vieler s SCHÖNKE/SCHRÖDER/HEINE/SCHUSTER § 267 StGB Rn 16 ff mwNw) – die Erkennbarkeit des Ausstellers (sog **Garantiefunktion**) nicht voraus. Dementsprechend ist die **Unterschrift** weder Voraussetzung des zivilprozessualen Urkundenbegriffs (ZÖLLER/FESKORN Vor §§ 415–444 ZPO Rn 2) noch für § 810 BGB (PRIES 77; SASS 108; SIEGEL 19). Sie hat lediglich bei Privaturkunden (s unten Rn 113) wesentliche Bedeutung für die Echtheit der Urkunde (§ 440 Abs 2 ZPO) und deren Beweiskraft (§ 416 ZPO). 93

b) Einzelfälle

Urkunden iS des § 810 BGB sind – in alphabetischer Ordnung – ua folgende Schriftstücke: 94

- **Auskünfte** des Arbeitgebers, über einen ausgeschiedenen Arbeitnehmer, der sich bei einem Dritten um eine Anstellung bewirbt (BGH 10. 7. 1959 – VI ZR 149/58, NJW 1959, 2011, 2012), 95

- **Dienstregister der Gerichtsvollzieher** (§ 47 GVO), sobald diese beweiserhebliche Einträge (zB einen Auftrag) enthalten (RG 25. 11. 1882 – Rep 2568/82, RGSt 7, 252, 256 zu § 348 Abs 2 StGB aF; BGB-RGRK/STEFFEN § 810 Rn 16), 96

- **Geschäftsbriefe** (OLG Hamburg 17. 12. 1910, OLGE 22, 351), 97

- **Geschäftsbücher** (BGH 27. 5. 2014 – XI ZR 264/13 Rn 21, NJW 2014, 3312 [Bürgschaftsgläubiger]; BGH 10. 12. 1987 – IX ZR 269/86, NJW 1988, 906, 907 [Bürgschaftsgläubiger]; BGH 28. 4. 1977 – II ZR 208/75, BB 1977, 1168 [GmbH]; BGH 11. 7. 1968 – II ZR 92/67, WM 1968, 1245 [stille Gesellschaft]; BGH 16. 2. 1959 – II ZR 194/57, WM 1959, 595, 598 [OHG]; RG 5. 11. 1903 – Rep VI 155/03, RGZ 56, 109, 112 [Bürgschaftsgläubiger]; RG 14. 1. 1902 – Rep II 357/01, RGZ 50, 334, 337 [Kaufmann]; MICHEL WiB 1996, 270 [Bürgschaftsgläubiger]; **aA** BGB-RGRK/STEFFEN § 810 Rn 13 für Nichtkaufleute) sowie sonstige zu den Geschäftsunterlagen zählenden Bücher und Papiere (zB Abschreibungslisten, Buchungsjournale, Sachkontensaldenlisten, Umbuchungslisten; s OLG München 19. 2. 2014 – 13 U 2374/11, BeckRS 2014, 3987; WERNER GmbHR 2016, 852, 855), 98

- **Handakten** eines Rechtsanwalts (LG Berlin 3. 10. 1922 – 31 S 120/22, JW 1923, 90, 91; WEISS JR 1971, 356, 358), 99

- **Jahresabschlüsse** (OLG Hamm 5. 3. 2014 – 8 U 54/13, BeckRS 2014, 123575 Rn 30), einschließlich der Bilanz (BGH 17. 4. 1989 – II ZR 258/88, NJW 1989, 3272, 3273 [KG]; BGH 28. 4. 1977 – II ZR 208/75, BB 1977, 1168 [GmbH]; BGH 11. 7. 1968 – II ZR 92/67, WM 1968, 1245 [stille Gesellschaft]; BGH 16. 2. 1959 – II ZR 194/57, WM 1959, 595, 598 [OHG]; WERNER 100

GmbHR 2016, 852, 855) und des Prüfungsberichts (BGH 17. 4. 1989 – II ZR 258/88, NJW 1989, 3272, 3273 [KG]),

101 – **Patientenakten** und sonstige medizinische Behandlungsunterlagen (OLG Stuttgart 4. 2. 1958 – 6 U 35/57, NJW 1958, 2118, 2119; LG Göttingen 16. 11. 1978 – 2 O 152/78, NJW 1979, 601, 602; Bemmann VersR 2005, 760, 765; Daniels NJW 1976, 345, 348; Pfeifer JW 1936, 3029, 3031; Wasserburg NJW 1980, 617, 621; Wiethaup JR 1954, 174, 175), soweit sie nicht mittels einer technischen Aufzeichnung entstanden sind (s unten Rn 125),

102 – **Provisionsabrechnungen** (BGH 16. 4. 1962 – VII ZR 252/60, MDR 1962, 562),

103 – **Quittungen** (OLG Hamburg 7. 3. 1911, OLGE 25, 30; Warneyer/Bohnenberg § 810; Giesker 76),

104 – **Rechnungen** (RG 23. 2. 1906 – III 399/05, SoergRspr 1906, 213 [§ 810 BGB Nr 1]),

105 – **Stammbäume** (Giesker 76),

106 – **Steuererklärungen** (OLG München 19. 2. 2014 – 13 U 2374/11, BeckRS 2014, 3987),

107 – **Vergabeakten** (BezG Dresden 29. 11. 1991 – 2 T 252/91, VIZ 1992, 73, 75; Opheys/Tmimi VergabeR 2021, 426, 435; Priess/Gabriel NJW 2008, 331),

108 – **Vertragsurkunden** (OLG Schleswig 17. 6. 1991 – 2 W 115/90, NJW-RR 1991, 1338 [Darlehensvertrag]; LG Frankfurt aM 25. 7. 1988 – 2/24 S 54/88, ZIP 1988, 965 [Kreditunterlagen]) und

109 – **Zinsbücher** (Giesker 76).

c) Arten von Urkunden

aa) Öffentliche Urkunden, Privaturkunden

110 Innerhalb des zivilprozessualen Urkundenbegriffs (s oben Rn 91 ff) werden im Hinblick auf die Beweiskraft öffentliche Urkunden (s unten Rn 111 f) von Privaturkunden (s unten Rn 113) unterschieden. Im Rahmen von § 810 BGB ist diese Unterscheidung ohne Bedeutung (Pries 77); das Einsichtsrecht nach dieser Vorschrift umfasst öffentliche Urkunden und Privaturkunden gleichermaßen (Planck/Landois § 810 Anm 2; Sass 108).

(1) Öffentliche Urkunden

111 Öffentliche Urkunden sind nach **§ 415 Abs 1 ZPO** Urkunden (s oben Rn 91), die von einer öffentlichen Behörde innerhalb der Grenzen ihrer Amtsbefugnisse oder von einer mit öffentlichem Glauben versehenen Person (zB Notare, Konsular- und Standesbeamte) innerhalb des ihr zugewiesenen Geschäftskreises in der vorgeschriebenen Form aufgenommen sind. Der Kreis tauglicher Aussteller ist ausweislich § 438 ZPO nicht auf deutsche Behörden und inländische öffentliche Urkundspersonen beschränkt. Daher ist zB auch die Ermittlungsakte einer französischen Staatsanwaltschaft *(Procureur de la République)* eine öffentliche Urkunde (BGH 16. 1. 2007 – VIII ZR 82/06, NJW-RR 2007, 1006 Rn 13).

112 Öffentliche Urkunden (s oben Rn 111) begründen – ihre Echtheit (s unten Rn 115) und Unversehrtheit (§ 419 ZPO) vorausgesetzt – grundsätzlich vollen Beweis für die be-

urkundete Erklärung eines Dritten (**§ 415 Abs 1 ZPO**; s statt vieler Zöller/Feskorn § 415 ZPO Rn 5 mwNw), die amtliche Anordnung, Verfügung oder Entscheidung (**§ 417 ZPO**; s statt vieler Zöller/Feskorn § 417 ZPO Rn 2 mwNw) oder die andere darin bezeugte Tatsache (**§ 418 Abs 1 ZPO**; s statt vieler Zöller/Feskorn § 418 ZPO Rn 3 mwNw). Für das gerichtliche Verhandlungsprotokoll sowie den Tatbestand des Urteils existieren mit **§ 165 ZPO** und **§ 314 ZPO** Sonderregelungen.

(2) Privaturkunden

Privaturkunden sind sämtliche nicht öffentlichen Urkunden (s oben Rn 111). Sie unter- **113** liegen – ihre Echtheit (s unten Rn 115) vorausgesetzt – grundsätzlich der freien Beweiswürdigung (§ 286 Abs 1 S 1 ZPO). Dieser Grundsatz erfährt durch **§ 416 ZPO** eine Einschränkung dahingehend, dass unversehrte (§ 419 ZPO) Privaturkunden, sofern sie von den Ausstellern unterschrieben oder mittels eines notariell beglaubigten Handzeichens unterzeichnet sind, vollen Beweis dafür begründen, dass die in ihnen enthaltenen Erklärungen von den Ausstellern abgegeben sind. Zu Einzelheiten s statt vieler Zöller/Feskorn § 416 ZPO Rn 7 ff mwNw.

bb) Absichts- und Zufallsurkunden

Im Unterschied zu dem strafrechtlichen Urkundenbegriff (statt vieler s Schönke/Schröder/Heine/Schuster § 267 StGB Rn 2, 14 mwNw) setzt der zivilprozessuale Urkunden- **114** begriff (s oben Rn 91 ff) nicht voraus, dass das Schriftstück zum Beweis im Rechtsverkehr bestimmt ist. Daher ist die auch im Zivilrecht verbreitete Unterscheidung zwischen sog **Absichtsurkunden**, die zu Beweiszwecken erstellt wurden, und sog **Zufallsurkunden**, die erst nachträglich zu Beweiszwecken eingesetzt werden (Zöller/Feskorn Vor §§ 415–444 ZPO Rn 2), im Rahmen von § 810 BGB ohne Bedeutung (Planck/Landois § 810 Anm 2). Gegenstand des Einsichtsrechts nach dieser Vorschrift sind sowohl Absichts- als auch Zufallsurkunden.

cc) Echte und vermeintlich unechte Urkunden

Obwohl nur echte Urkunden die Beweiskraft der §§ 415 ff ZPO entfalten (statt vieler s **115** Zöller/Feskorn § 439 ZPO Rn 1), umfasst der Einsichtsanspruch nach § 810 BGB auch Urkunden, von denen der Anspruchsteller behauptet, sie seien **unecht**. Ursächlich hierfür ist, dass die Beweiskraft einer Urkunde erst entfällt, sobald ihre Unechtheit feststeht. Solange die Unechtheit nicht gerichtlich festgestellt ist (§ 256 Abs 1 Fall 3 ZPO) und der Besitzer die Echtheit der Urkunde behauptet, besteht daher die Gefahr, dass die Urkunde als Beweismittel verwertet und ihr Inhalt – sei es aufgrund freier Beweiswürdigung (§ 286 Abs 1 S 1 ZPO), sei es aufgrund einer gesetzlichen Einschränkung dieses Grundsatzes (zB § 415 Abs 1 ZPO, § 417 ZPO, § 418 Abs 1 ZPO, s oben Rn 112) – als wahr angesehen wird. Um dem entgegenzuwirken, kann jedermann, der zB aufgrund ihm drohender Nachteile ein rechtliches Interesse daran hat (s unten Rn 229 ff), Einsicht in die Urkunde verlangen (RG 6. 2. 1931 – VII 208/30, JW 1931, 1549; iE auch BGB-RGRK/Steffen § 810 Rn 6), insbesondere um die Erfolgsaussichten einer Klage auf Feststellung der Unechtheit der Urkunde beurteilen zu können.

d) Abgrenzung zu Augenscheinsobjekten

aa) Kriterien

Augenscheinsobjekte unterscheiden sich von zivilprozessualen Urkunden (s oben **116** Rn 91 ff) dadurch, dass sie keine Gedankenerklärung enthalten (s unten Rn 119) und oder diese nicht durch eine Niederschrift verkörpert ist (s unten Rn 117).

(1) Schriftlichkeit

117 Die Vorschriften über den Beweis durch Urkunden (§§ 415 ff ZPO), besonders deutlich zB § 440 Abs 2 ZPO („Schrift"), implizieren, dass dem zivilprozessualen Urkundenbegriff (s oben Rn 91 ff) nur **schriftlich** verkörperte Gedankenerklärungen unterfallen (BGH 28. 11. 1975 – V ZR 127/74, BGHZ 65, 300, 301 = NJW 1976, 294; Planck/Landois § 810 Anm 2; jurisPK-BGB/Martinek/Heine [1. 2. 2023] § 810 Rn 31; Osterloh-Konrad 41; Pries 75; Reithmann 2; Sass 108; Siegel 18). Andere – nichtschriftliche – Verkörperungen von Gedanken sind keine Urkunden, sondern Augenscheinsobjekte (Zöller/Feskorn Vor §§ 415–444 ZPO Rn 2a), deren Besichtigung nicht nach § 810 BGB, sondern ausschließlich unter den Voraussetzungen des § 809 BGB (zu Einzelheiten s § 809 Rn 34 ff mwNw) verlangt werden kann.

118 Das **Verfahren der Niederschrift** ist für die Urkundenqualität eines Schriftstücks unerheblich (NK-BGB/Mielke § 810 Rn 2; Pries 76; Erman/Wilhelmi § 810 Rn 2). Daher unterfallen dem zivilprozessualen Urkundenbegriff (s oben Rn 91 ff) nicht nur handgeschriebene Dokumente (Planck/Landois § 810 Anm 2), sondern zB auch computergenerierte Ausdrucke, wenn sie eine Gedankenerklärung (s unten Rn 119) enthalten (MünchKommBGB/Habersack § 810 Rn 3; jurisPK-BGB/Martinek/Heine [1. 2. 2023] § 810 Rn 9; NK-BGB/Mielke § 810 Rn 3). Gleiches gilt für Protokolle, und zwar unabhängig davon, ob sie in einer Sitzung (wohl auch BGH 20. 3. 2017 – AnwZ [Brfg] 46/15 Rn 29, NJW 2017, 2044; **aA** BeckOK-BGB/Gehrlein [1. 2. 2023] § 810 Rn 1; NK-BGB/Mielke § 810 Rn 3) oder nachträglich auf Grundlage einer Tonaufnahme gefertigt werden (MünchKommBGB/Habersack § 810 Rn 3; offengelassen von BGH 19. 9. 1994 – II ZR 248/92, BGHZ 127, 107, 110 = AG 1994, 559).

(2) Gedankenerklärung

119 Schriftstücke sind nicht ausnahmslos zivilprozessuale Urkunden (s oben Rn 91 ff), sondern nur, wenn sie eine Gedankenerklärung mit Bezug zu einem Rechtsgeschäft oder Rechtsverhältnis verkörpern (s oben Rn 117 f). Andere Schriftstücke, die keinen solchen Inhalt fixieren (zB Liebesbriefe, Haus- und Tagebücher), sind Augenscheinsobjekte (PWW/Buck-Heeb § 810 Rn 2; Wosnitza 67; Siegel 18, 56; s auch Schönke/Schröder/Heine/Schuster § 267 StGB Rn 4 mwNw zum Urkundenbegriff des materiellen Strafrechts; **aA** Pries 77). Bedeutsam ist diese Unterscheidung insbesondere für die im Rahmen einer elektronischen Datenverarbeitung (EDV) hergestellten Schriftstücke (zB Kontoauszüge, behördliche Bescheide). Sie verkörpern eine Gedankenerklärung nur dann, wenn ein Mensch die Datenverarbeitung (zB durch die Programmierung) bestimmt und das Ergebnis der EDV ihm daher zuzurechnen ist (Schönke/Schröder/Heine/Schuster § 267 StGB Rn 4 mwNw zum Urkundenbegriff des materiellen Strafrechts).

bb) Abschriften, Fotokopien und andere Ablichtungen

120 Die Beschränkung des Urkundenbegriffs auf Gegenstände (s oben Rn 92), in denen die Gedankenerklärungen durch eine Niederschrift verkörpert ist (s oben Rn 117 f), hat zur Folge, dass Abschriften, Fotografien, **Fotokopien** und andere Ablichtungen von (Original-)Urkunden, die lediglich eine Reproduktion der Urschrift enthalten, selbst keine Urkunden iS der §§ 415 ff ZPO (BGH 21. 10. 1992 – XI ZR 71/91, NJW 1992, 829, 830; BGH 16. 11. 1979 – V ZR 93/77, NJW 1980, 1047, 1048; KG 17. 2. 2009 – 19 WF 6/09, FamRZ 2009, 1781; Zöller/Feskorn Vor §§ 415–444 ZPO Rn 2a; **aA** Giesker 76; Zoller NJW 1993, 429 ff, 435) und des § 810 BGB sind (OLG Hamburg 17. 12. 1910, OLGE 22, 351; OLG

München 1. 4. 1932 – BeschwReg IV 557/32, BayZ 1932, 363; Arens GmbHR 2018, 555, 558; Soergel/Hadding § 810 Rn 3; diff Pries 76).

Die **beglaubigte Abschrift** einer öffentlichen Urkunde (s oben Rn 111) ist trotz § 435 S 1 Hs 1 ZPO auch dann keine Urkunde, wenn sie hinsichtlich der Beglaubigung die Erfordernisse einer öffentlichen Urkunde an sich trägt. Die Vorschrift erhebt die beglaubigte Abschrift nicht selbst zu einer Urkunde, sondern erschöpft sich in Ansehung der Tatsache, dass die Urschrift einer öffentlichen Urkunde sich regelmäßig in amtlicher Verwahrung befindet, in der Anordnung, dass die beglaubigte Abschrift die Urschrift vertreten kann, für den Beweisantritt also die Vorlage der beglaubigten Abschrift genügt (statt vieler s Zöller/Feskorn § 435 ZPO Rn 1). Auf beglaubigte Abschriften von Privaturkunden (s oben Rn 113) ist § 435 ZPO weder unmittelbar noch entsprechend anwendbar (BGH 16. 11. 1979 – V ZR 93/77, NJW 1980, 1047, 1048). 121

cc) Elektronische Dokumente

Elektronische Dokumente – seien es öffentliche iS des § 371a Abs 3 S 1 ZPO, seien es private – sowie gescannte öffentliche Urkunden sind **keine Urkunden** iS des § 810 BGB (LG Krefeld 6. 10. 2021 – 2 O 448/20, NZI 2022, 195 Rn 16; LG Wuppertal 29. 7. 2021 – 4 O 409/20, r + s 2021, 696 Rn 37; Arens GmbHR 2018, 555, 558; BeckOGK/Hoffmann [1. 3. 2023] § 810 Rn 5; Jauernig/Stadler §§ 809–811 Rn 9; **aA** LG Hagen 16. 3. 2022 – 3 O 44/19, BeckRS 2022, 16730 Rn 18 [elektronische Bücher]), sondern Augenscheinsobjekte (C Berger NJW 2005, 1016; Zöller/Feskorn Vor §§ 415–444 ZPO Rn 5). Dies zeigt sich darin, dass die Vorschriften über die Beweiskraft öffentlicher bzw privater Urkunden keine unmittelbare, sondern nach § 371a Abs 1 S 1 ZPO, § 371a Abs 3 S 1 ZPO bzw § 371b S 1 ZPO nur entsprechende Anwendung finden. Daher kann Einsicht in elektronische Dokumente sowie gescannte öffentliche Urkunden nur nach § 809 BGB verlangt werden (s § 809 Rn 47; PWW/Buck-Heeb § 809 Rn 4; Soergel/Hadding § 809 Rn 2; Schippel CR 2021, 505 Rn 31; Jauernig/Stadler §§ 809–811 Rn 2; BGB-RGRK/Steffen § 810 Rn 3). 122

Ausdrucke elektronischer Dokumente sind – ebenso wie elektronische Dokumente (s oben Rn 122) – keine Urkunden (Zöller/Feskorn Vor §§ 415–444 ZPO Rn 5), sondern Augenscheinsobjekte (Ahrens, Der Beweis im Zivilprozess Kap 23 Rn 76). Gegenteiliges ist § 416a ZPO nicht zu entnehmen. Die Vorschrift erstreckt die Beweiskraftregeln von Urkunden in beglaubigter Abschrift – konkret die §§ 415, 417, 418 ZPO und die §§ 165, 314 ZPO – unter bestimmten Voraussetzungen (zu Einzelheiten s statt vieler MünchKommZPO/K Schreiber § 416a Rn 2 ff) auf Ausdrucke öffentlicher elektronischer Dokumente. Diese Anordnung wäre entbehrlich, würde es sich bei den Ausdrucken um zivilprozessuale Urkunden handeln. 123

dd) Elektronische Datenträger, technische Aufzeichnungen

Elektronische Datenträger (zB CDs, DVDs, USB-Sticks) können zwar Gedankenerklärungen verkörpern, sind aber mangels Schriftlichkeit der Verkörperung (s oben Rn 117 f) keine Urkunden iS des § 810 BGB (MünchKommBGB/Habersack § 810 Rn 3; Karg ZUM 2000, 934, 942; Karger 65; jurisPK-BGB/Martinek/Heine [1. 2. 2023] § 810 Rn 9; NK-BGB/Mielke § 810 Rn 3; **aA** OLG Karlsruhe 16. 11. 2000 – 19 U 34/99, NZG 2001, 654, 655 [Streamerband]; Binder ZHR 176 [2012] 380, 401; Werner GmbHR 2016, 852, 855), sondern Augenscheinsobjekte und damit Sachen iS des § 809 BGB (s statt vieler § 809 Rn 47 mwNw). 124

125 Keine Urkunden iS des § 810 BGB, sondern Augenscheinsobjekte und damit Sachen iS des § 809 BGB, sind **technische Aufzeichnungen** (jurisPK-BGB/Martinek/Heine [1. 2. 2023] § 810 Rn 9; Erman/Wilhelmi § 810 Rn 2; wohl auch PWW/Buck-Heeb § 810 Rn 3; **aA** Sass 110 ff [entsprechende Anwendung von § 810 BGB]), zB **Fotografien** (BGH 28. 11. 1975 – V ZR 127/74, BGHZ 65, 300, 301 = NJW 1976, 294; PWW/Buck-Heeb § 810 Rn 3; BeckOK-BGB/Gehrlein [1. 2. 2023] § 810 Rn 1; MünchKommBGB/Habersack § 810 Rn 3; BeckOGK/Hoffmann [1. 3. 2023] § 810 Rn 5; jurisPK-BGB/Martinek/Heine [1. 2. 2023] § 810 Rn 9; NK-BGB/Mielke § 810 Rn 3; s auch Zöller/Feskorn Vor §§ 415–444 ZPO Rn 2a zu §§ 415 ff ZPO), Microfiche (Zöller/Feskorn Vor §§ 415–444 ZPO Rn 2a zu §§ 415 ff ZPO; **aA** Zoller NJW 1993, 429 ff, 435 zu §§ 415 ff ZPO) und andere Mikrodokumente (jurisPK-BGB/Martinek/Heine [1. 2. 2023] § 810 Rn 9), Elektrokardiogramme (LG Göttingen 16. 11. 1978 – 2 O 152/78, NJW 1979, 601, 602; Lilie 148 ff; NK-BGB/Mielke § 810 Rn 3; krit Wasserburg NJW 1980, 617, 621; **aA** Peter 128 ff), Röntgenaufnahmen (BGH 6. 11. 1962 – VI ZR 29/62, NJW 1963, 389; OLG Köln 11. 11. 2009 – 5 U 77/09, VersR 2010, 1504; LG Aachen 16. 10. 1985 – 7 S 90/85, NJW 1986, 1551; LG Göttingen 16. 11. 1978 – 2 O 152/78, NJW 1979, 601, 602; Bemmann VersR 2005, 760, 765; PWW/Buck-Heeb § 810 Rn 3; MünchKommBGB/Habersack § 810 Rn 3; Lenkaitis 170 f; Lilie 148 ff; jurisPK-BGB/Martinek/Heine [1. 2. 2023] § 810 Rn 9; NK-BGB/Mielke § 810 Rn 3; Grüneberg/Sprau § 810 Rn 1; Winkler von Mohrenfels 76; **aA** Bürge, in: FS Lüke [1997] 7, 23; Peter 128 ff), Tachometerscheiben (PWW/Buck-Heeb § 810 Rn 3; NK-BGB/Mielke § 810 Rn 3) sowie **Ton-** (PWW/Buck-Heeb § 810 Rn 3; BeckOK-BGB/Gehrlein [1. 2. 2023] § 810 Rn 1; MünchKommBGB/Habersack § 810 Rn 3; jurisPK-BGB/Martinek/Heine [1. 2. 2023] § 810 Rn 9; NK-BGB/Mielke § 810 Rn 3; Grüneberg/Sprau § 810 Rn 1; BGB-RGRK/Steffen § 810 Rn 3; offengelassen von BGH 19. 9. 1994 – II ZR 248/92, BGHZ 127, 107, 110 = AG 1994, 559; BeckOGK/Hoffmann [1. 3. 2023] § 810 Rn 5; s auch Ahrens, Der Beweis im Zivilprozess Kap 22 Rn 13 zu §§ 415 ff ZPO) und **Videobänder** (Grüneberg/Sprau § 810 Rn 1; s auch Ahrens, Der Beweis im Zivilprozess Kap 22 Rn 13; Zöller/Feskorn Vor §§ 415–444 ZPO Rn 2a jeweils zu §§ 415 ff ZPO), und zwar auch dann, wenn auf ihnen Schriftstücke abgebildet sind (Ahrens, Der Beweis im Zivilprozess Kap 22 Rn 13; Zöller/Feskorn Vor §§ 415–444 ZPO Rn 2a jeweils zu §§ 415 ff ZPO; nur methodologisch abw [analoge Anwendung] Erman/Wilhelmi § 810 Rn 2; offengelassen von PWW/Buck-Heeb § 810 Rn 3). Die Gegenansicht, § 810 BGB im Wege der Analogie auf Träger technischer Aufzeichnungen, die eine rechtserhebliche Erklärung enthalten (zB Elektrokardiogramme, Ton- und Datenträger, Mikrodokumentationen), zu erstrecken (Husmann, in: Mergen, Die juristische Problematik in der Medizin, Bd II 183, 201; jurisPK-BGB/Martinek/Heine [1. 2. 2023] § 810 Rn 31; Peter 128; Sass 110 ff; Wasserburg NJW 1980, 617, 622), überzeugt nicht (MünchKommBGB/Habersack § 810 Rn 3; Lenkaitis 170 f). Sie kann für sich zwar in Anspruch nehmen, dass technische Aufzeichnungen immer häufiger an die Stelle schriftlicher Erklärungen treten und in ihrem Beweiswert herkömmlichen Urkunden grundsätzlich nicht nachstehen (Jöstlein DRiZ 1973, 409, 412). Diese Umstände vermögen die für eine Rechtsfortbildung erforderliche Regelungslücke aber nicht zu begründen. Deren Annahme steht insbesondere entgegen, dass der Gesetzgeber mit § 371a Abs 1 S 1 ZPO, § 371a Abs 3 S 1 ZPO und § 371b S 1 ZPO Sonderregelungen für elektronische Dokumente und gescannte öffentliche Urkunden geschaffen hat, deren Rechtsfolge sich in der entsprechenden Anwendung der Vorschriften über die Beweiskraft privater oder öffentlicher Urkunden erschöpft (s oben Rn 122).

ee) Beweiszeichen

126 Beweiszeichen unterfallen nach hM zwar dem strafrechtlichen (statt vieler s Schönke/Schröder/Heine/Schuster § 267 StGB Rn 20 ff mwNw; grundlegend BGH 19. 5. 1961 – 1 StR 620/

60, BGHSt 16, 94, 96 = NJW 1961, 1542 [Motornummer]; BGH 26. 6. 1956 – 5 StR 179/56, BGHSt 9, 235, 237 = NJW 1956, 1605 [Fahrgestellnummer]), mangels Niederschrift (s oben Rn 117 f) aber nicht dem zivilprozessualen Urkundenbegriff (Zöller/Feskorn Vor §§ 415–444 ZPO Rn 2a). Sie sind daher keine Urkunden iS des § 810 BGB, sondern Augenscheinsobjekte. Dies gilt zB für Fahrgestell- und Motornummern, Grenzsteine, Plomben, Siegelabdrucke und Stempel.

2. Urkunde befindet sich im Besitz eines anderen

Die Tatsache, dass der Anspruch nach § 810 BGB sich gegen den Besitzer der Urkunde richtet, in die Einsicht begehrt wird (s unten Rn 252), impliziert, dass der Anspruchsteller jedenfalls nicht der einzige Besitzer der Urkunde sein darf. Andernfalls besteht *a priori* kein Bedürfnis für den Einsichtsanspruch. Dies gilt auch dann, wenn ein Besitzdiener (§ 855 BGB, s § 809 Rn 50) die tatsächliche Gewalt über die Sache ausübt, da dieser einer Weisung des Besitzers, ihm die Urkunde zur Einsicht vorzulegen, Folge zu leisten hat. Erforderlich, aber auch ausreichend ist daher, dass der Anspruchsgegner zumindest auch Besitzer der Sache ist. Die Art des Besitzes ist unerheblich; es genügt zB Mitbesitz, und zwar auch dann, wenn der Anspruchsteller selbst Mitbesitzer der Urkunde ist. **127**

3. Anforderungen an den Zweck oder Inhalt der Urkunde

a) Allgemeines

Der Anspruch nach § 810 BGB umfasst nicht sämtliche in fremdem Besitz befindliche Urkunden (s oben Rn 91 ff, 127), an deren Einsicht der Anspruchsteller ein rechtliches Interesse (s unten Rn 229 ff) hat (BGH 20. 3. 2017 – AnwZ [BrfG] 46/15 Rn 29, NJW 2017, 2044), sondern im Anschluss an die gemeinrechtliche Theorie der Gemeinschaftlichkeit einer Urkunde (s oben Rn 8, s Prot II 774 = Mugdan II 1221 [„kein Bedürfnis, die Kategorie der Gemeinschaftlichkeit aufzugeben"]) nur solche, die in seinem Interesse errichtet worden sind (Fall 1, s unten Rn 130 ff), in denen ein zwischen ihm und einem anderen bestehendes Rechtsverhältnis beurkundet ist (Fall 2, s unten Rn 184 ff) und solche, die Verhandlungen über ein Rechtsgeschäft enthalten (Fall 3, s unten Rn 220 ff). Zur Begründung des Einsichtsanspruchs genügt es, dass einer dieser sog **Vorlegungstatbestände** erfüllt ist (BeckOK-BGB/Gehrlein [1. 2. 2023] § 810 Rn 1; MünchKommBGB/Habersack § 810 Rn 4; jurisPK-BGB/Martinek/Heine [1. 2. 2023] § 810 Rn 11; Grüneberg/Sprau § 810 Rn 1; Jauernig/Stadler §§ 809–811 Rn 10), wobei das Zusammentreffen mehrerer unschädlich ist (MünchKommBGB/Habersack § 810 Rn 4; jurisPK-BGB/Martinek/Heine [1. 2. 2023] § 810 Rn 11). **128**

Einigkeit besteht dahingehend, dass die Vorschrift – konkret die einzelnen Vorlegungstatbestände (s unten Rn 130 ff, 184 ff, 220 ff) – nicht am Wortlaut haftend, sondern **weit auszulegen** ist (BGH 20. 1. 1971 – VIII ZR 251/69, BGHZ 55, 201, 203 = NJW 1971, 656; BGH 31. 3. 1971 – VIII ZR 198/69, WM 1971, 565, 566; BGH 15. 12. 1965 – VIII ZR 306/63, WM 1966, 255 f; BGH 6. 6. 1963 – VII ZR 230/61, WM 1963, 990, 991; BGH 16. 4. 1962 – VII ZR 252/60, MDR 1962, 573; RG 28. 6. 1927 – II 464/26, RGZ 117, 332, 333; RG 14. 5. 1915 – Rep III 398/14, RGZ 87, 10, 15 f; OLG Düsseldorf 16. 11. 2020 – I-12 U 29/20, ZInsO 2021, 1186, 1187; OLG Düsseldorf 15. 7. 1995 – 7 U 119/94, NJW-RR 1996, 1464, 1466; OLG Frankfurt 25. 9. 1979 – 5 U 210/78, WM 1980, 1246, 1247; AG Köln 13. 10. 1987 – 111 C 163/87, VersR 1988, 257 [§ 810 Fall 1 BGB]; Beckhaus 29 [§ 810 Fall 2 BGB]; Warneyer/Bohnenberg § 810; Derleder/Wosnitza ZIP 1990, **129**

901, 906; Haeffs 80; BeckOGK/Hoffmann [1. 3. 2023] § 810 Rn 7; Krieger, in: FS Schneider [2011] 717, 723; Planck/Landois § 810 Anm 3 b; jurisPK-BGB/Martinek/Heine [1. 2. 2023] § 810 Rn 11; NK-BGB/Mielke § 810 Rn 10; Schilken Jura 1988, 525, 529; Winkler von Mohrenfels 74; Wosnitza 118). Erfüllt eine Urkunde trotz der gebotenen weiten Auslegung keinen Vorlegungstatbestand, kann der Anspruchsteller die Gestattung der Einsicht bzw die Vorlegung der Urkunde – vorbehaltlich eines konkurrierenden Anspruchs (s oben Rn 14 ff) – nur aufgrund einer entsprechenden Anwendung von § 810 BGB (s unten Rn 225 ff) oder unter den Voraussetzungen des § 809 BGB verlangen (Planck/Landois § 810 Anm 2; BGB-RGRK/Steffen § 810 Rn 3).

b) Errichtung der Urkunde im Interesse des Anspruchstellers (Fall 1)

aa) Anforderungen

130 Wer ein rechtliches Interesse daran hat (s unten Rn 229 ff), kann nach § 810 Fall 1 BGB die Einsicht in Urkunden (s oben Rn 91 ff) verlangen, die in seinem Interesse errichtet worden sind. Dies ist anzunehmen, wenn die Urkunde im Zeitpunkt der Errichtung dazu bestimmt ist, dem Anspruchsteller als Beweismittel zu dienen oder zumindest seine rechtlichen Beziehungen zu fördern (BGH 31. 3. 1971 – VIII ZR 198/69, DB 1971, 1416; BGH 10. 7. 1961 – VIII ZR 42/60, MDR 1961, 931; OLG Düsseldorf 16. 11. 2020 – I-12 U 29/20, ZInsO 2021, 1186, 1187; OLG Schleswig 5. 9. 2018 – 9 U 43/18, BeckRS 2018, 29709 Rn 16; OLG Karlsruhe 3. 8. 2017 – 7 U 202/16, MDR 2017, 1300, 1301; OLG Naumburg 31. 3. 1999 – 6 U 387/96, OLG-NL 2001, 124, 125; OLG Düsseldorf 15. 9. 1995 – 7 U 119/94, NJW-RR 1996, 1464, 1466; OLG Stuttgart 4. 2. 1958 – 6 U 35/57, NJW 1958, 2118, 2119; KG 28. 2. 1913, SoergRspr 1914, 226 [§ 810 BGB Nr 2]; LG Münster 19. 8. 2022 – 108 O 16/22, BeckRS 2022, 25582 Rn 20; LG Saarbrücken 8. 4. 2021 – 14 O 103/17, VersR 2021, 888, 892; LG Kiel 23. 3. 2018 – 14 HKO 170/17, BeckRS 2018, 29770 Rn 7; LG Berlin 1. 3. 2018 – 23 O 143/17, BeckRS 2018, 55868 Rn 22; LG Oldenburg 9. 12. 2011 – 13 O 1604/11, r + s 2012, 343, 344; LG Berlin 13. 3. 2001 – 7 O 76/00, VersR 2003, 94; Armbrüster VersR 2013, 944, 947; Beckhaus 29; Stein/Jonas/C Berger § 422 ZPO Rn 12; PWW/Buck-Heeb § 810 Rn 6; Enneccerus/Lehmann, Recht der Schuldverhältnisse § 219 I 1a = 867; BeckOK-BGB/Gehrlein [1. 2. 2023] § 810 Rn 2; MünchKommBGB/Habersack § 810 Rn 5; Soergel/Hadding § 810 Rn 6; BeckOGK/Hoffmann [1. 3. 2023] § 810 Rn 8; Krieger, in: FS Schneider [2011] 717, 723; Planck/Landois § 810 Anm 3 c α; jurisPK-BGB/Martinek/Heine [1. 2. 2023] § 810 Rn 12; NK-BGB/Mielke § 810 Rn 11; Osterloh-Konrad 44 f; Sass 118; C Schreiber JR 2008, 1, 3; Grüneberg/Sprau § 810 Rn 3; Jauernig/Stadler §§ 809–811 Rn 10; BGB-RGRK/Steffen § 810 Rn 9; Winkler von Mohrenfels 75; Wosnitza 69). Nicht erforderlich ist, dass dem Anspruchsteller Rechte aus dem beurkundeten Rechtsgeschäft zustehen (**aA** KG 28. 2. 1913 – 1a X 194/13, KGJ 45 A Nr 4). Maßgeblich ist – im Unterschied zu § 810 Fall 2 BGB (s unten Rn 184 ff) und Fall 3 (s unten Rn 220 ff) – nämlich nicht der Inhalt der Urkunde, sondern ausschließlich der **Zweck ihrer Errichtung** (BGH 31. 3. 1971 – VIII ZR 198/69, DB 1971, 1416; OLG Düsseldorf 16. 11. 2020 – I-12 U 29/20, ZInsO 2021, 1186, 1187; OLG Schleswig 5. 9. 2018 – 9 U 43/18, BeckRS 2018, 29709 Rn 16; OLG Naumburg 31. 3. 1999 – 6 U 387/96, OLG-NL 2001, 124, 125; OLG Düsseldorf 15. 9. 1995 – 7 U 119/94, NJW-RR 1996, 1464, 1466; LG Münster 19. 8. 2022 – 108 O 16/22, BeckRS 2022, 25582 Rn 20; Beckhaus 29; PWW/Buck-Heeb § 810 Rn 6; BeckOK-BGB/Gehrlein [1. 2. 2023] § 810 Rn 2; Grooterhorst AG 2011, 389, 393; MünchKommBGB/Habersack § 810 Rn 5; Planck/Landois § 810 Anm 3 c α; jurisPK-BGB/Martinek/Heine [1. 2. 2023] § 810 Rn 12; NK-BGB/Mielke § 810 Rn 11; Osterloh-Konrad 44; Sass 118; Grüneberg/Sprau § 810 Rn 3; Jauernig/Stadler §§ 809–811 Rn 10; BGB-RGRK/Steffen § 810 Rn 9; Wosnitza 69). Daher unterfallen § 810 Fall 1 BGB ganz überwiegend, wenngleich nicht ausschließlich, sog Absichtsurkunden (s oben Rn 114; Pries 79).

Die weite Auslegung der Vorschrift (s oben Rn 129) äußert sich bei § 810 Fall 1 BGB darin, dass die Urkunde nicht ausschließlich dem Interesse des Anspruchstellers dienen muss (Soergel/Hadding § 810 Rn 6; Sass 118; Schilken Jura 1988, 525, 529; BGB-RGRK/Steffen § 810 Rn 9). Ausreichend ist vielmehr, dass sie *zumindest auch* in seinem Interesse errichtet worden ist (BGH 20. 3. 1985 – VIII ZR 342/83, BGHZ 94, 105, 116 = NJW 1985, 1836; BGH 31. 3. 1971 – VIII ZR 198/69, DB 1971, 1416; OLG Düsseldorf 16. 11. 2020 – I-12 U 29/20, ZInsO 2021, 1186, 1187; LG Münster 19. 8. 2022 – 108 O 16/22, BeckRS 2022, 25582 Rn 20; LG Saarbrücken 8. 4. 2021 – 14 O 103/17, VersR 2021, 888, 892; LG Kiel 23. 3. 2018 – 14 HKO 170/17, BeckRS 2018, 29770 Rn 7; LG Oldenburg 9. 12. 2011 – 13 O 1604/11, r + s 2012, 343, 344; LG Hildesheim 12. 3. 1991 – 3 O 31/91, NJW-RR 1992, 415 f; Armbrüster VersR 2013, 944, 948; Stein/Jonas/C Berger § 422 ZPO Rn 12; Enneccerus/Lehmann, Recht der Schuldverhältnisse § 219 I 1a = 867; MünchKommBGB/Habersack § 810 Rn 5; Soergel/Hadding § 810 Rn 6; Haeffs 81; BeckOGK/Hoffmann [1. 3. 2023] § 810 Rn 8; Krieger, in: FS Schneider [2011] 717, 723; Planck/Landois § 810 Anm 3 c α; NK-BGB/Mielke § 810 Rn 11; Oertmann § 810 Anm 2 b; Osterloh-Konrad 44 f; Pries 80; Sass 118; Schilken Jura 1988, 525, 529; Jauernig/Stadler §§ 809–811 Rn 10; BGB-RGRK/Steffen § 810 Rn 9; Wiethaup JR 1954, 174, 175). Die namentliche Nennung des Anspruchstellers in der Urkunde kann allenfalls ein Indiz hierfür sein; sie ist jedoch weder erforderlich (BGH 10. 7. 1961 – VIII ZR 42/60, MDR 1961, 931, 932; MünchKommBGB/Habersack § 810 Rn 5; Soergel/Hadding § 810 Rn 6; jurisPK-BGB/Martinek/Heine [1. 2. 2023] § 810 Rn 12; NK-BGB/Mielke § 810 Rn 11; Grüneberg/Sprau § 810 Rn 3; Jauernig/Stadler §§ 809–811 Rn 10; BGB-RGRK/Steffen § 810 Rn 9) noch ausreichend. 131

bb) Einzelfälle

Urkunden iS des § 810 Fall 1 BGB sind – in alphabetischer Ordnung – ua folgende Schriftstücke: 132

- Der **Abhängigkeitsbericht** iS des § 312 AktG wird in Ansehung des Normzwecks, nämlich den außenstehenden Aktionären sowie den Gläubigern der Gesellschaft durch Verbesserung ihrer Beweislage die Durchsetzung konzernrechtlicher Ersatzansprüche (§ 117 Abs 1 S 1, 2, Abs 2 S 1 AktG, § 317 Abs 1 S 1, 2, Abs 3 AktG) zu erleichtern (statt vieler s BGH 17. 3. 1997 – II ZB 3/96, BGHZ 135, 107, 109 f = AG 1997, 374; Koch § 312 AktG Rn 1), auch im Interesse der außenstehenden Aktionäre sowie der Gläubiger der Gesellschaft aufgestellt (s oben Rn 50). 133

- Die Beurkundung der **Autorisierung eines Zahlungsvorgangs** iS des § 675j Abs 1 S 1 BGB durch das Kreditinstitut dient nicht nur für interne Zwecke, sondern auch dem Interesse des Zahlers an der pflichtgemäßen Abwicklung des Zahlungsvorgangs (Wosnitza 112). 134

- Baugeld muss grundsätzlich zur Befriedigung der an dem Bau Beteiligten verwendet werden. Daher führt der Baugeldempfänger das **Baubuch** (§ 2 Abs 1 BauFordSiGaF) nicht nur im eigenen, sondern auch im Interesse der Baugläubiger (BGH 9. 12. 1986 – VI ZR 287/85, NJW 1987, 1196, 1197; LG Hamburg 15. 12. 2003 – 419 O 207/02, BauR 2004, 962; PWW/Buck-Heeb § 810 Rn 7; BeckOGK/Hoffmann [1. 3. 2023] § 810 Rn 9; Planck/Landois § 810 Anm 3 c α; Grüneberg/Sprau § 810 Rn 4; Jauernig/Stadler §§ 809–811 Rn 10; iE auch Erman/Wilhelmi § 810 Rn 7 [§ 810 Fall 2 BGB]). Seit dem 23. 10. 2008 (Art 3 Nr 3, 4 FoSiG v 23. 10. 2008, BGBl 2008 I 2022) sieht das BauFordSiG keine Pflicht zur Führung eines Baubuchs mehr vor. Dies hat jedoch nicht zur Folge, 135 dass die Baugläubiger andere Buchführungsunterlagen nach § 810 BGB einsehen können. Zum einen dienen die Unterlagen ausschließlich dem Buchführenden selbst, zum anderen weisen sie – Gleiches gilt für Bau- und Darlehensverträge sowie Überweisungsbelege und Kontoauszüge – keine objektive und unmittelbar rechtliche Beziehung zu der Verwendungspflicht (§ 1 Abs 1 S 1 BauFordSiG) auf (LG München I 25. 3. 2021 – 11 O 17663/20, ZIP 2021, 915, 917).

136 – Bei einem verlängerten **Eigentumsvorbehalt** sind die im Besitz des Vorbehaltskäufers befindlichen Dokumente, die sich auf die im Voraus abgetretenen Kundenforderungen beziehen, auch im Interesse des Vorbehaltsverkäufers errichtet (BGH 20. 3. 1985 – VIII ZR 342/83, BGHZ 94, 105, 116 = NJW 1985, 1836; PWW/Buck-Heeb § 810 Rn 7; BeckOK-BGB/Gehrlein [1. 2. 2023] § 810 Rn 2; MünchKommBGB/Habersack § 810 Rn 6; BeckOGK/Hoffmann [1. 3. 2023] § 810 Rn 9; jurisPK-BGB/Martinek/Heine [1. 2. 2023] § 810 Rn 13; Jauernig/Stadler §§ 809–811 Rn 10).

137 – Ein sog **Erbschaftsbuch**, in dem ein Miterbe die Verwaltungsgeschäfte in Bezug auf den Nachlass aufzeichnet, wird aufgrund der Auswirkungen derselben auf die Vollziehung des Teilungsplans im Interesse sämtlicher Miterben errichtet (RG 16. 10. 1916 – Rep VI 227/16, RGZ 89, 1, 3 f; BGB-RGRK/Steffen § 810 Rn 12; iE auch Warneyer/Bohnenberg § 810; Soergel/Hadding § 810 Rn 16; Planck/Landois § 810 Anm 3 c β [§ 810 Fall 2 BGB]).

138 – Die **Geburtsurkunde** wird im Interesse der betreffenden Person errichtet (Enneccerus/Lehmann, Recht der Schuldverhältnisse § 219 I 1a = 867).

139 – Die Unterlagen eines Zentrums für **heterologe Insemination**, aus denen sich der Name des Samenspenders ergibt, sind auch im Interesse des Kindes errichtet worden (AG Hannover 17. 10. 2016 – 432 C 7640/15, FamRZ 2017, 223, 225; iE auch OLG Hamm 6. 2. 2013 – I-14 U 7/12, NJW 2013, 1167, 1171; zust C Schmidt NZFam 2017, 881, 883; offengelassen von BGH 28. 1. 2015 – XII ZR 201/13 Rn 62, BGHZ 204, 54 = NJW 2015, 1098).

140 – Der **Jahresabschluss** (§ 242 Abs 3 HGB) wird nicht nur im eigenen Interesse des buchsführungspflichtigen Kaufmanns (§ 238 Abs 1 S 1 HGB), sondern auch im Interesse seiner Gläubiger und – bei einer Gesellschaft – der einzelnen Gesellschafter errichtet (BGH 11. 7. 1968 – II ZR 92/67, WM 1968, 1245; RG 17. 3. 1926 – II 304/25, JW 1926, 1812 f; RAG 25. 4. 1934 – RAG 52/34, JW 1934, 2181, 2182 [gewinnbeteiligter Angestellter]; OLG Hamm 5. 3. 2014 – 8 U 54/13, BeckRS 2014, 123575 Rn 30 [KG]; Soergel/Hadding § 810 Rn 2). Die personelle Beschränkung der §§ 238 ff HGB auf Kaufleute iS des §§ 1 ff HGB hat nicht notwendig zur Folge, dass nichtkaufmännische Unternehmer ihre Geschäftsbücher ausschließlich im eigenen Interesse errichten (**aA** RG 24. 10. 1903 – II 496/03, Recht 1903 Nr 3080; OLG Colmar 11. 11. 1909 – IV U 272/08, Recht 1909 Nr 3764). Dies gilt insbesondere für die Bücher, zu deren Führung Gewerbetreibende nach § 141 Abs 1 AO in sinngemäßer Anwendung der §§ 242 Abs 1, 243–256 HGB verpflichtet sind. Sie werden nicht nur im Interesse der Gläubiger, sondern auch der Ehepartner errichtet, wenn zwischen den Ehegatten Gütergemeinschaft (§§ 1415 ff BGB) oder Zugewinngemeinschaft (§§ 1363 ff BGB) besteht, die ua das Unternehmen umfasst (RG 14. 1. 1902 – Rep II 357/01, RGZ 50, 334, 337 für eine Errungenschaftsgemeinschaft nach Art 1497 Nr 1 Code civil).

– Der **Kaufvertrag** über eine Sache ist ausnahmsweise auch im Interesse eines Dritten errichtet, wenn der Verkäufer dem Dritten verspricht, ihm den einen bestimmten Betrag übersteigenden (Mehr-)Erlös auszukehren (OLG Dresden 26. 11. 1917, OLGE 38, 117, 118; Soergel/Hadding § 810 Rn 2; iE auch Planck/Landois § 810 Anm 3 c β). 141

– Eine von dem Verkäufer verfasste **Liste der veräußerten Gegenstände** ist nicht nur für seinen internen Gebrauch bestimmt, sondern auch im Interesse des Erwerbers errichtet, und zwar auch dann, wenn der Erwerber nicht namentlich in der Liste genannt ist (BGH 10. 7. 1961 – VIII ZR 42/60, MDR 1061, 931 f). 142

– Die **Krankenunterlagen eines Tierarztes** werden – ebenso wie die Patientenakten (s unten Rn 146) – zumindest auch im Interesse des Tierhalters errichtet (LG Hildesheim 12. 3. 1991 – 3 O 31/91, NJW-RR 1992, 415, 416; MünchKommBGB/Habersack § 810 Rn 6; Grüneberg/Sprau § 810 Rn 5). 143

– Die **Niederschrift der Generalversammlung einer Genossenschaft** ist nur insoweit im Interesse der ausgeschiedenen Mitglieder errichtet, als der Inhalt zur Überprüfung ihres Auseinandersetzungsguthabens von Bedeutung ist, nämlich die Generalia der Versammlung, die Feststellung des Jahresabschlusses sowie der Beschluss über die Gewinn- bzw Verlustverwendung (OLG Schleswig 5. 9. 2018 – 9 U 43/18, BeckRS 2018, 29709 Rn 21). 144

– Die **Niederschrift** über die Beschlüsse der **Hauptversammlung einer AG** oder KGaA wird – gleichgültig ob sie notariell (§ 130 Abs 1 S 1, 2 AktG ggf iVm § 278 Abs 3 AktG) oder privatschriftlich (§ 130 Abs 1 S 3 AktG ggf iVm § 278 Abs 3 AktG) erfolgt – in Ansehung des Normzwecks, Rechtssicherheit und Transparenz zu schaffen, damit keine Unklarheiten über die Annahme oder Ablehnung von Anträgen und die gestellten Anträge besteht (statt vieler s BGH 21. 10. 2014 – II ZR 330/13 Rn 17, BGHZ 203, 68 = NJW 2015, 336; BGH 19. 9. 1994 – II ZR 248/92, BGHZ 127, 107, 113 = AG 1994, 559), zumindest auch im Interesse der (künftigen) Aktionäre errichtet (s oben Rn 43, **aA** GroßkommAktG/Mülbert § 130 Rn 138; KölnKommAktG/Noack/Zetsche § 130 Rn 388; K Schmidt/Lutter/Ziemons § 130 AktG Rn 84). 145

– Die **Patientenakte** und sonstige medizinische Behandlungsunterlagen stellen nicht nur eine Gedächtnisstütze für den behandelnden Arzt dar (**aA** BGH 4. 12. 1962 – VI ZR 101/62, VersR 1963, 168, 169; OLG Celle 30. 11. 1977 – 3 U 17/77, NJW 1978, 1200; OLG Stuttgart 4. 2. 1958 – 6 U 35/57, NJW 1958, 2118, 2119; LG Hannover 24. 6. 1955 – 10 S 108/55, NJW 1956, 348; Jäckel, in: Mergen, Die juristische Problematik in der Medizin, Bd II 163, 176 f; Wiethaup JR 1954, 174, 175), sondern sind zumindest auch im Interesse der Patienten errichtet (BGH 2. 10. 1984 – VI ZR 311/82, NJW 1985, 674, 675; OLG Köln 12. 11. 1981 – 7 U 96/81, NJW 1982, 704; OLG Köln 15. 7. 1974 – 10 W 9/74, JMBl NRW 1974, 263; LG Göttingen 16. 11. 1978 – 2 O 152/78, NJW 1979, 601, 602; Bemmann VersR 2005, 760, 765; Soergel/Hadding § 810 Rn 6; jurisPK-BGB/Martinek/Heine [1. 2. 2023] § 810 Rn 15; Lipp, in: Laufs/Katzenmeier/Lipp, Arztrecht Kap III Rn 37; Peter 131; Pfeifer JW 1936, 3029, 3031; Jauernig/Stadler §§ 809–811 Rn 10; iE auch BGH 23. 11. 1982 – VI ZR 222/79, BGHZ 85, 327, 332 = NJW 1983, 328; OLG Bremen 31. 7. 1979 – 1 U 47/79 [b], NJW 1980, 644; LG Frankfurt aM 8. 1. 2007 – 2/24 S 127/06, NJW-RR 2007, 999; LG Saarbrücken 20. 9. 1995 – 16 S 1/93, MedR 1996, 323; LG Limburg 17. 1. 1979 – 3 S 244/78, NJW 1979, 607; Schilken Jura 1988, 525, 529). Gleiches gilt für patientenbezogene 146

Pflegeunterlagen (LG Mönchengladbach 31. 10. 2007 – 2 S 34/07, PflR 2008, 280, 282; jurisPK-BGB/Martinek/Heine [1. 2. 2023] § 810 Rn 15).

147 – Die **Protokolle von Vorstands- oder Aufsichtsratssitzungen** werden nicht nur im Interesse der einzelnen Organmitglieder, sondern auch zu Dokumentationszwecken für die Gesellschaft errichtet (MünchKommBGB/Habersack § 810 Rn 6; Krieger, in: FS Schneider [2011] 717, 723; iE auch PWW/Buck-Heeb § 810 Fall 2 Rn 11; **aA** jurisPK-BGB/Martinek/Heine [1. 2. 2023] § 810 Rn 14; Erman/Wilhelmi § 810 Rn 6). Gleiches gilt für Notizen, in denen die Organmitglieder einer abhängigen Gesellschaft ihre Bedenken hinsichtlich einer schädigenden Maßnahme festhalten (Grooterhorst AG 2011, 389, 394). Daher können auch Gläubiger der Gesellschaft und besondere Vertreter, sofern sie ausnahmsweise berechtigt sind, den Ersatzanspruch der Gesellschaft geltend zu machen, die Gestattung der Einsicht von der Gesellschaft verlangen (s oben Rn 49, 51).

148 – Ein sog **Revers**, in dem der Eigentümer eines Grundstücks den Baugläubigern eine Sicherungshypothek bewilligt, ist auch im Interesse der Baugläubiger errichtet (OLG Karlsruhe 15. 2. 1908, BadRPrax 1908, 166).

149 – **Testamente** dienen nicht ausschließlich dem Interesse des Erblassers an der gewillkürten Erbfolge, sondern auch dem Interesse der Erben, ihre Rechtsstellung nachweisen zu können (Stein/Jonas/C Berger § 422 ZPO Rn 12; iE auch Giesker 77; Pries 80; Radant 65).

150 – **Vergabeakten** iS des § 163 Abs 2 S 3 GWB werden auch im Interesse der an dem Vergabeverfahren teilnehmenden Bieter geführt (OLG Köln 29. 1. 2020 – 11 U 14/19, VergabeR 2020, 696, 702; LG Köln 18. 12. 2018 – 5 O 248/18, BeckRS 2018, 51142 Rn 46; MünchKommBGB/Habersack § 810 Rn 6; Jauernig/Stadler §§ 809–811 Rn 10).

151 – Ein **Vermerk**, der den Inhalt von Verhandlungen aktenkundig macht, wird nicht notwendig nur im Interesse der designierten Vertragsparteien angefertigt; er kann auch im Interesse eines Dritten (zB des Vorkaufsverpflichteten) errichtet sein (BGH 26. 1. 1973 – V ZR 2/71, WM 1973, 644, 649).

152 – Der **Versicherungsschein** wird bei einer Lebensversicherung auch im Interesse des Bezugsberechtigten ausgestellt (VG Berlin 2. 9. 2016 – 2 K 87.15, DVBl 2016, 1481, 1483; Armbrüster VersR 2013, 944, 947; PWW/Buck-Heeb § 810 Rn 7; BeckOK-BGB/Gehrlein [1. 2. 2023] § 810 Rn 2; MünchKommBGB/Habersack § 810 Rn 6; BeckOGK/Hoffmann [1. 3. 2023] § 810 Rn 9; jurisPK-BGB/Martinek/Heine [1. 2. 2023] § 810 Rn 13).

153 – Die Urkunde über einen **Vertrag zugunsten Dritter** (§ 328 BGB) wird nicht nur im Interesse der Parteien, sondern auch des Dritten errichtet (BeckOGK/Hoffmann [1. 3. 2023] § 810 Rn 9; Planck/Landois § 810 Anm 3 c β; jurisPK-BGB/Martinek/Heine [1. 2. 2023] § 810 Rn 13; Pries 80 f; Grüneberg/Sprau § 810 Rn 4; Jauernig/Stadler §§ 809–811 Rn 10; BGB-RGRK/Steffen § 810 Rn 9).

154 – **Veterinärmedizinische Behandlungsunterlagen** werden nicht ausschließlich im Interesse des Tierarztes, sondern auch im Interesse des Tiereigentümers bzw Tierhalters errichtet (**aA** BGH 4. 12. 1962 – VI ZR 101/62, VersR 1963, 168, 169; OLG Celle 30. 11.

1977 – 3 U 17/77, NJW 1978, 1200; OLG Stuttgart 4. 2. 1958 – 6 U 35/57, NJW 1958, 2118, 2119; LG Hannover 24. 6. 1955 – 10 S 108/55, NJW 1956, 348; Jäckel, in: Mergen, Die juristische Problematik in der Medizin, Bd II 163, 176 f; Wiethaup JR 1954, 174, 175), jedoch nicht im Interesse eines Käufers des Tieres, wenn der Verkauf des Tieres bei Abschluss der Behandlung noch nicht beabsichtigt war (LG Münster 19. 8. 2022 – 108 O 16/22, BeckRS 2022, 25582 Rn 21).

– **Vollmachtsurkunden** werden aufgrund des mit ihrer Aushändigung verbundenen Vertrauensschutzes (§ 172 Abs 2 BGB) auch im Interesse der Dritten errichtet, die mit dem Stellvertreter in geschäftlichen Kontakt treten (Stein/Jonas/C Berger § 422 ZPO Rn 12; Enneccerus/Lehmann, Recht der Schuldverhältnisse § 219 I 1a = 867 f; BeckOK-BGB/Gehrlein [1. 2. 2023] § 810 Rn 2; BeckOGK/Hoffmann [1. 3. 2023] § 810 Rn 9; Planck/Landois § 810 Anm 3 c α; jurisPK-BGB/Martinek/Heine [1. 2. 2023] § 810 Rn 13; Pries 80; Radant 65; Schilken Jura 1988, 525, 529; Grüneberg/Sprau § 810 Rn 4; Jauernig/Stadler §§ 809–811 Rn 10; Erman/Wilhelmi § 810 Rn 6). 155

– Das **Protokoll über Vollstreckungshandlungen** (§ 762 ZPO) errichtet der Gerichtsvollzieher nicht ausschließlich im eigenen Interesse an der Beweissicherung, sondern auch im Interesse der Mitunterzeichner (§ 762 Abs 2 Nr 3, 4 ZPO, s Pries 81). 156

– Die von einem **Wirtschaftsprüfer**, insbesondere Jahresabschlussprüfer, aus Anlass seiner beruflichen Tätigkeit gefertigten Arbeitspapiere werden nicht auch im Interesse der Mandanten errichtet (PWW/Buck-Heeb § 810 Rn 7; Ebke 49 f; iE auch D Gutman BB 2010, 171, 172). 157

– **Zustellungsurkunden** werden nicht nur als Nachweis für die Erfüllung des Postbeförderungsvertrags, sondern auch im Interesse des Absenders als Beweismittel für den Zugang des Schriftstücks errichtet (Stein/Jonas/C Berger § 422 ZPO Rn 12; Pries 81). 158

Keine Urkunden iS des § 810 Fall 1 BGB sind – in alphabetischer Ordnung – ua folgende Schriftstücke: 159

– **Abschriften** von Briefen fertigt der Empfänger ausschließlich in seinem eigenen und nicht auch im Interesse des Absenders an (RG 7. 11. 1908 – Rep I 638/08, RGZ 69, 401, 405 – *Nietzsche-Briefe*; Planck/Landois § 810 Anm 3 b α). 160

– Einsicht in die Baukostenzusammenstellung des Bauherrn kann der **Architekt** gemäß § 810 Fall 1 BGB auch nicht zur Vorbereitung seiner Honorarschlussrechnung verlangen (OLG München 7. 8. 2012 – 9 U 2829/11, NJW-RR 2013, 19, 20; BeckOK-BGB/Gehrlein [1. 2. 2023] § 810 Rn 2). 161

– Das **Bautagebuch** und die Aufmaßzettel werden nicht auch im Interesse eines an dem Bauvertrag unbeteiligten geschädigten Anliegers errichtet (OLG Frankfurt 18. 10. 2006 – 1 U 19/06, BeckRS 2007, 1566). 162

– Sog **Bierbücher**, in denen der Gastwirt die Bierabnahme von Brauereien aufzeichnet, werden ausschließlich im Interesse des Gastwirts und der beliefernden Brauereien zu dem Zweck errichtet, den Verzehr zu kontrollieren, nicht aber im Interes- 163 se eines Erwerbers des Restaurants, und zwar auch dann nicht, wenn letzterer behauptet, von dem Gastwirt über den Bierumsatz getäuscht worden zu sein (OLG Dresden 30. 3. 1905 – 1 O 255/04, SächsArch 15, 623. 624; Soergel/Hadding § 810 Rn 8; Planck/Landois § 810 Anm 3 c α).

164 – **Medizinische, psychiatrische und psychotherapeutische Gutachten**, die ein Arzt im Auftrag einer Krankenversicherung über eine versicherte Person verfasst, werden nicht im Interesse der Patienten erstattet (OLG Frankfurt 28. 5. 1991 – 8 U 158/90, MDR 1992, 353; OLG Köln 25. 11. 1982 – 7 U 104/82, NJW 1983, 2641; LG Berlin 1. 3. 2018 – 23 O 143/17, BeckRS 2018, 55868 Rn 22; jurisPK-BGB/Martinek/Heine [1. 2. 2023] § 810 Rn 13; **aA** MünchKommBGB/Habersack § 810 Rn 6); ein Einsichtsanspruch kann sich allerdings unter Berücksichtigung von § 242 BGB aus dem Versicherungsvertrag ergeben, wenn der Versicherte ein berechtigtes Interesse (zB die Überprüfung der Honorarabrechnung) nachweist (OLG Frankfurt 28. 5. 1991 – 8 U 158/90, MedR 1992, 161; jurisPK-BGB/Martinek/Heine [1. 2. 2023] § 810 Rn 13).

165 – **Handakten** führt ein **Rechtsanwalt** ausschließlich zur eigenen Information und nicht auch im Interesse des Mandanten (RG 16. 4. 1912 – III 346/11, WarnR 1912 Nr 304; BGB-RGRK/Steffen § 810 Rn 9; Weiss JR 1971, 356, 358; **aA** MünchKommBGB/Habersack § 810 Rn 8; jurisPK-BGB/Martinek/Heine [1. 2. 2023] § 810 Rn 13; Schilken Jura 1988, 525, 529). Ein Einsichtsanspruch kann aber nach § 810 Fall 2 BGB bestehen (s unten Rn 191).

166 – Ein **Havarieprotokoll** wird ausschließlich zur Fehlersuche und damit im internen Interesse und nicht als Grundlage für Schadensersatzansprüche Dritter erstellt (OLG Naumburg 31. 3. 1999 – 6 U 387/96, OLG-NL 2001, 124, 125).

167 – Das **Kassabuch** eines Nichtkaufmanns, in dem ua die von ihm geleisteten Zahlungen aufgelistet sind, ist ausschließlich zu seinem Gebrauch bestimmt und wird nicht im Interesse seiner Gläubiger errichtet (OLG Braunschweig 25. 10. 1900, BraunschwZ 49, 127; zust Soergel/Hadding § 810 Rn 8).

168 – **Konstruktionszeichnungen** (zB für Turbinen) werden nicht im Interesse der Käufer des Produkts angefertigt. Sie sollen ausschließlich dem Hersteller für die Vorbereitung und Verwirklichung des Baus dienen (KG 8. 3. 1919, GRUR 1919, 179, 180; Planck/Landois § 810 Anm 3 c α; **aA** Tilmann/Schreibauer, in: FS Erdmann [2002] 901, 923 f).

169 – Vertragsurkunden und andere Unterlagen zu Maßnahmen der Gesellschaft, die uU einen qualifiziert faktischen **Konzern** begründen, werden nicht auch im Interesse der außenstehenden Aktionäre errichtet (OLG Stuttgart 30. 5. 2007 – 20 U 12/06, ZIP 2007, 1210, 1215 – *Züblin*; zust MünchKommBGB/Habersack § 810 Rn 6 mit Fn 31).

170 – Die **notarielle Urkunde** über den Hauptvertrag (zB einen Kaufvertrag über einen GmbH-Geschäftsanteil) ist nicht im Interesse des Maklers errichtet (OLG Düsseldorf 15. 9. 1995 – 7 U 119/94, NJW-RR 1996, 1464, 1466; Erman/Wilhelmi § 810 Rn 7; iE auch LG Köln 24. 2. 1988 – 26 O 89/87, NJW-RR 1988, 1200; BeckOGK/Hoffmann [1. 3. 2023] § 810 Rn 11; offengelassen von LG Hamburg 8. 3. 2019 – 330 O 110/18, BeckRS 2019, 53135 Rn 13 [Kauf- und Vertretungsvertrag über Kommanditanteil]). Für die Schuldner eines Gesellschafters gilt Gleiches auch dann, wenn die Wirkung der erklärten Aufrechnung

von dem Zeitpunkt des Erwerbs des GmbH-Geschäftsanteils abhängt (RG 20. 2. 1917 – II 420/16, Recht 1917 Nr 816; Soergel/Hadding § 810 Rn 7).

- Aufgrund seiner Vermittlungsrolle errichtet ein **Ombudsmann** seine Akten ausschließlich im eigenen Interesse, nicht auch im Interesse der am Vermittlungsverfahren beteiligten Personen (LG Bonn 3. 7. 2001 – 18 O 25/01, NJW 2002, 3260, 3262; PWW/Buck-Heeb § 810 Rn 7; BeckOK-BGB/Gehrlein [1. 2. 2023] § 810 Rn 2). 171

- Die **Personalakte** (zu dem formellen und materiellen Personalaktenbegriff s BAG 16. 11. 2010 – 9 AZR 573/09 Rn 13, BAGE 136, 156 = NJW 2011, 1306 mwNw) ist keine im Interesse des Arbeitnehmers errichtete Urkunde iS des § 810 Fall 1 BGB (s oben Rn 16). Ausnahmsweise (zB bei einem nicht einvernehmlichen Betriebsübergang iS des § 613a BGB) kann jedoch ein Einsichtsanspruch nach § 810 Fall 2 BGB bestehen (s unten Rn 197). 172

- Das **Protokoll des Gläubigerbeirats** (§ 44 VerglO) dient in erster Linie den Mitgliedern als Gedächtnisstütze und ist daher nicht im Interesse der Vergleichsgaranten errichtet (BGH 31. 3. 1971 – VIII ZR 198/69, DB 1971, 1416; PWW/Buck-Heeb § 810 Rn 7; BeckOK-BGB/Gehrlein [1. 2. 2023] § 810 Rn 2; MünchKommBGB/Habersack § 810 Rn 6; Sass 119; Grüneberg/Sprau § 810 Rn 4; BGB-RGRK/Steffen § 810 Rn 9). 173

- **Protokolle** und Vermerke, die der Veranstalter einer **(Maschinen-)Ausstellung** über Gespräche und Vereinbarungen mit einzelnen Ausstellern fertigt, sind ausschließlich zu seinem internen Gebrauch bestimmt mit der Folge, dass anderen Ausstellern kein Anspruch auf Gestattung der Einsicht nach § 810 Fall 1 BGB zusteht (BayObLG 1. 10. 1904, Recht 1904 Nr 2376; Planck/Landois § 810 Anm 3 c α; Oertmann § 810 Anm 2 b). 174

- Die **Protokolle** der Sitzungen des Vorstands einer **Rechtsanwaltskammer** und seiner Abteilungen (§ 77 BRAO, zB Aus- und Fortbildung von Rechtsanwaltsfachangestellten) werden aufgrund der Verschwiegenheitsflicht der Vorstandsmitglieder (§ 77 Abs 1 BRAO) nicht auch im Interesse einzelner Rechtsanwälte errichtet (BGH 20. 3. 2017 – AnwZ [BrfG] 46/15 Rn 29, NJW 2017, 2044). 175

- Sofern ein **Internet-Service-Provider** die Daten, die es dem Inhaber eines Urheber- oder Immaterialgüterrechts ermöglichen würden, seine Beseitigungs-, Unterlassungs- oder Ersatzanspruch durchzusetzen (zB IP-Adressen, E-Mail-Adressen, Nutzernamen der Teilnehmer), ausnahmsweise in Gestalt einer Urkunde (s oben Rn 91 ff) vorhält, gewährt § 810 Fall 1 BGB dem Rechtsinhaber keinen Anspruch auf Einsicht, da die Verzeichnisse nicht auch in seinem Interesse errichtet wurden (Spindler/Dorschel CR 2005, 38, 44). 176

- Der **Prüfungsbericht** des Genossenschaftsverbands wird bereits deshalb nicht im Interesse der einzelnen Mitglieder einer Genossenschaft errichtet, weil ihr mitgliedschaftliches Einsichtsrecht nach § 59 Abs 1 S 2 GenG auf das zusammengefasste Ergebnis des Prüfungsberichts beschränkt ist, also nicht den gesamten Prüfungsbericht umfasst (s oben Rn 56, s OLG Schleswig 5. 9. 2018 – 9 U 43/18, BeckRS 2018, 29709 Rn 17). Insoweit gilt der Grundsatz, dass das Einsichtsrecht der ausgeschiede- 177 nen Mitglieder nicht weitergehen darf als das Einsichtsrecht der Mitglieder selbst (**aA** LG Kiel 23. 3. 2018 – 14 HKO 170/17, BeckRS 2018, 29770 Rn 8).

178 – Ein **Schadensgutachten**, das der Versicherer in Auftrag gegeben hat, wird grundsätzlich nur in seinem Interesse an einer sachgemäßen Prüfung der Leistungspflicht und nicht auch im Interesse des Versicherungsnehmers errichtet (LG Saarbrücken 8. 4. 2021 – 14 O 103/17, VersR 2021, 888, 892; LG München I 14. 10. 2015 – 26 O 8341/15, VersR 2016, 311, 312; LG Berlin 13. 3. 2001 – 7 O 76/00, VersR 2003, 94; AG Köln 13. 10. 1987 – 111 C 163/87, VersR 1988, 257 f; Armbrüster VersR 2013, 944, 948; PWW/Buck-Heeb § 810 Rn 7; MünchKommBGB/Habersack § 810 Rn 6; Soergel/Hadding § 810 Rn 6; Erman/Wilhelmi § 810 Rn 6; **aA** LG Oldenburg 9. 12. 2011 – 13 O 1604/11, r + s 2012, 343, 344; LG Dortmund 21. 5. 2008 – 2 O 400/07, NJW-RR 2008, 1483; AG Hannover 2. 5. 2012 – 461 C 9491/11, Zfs 2012, 627 f; BeckOK-BGB/Gehrlein [1. 2. 2023] § 810 Rn 2; BeckOGK/Hoffmann [1. 3. 2023] § 810 Rn 9; jurisPK-BGB/Martinek/Heine [1. 2. 2023] § 810 Rn 13; iE auch Jaeger Zfs 2022, 304, 309; diff [Absicht des Erstellers im Einzelfall] Grüneberg/Sprau § 810 Rn 4; offengelassen von OLG Schleswig 13. 7. 2020 – 16 U 137/19, NJW-RR 2020, 1351 Rn 20 = VersR 2020, 1514; OLG Karlsruhe 26. 4. 2005 – 12 W 32/05, r + s 2005, 385, 386 [Nebenpflicht aus dem Versicherungsvertrag]). Ein Einsichtsrecht kann sich aber aus § 810 Fall 2 BGB ergeben (s unten Rn 206).

179 – Die **Schadensregulierungsunterlagen** eines Versicherers (zB Korrespondenz, Sachverständigengutachten, Rechnungsbelege) dienen ausschließlich seinem Interesse an der Überprüfung der geltend gemachten Ansprüche und sind nicht auch im Interesse des jeweiligen Versicherungsnehmers errichtet (Wussow NJW 1962, 420, 422).

180 – **Tagebücher** sind keine Urkunden iS des § 810 BGB (s oben Rn 119). Jedenfalls werden sie ausschließlich im Interesse des Verfassers errichtet (OLG Hamm 5. 3. 1920, OLGE 41, 49; Planck/Landois § 810 Anm 3 c α; iE auch Giesker 78).

181 – Das **Vorerkrankungsverzeichnis** errichtet der Krankenversicherer im eigenen Interesse und nicht auch im Interesse anderer Versicherer, zB des Haftpflichtversicherers des Unfallgegners der versicherten Person (OLG Düsseldorf 5. 3. 2013 – I-1 U 115/12, NJW-RR 2013, 1440, 1444; BeckOK-BGB/Gehrlein [1. 2. 2023] § 810 Rn 2; iE auch LG Wiesbaden 6. 3. 2018 – 9 S 34/14, NJW 2018, 1980 Rn 14; Diehl Zfs 2014, 89, 90).

182 – Die Sammlung von **Vorschriften zu Betriebsabläufen** betreffen ausschließlich die innere Organisation des Betriebs und sind daher nicht auch im Interesse außenstehender Dritter (zB Patienten) errichtet (OLG Karlsruhe 3. 8. 2017 – 7 U 202/16, MDR 2017, 1300).

183 – Stenographische **Wortprotokolle** über den Verlauf von Gesellschafterversammlungen lässt die Gesellschaft grundsätzlich ausschließlich in ihrem eigenen Interesse und nicht auch im Interesse der einzelnen Aktionäre errichten (s oben Rn 44; BGH 19. 9. 1994 – II ZR 248/92, BGHZ 127, 107, 110 = AG 1994, 559; OLG München 23. 9. 1992 – 7 U 3015/92, AG 1993, 186, 187; OLG Düsseldorf 28. 6. 1962 – 6 U 256/61, BB 1962, 1390, 1391; MünchKommBGB/Habersack § 810 Rn 6; GroßkommAktG/Mülbert § 130 Rn 158; Max AG 1991, 77, 84). Anderes gilt nur ausnahmsweise, wenn zB der Vorstand dem Aktionär die Einsicht zusagt (OLG Düsseldorf 28. 6. 1962 – 6 U 256/61, BB 1962, 1390, 1391).

c) Beurkundung eines Rechtsverhältnisses (Fall 2)
aa) Anforderungen

Wer ein rechtliches Interesse daran hat (s unten Rn 229 ff), kann nach § 810 Fall 2 BGB Einsicht in die Urkunden (s oben Rn 91 ff) verlangen, in denen ein zwischen ihm und einem anderen bestehendes Rechtsverhältnis beurkundet ist. Entscheidend ist daher – im Unterschied zu § 810 Fall 1 BGB (s oben Rn 130) – nicht der Zweck der Errichtung der Urkunde, sondern ausschließlich deren Inhalt (Beckhaus 29; PWW/Buck-Heeb § 810 Rn 10; Derleder/Wosnitza ZIP 1990, 901, 903; BeckOK-BGB/Gehrlein [1. 2. 2023] § 810 Rn 3; MünchKommBGB/Habersack § 810 Rn 7; jurisPK-BGB/Martinek/Heine [1. 2. 2023] § 810 Rn 17; NK-BGB/Mielke § 810 Rn 13; Osterloh-Konrad 45; Pries 83 f; Sass 121; Schilken Jura 1988, 525, 529; C Schreiber JR 2008, 1, 3; Grüneberg/Sprau § 810 Rn 6; BGB-RGRK/Steffen § 810 Rn 10; Erman/Wilhelmi § 810 Rn 7; Wosnitza 70), konkret das beurkundete Rechtsverhältnis. 184

Das **Rechtsverhältnis** wird idR ein vertragliches Schuldverhältnis sein (s unten Rn 189 ff). Die begriffliche Divergenz zu § 810 Fall 3 BGB („Rechtsgeschäft") lässt jedoch erkennen, dass der Terminus darauf nicht begrenzt ist, sondern zB auch gesetzliche Schuldverhältnisse aus einer unerlaubten Handlung umfasst (Götting GRUR Int 1988, 729, 741; offengelassen von Markfort 181). 185

In **personeller Hinsicht** wird das Rechtsverhältnis (s oben Rn 185) häufig zwischen dem Anspruchsteller und dem Besitzer der Urkunde (s unten Rn 252) bestehen. Erforderlich ist dies aufgrund des unpersönlichen Wortlauts von § 810 Fall 2 BGB („einem anderen") allerdings nicht (BGH 27. 5. 2014 – XI ZR 264/13 Rn 21, NJW 2014, 3312; Beckhaus 29; Stein/Jonas/C Berger § 422 ZPO Rn 13; PWW/Buck-Heeb § 810 Rn 10; BeckOK-BGB/Gehrlein [1. 2. 2023] § 810 Rn 3; Götting GRUR Int 1988, 729, 741; MünchKommBGB/Habersack § 810 Rn 7; Soergel/Hadding § 810 Rn 1; BeckOGK/Hoffmann [1. 3. 2023] § 810 Rn 10; jurisPK-BGB/Martinek/Heine [1. 2. 2023] § 810 Rn 17; NK-BGB/Mielke § 810 Rn 13; Osterloh-Konrad 45; Pries 81; Sass 124; Schilken Jura 1988, 525, 529; C Schreiber JR 2008, 1, 3; Grüneberg/Sprau § 810 Rn 6; Jauernig/Stadler §§ 809–811 Rn 10; BGB-RGRK/Steffen § 810 Rn 10; Erman/Wilhelmi § 810 Rn 7); ausreichend ist vielmehr, dass neben dem Anspruchsteller eine weitere Person beteiligt ist. Erforderlich ist aber stets, dass der Anspruchsteller an dem beurkundeten Rechtsverhältnis beteiligt ist (OLG Frankfurt 13. 3. 2019 – 12 U 37/18, BeckRS 2019, 15476 Rn 84; LG München I 31. 3. 2009 – 33 O 25598/05, juris Rn 326 – *KirchGruppe*; Pries 81; Radant 66; Sass 124; Siegel 25). 186

In **zeitlicher Hinsicht** ist es weder erforderlich, dass das Rechtsverhältnis (s oben Rn 185) bei der Errichtung der Urkunde bereits bestand (Götting GRUR Int 1988, 729, 741), noch, dass es im Zeitpunkt des Einsichtsbegehrens noch besteht (Stein/Jonas/C Berger § 422 ZPO Rn 14; PWW/Buck-Heeb § 810 Rn 10; BeckOK-BGB/Gehrlein [1. 2. 2023] § 810 Rn 3; Soergel/Hadding § 810 Rn 7; NK-BGB/Mielke § 810 Rn 13; Pries 83; Radant 69; Schilken Jura 1988, 525, 529; Siegel 50; Grüneberg/Sprau § 810 Rn 6; Jauernig/Stadler §§ 809–811 Rn 10; **aA** Goldschmidt ZHR 29 [1883] 341, 393–395). Erfasst sind daher auch bereits abgewickelte Rechtsgeschäfte, wenn der Anspruchsteller sich eines Anspruchs aus dem Rechtsverhältnis rühmt oder aus dem Rechtsverhältnis in Anspruch genommen wird (ähnlich [es muss Rechtswirkungen äußern] BeckOK-BGB/Gehrlein [1. 2. 2023] § 810 Rn 3; NK-BGB/Mielke § 810 Rn 13; Sass 124; BGB-RGRK/Steffen § 810 Rn 10; weitergehend Soergel/Hadding § 810 Rn 7 [rechtliches Interesse genügt]). Bei unwirksamen und nichtigen Rechtsgeschäften kommt aufgrund des Wortlauts („bestehendes Rechtsverhältnis") 187 ausschließlich eine entsprechende Anwendung von § 810 Fall 2 BGB in Betracht (s unten Rn 227).

188 Die **Beurkundung** muss nicht das ganze Rechtsverhältnis umfassen (BGH 16. 4. 1962 – VII ZR 252/60, MDR 1962, 573; RG 28. 6. 1927 – II 464/26, RGZ 117, 332, 333; RG 14. 5. 1915 – Rep III 398/14, RGZ 87, 10, 14; RG 5. 11. 1903 – Rep VI 155/03, RGZ 56, 109, 112; Beckhaus 29; Stein/Jonas/C Berger § 422 ZPO Rn 14; PWW/Buck-Heeb § 810 Rn 10; BeckOK-BGB/Gehrlein [1. 2. 2023] § 810 Rn 3; Grimme JA 1985, 320, 321; Grooterhorst AG 2011, 389, 394; Soergel/Hadding § 810 Rn 7; Planck/Landois § 810 Anm 3 c β; NK-BGB/Mielke § 810 Rn 13; Oertmann § 810 Anm 2 b; Pries 84; Radant 69; Sass 121; Schilken Jura 1988, 525, 529; Grüneberg/Sprau § 810 Rn 6; Jauernig/Stadler §§ 809–811 Rn 10; BGB-RGRK/Steffen § 810 Rn 10; Erman/Wilhelmi § 810 Rn 7). Aufgrund der weiten Auslegung des Tatbestands (s oben Rn 129) ist es vielmehr ausreichend, dass die Urkunde (s oben Rn 91 ff) eine objektive und unmittelbar rechtliche Beziehung zu dem Rechtsverhältnis aufweist, an dem der Anspruchsteller beteiligt ist (BGH 20. 1. 1971 – VIII ZR 251/69, BGHZ 55, 201, 203 = NJW 1971, 656; BGH 15. 12. 1965 – VIII ZR 306/63, WM 1966, 255, 256; BGH 16. 4. 1962 – VII ZR 252/60, MDR 1962, 573; RG 28. 6. 1927 – II 464/26, RGZ 117, 332, 333; RG 14. 5. 1915 – Rep III 398/14, RGZ 87, 10, 14; RG 5. 11. 1903 – Rep VI 155/03, RGZ 56, 109, 112; RG 14. 4. 1905 – II 370/04, Gruchot 49, 832, 836; Beckhaus 29; Stein/Jonas/C Berger § 422 ZPO Rn 14; HKK/Birr §§ 809–811 Rn 4; Warneyer/Bohnenberg § 810; Grimme JA 1985, 320, 321; Grooterhorst AG 2011, 389, 394; MünchKomm-BGB/Habersack § 810 Rn 7; Soergel/Hadding § 810 Rn 7; jurisPK-BGB/Martinek/Heine [1. 2. 2023] § 810 Rn 17; NK-BGB/Mielke § 810 Rn 13; Reischl JR 1997, 404, 406; Sass 121 f; Schilken Jura 1988, 525, 529; Grüneberg/Sprau § 810 Rn 6; BGB-RGRK/Steffen § 810 Rn 10; Erman/Wilhelmi § 810 Rn 7; Wosnitza 70).

bb) Einzelfälle

189 Urkunden iS von § 810 Fall 2 BGB sind in erster Linie **Vertragsurkunden** (LG Mainz 23. 8. 2019 – 1 O 255/17, BeckRS 2019, 47427 Rn 49; Beckhaus 30; Stein/Jonas/C Berger § 422 ZPO Rn 14; PWW/Buck-Heeb § 810 Rn 11; Derleder/Wosnitza ZIP 1990, 901, 903; Ebke 50; Enneccerus/Lehmann, Recht der Schuldverhältnisse § 219 I 1b = 868; BeckOK-BGB/Gehrlein [1. 2. 2023] § 810 Rn 3; Grimme JA 1985, 320, 322; Planck/Landois § 810 Anm 3 c β; jurisPK-BGB/Martinek/Heine [1. 2. 2023] § 810 Rn 18; Pries 84; Radant 72; Schilken Jura 1988, 525, 529; Grüneberg/Sprau § 810 Rn 7; Jauernig/Stadler §§ 809–811 Rn 10; BGB-RGRK/Steffen § 810 Rn 10; Erman/Wilhelmi § 810 Rn 7; Wosnitza 70), zB Fusionsverträge (OLG Colmar 26. 6. 1903, DJZ 1905, 80; **aA** Soergel/Hadding § 810 Rn 15) und Kredit- bzw Darlehensverträge (BGH 28. 4. 1992 – XI ZR 193/91, NJW-RR 1992, 1072, 1073; MünchKommBGB/Habersack § 810 Rn 8; Soergel/Hadding § 810 Rn 5; iE auch LG Frankfurt aM 25. 7. 1988 – 2/24 S 54/88, NJW-RR 1988, 1129 [vorrangig aus § 242 BGB]; eingehend dazu Derleder/Wosnitza ZIP 1990, 901 ff).

190 Die überwiegende Anzahl der Urkunden (s oben Rn 91 ff), die dem Vorlegungstatbestand des § 810 Fall 2 BGB unterfällt, weist lediglich eine **objektive und unmittelbar rechtliche Beziehung zu dem Rechtsverhältnis** auf (s oben Rn 188). Dies gilt – in alphabetischer Ordnung – ua für folgende Schriftstücke:

191 – Die Handakten eines Rechtsanwalts vermitteln ein Bild von der Mandatsführung (Planck/Landois § 810 Anm 3 c β; Weiss JR 1971, 356, 358). Sie weisen daher eine objektive und unmittelbar rechtliche Beziehung zu dem **Anwaltsvertrag** auf mit der Folge, dass sowohl der Mandant (OLG Braunschweig 9. 5. 1913, OLGE 27, 98, 99; Beckhaus 30; PWW/Buck-Heeb § 810 Rn 11; Enneccerus/Lehmann, Recht der Schuldverhältnisse § 219 I

2 = 868; DAHNS NJW-Spezial 2015, 318; BeckOK-BGB/GEHRLEIN [1. 2. 2023] § 810 Rn 3; MünchKommBGB/HABERSACK § 810 Rn 8; SOERGEL/HADDING § 810 Rn 9; BeckOGK/HOFFMANN [1. 3. 2023] § 810 Rn 11; PLANCK/LANDOIS § 810 Anm 3 c β; OERTMANN § 810 Anm 2 b; PRIES 85; SCHILKEN Jura 1988, 525, 529; GRÜNEBERG/SPRAU § 810 Rn 7; BGB-RGRK/STEFFEN § 810 Rn 9, 16; **aA** WARNEYER/BOHNENBERG § 810; diff STEIN/JONAS/C BERGER § 422 ZPO Rn 15) als auch der Rechtsanwalt, der diese dem Mandanten ausgehändigt hat, nach § 810 Fall 2 BGB Einsicht verlangen können (KG 28. 6. 1920 – 22 U 2349/20, JW 1920, 1041; FRIEDLÄNDER JW 1920, 1041; SOERGEL/HADDING § 810 Rn 9; PLANCK/LANDOIS § 810 Anm 3 c β; BGB-RGRK/STEFFEN § 810 Rn 16).

- Soweit in den Geschäftsbüchern eines Bürgschaftsgläubigers angebliche Zahlungen des Hauptschuldners verbucht sind, weisen sie aufgrund der Akzessorietät der Bürgschaftsschuld eine objektive und unmittelbar rechtliche Beziehung zu der **Bürgschaft** auf und können von dem Bürgen nach § 810 Fall 2 BGB eingesehen werden (BGH 27. 5. 2014 – XI ZR 264/13 Rn 21, NJW 2014, 3312; BGH 18. 5. 1995 – IX ZR 129/94, NJW 1995, 2161, 2162; BGH 10. 12. 1987 – IX ZR 269/86, NJW 1988, 906, 907; RG 5. 11. 1903 – Rep VI 155/03, RGZ 56, 109, 112; LG Darmstadt 1. 6. 1995 – 10 O 186/95, WM 1995, 2029, 2031; WARNEYER/BOHNENBERG § 810; PWW/BUCK-HEEB § 810 Rn 11; ENNECCERUS/LEHMANN, Recht der Schuldverhältnisse § 219 I 1b = 868; BeckOK-BGB/GEHRLEIN [1. 2. 2023] § 810 Rn 3; MünchKommBGB/HABERSACK § 810 Rn 8; SOERGEL/HADDING § 810 Rn 8; BeckOGK/HOFFMANN [1. 3. 2023] § 810 Rn 11; PLANCK/LANDOIS § 810 Anm 3 c β; jurisPK-BGB/MARTINEK/HEINE [1. 2. 2023] § 810 Rn 18; MICHEL WiB 1996, 270; SASS 122; GRÜNEBERG/SPRAU § 810 Rn 7; JAUERNIG/STADLER §§ 809–811 Rn 10; BGB-RGRK/STEFFEN § 810 Rn 12; WOSNITZA 168 f). 192

- Die Inhaber einer mitgliedschaftlichen oder sonstigen vertraglichen **Gewinnbeteiligung** können gemäß § 810 Fall 2 BGB Einsicht ua in die Jahresabschlüsse (RG 28. 6. 1927 – II 464/26, RGZ 117, 332, 333 [OHG]; WARNEYER/BOHNENBERG § 810; BeckOK-BGB/GEHRLEIN [1. 2. 2023] § 810 Rn 3; SOERGEL/HADDING § 810 Rn 7; PLANCK/LANDOIS § 810 Anm 3 c β; GRÜNEBERG/SPRAU § 810 Rn 7; BGB-RGRK/STEFFEN § 810 Rn 11), die erläuternden Bilanzberichte (BGH 6. 6. 1963 – VII ZR 230/61, WM 1963, 990, 991; PWW/BUCK-HEEB § 810 Rn 11; GRÜNEBERG/SPRAU § 810 Rn 7), die Steuererklärungen, Steuerbescheide und Betriebsprüfungsberichte (BGH 15. 12. 1965 – VIII ZR 306/63, WM 1966, 255, 256; PWW/BUCK-HEEB § 810 Rn 11; jurisPK-BGB/MARTINEK/HEINE [1. 2. 2023] § 810 Rn 18; GRÜNEBERG/SPRAU § 810 Rn 7; JAUERNIG/STADLER §§ 809–811 Rn 10; BGB-RGRK/STEFFEN § 810 Rn 12) verlangen. 193

- Um die Leistung einer bestrittenen Zahlung zu beweisen, kann der Schuldner gemäß § 810 Fall 2 BGB Einsicht in die **Geschäftsbücher** des Gläubigers verlangen (OLG Karlsruhe 15. 4. 1903, BadRPrax 1903, 256 [Nr 116]).

- Ein **Lizenzgeber**, der aufgrund der Vereinbarung einer Stücklizenz an dem Umsatz eines einzelnen Erzeugnisses aus der Gesamtproduktion beteiligt ist, kann nach § 810 Fall 2 BGB die Geschäftsbücher und Konten des Lizenznehmers einsehen, soweit darin der Umsatz mit diesem Erzeugnis aufgezeichnet ist (**aA** BGH 17. 3. 1961 – I ZR 94/59, GRUR 1961, 466, 469 – *Gewinderollkopf*; BGB-RGRK/STEFFEN § 810 Rn 14). 194

- Betriebskostenunterlagen, Mieterhöhungsunterlagen und Kautionsquittungen weisen eine objektive und unmittelbar rechtliche Beziehung zu einem **Mietvertrag** auf. Daher kann der Mieter, dem diese Dokumente abhandengekommen sind, 195 nach § 810 Fall 2 BGB von dem Vermieter die Gestattung der erneuten Einsicht verlangen (Harsch WuM 2020, 1, 5).

196 – Soweit die Bücher und Papiere einer AG oder GmbH (zB Warenversand- und Kassenbücher, Journale) Aufzeichnungen über die Geschäftsführung durch den Vorstand bzw Geschäftsführer enthalten, also über die Erfüllung der Organpflichten Auskunft geben, weisen sie eine objektive und unmittelbar rechtliche Beziehung zu dem **Organverhältnis** auf mit der Folge, dass dem Organmitglied nach § 810 Fall 2 BGB ein Anspruch auf Einsicht zusteht (BGH 4. 11. 2002 – II ZR 224/00, BGHZ 152, 280, 285 = NJW 2003, 358 [GmbH]; RG 8. 4. 1908 – I 599/07, WarnR 1908 Nr 465 [AG]; BeckOK-BGB/Gehrlein [1. 2. 2023] § 810 Rn 3; Grüneberg/Sprau § 810 Rn 7).

197 – Erfolgt ein Betriebsübergang iS des § 613a BGB ausnahmsweise nicht einvernehmlich, kann der neue Inhaber von dem bisherigen Arbeitgeber nach § 810 Fall 2 BGB die Gestattung der Einsicht in die von ihm geführten **Personalakten** der Arbeitnehmer verlangen (Dimsic/Schwarz NZA 2016, 1436, 1437).

198 – Wer Anspruch auf Beteiligung an der Provision eines Maklers hat, kann von diesem Einsicht in seine **Provisionsabrechnungen** verlangen (BGH 16. 4. 1962 – VII ZR 252/60, MDR 1962, 573; Soergel/Hadding § 810 Rn 7; Planck/Landois § 810 Anm 3 c β; jurisPK-BGB/Martinek/Heine [1. 2. 2023] § 810 Rn 18; Grüneberg/Sprau § 810 Rn 7; BGB-RGRK/Steffen § 810 Rn 12; iE auch LG Hamburg 8. 3. 2019 – 330 O 110/18, BeckRS 2019, 53135 Rn 11).

199 – **Quittungen** weisen eine objektive und unmittelbar rechtliche Beziehung zu dem erfüllten Schuldverhältnis auf. Daher können der Gläubiger und seine Rechtsnachfolger gemäß § 810 Fall 2 BGB Einsicht verlangen (OLG Hamburg 7. 3. 1911, OLGE 25, 30; Beckhaus 30; Stein/Jonas/C Berger § 422 ZPO Rn 14; Warneyer/Bohnenberg § 810; PWW/Buck-Heeb § 810 Rn 11; Ebke 50; BeckOK-BGB/Gehrlein [1. 2. 2023] § 810 Rn 3; Planck/Landois § 810 Anm 3 c β; jurisPK-BGB/Martinek/Heine [1. 2. 2023] § 810 Rn 18; Oertmann § 810 Anm 2 b; Pries 84 f; Reischl JR 1997, 404, 406; Schilken Jura 1988, 525, 529; Siegel 42; Grüneberg/Sprau § 810 Rn 7; BGB-RGRK/Steffen § 810 Rn 10).

200 – Beschlüsse der Gläubigerversammlung, die den Inhalt der Anleihebedingungen iS des § 2 Abs 1 S 1 SchVG abändern, bedürfen der wertpapierrechtlichen Vollziehung. Ist die **Schuldverschreibung** (§ 1 Abs 1 SchVG) – wie marktüblich (statt vieler s Hopt/Seibt/Artzinger-Bolten/Wöckener, Schuldverschreibungsrecht § 2 SchVG Rn 27; Fest 40 f, 55 jeweils mwNw) – als dauerhafte Sammelurkunde iS des § 9a Abs 1 S 1 DepotG verbrieft, die von einer Wertpapiersammelbank verwahrt wird, muss der Versammlungsleiter hierfür gemäß § 21 Abs 1 S 2, 3 SchVG den in der Niederschrift (§ 16 Abs 3 SchVG) dokumentierten Beschlussinhalt an die Wertpapiersammelbank übermitteln mit dem Ersuchen, die eingereichten Dokumente den vorhandenen Dokumenten in geeigneter Form beizufügen, und gegenüber der Wertpapiersammelbank versichern, dass der Beschluss vollzogen werden darf. Um sich des Vollzugs und des Inhalts ihrer Rechte aus der Schuldverschreibung zu vergewissern, können die Gläubiger von der Wertpapiersammelbank gemäß § 810 Fall 2 BGB Einsicht in die Schuldverschreibung, einschließlich der beigefügten Dokumente, verlangen (Mann/Wansleben BB 2017, 963, 965).

– **Schuldscheine** sind keine Wertpapiere, sondern Beweisurkunden (statt vieler s OLG Stuttgart 22. 10. 2004 – 9 U 127/04, WM 2005, 969, 970; Staudinger/Mülbert [2015] § 488 Rn 564 mwNw). Als solche weisen sie eine objektive und unmittelbar rechtliche Beziehung zu dem forderungsbegründenden Rechtsverhältnis auf mit der Folge, dass der Schuldner nach § 810 Fall 2 BGB Einsicht verlangen kann (Beckhaus 30; Stein/Jonas/C Berger § 422 ZPO Rn 14; PWW/Buck-Heeb § 810 Rn 11; Derleder/Wosnitza ZIP 1990, 901, 903; Ebke 50; BeckOK-BGB/Gehrlein [1. 2. 2023] § 810 Rn 3; jurisPK-BGB/Martinek/Heine [1. 2. 2023] § 810 Rn 18; Oertmann § 810 Anm 2 b; Pries 84; Radant 72; Schilken Jura 1988, 525, 529; Grüneberg/Sprau § 810 Rn 7; BGB-RGRK/Steffen § 810 Rn 10; Wosnitza 70). 201

– Die im Besitz eines Miterben befindlichen **Schuldurkunden**, die zum Nachlass gehörende Forderungen betreffen, können von allen Miterben eingesehen werden (OLG Hamburg 12. 1. 1901, OLGE 2, 134, 135; Soergel/Hadding § 810 Rn 16; Planck/Landois § 810 Anm 3 c β). 202

– **Sparbücher** weisen mit der verbrieften Einlagenforderung des Sparers gegen das Kreditinstitut eine objektive und unmittelbar rechtliche Beziehung zu dem Einlagengeschäft auf und können daher Gegenstand des Einsichtsanspruchs nach § 810 Fall 2 BGB sein (Stein/Jonas/C Berger § 422 ZPO Rn 14; Planck/Landois § 810 Anm 3 c β). 203

– Soweit bei der Personalauswahl **psychologische Testverfahren** eingesetzt werden, welche die berufliche Leistungsfähigkeit voraussagen sollen, können die Bewerber von dem Arbeitgeber aufgrund der objektiven und unmittelbar rechtlichen Beziehung zu dem vorvertraglichen Schuldverhältnis (§ 311 Abs 2 Nr 2 BGB) gemäß § 810 Fall 2 BGB die Gestattung der Einsicht in ihre Aufzeichnung verlangen, nicht jedoch in die Aufzeichnungen der anderen Bewerber (Wietfeld ZfA 2016, 215, 250). 204

– Die **Vergabeakten** (§ 163 Abs 2 S 3 GWB) haben eine objektive und unmittelbar rechtliche Beziehung zu dem gesetzlichen Schuldverhältnis iS des § 311 Abs 2 Nr 1 BGB, das durch eine vergaberechtliche Ausschreibung begründet wird (statt vieler s BGH 9. 6. 2011 – X ZR 143/10 Rn 11, BGHZ 190, 89 = NZBau 2011, 498 – *Rettungsdienstleistungen II*), weshalb die in Verfahren im sog Unterschwellenbereich unterlegenen Bieter die Gestattung der Einsicht nach § 810 Fall 2 BGB verlangen können (LG Köln 18. 12. 2018 – 5 O 248/18, BeckRS 2018, 51142 Rn 46; Opheys/Tmimi VergabeR 2021, 426, 435; Priess/Gabriel NJW 2008, 331, 332). 205

– Der Versicherte kann nach § 810 Fall 2 BGB Einsicht in das von dem Versicherer in Auftrag gegebene Schadensgutachten verlangen, wenn seine Ansprüche aus dem **Versicherungsvertrag** dem Grunde oder der Höhe nach von dem Ergebnis des Gutachtens abhängen (offengelassen von OLG Saarbrücken 14. 10. 1998 – 5 U 1011/97-80, NJW-RR 1999, 759). 206

– Der Auftraggeber einer Versteigerung kann nach § 810 Fall 2 BGB von dem Auktionator die Gestattung der Einsicht in das von diesem zu führende **Versteigerungsprotokoll**, das neben dem Auftraggeber, den Tag der Versteigerung, den versteigerten Gegenstand, den Käufer und den erzielten Kaufpreis ausweist, verlangen (RG 13. 12. 1923 – II 1013/23, RGSt 58, 46, 47; Planck/Landois § 810 Anm 3 c β). 207

208 **Keine Urkunden** iS des § 810 Fall 2 BGB sind – in alphabetischer Ordnung – ua folgende Schriftstücke:

209 – Einsicht in den schriftlichen Darlehensvertrag kann der **Bürge** mangels Beteiligung an diesem Rechtsverhältnis zwar nicht nach § 810 Fall 2 BGB, wohl aber nach § 242 BGB von dem Gläubiger verlangen (LG Köln 22. 3. 1990 – 1 S 395/89, NJW-RR 1990, 1074).

210 – Der Insolvenzverwalter des Schuldners hat gemäß § 810 Fall 2 BGB keinen Anspruch auf Einsicht in die Korrespondenz zwischen dem Gläubiger und dem Factor, da er an dem **Factoring** nicht beteiligt ist (Krüger NZI 2021, 1008, 1009).

211 – Soweit **Kontoauszüge** überhaupt Urkunden iS des § 810 BGB sind (s oben Rn 123), kann ein Schuldner des Kontoinhabers die Gestattung der Einsicht auch nicht mit der Behauptung verlangen, er habe die geschuldete Zahlung auf das Konto bewirkt. Die Kontoauszüge werden ausschließlich im Interesse des Kontoinhabers und des kontoführenden Kreditinstituts errichtet und weisen eine objektive und unmittelbar rechtliche Beziehung ausschließlich zu dem Kontovertrag, nicht aber zu dem Schuldverhältnis zwischen dem Kontoinhaber und dessen Schuldner auf (OLG Düsseldorf 16. 11. 2020 – I-12 U 29/20, ZInsO 2021, 1186, 1187).

212 – Vertragsurkunden und andere Unterlagen zu Maßnahmen der Gesellschaft, die uU einen qualifiziert faktischen **Konzern** begründen, können die außenstehenden Aktionäre nicht nach § 810 Fall 2 BGB einsehen (iE auch OLG Stuttgart 30. 5. 2007 – 20 U 12/06, ZIP 2007, 1210, 1215 – *Züblin*; zust MünchKommBGB/Habersack § 810 Rn 6 mit Fn 31), da sie an den Rechtsverhältnissen nicht beteiligt sind.

213 – Lizenzsucher haben keinen Anspruch nach § 810 BGB auf Gestattung der Einsicht in die **Lizenzverträge**, die der SEP-Inhaber mit Dritten schließt. Ein solcher Anspruch kann jedoch ausnahmsweise als unselbstständiger Hilfsanspruch aus § 242 BGB neben dem kartellrechtlichen Anspruch auf Lizenzerteilung aus Art 102 AEUV bestehen (OLG Karlsruhe 30. 10. 2019 – 6 U 183/16, GRUR 2020, 166 Rn 148, 153).

214 – Der **Makler** hat zwar einen Anspruch auf Auskunft über den Abschluss und den Inhalt des Hauptvertrags (zu Einzelheiten s statt vieler Staudinger/Arnold [2021] § 653 Rn 212 mwNw), mangels Beteiligung an demselben aber keinen Anspruch nach § 810 Fall 2 BGB auf Vorlegung der Vertragsurkunde (OLG Düsseldorf 15. 9. 1995 – 7 U 119/94, NJW-RR 1996, 1464, 1466; LG Köln 24. 2. 1988 – 26 O 89/87, NJW-RR 1988, 1200); ein solcher kann sich nur ausnahmsweise aus § 242 BGB ergeben (OLG Düsseldorf 15. 9. 1995 – 7 U 119/94, NJW-RR 1996, 1464, 1466; s oben Rn 86).

215 – Der **Pfändungsgläubiger** eines Gesellschafters, der dessen Gesellschaftsanteil nach § 859 Abs 1 S 1 ZPO gepfändet hat, hat keinen Anspruch gemäß § 810 Fall 2 BGB auf Einsicht des im Besitz des Drittschuldners befindlichen Gesellschaftsvertrags (OLG Karlsruhe 29. 12. 1905, OLGE 14, 185, 186; Soergel/Hadding § 810 Rn 16; BeckOGK/Hoffmann [1. 3. 2023] § 810 Rn 11; Planck/Landois Vor §§ 809–811; Radant 67; **aA** Stein/Jonas/Leipold § 422 ZPO Rn 13). Gleiches gilt für andere Vertragsurkunden, in denen ein zwischen dem Schuldner und dem Drittschuldner bestehendes Rechts-

verhältnis niedergelegt ist (OLG Hamburg 6. 6. 1905, SeuffA 61 Nr 233; Soergel/Hadding § 810 Rn 16; Pries 82).

- Sofern ein **Internet-Service-Provider** die Daten, die es dem Inhaber eines Urheber- oder Immaterialgüterrechts ermöglichen würden, seinen Beseitigungs-, Unterlassungs- oder Ersatzanspruch durchzusetzen (zB IP-Adressen, E-Mail-Adressen, Nutzernamen der Teilnehmer), ausnahmsweise in Gestalt einer Urkunde (s oben Rn 91 ff) vorhält, gewährt § 810 Fall 2 BGB dem Rechtsinhaber keinen Anspruch auf Einsicht, da die Verzeichnisse kein Rechtsverhältnis zwischen ihm und dem potenziellen Verletzer beurkunden (Spindler/Dorschel CR 2005, 38, 44). 216

- Die **Schadensmeldung** des Schädigers ist keine Urkunde iS des § 810 Fall 2 BGB, in die der Haftpflichtversicherer dem Geschädigten Einsicht gewähren muss (OLG Düsseldorf 13. 11. 1979 – 4 U 77/79, VersR 1980, 270). 217

- Der Inhaber eines **Vorkaufsrechts** – sei es ein schuldrechtliches (§§ 463 ff BGB), sei es ein dingliches (§§ 1094 ff BGB) – ist an dem Rechtsverhältnis zwischen dem Vorkaufsverpflichteten und dem Dritten, das uU den Vorkaufsfall begründet, nicht beteiligt mit der Folge, dass ihm kein Anspruch nach § 810 Fall 2 BGB auf Gestattung der Einsicht in die Vertragsurkunde zusteht (Pries 82; Siegel 36). 218

- Wird als Bauhandwerkersicherung (§ 648a BGB aF) eine Bürgschaft gestellt, hat der **Werkunternehmer** keinen Anspruch nach § 810 Fall 2 BGB gegen den Bürgen auf Einsicht in die der Bürgschaftsvereinbarung zugrundeliegenden Verträge zwischen dem Bürgen und dem Besteller (LG Mannheim 8. 10. 2012 – 24 O 33/12, IBR 2013, 146; BeckOK-BGB/Gehrlein [1. 2. 2023] § 810 Rn 3), da er nicht Partei dieser Rechtsverhältnisse ist. 219

d) Verhandlungen über ein Rechtsgeschäft (Fall 3)

aa) Anforderungen

Wer ein rechtliches Interesse daran hat (s unten Rn 229 ff), kann nach § 810 Fall 3 BGB Einsicht in die Urkunden (s oben Rn 91 ff) verlangen, die Verhandlungen über ein Rechtsgeschäft (s unten Rn 221) enthalten, die zwischen ihm und einem anderen oder zwischen einem von beiden und einem gemeinschaftlichen Vertreter stattgefunden haben (s unten Rn 222). 220

Das Erfordernis von **Verhandlungen über ein Rechtsgeschäft** umfasst in erster Linie die dem Vertragsschluss vorausgehende Kommunikation (zB Vertragsentwürfe, s MünchKommBGB/Habersack § 810 Rn 9; BeckOGK/Hoffmann [1. 3. 2023] § 810 Rn 12; Planck/Landois § 810 Anm 3 c γ; jurisPK-BGB/Martinek/Heine [1. 2. 2023] § 810 Rn 20; Osterloh-Konrad 46; Sass 125; Schilken Jura 1988, 525, 530; C Schreiber JR 2008, 1, 3), und zwar unabhängig davon, ob die Verhandlungen zu einem Vertragsschluss geführt haben (PWW/Buck-Heeb § 810 Rn 12; Pries 86; Sass 125; Wosnitza 70). Erfasst ist darüber hinaus auch der dem Vertragsschluss nachfolgende Schriftverkehr (PWW/Buck-Heeb § 810 Rn 12; Enneccerus/Lehmann, Recht der Schuldverhältnisse § 219 I 1c = 868; MünchKommBGB/Habersack § 810 Rn 9; Planck/Landois § 810 Anm 3 c γ; jurisPK-BGB/Martinek/Heine [1. 2. 2023] § 810 Rn 20; NK-BGB/Mielke § 810 Rn 14; Pries 86; Radant 73; Sass 125; Schilken Jura 1988, 525, 530; C Schreiber JR 2008, 1, 3; Grüneberg/Sprau § 810 Rn 9; Jauernig/Stadler §§ 809–811 Rn 10; Erman/Wilhelmi § 810 Rn 8; Wosnitza 70, 112; **aA** Ebke 52), soweit dieser 221

Verhandlungen im Zusammenhang mit dem Rechtsgeschäft – insbesondere über dessen Abwicklung oder Auflösung – enthält.

222 In **personeller Hinsicht** umfasst § 810 Fall 3 BGB nur die Verhandlungen, die zwischen den Parteien des Rechtsgeschäfts oder zwischen einer Partei und einem gemeinschaftlichen Vertreter stattgefunden haben. Dabei ist unerheblich, ob die Parteien die Verhandlung selbst oder durch einen mit der Verhandlungsführung betrauten Stellvertreter geführt haben. Der Schriftverkehr zwischen einer Partei und dessen eigenem Stellvertreter oder einem nicht an dem Rechtsverhältnis beteiligten Dritten (zB einem Makler) unterfällt § 810 Fall 3 BGB auch dann nicht, wenn und soweit er sich auf Verhandlungen über ein Rechtsgeschäft bezieht (Stein/Jonas/C Berger § 422 ZPO Rn 17; BeckOK-BGB/Gehrlein [1. 2. 2023] § 810 Rn 4; MünchKommBGB/Habersack § 810 Rn 9; BeckOGK/Hoffmann [1. 3. 2023] § 810 Rn 12; Planck/Landois § 810 Anm 3 c γ; Pries 86; Radant 73; Sass 125; Schilken Jura 1988, 525, 530; BGB-RGRK/Steffen § 810 Rn 18; Erman/Wilhelmi § 810 Rn 8).

bb) Einzelfälle

223 Urkunden iS des § 810 Fall 3 BGB sind – in alphabetischer Ordnung – ua folgende Schriftstücke:

- die **Akten eines Rechtsanwalts**, soweit diese den von ihm als Vertreter des Mandanten geführten Schriftverkehr beinhalten (Nassall KTS 1988, 633, 637),
- der Schriftwechsel zwischen den Vertragsparteien über **Mängelrechte** (OLG Celle 20. 7. 1973 – 7 W 55/73, BB 1973, 1192, 1193),
- das **Mieterhöhungsverlangen** des Vermieters (Stein/Jonas/C Berger § 422 ZPO Rn 17; iE **aA** AG München 14. 10. 1991 – 252 C 7039/91, WuM 1992, 136 f).

224 **Keine Urkunden** iS des § 810 Fall 3 BGB sind – in alphabetischer Ordnung – ua

- die zu internen bzw **privaten Zwecken** (zB als Erinnerungs- bzw Gedächtnisstütze) angefertigten **Aufzeichnungen** (BGH 19. 9. 1994 – II ZR 248/92, BGHZ 127, 107, 110 = AG 1994, 559; BGH 26. 1. 1973 – V ZR 2/71, WM 1973, 644, 649; RG 5. 10. 1936 – IV 119/36, RGZ 152, 213, 217; RG 16. 10. 1916 – Rep VI 227/16, RGZ 89, 1, 4; KG 12. 9. 1988 – 24 W 2242/88, NJW 1989, 532, 533; Stein/Jonas/C Berger § 422 ZPO Rn 17; Warneyer/Bohnenberg § 810; PWW/Buck-Heeb § 810 Rn 12; Enneccerus/Lehmann, Recht der Schuldverhältnisse § 219 I 1c = 868; BeckOK-BGB/Gehrlein [1. 2. 2023] § 810 Rn 4; Grooterhorst AG 2011, 389, 394; MünchKommBGB/Habersack § 810 Rn 9; Soergel/Hadding § 810 Rn 8; BeckOGK/Hoffmann [1.12.201] § 810 Rn 12; NK-BGB/Mielke § 810 Rn 14; Sass 125; Schilken Jura 1988, 525, 530; Grüneberg/Sprau § 810 Rn 9; Jauernig/Stadler §§ 809–811 Rn 10; BGB-RGRK/Steffen § 810 Rn 13, 18; Erman/Wilhelmi § 810 Rn 8; Wosnitza 70), und zwar auch dann, wenn diese während der Verhandlungen verfasst werden und den Inhalt derselben wiedergeben,
- die von dem Verwalter und seinen Mitarbeitern über den Ablauf einer **Wohnungseigentümerversammlung** und die dort gefassten Beschlüsse gefertigten handschriftlichen Notizen zur Vorbereitung des Abschluss- und Beschlussprotokolls (KG 12. 9.

1988 – 24 W 2242/88, NJW 1989, 532, 533; MünchKommBGB/Habersack § 810 Rn 9; NK-BGB/Mielke § 810 Rn 14; Grüneberg/Sprau § 810 Rn 9).

e) Entsprechende Anwendung

aa) Anforderungen

Bei der Abfassung des Wortlauts von § 810 BGB hat die zweite Kommission zwar 225
bewusst und mit der Intention, die Vorlegungstatbestände erschöpfend zu bestimmen, unter Ablehnung eines Änderungsantrags gegenüber § 775 BGB-E I (Prot II 771 = Mugdan II 1219) auf das Wort „insbesondere" verzichtet (Prot II 775 = Mugdan II 1221). Eine entsprechende Anwendung der Vorschrift ist damit aber – wie die zweite Kommission selbst betont hat (Prot II 775 = Mugdan II 1221) – nicht ausgeschlossen (BGH 10. 7. 1959 – VI ZR 149/58, NJW 1959, 2011, 2012; RG 14. 5. 1915 – Rep III 398/14, RGZ 87, 10, 15; OLG Dresden 26. 11. 1917, OLGE 38, 117; OLG Dresden 30. 3. 1905 – 1 O 255/04, SächsArch 15, 623. 624; OLG Posen 8. 11. 1901, OLGE 4, 52, 53; AG Köln 13. 10. 1987 – 111 C 163/87, VersR 1988, 257; Beckhaus 29; PWW/Buck-Heeb § 810 Rn 2, 5; BeckOK-BGB/Gehrlein [1. 2. 2023] § 810 Rn 1; MünchKommBGB/Habersack § 810 Rn 4; Soergel/Hadding § 810 Rn 1; BeckOGK/Hoffmann [1. 3. 2023] § 810 Rn 7; Kümmelmann AnwBl 1981, 427, 428; Planck/Landois § 810 Anm 3 b; jurisPK-BGB/Martinek/Heine [1. 2. 2023] § 810 Rn 11; NK-BGB/Mielke § 810 Rn 10; Pries 88; Schilken Jura 1988, 525, 529; Grüneberg/Sprau § 810 Rn 1; Jauernig/Stadler §§ 809–811 Rn 9; BGB-RGRK/Steffen § 810 Rn 1; Winkler von Mohrenfels 74; iE auch RG 2. 11. 1940 – IV 95/40, RGZ 165, 146, 148 [mit nationalsozialistisch-ideologischen Motiven]; krit Siegel 39; Stürner 342 f). Für die Rechtsfortbildung im Wege einer Analogie (zB bei Teilzahlungen eines Wechselindossanten, s Meyer JW 1936, 2043, 2044; dagegen Soergel/Hadding § 810 Rn 5; Rilk JW 1936, 2044) ist es in Anbetracht der Tatsache, dass der Gesetzgeber das Bestehen einer Regelungslücke selbst eingeräumt hat, ausreichend, aber auch erforderlich, dass eine Urkunde (s oben Rn 91 ff) vorliegt, die nach ihrem Zweck oder Inhalt einem der Vorlegungstatbestände (s oben Rn 130 ff, 184 ff, 220 ff) vergleichbar ist (restriktiver [nur bei Beteiligung des Anspruchstellers an dem beurkundeten Rechtsverhältnis] BeckOK-BGB/Gehrlein [1. 2. 2023] § 810 Rn 1; Haeffs 80; Erman/Wilhelmi § 810 Rn 5). Hierbei ist Zurückhaltung geboten (MünchKommBGB/Habersack § 810 Rn 4; BGB-RGRK/Steffen § 810 Rn 1; iE auch BGH 10. 7. 1959 – VI ZR 149/58, BB 1959, 919; Soergel/Hadding § 810 Rn 1 [nur in besonderen Fällen]), da jede Ausdehnung des Tatbestands von § 810 BGB in den normimmanenten Ausgleich der gegenläufigen Interessen des Anspruchstellers und des Besitzers (s oben Rn 2) eingreift und das berechtigte Interesse des Besitzers an seiner Privatheit (s oben Rn 1) zurückdrängt.

bb) Einzelfälle

Urkunden, auf die § 810 BGB entsprechend anwendbar ist, sind zB 226

- Schriftstücke, die ein nichtiges oder **unwirksames Rechtsverhältnis** beurkunden 227 (Pries 88 f; Siegel 62 f; nur methodologisch abw [direkte Anwendung von § 810 Fall 1 BGB] Beckhaus 29 f; Stein/Jonas/C Berger § 422 ZPO Rn 14; Osterloh-Konrad 46; Sass 124; Schilken Jura 1988, 525, 529; **aA** Radant 71 [Vorlegung nach richterlichem Ermessen]) und

- die schriftliche Auskunft, die der frühere Arbeitgeber über einen **ausgeschiedenen** 228 **Arbeitnehmer** erstellt, der sich bei einem Dritten um eine neue Anstellung bewirbt (BGH 10. 7. 1959 – VI ZR 149/58, NJW 1959, 2011, 2012; Soergel/Hadding § 810 Rn 3; BGB-RGRK/Steffen § 810 Rn 14).

4. Rechtliches Interesse

a) Begriff

229 Neben Umständen, welche die Urkunde (s oben Rn 91 ff) zu einer vorlegungspflichtigen qualifizieren (s oben Rn 128 ff), setzt der Anspruch nach § 810 BGB voraus, dass der Anspruchsteller ein rechtliches Interesse daran hat, die in fremdem Besitz befindliche Urkunde (s oben Rn 127) einzusehen. Ein rein **wirtschaftliches Interesse** – mag es auch berechtigt sein – genügt nicht (Siegel 66).

230 Ein rechtliches Interesse iS des § 810 BGB hat grundsätzlich jeder, der die Einsichtnahme in eine Urkunde **zur Förderung, Erhaltung oder Verteidigung seiner rechtlich geschützten Interessen benötigt** (BGH 27. 5. 2014 – XI ZR 264/13 Rn 21, NJW 2014, 3312; BGH 8. 4. 1981 – VIII ZR 98/80, NJW 1981, 1733; BGH 31. 3. 1971 – VIII ZR 198/69, WM 1971, 565, 567; OLG Frankfurt 13. 3. 2019 – 12 U 37/18, BeckRS 2019, 15476 Rn 86; OLG Schleswig 5. 9. 2018 – 9 U 43/18, BeckRS 2018, 29709 Rn 9; OLG Karlsruhe 3. 8. 2017 – 7 U 202/16, MDR 2017, 1300, 1301; OLG Frankfurt 13. 10. 2016 – 1 U 23/14, BeckRS 2016, 118609 Rn 15; OLG Frankfurt 21. 6. 2012 – 22 U 89/101, MPR 2012, 169, 172; OLG Düsseldorf 15. 9. 1995 – 7 U 119/94, NJW-RR 1996, 1464, 1466; OLG Celle 20. 7. 1973 – 7 W 55/73, BB 1973, 1192, 1193; OLG Düsseldorf 28. 6. 1962 – 6 U 256/61, BB 1962, 1390, 1391; LG Hagen 16. 3. 2022 – 3 O 44/19, BeckRS 2022, 16730 Rn 25; LG Saarbrücken 8. 4. 2021 – 14 O 103/17, VersR 2021, 888, 892; LG Flensburg 8. 9. 2020 – 3 O 375/14, MedR 2021, 652, 655; LG Kiel 23. 3. 2018 – 14 HKO 170/17, BeckRS 2018, 29770 Rn 7; LG München I 20. 2. 2014 – 3 O 5065/13, BeckRS 2016, 9528 unter II 3 c [2]; LG Oldenburg 9. 12. 2011 – 13 O 1604/11, r + s 2012, 343, 344; LG München I 31. 3. 2009 – 33 O 25598/05, juris Rn 325 – *KirchGruppe*; LG Mönchengladbach 31. 10. 2007 – 2 S 34/07, PflR 2008, 280, 282; AG Nürnberg 26. 6. 1991 – 13 C 4515/91, NJW-RR 1991, 1523; BezG Dresden 29. 11. 1991 – 2 T 252/91, VIZ 1992, 73, 75; Armbrüster VersR 2013, 944, 947; Beckhaus 30; Binder ZHR 176 [2012] 380, 402; PWW/Buck-Heeb § 810 Rn 4; Derleder/Wosnitza ZIP 1990, 901, 905; BeckOK-BGB/Gehrlein [1. 2. 2023] § 810 Rn 5; Grimme JA 1985, 320, 321; Grooterhorst AG 2011, 389, 393; MünchKommBGB/Habersack § 810 Rn 10; Soergel/Hadding § 810 Rn 2; Haeffs 80; BeckOGK/Hoffmann [1. 3. 2023] § 810 Rn 14; Kiethe DStR 1993, 1708, 1712; jurisPK-BGB/Martinek/Heine [1. 2. 2023] § 810 Rn 17, 21; NK-BGB/Mielke § 810 Rn 7; Nassall KTS 1988, 633, 637; Oertmann § 810 Anm 2 a; Osterloh-Konrad 41; Pries 90 f; Radant 76; Sass 126; Schilken Jura 1988, 525, 529; C Schreiber JR 2008, 1, 3; Siegel 66; Grüneberg/Sprau § 810 Rn 2; Jauernig/Stadler §§ 809–811 Rn 11; BGB-RGRK/Steffen § 810 Rn 6; Erman/Wilhelmi § 810 Rn 3; Winkler von Mohrenfels 74; Wosnitza 67; abw Bürge, in: FS Lüke [1997] 7, 24 f), zB um sich Gewissheit über das Bestehen oder den Umfang eines Rechts zu verschaffen (OLG Schleswig 5. 9. 2018 – 9 U 43/18, BeckRS 2018, 29709 Rn 9). Hierfür ist es erforderlich, aber auch ausreichend (s unten Rn 231), dass hinreichend bestimmte Anhaltspunkte vorliegen, die auf einen **Zusammenhang zwischen dem Inhalt der zur Einsichtnahme begehrten Urkunde und dem Rechtsverhältnis** hinweisen, zu dessen Klarstellung die Einsicht verlangt wird (BGH 27. 5. 2014 – XI ZR 264/13 Rn 24, NJW 2014, 3312; LG Mönchengladbach 31. 10. 2007 – 2 S 34/07, PflR 2008, 280, 282; PWW/Buck-Heeb § 810 Rn 4; Enneccerus/Lehmann, Recht der Schuldverhältnisse § 219 I 2 = 868; BeckOK-BGB/Gehrlein [1. 2. 2023] § 810 Rn 5; Grüneberg/Sprau § 810 Rn 2; mit abweichender dogmatischer Zuordnung jurisPK-BGB/Martinek/Heine [1. 2. 2023] § 810 Rn 22). Dieses Erfordernis impliziert zum einen, dass nicht sämtliche subjektiven Rechte des bürgerlichen und des öffentlichen Rechts ein rechtlich geschütztes Interesse iS des § 810 BGB begründen können (**aA** Enneccerus/Lehmann, Recht der Schuldverhältnisse § 219 I 2 = 868; Grimme JA 1985, 320, 321; MünchKommBGB/Habersack § 810 Rn 10; jurisPK-BGB/Martinek/Heine [1. 2. 2023] § 810 Rn 21), sondern nur solche, deren Grundlage das beurkunde-

te Rechtsverhältnis ist, gleichgültig, ob dieses im Verhältnis zu dem Anspruchsgegner oder einem Dritten besteht. Zum anderen lässt es erkennen, dass die Notwendigkeit der Einsicht objektiv festzustellen ist (iE auch BGH 28. 4. 1977 – II ZR 208/75, BB 1977, 1168, 1169), die bloße Überzeugung des Anspruchstellers also nicht genügt.

Obwohl der Wortlaut von **§ 809 BGB** kein rechtliches Interesse voraussetzt, sondern für die Begründung des Anspruchs auf Besichtigung einer Sache ein **ernstliches und besonderes Interesse** genügt (zu Einzelheiten s § 809 Rn 80 mwNw), ist der Unterschied zu § 810 BGB gering (MünchKommBGB/Habersack § 810 Rn 10; **aA** jurisPK-BGB/Martinek/Heine [1. 2. 2023] § 810 Rn 21 [„enger"]). Ursächlich hierfür ist, dass das von § 809 BGB vorausgesetzte Interesse aufgrund der normprägenden Verbindung des präparatorischen Besichtigungsanspruchs mit dem Hauptanspruch in Ansehung der Sache *per se* ein rechtliches ist (s § 809 Rn 80 mwNw; iE auch MünchKommBGB/Habersack § 810 Rn 10, der auf die Wahrscheinlichkeit des Hauptanspruchs abstellt). 231

b) Einzelfälle

Ein rechtliches Interesse iS des § 810 BGB (s oben Rn 230) besteht – in alphabetischer Ordnung – ua in folgenden Situationen: 232

- Aufgrund der Akzessorietät der Bürgschaftsschuld haben **Bürgen** ein rechtliches Interesse, die Geschäftsbücher des Bürgschaftsgläubigers einzusehen, soweit darin angebliche Zahlungen des Hauptschuldners verbucht sind (BGH 27. 5. 2014 – XI ZR 264/13 Rn 21, NJW 2014, 3312; BGH 18. 5. 1995 – IX ZR 129/94, NJW 1995, 2161, 2162; BGH 10. 12. 1987 – IX ZR 269/86, NJW 1988, 906, 907; RG 5. 11. 1903 – Rep VI 155/03, RGZ 56, 109, 112; LG Darmstadt 1. 6. 1995 – 10 O 186/95, WM 1995, 2029, 2031; MünchKommBGB/Habersack § 810 Rn 8; BGB-RGRK/Steffen § 810 Rn 12). 233

- Die Ehefrau eines Kaufmanns hat bei Auflösung der **Errungenschaftsgemeinschaft** (Art 1497 Nr 1 Code civil) ein rechtliches Interesse, die Geschäftsbücher ihres Ehemanns einzusehen, um das im Besitz ihres Ehemanns befindliche gemeinschaftliche, zur Teilung anstehende Vermögen festzustellen (RG 14. 1. 1902 – Rep II 357/01, RGZ 50, 334, 337; Giesker 77; Soergel/Hadding § 810 Rn 8; Planck/Landois § 810 Anm 3 c α; Radant 68; BGB-RGRK/Steffen § 810 Rn 12). 234

- Ausgeschiedene **Gesellschafter** haben idR ein rechtliches Interesse daran, die Geschäftsunterlagen der Gesellschaft (zB den Jahresabschluss, die Bilanz, den Prüfungsbericht und die Steuererklärung der Gesellschaft) einzusehen (BGH 17. 4. 1989 – II ZR 258/88, NJW 1989, 3272, 3273 [KG]; OLG Hamm 5. 3. 2014 – 8 U 54/13, BeckRS 2014, 123575 Rn 30 [KG]; OLG Frankfurt 21. 8. 1995 – 20 W 124/95, NJW-RR 1996, 871, 872 [GmbH]; OLG Hamm 22. 11. 1993 – 8 U 33/93, DB 1994, 1232 [GmbH]; BGH 28. 4. 1977 – II ZR 208/75, BB 1977, 1168 [GmbH]; BGH 11. 7. 1968 – II ZR 92/67, WM 1968, 1245 [stille Gesellschaft]; BGH 16. 2. 1959 – II ZR 194/57, WM 1959, 595, 598 [OHG]; OLG München 19. 2. 2014 – 13 U 2374/11, BeckRS 2014, 3987 [PartG]; jurisPK-BGB/Martinek/Heine [1. 2. 2023] § 810 Rn 19). Dieses kann sich insbesondere daraus ergeben, dass dem ausgeschiedenen Gesellschafter Forderungen gegen die Gesellschaft aus der Zeit vor seinem Ausscheiden zustehen (BGH 11. 7. 1988 – II ZR 346/87, NJW 1989, 225, 226 [GmbH & Co KG]; OLG Frankfurt 21. 8. 1995 – 20 W 124/95, NJW-RR 1996, 871, 872 [GmbH]; jurisPK-BGB/Martinek/Heine [1. 2. 2023] § 810 Rn 19), ihm eine sachgerechte Verteidigung gegenüber einer Zahlungsklage der Gesellschaft ermöglicht werden muss 235

(OLG Frankfurt 21. 8. 1995 – 20 W 124/95, NJW-RR 1996, 871, 872 [GmbH]; OLG Frankfurt 20. 11. 1981 – 10 U 26/81, BB 1982, 143, 144 [GmbH]) oder er Einsicht zur Berechnung bzw Überprüfung des Einziehungsentgelts oder Abfindungsanspruchs benötigt (BGH 28. 4. 1977 – II ZR 208/77, WM 1977, 781, 782 f [GmbH]; OLG Frankfurt 21. 8. 1995 – 20 W 124/95, NJW-RR 1996, 871, 872 [GmbH]; jurisPK-BGB/Martinek/Heine [1. 2. 2023] § 810 Rn 19).

236 – **Handelsvertreter** haben ein rechtliches Interesse die Geschäftsbücher des Geschäftsherrn einzusehen, wenn die Anzahl und der Inhalt der von seinem Geschäftsherrn mit den Kunden geschlossenen Verträge die Höhe ihres Provisionsanspruchs bestimmt (RG 14. 5. 1915 – Rep III 398/14, RGZ 87, 10, 16 ff; BeckOK-BGB/Gehrlein [1. 2. 2023] § 810 Rn 3; MünchKommBGB/Habersack § 810 Rn 8; BeckOGK/Hoffmann [1. 3. 2023] § 810 Rn 11; Planck/Landois § 810 Anm 3 a; Sass 122; Winkler von Mohrenfels 74; **aA** Radant 66).

237 – Ausgeschiedene **Organmitglieder** einer AG oder GmbH, die von der Gesellschaft auf Schadensersatz in Anspruch genommen werden (s oben Rn 45 ff), haben aufgrund der ihnen obliegenden Darlegungs- und Beweislast für die Pflichtgemäßheit ihres Handelns (§ 93 Abs 2 S 2 AktG ggf iVm § 116 S 1 AktG) ein rechtliches Interesse daran, die in einem Zusammenhang mit der ihnen vorgeworfenen Pflichtverletzung stehenden Geschäftsunterlagen einzusehen (RG 8. 4. 1908 – I 599/07, WarnR 1908 Nr 465; Grooterhorst AG 2011, 389, 393; Krieger, in: FS Schneider [2011] 717, 724).

238 – Infolge eines nicht einvernehmlichen Betriebsübergangs iS des § 613a BGB hat der neue Inhaber ein rechtliches Interesse an der Einsicht der von dem bisherigen Arbeitgeber geführten **Personalakten**, um seine Rechte als Arbeitgeber (zB Weisungs- und Kündigungsrecht) wahrnehmen zu können (Dimsic/Schwarz NZA 2016, 1436, 1437).

239 – Nach dem Eintritt des Erbfalls (§ 1922 Abs 1 BGB) haben sämtliche Erbprätendenten ein rechtliches Interesse an der Einsicht in das **Testament**; dieses wird durch die Ablieferungspflicht nach § 2259 BGB nicht ausgeschlossen (Siegel 68).

240 – Der **Verkäufer** eines Bauvorhabens hat ein rechtliches Interesse daran, die ihm abhanden gekommene Korrespondenz (zB Mängelrügen des Käufers) einzusehen, um sich Klarheit über die Restkaufpreisforderung zu verschaffen (OLG Celle 20. 7. 1973 – 7 W 55/73, BB 1973, 1192, 1193).

241 – Wer beabsichtigt, Rechtsschutzmaßnahmen gegen privatrechtliches Handeln einer staatlichen Stelle einzuleiten, hat ein rechtliches Interesse, die maßgeblichen **Verwaltungsakten** (s oben Rn 75 f) einzusehen (Scholz NVwZ 2015, 1111, 1113).

242 **Kein rechtliches Interesse** iS des § 810 BGB (s oben Rn 230) besteht – in alphabetischer Ordnung – ua in folgenden Situationen:

243 – Ausgeschiedene **Gesellschafter** haben kein rechtliches Interesse an der Einsicht in den Jahresabschluss (§ 242 Abs 3 HGB) der Gesellschaft, wenn sie dadurch ledig-

lich ihren Verdacht erhärten wollen, der Geschäftsführer habe dem Finanzamt unrichtige Angaben mitgeteilt (OLG Hamm 22. 11. 1993 – 8 U 33/93, DB 1994, 1232).

– Ohne die Absicht konkrete Rechtsansprüche abzusichern, hat ein ehemaliger **Stipendiat** kein rechtliches Interesse an der Einsicht in die von der fördernden Institution über ihn angefertigte Personalakte (BGH 8. 4. 1981 – VIII ZR 98/80, NJW 1981, 1733; BeckOGK/Hoffmann [1. 3. 2023] § 810 Rn 14; mit abw Begründung PWW/Buck-Heeb § 810 Rn 7; MünchKommBGB/Habersack § 810 Rn 6: Personalakte werde nicht im Interesse des Stipendiaten geführt). 244

c) Schutzwürdigkeit des rechtlichen Interesses

aa) Ungeschriebene Anspruchsvoraussetzung

Besteht ein rechtliches Interesse (s oben Rn 229 ff), vermag dieses den Einsichtsanspruch nach § 810 BGB nur zu begründen, wenn es im Einzelfall schutzwürdig ist. Obgleich der BGH und ihm folgend die Instanzgerichte sowie die ganz überwiegende Ansicht in der Literatur die Schutzwürdigkeit des rechtlichen Interesses als ungeschriebene Anspruchsvoraussetzung ansehen (BGH 7. 4. 2022 – I ZR 222/20 Rn 74, WRP 2022, 729 – *Porsche 911*; BGH 27. 5. 2014 – XI ZR 264/13 Rn 24, NJW 2014, 3312; OLG Karlsruhe 3. 8. 2017 – 7 U 202/16, MDR 2017, 1300, 1301; OLG Frankfurt 13. 10. 2016 – 1 U 23/14, BeckRS 2016, 118609 Rn 15; OLG Nürnberg 6. 12. 2006 – 8 U 1857/05, WM 2007, 647, 649; LG Flensburg 8. 9. 2020 – 3 O 375/14, MedR 2021, 652, 655; LG Mainz 23. 8. 2019 – 1 O 255/17, BeckRS 2019, 47427 Rn 53; LG Köln 18. 12. 2018 – 5 O 248/18, BeckRS 2018, 51142 Rn 46; BezG Dresden 29. 11. 1991 – 2 T 252/91, VIZ 1992, 73, 75; PWW/Buck-Heeb § 810 Rn 4; Buck-Heeb WuB 2014, 495, 497; BeckOK-BGB/Gehrlein [1. 2. 2023] § 810 Rn 5; MünchKommBGB/Habersack § 810 Rn 11; Kiethe DStR 1993, 1708, 1712; wohl auch Haeffs 80; jurisPK-BGB/Martinek/Heine [1. 2. 2023] § 810 Rn 22), muss diese nicht positiv festgestellt werden. Vielmehr wird sie grundsätzlich durch das rechtliche Interesse indiziert, es sei denn, dass besondere Umstände die Schutzwürdigkeit ausnahmsweise ausschließen. Mit anderen Worten: Die fehlende Schutzwürdigkeit des rechtlichen Interesses ist eine **anspruchshindernde Einwendung**. Bedeutsam ist dieser Unterschied für die **Darlegungs- und Beweislast** (s unten Rn 289 f; wohl **aA** Osterloh-Konrad 46 [„sachlich irrelevant“]). Der Anspruchsteller muss lediglich sein rechtliches Interesse an der Einsicht nachweisen, nicht aber dessen Schutzbedürftigkeit; es obliegt nämlich dem Besitzer, besondere Umstände darzulegen und im Streitfall zu beweisen, welche die Schutzbedürftigkeit ausnahmsweise ausschließen. 245

bb) Fallgruppen

(1) Möglichkeit der Unterrichtung aus allgemein zugänglichen Quellen

Das rechtliche Interesse an der Einsicht in eine Urkunde ist nicht nur dann nicht schutzwürdig, wenn der Anspruchsteller den Inhalt der Urkunde kennt (RG 16. 4. 1912 – III 346/11, WarnR 1912 Nr 304; RG 14. 4. 1905 – II 370/04, Gruchot 49, 832, 835; OLG Karlsruhe 11. 3. 2020 – 2 U 1/18 [Kart], BeckRS 2020, 15119 Rn 20; OLG Braunschweig 9. 5. 1913, OLGE 27, 98, 99; Soergel/Hadding § 810 Rn 2; Planck/Landois § 810 Anm 3 a; Sass 134), sondern auch dann, wenn er sich über den von ihm behaupteten (s unten Rn 289) angeblichen Inhalt der Urkunde aus allgemein zugänglichen Quellen unterrichten kann (OLG Schleswig 5. 9. 2018 – 9 U 43/18, BeckRS 2018, 29709 Rn 10; NK-BGB/Mielke § 810 Rn 8; Jauernig/Stadler §§ 809–811 Rn 11; iE auch Kiethe DStR 1993, 1708, 1712), für die Informationserlangung also nicht auf die Einsicht angewiesen ist. Daher hat zB ein aus einer Genossenschaft ausgeschiedenes Mitglied keinen Anspruch nach § 810 BGB gegen die Genossen- 246 schaft auf Einsicht in den festgestellten Jahresabschluss, den Lagebericht, die Erklärungen nach § 264 Abs 2 Satz 3 HGB und § 289 Abs 1 Satz 1 HGB (sog Bilanzeid) und den Bericht des Aufsichtsrats, wenn diese ordnungsgemäß nach § 339 HGB offengelegt sind (OLG Schleswig 5. 9. 2018 – 9 U 43/18, BeckRS 2018, 29709 Rn 10; zust Schulteis GWR 2019, 45; Jauernig/Stadler §§ 809–811 Rn 11).

(2) Unzulässige Ausforschung

247 Das rechtliche Interesse (s oben Rn 229 ff) an der Einsicht in eine Urkunde ist insbesondere dann nicht schutzwürdig, wenn das Einsichtsverlangen auf eine unzulässige Ausforschung zielt (BGH 30. 11. 1989 – III ZR 112/88, BGHZ 109, 260, 267 = NJW 1990, 510; BGH 27. 5. 2014 – XI ZR 264/13 Rn 24, NJW 2014, 3312; BGH 28. 4. 1992 – XI ZR 193/91, NJW-RR 1992, 1072, 1073; BGH 31. 3. 1971 – VIII ZR 198/69, WM 1971, 565, 567; BGH 16. 4. 1962 – VII ZR 252/60, BB 1962, 573, 574; OLG Nürnberg 14. 3. 2022 – 8 U 2907/21, VersR 2022, 622, 624; OLG Köln 29. 1. 2020 – 11 U 14/19, VergabeR 2020, 696, 702; OLG Karlsruhe 16. 8. 2017 – 7 U 202/16, MDR 2017, 1300, 1301; OLG Frankfurt 21. 6. 2012 – 22 U 89/101, MPR 2012, 169, 172; OLG Nürnberg 6. 12. 2006 – 8 U 1857/05, WM 2007, 647, 649; OLG Naumburg 31. 3. 1999 – 6 U 387/96, OLG-NL 2001, 124, 125; OLG München 23. 9. 1992 – 7 U 3015/92, AG 1993, 186, 187; OLG Hamm 2. 2. 1987 – 11 W 19/86, NJW-RR 1987, 1395; OLG Frankfurt 25. 9. 1979 – 5 U 210/78, DB 1979, 2476, 2477; LG Mainz 23. 8. 2019 – 1 O 255/17, BeckRS 2019, 47427 Rn 53; LG Köln 18. 12. 2018 – 5 O 248/18, BeckRS 2018, 51142 Rn 46; LG München I 5. 8. 2016 – 3 HK O 7668/16, EnWZ 2016, 468, 475; LG Oldenburg 9. 12. 2011 – 13 O 1604/11, r + s 2012, 343, 344; LG Bonn 3. 7. 2001 – 18 O 25/01, NJW 2002, 3260, 3261; AG Charlottenburg 30. 8. 1996 – 24a C 145/96, NJW 1997, 1450; AG Nürnberg 26. 6. 1991 – 13 C 4515/91, NJW-RR 1991, 1523; LAG Rheinland-Pfalz 23. 7. 2015 – 5 Sa 24/15, BeckRS 2015, 72559 Rn 31; BezG Dresden 29. 11. 1991 – 2 T 252/91, VIZ 1992, 73, 75; HKK/Birr §§ 809–811 Rn 4; PWW/Buck-Heeb § 810 Rn 4; BeckOK-BGB/Gehrlein [1. 2. 2023] § 810 Rn 1, 5; Grimme JA 1985, 320, 322; MünchKommBGB/Habersack Rn 11; Soergel/Hadding § 810 Rn 9; BeckOGK/Hoffmann [1. 3. 2023] § 810 Rn 15; Hövermann, in: Baumgärtel/Laumen/Prütting, Handbuch der Beweislast § 810 Rn 1; Krieger, in: FS Schneider [2011] 717, 726; jurisPK-BGB/Martinek/Heine [1. 2. 2023] § 810 Rn 22; Nassall KTS 1988, 633, 637; C Schreiber JR 2008, 1, 3; Grüneberg/Sprau § 810 Rn 2; Jauernig/Stadler §§ 809–811 Rn 11; BGB-RGRK/Steffen § 810 Rn 6; Werner GmbHR 2016, 852, 856; Erman/Wilhelmi § 810 Rn 3; iE auch Florstedt ZIP 2017, 49, 53; NK-BGB/Mielke § 810 Rn 8 [Verstoß gegen Verbot des Ausforschungsbeweises]). Die Tatsache, dass die Einsicht geeignet ist, die Prozessaussichten des Anspruchstellers zu verbessern, genügt hierfür nicht (OLG Schleswig 17. 6. 1991 – 2 W 115/90, NJW-RR 1991, 1338; iE auch Jauernig/Stadler §§ 809–811 Rn 11). Vielmehr ist eine unzulässige Ausforschung nur anzunehmen, wenn der Anspruchsteller ohne hinreichend bestimmte Anhaltspunkte, sondern lediglich aufgrund **vager Vermutungen**, Einsicht verlangt, um sich erst dadurch die für eine spätere Rechtsverfolgung gegen den Besitzer der Urkunde oder gegen Dritte erforderlichen Kenntnisse zu beschaffen (BGH 7. 4. 2022 – I ZR 222/20 Rn 74, WRP 2022, 729 – *Porsche 911*; BGH 30. 11. 1989 – III ZR 112/88, BGHZ 109, 260, 267 = NJW 1990, 510; BGH 27. 5. 2014 – XI ZR 264/13 Rn 24, NJW 2014, 3312; BGH 28. 4. 1992 – XI ZR 193/91, NJW-RR 1992, 1072, 1073; BGH 31. 3. 1971 – VIII ZR 198/69, WM 1971, 565, 567; BGH 16. 4. 1962 – VII ZR 252/60, BB 1962, 573, 574; RG 6. 11. 1913 – VII 278/13, SoergRspr 1914, 226 [§ 810 BGB Nr 1]; RG 16. 4. 1912 – III 346/11, WarnR 1912 Nr 304; OLG Nürnberg 14. 3. 2022 – 8 U 2907/21, VersR 2022, 622, 624; OLG Karlsruhe 3. 8. 2017 – 7 U 202/16, MDR 2017, 1300, 1301; OLG Frankfurt 13. 10. 2016 – 1 U 23/14, BeckRS 2016, 118609 Rn 15; OLG Frankfurt 21. 6. 2012 – 22 U 89/101, MPR 2012, 169, 172; OLG München 23. 9. 1992 – 7 U 3015/92, AG 1993, 186, 187; OLG Schleswig 17. 6. 1991 – 2 W 115/90, NJW-RR 1991, 1338; OLG Frankfurt 25. 9. 1979 – 5 U 210/78, DB 1979, 2476, 2477; OLG Celle 20. 7. 1973 – 7 W 55/73, BB 1973, 1192, 1193; LG Hamburg 26. 4.

2023 – 332 O 243/21, BeckRS 2023, 21786 Rn 34; LG Flensburg 8. 9. 2020 – 3 O 375/14, MedR 2021, 652, 655; LG München I 20. 2. 2014 – 3 O 5065/13, BeckRS 2016, 9528 unter II 3 c [2]; LG München I 31. 3. 2009 – 33 O 25598/05, juris Rn 325 – *KirchGruppe*; LG Mönchengladbach 31. 10. 2007 – 2 S 34/07, PflR 2008, 280, 282; LG Frankfurt aM 25. 7. 1988 – 2/24 S 54/88, ZIP 1988, 965, 966; AG Nürnberg 26. 6. 1991 – 13 C 4515/91, NJW-RR 1991, 1523; Beckhaus 32; PWW/Buck-Heeb § 810 Rn 4; Buck-Heeb WuB 2014, 495, 497; Enneccerus/Lehmann, Recht der Schuldverhältnisse § 219 I 2 = 868; BeckOK-BGB/Gehrlein [1. 2. 2023] § 810 Rn 1, 5; Soergel/Hadding § 810 Rn 2; Hövermann, in: Baumgärtel/Laumen/Prütting, Handbuch der Beweislast § 810 Rn 1; Markfort 176; jurisPK-BGB/Martinek/Heine [1. 2. 2023] § 810 Rn 17, 22; Nassall KTS 1988, 633, 637; Opheys/Tmimi VergabeR 2021, 426, 435; Grüneberg/Sprau § 810 Rn 2; Jauernig/Stadler §§ 809–811 Rn 11; BGB-RGRK/Steffen § 810 Rn 6; Tauth/Roeder BB 2013, 1333, 1334; Werner GmbHR 2016, 852, 856; Erman/Wilhelmi § 810 Rn 3; restriktiver BeckOGK/Hoffmann [1. 3. 2023] § 810 Rn 11 [keinerlei Anhaltspunkte]; diff Wosnitza 68 f). Daher besteht der Anspruch nach § 810 BGB insbesondere nicht, wenn der Anspruchsteller, der sich eines Anspruchs rühmt, sich erst durch die begehrte Urkundeneinsicht die Kenntnisse verschaffen will, die für eine von ihm darzulegende und im Streitfall zu beweisende Voraussetzung erforderlich sind (BGH 30. 11. 1989 – III ZR 112/88, BGHZ 109, 260, 267 = NJW 1990, 510; BGH 28. 4. 1992 – XI ZR 193/91, BB 1992, 1236, 1237; BGH 31. 3. 1971 – VIII ZR 198/69, WM 1971, 565, 567; RG 10. 2. 1932 – I 210/31, RGZ 135, 188, 192; RG 29. 3. 1913 – VI 538/12, WarnR 1913 Nr 317; OLG Karlsruhe 11. 3. 2020 – 2 U 1/18 [Kart], BeckRS 2020, 15119 Rn 20; OLG Köln 29. 1. 2020 – 11 U 14/19, VergabeR 2020, 696, 702; OLG Dresden 10. 1. 2018 – U 4/17 Kart, BeckRS 2018, 39313 Rn 28; OLG Frankfurt 21. 6. 2012 – 22 U 89/101, MPR 2012, 169, 172; OLG Nürnberg 6. 12. 2006 – 8 U 1857/05, WM 2007, 647, 649; OLG Naumburg 31. 3. 1999 – 6 U 387/96, OLG-NL 2001, 124, 125; LG Mainz 23. 8. 2019 – 1 O 255/17, BeckRS 2019, 47427 Rn 53; LG Köln 18. 12. 2018 – 5 O 248/18, BeckRS 2018, 51142 Rn 46; AG Charlottenburg 30. 8. 1996 – 24a C 145/96, NJW 1997, 1450; LAG Rheinland-Pfalz 23. 7. 2015 – 5 Sa 24/15, BeckRS 2015, 72559 Rn 31; Enneccerus/Lehmann, Recht der Schuldverhältnisse § 219 I 2 = 868; Grimme JA 1985, 320, 321 f; MünchKommBGB/Habersack § 810 Rn 11; Soergel/Hadding § 810 Rn 9; Haeffs 81; jurisPK-BGB/Martinek/Heine [1. 2. 2023] § 810 Rn 22; Schilken Jura 1988, 525, 530; C Schreiber JR 2008, 1, 3; BGB-RGRK/Steffen § 810 Rn 6; restriktiver Osterloh-Konrad 42 ff).

Abzulehnen ist die Ansicht, die eine unzulässige Ausforschung nur verneint, wenn der (Haupt-)Anspruch oder die sonstige Rechtsposition des Anspruchstellers mit einem **gewissen Grad von Wahrscheinlichkeit** besteht, die Voraussetzungen also bereits bis zu dem Punkt nachgewiesen sind, an dem nur noch die Einsicht in die Urkunde fehlt, um letzte Klarheit zu schaffen (LG Frankfurt aM 25. 7. 1988 – 2/24 S 54/88, ZIP 1988, 965, 966; **aA** OLG Karlsruhe 3. 8. 2017 – 7 U 202/16, MDR 2017, 1300, 1301; OLG Hamm 2. 2. 1987 – 11 W 19/86, NJW-RR 1987, 1395; LG München I 20. 2. 2014 – 3 O 5065/13, BeckRS 2016, 9528 unter II 3 c [2]; AG Nürnberg 26. 6. 1991 – 13 C 4515/91, NJW-RR 1991, 1523; Beckhaus 31; BeckOGK/Hoffmann [1. 3. 2023] § 810 Rn 15; jurisPK-BGB/Martinek/Heine [1. 2. 2023] § 810 Rn 22). Die hierfür gegebene Begründung, die Aussagen des BGH in der *Druckbalken*-Entscheidung (BGH 8. 1. 1985 – X ZR 18/84, BGHZ 93, 191, 205 f = NJW 1986, 480) zu § 809 BGB hätten „generelle Bedeutung" und würden daher ebenso für § 810 BGB gelten (OLG Hamm 2. 2. 1987 – 11 W 19/86, NJW-RR 1987, 1395), verkennt die Struktur des Tatbestands von § 809 BGB, nämlich dass die Voraussetzung einer gewissen Wahrscheinlichkeit kein Bestandteil des ernstlichen und besonderen Interesses ist (s § 809 Rn 80 ff mwNw), sondern der Formulierung „sich Gewissheit verschaffen" entspringt (s § 809 Rn 74 ff mwNw), die § 810 BGB fremd ist. 248

249 Eine unzulässige Ausforschung (s oben Rn 247) kommt nur in Betracht, wenn die Urkundeneinsicht der **erstmaligen Ermittlung des Sachverhalts** zur Prüfung und Durchsetzung möglicher Ansprüche dient (BGH 28. 4. 1992 – XI ZR 193/91, NJW-RR 1992, 1072, 1073; Jauernig/Stadler §§ 809–811 Rn 11). Will der Anspruchsteller sich hingegen zB nach dem Verlust seines Vertragsexemplars durch die Einsicht in das Exemplar seines Vertragspartners lediglich wieder in den Kenntnisstand versetzen, in dem er sich mit dessen Einverständnis nach dem Vertragsschluss befand, ist sein rechtliches Interesse unter Berücksichtigung von Treu und Glauben (§ 242 BGB) schutzwürdig, wenn dem Vertragspartner die Gestattung der Einsicht (s unten Rn 254 ff) unschwer, dh ohne unbillige Belastung, möglich ist (BGH 28. 4. 1992 – XI ZR 193/91, BB 1992, 1236, 1237; LG Frankfurt aM 25. 7. 1988 – 2/24 S 54/88, ZIP 1988, 965, 966; PWW/Buck-Heeb § 810 Rn 4; BeckOK-BGB/Gehrlein [1. 2. 2023] § 810 Rn 5; jurisPK-BGB/Martinek/Heine [1. 2. 2023] § 810 Rn 23; Grüneberg/Sprau § 810 Rn 2; Jauernig/Stadler §§ 809–811 Rn 11; Erman/Wilhelmi § 810 Rn 3). Wie und warum der Berechtigte in die Lage geraten ist, Einsicht zu verlangen, ist unerheblich, wenn das Einsichtsverlangen nicht **aus besonderen Gründen mutwillig oder missbräuchlich** erscheint (BGH 28. 4. 1992 – XI ZR 193/91, NJW-RR 1992, 1072, 1073 f; Soergel/Hadding § 810 Rn 2; Erman/Wilhelmi § 810 Rn 3; s auch BGH 14. 4. 1988 – III ZR 28/87, NJW-RR 1988, 1072 zu § 242 BGB). Ein Verschulden an dem Abhandenkommen des eigenen Vertragsexemplars genügt hierfür nicht (BGH 28. 4. 1992 – XI ZR 193/91, NJW-RR 1992, 1072, 1073; LG Hamburg 26. 4. 2023 – 332 O 243/21, BeckRS 2023, 21786 Rn 34; PWW/Buck-Heeb § 810 Rn 4; Soergel/Hadding § 810 Rn 2; BeckOGK/Hoffmann [1. 3. 2023] § 810 Rn 14; Erman/Wilhelmi § 810 Rn 3; iE auch Derleder/Wosnitza ZIP 1990, 901, 906; MünchKommBGB/Habersack § 810 Rn 8).

(3) Wiederholtes Einsichtsverlangen

250 Die Erfüllung des Einsichtsanspruchs nach § 810 BGB (s unten Rn 275) schließt ein erneutes Einsichtsverlangen nicht notwendig aus (BGH 22. 2. 1960 – VII ZR 83/59, WM 1960, 430, 432; Nassall KTS 1988, 633, 637; Winkler von Mohrenfels 144; Wosnitza 67; iE auch RG 23. 2. 1906 – III 399/05, SoergRspr 1906, 213 [§ 810 BGB Nr 1]). Lediglich ausnahmsweise wird das rechtliche Interesse (s oben Rn 229 ff) nicht schutzwürdig sein, nämlich wenn der Anspruchsteller im Besitz einer Abschrift oder Ablichtung (zB Fotokopie) der Urkunde ist oder er deren Inhalt kennt (s oben Rn 246; krit Wosnitza 67) oder zumindest aufgrund vorhandener Aufzeichnungen rekonstruieren kann.

(4) Unerreichbarkeit des rechtlichen Interesses

251 Die Tatsache, dass das rechtliche Interesse einem Zusammenhang zwischen dem Inhalt der zur Einsichtnahme begehrten Urkunde und dem Rechtsverhältnis entspringen muss (s oben Rn 230), impliziert, dass die Schutzwürdigkeit des rechtlichen Interesses regelmäßig, aber nicht notwendig (BGH 25. 7. 2017 – VI ZR 222/16 Rn 8, NJW 2017, 2755 zu § 242 BGB; BGH 4. 10. 1989 – IVa ZR 198/88, BGHZ 108, 393, 399 f = NJW 1990, 180 zu § 2314 BGB; BGH 3. 10. 1984 – IVa ZR 56/83, NJW 1985, 384, 385 zu § 2314 BGB; Osterloh-Konrad 298) entfällt, sobald die Förderung, Erhaltung oder Verteidigung der Rechtsposition des Anspruchstellers ausgeschlossen ist. Dies ist zB der Fall, wenn der Hauptanspruch durch einen **Vergleich** erloschen ist (BGH 10. 6. 1963 – II ZR 88/61, WM 1963, 989, 990). Gleiches gilt bei der **Verjährung** des in dem beurkundeten Rechtsverhältnis begründeten Anspruchs, allerdings erst, sobald der Schuldner die Leistung nach § 214 Abs 1 BGB verweigert (Peter 252; s auch BGH 12. 6. 1991 – XII ZR 17/90, NJW 1991, 3031, 3032 zu § 242 BGB; BGH 4. 10. 1989 – IVa ZR 198/88, NJW 1990, 180, 181 zu § 2314 Abs 1 BGB; BGH 3. 10. 1984 – IVa ZR 56/83, NJW 1985, 384, 385 zu § 2314 Abs 1 BGB). Der Eintritt der

Verjährung genügt alleine nicht (aA OLG München 28. 7. 2011 – 23 U 750/11, GmbHR 2011, 1040, 1042 f; LG Köln 8. 9. 1993 – 24 S 45/92, VersR 1994, 296; PWW/Buck-Heeb § 810 Rn 4; Osterloh-Konrad 298; Sass 164; Winkler von Mohrenfels 87; s auch BGH 26. 5. 1994 – IX ZR 39/93, NJW 1994, 3102, 3106 [insoweit nicht abgedruckt in BGHZ 126, 138 ff] zu § 242 BGB; BGH 24. 4. 2002 – IV ZR 126/01, BeckRS 2002, 03870 zu § 2314 BGB; BGH 3. 4. 1996 – VIII ZR 54/95, NJW 1996, 2100, 2101 zu § 87c HGB; OLG Karlsruhe 27. 4. 2001 – 14 U 187/00, NJW-RR 2002, 951 zu § 809 BGB), da der Schuldner die Einrede (§ 214 Abs 1 BGB) erheben kann, aber nicht erheben muss.

VI. Anspruchsgegner

252 Der Anspruch nach § 810 BGB richtet sich – ohne Rücksicht auf die Herkunft des rechtlichen Interesses an der Urkundeneinsicht (s oben Rn 229 ff) – grundsätzlich gegen jeden, der gegenwärtig im Besitz der Urschrift der Urkunde ist (BGH 11. 7. 1988 – II ZR 346/87, NJW 1989, 225, 226; Beckhaus 32; PWW/Buck-Heeb § 810 Rn 2; BeckOK-BGB/Gehrlein [1. 2. 2023] § 810 Rn 1; MünchKommBGB/Habersack § 810 Rn 12; jurisPK-BGB/Martinek/Heine [1. 2. 2023] § 810 Rn 24; Matthiass, Lehrbuch des Bürgerlichen Rechts, Bd 1 § 140 I B 2 = 698; Osterloh-Konrad 41; Pries 91 f; Radant 78; Grüneberg/Sprau § 810 Rn 1; Wosnitza 67). Besitzer iS des § 810 BGB ist in erster Linie der unmittelbare (Allein-)Besitzer (LG Berlin 3. 10. 1922 – 31 S 120/22, JW 1923, 90, 91; MünchKommBGB/Habersack § 810 Rn 12; jurisPK-BGB/Martinek/Heine [1. 2. 2023] § 810 Rn 24), also derjenige, der nach der Verkehrsanschauung die tatsächliche Herrschaft über die Urkunde hat und die Einsicht gestatten bzw verweigern kann. Zu anderen Besitzarten s § 809 Rn 87 ff. Die Besitzer einer Abschrift oder Ablichtung (zB Fotokopie) sind nur ausnahmsweise passivlegitimiert, nämlich wenn nach § 810 BGB (zB aufgrund der Unerreichbarkeit der Urschrift) die Vorlage einer Abschrift oder Ablichtung geschuldet ist (s unten Rn 264; BeckOK-BGB/Gehrlein [1. 2. 2023] § 810 Rn 1). Die Tatsache, dass die begehrten Urschriften unsortiert in zahlreichen Akten in einem Archiv verwahrt werden, begründet keine Verpflichtung des Besitzers geordneter Abschriften, Einsicht in diese zu gestatten (OLG München 1. 4. 1932 – BeschwReg IV 557/32, BayZ 1932, 363; OLG Hamburg 17. 12. 1910, OLGE 22, 351; BeckOGK/Hoffmann [1. 3. 2023] § 810 Rn 6).

VII. Anspruchsinhalt

253 Der Anspruch nach § 810 BGB richtet sich auf Gestattung der Einsicht (s unten Rn 254 ff) in eine bestimmte, im Besitz des Schuldners befindliche Urkunde (s unten Rn 263 f). Weitergehende Informationsansprüche gewährt § 810 BGB nicht; dies gilt insbesondere für die Auskunftserteilung (s oben Rn 85 ff; OLG Dresden 17. 1. 2023 – 4 U 1409/22, BeckRS 2023, 3493 Rn 18; OLG Schleswig 18. 7. 2022 – 16 U 181/21, MDR 2022, 1286, 1287; OLG Nürnberg 14. 3. 2022 – 8 U 2907/21, VersR 2022, 622, 624; OLG München 24. 11. 2021 – 14 U 6205/21, r + s 2022, 94 Rn 49 f; OLG Hamm 15. 11. 2021 – 20 U 269/21, r + s 2022, 93 Rn 17; LG Hamburg 26. 4. 2023 – 332 O 243/21, BeckRS 2023, 21786 Rn 34; LG Berlin 21. 12. 2021 – 4 O 381/20, ZD 2022, 241 Rn 37; LG Krefeld 6. 10. 2021 – 2 O 448/20, NZI 2022, 195 Rn 16; BeckOK-BGB/Gehrlein [1. 2. 2023] § 810 Rn 1), die Rechnungslegung (LG Hagen 16. 3. 2022 – 3 O 44/19, BeckRS 2022, 16730 Rn 16) und die Übermittlung strukturiert zusammengestellter Unterlagen (LG Augsburg 19. 10. 2022 – 93 O 1521/22, juris Rn 35 ff; PWW/Buck-Heeb § 810 Rn 13).

1. Gestattung der Einsicht

254 Die Gestattung der Einsicht nach § 810 BGB besteht aus zwei Handlungen, zum einen der Einsicht in die Urkunde durch den Gläubiger (sog Einsichtsrecht, s unten Rn 255 f) und der Gestattung derselben durch den Besitzer (s unten Rn 257 f).

a) Einsichtsrecht

255 Das Einsichtsrecht ist – mit Ausnahme des Vorlegungsorts (§ 811 Abs 1 BGB, zu Einzelheiten s § 811 Rn 9 ff mwNw), der Gefahr und der Kosten (§ 811 Abs 2 BGB, zu Einzelheiten s § 811 Rn 20 ff mwNw) – nicht näher geregelt. Inhalt und Umfang sind daher durch Auslegung zu ermitteln. In Anbetracht der Tatsache, dass der Anspruch nach § 810 BGB dem Gläubiger den Antritt des Beweises durch Urkunden ermöglicht (§ 422 ZPO, s unten Rn 292), bedeutet Einsicht iS des § 810 BGB die **unmittelbare sinnliche Wahrnehmung** der Urkunde (BGB-RGRK/Steffen § 810 Rn 6; wohl enger Grüneberg/Sprau § 810 Rn 1: Möglichkeit, die erforderlichen Erkenntnisse aus der Urkunde zu gewinnen). Dieses Recht ist trotz des Wortes „Einsicht" nicht auf die Wahrnehmung mit Hilfe des Gesichtssinns beschränkt. Da nämlich nur mangelfreie (§ 419 ZPO) echte Urkunden die Beweiskraft der §§ 415 ff ZPO entfalten (statt vieler s Zöller/Feskorn § 439 ZPO Rn 1), umfasst Einsicht iS des § 810 BGB auch das Recht, die Urkunde zu berühren und zu betasten (zB zur Prüfung auf Radierungen).

256 Das Einsichtsrecht umfasst grundsätzlich den **gesamten Inhalt** der Urkunde (Planck/Landois § 810 Anm 4; Osterloh-Konrad 47; Radant 81; Sass 147), bei Gesamturkunden also sämtliche Einzelurkunden (diff Pries 100). Lediglich ausnahmsweise, insbesondere zur Wahrung eines berechtigten Geheimhaltungsinteresses (s unten Rn 268 ff), kann eine gegenständliche Einschränkung des Einsichtsrechts dahingehend geboten sein, dass bestimmte Teile der Urkunde von der Einsicht ausgenommen sind (MünchKommBGB/Habersack § 810 Rn 11; NK-BGB/Mielke § 810 Rn 9; BGB-RGRK/Steffen § 810 Rn 7).

b) Gestattung

257 Die Gestattung der Einsicht ist spiegelbildlich zu dem Einsichtsrecht (s oben Rn 255 f), das Verhalten des Besitzers, das dem Gläubiger oder einem von ihm benannten Dritten (s unten Rn 262) die unmittelbare sinnliche Wahrnehmung der Urkunde (s oben Rn 255) erlaubt. Ein **passives Verhalten** – konkret das Bereithalten der Urkunde und die Duldung der Einsicht (so KG 21. 4. 1911 – 1a X 318/11, SeuffBl 1912, 78 zu § 47 GenG aF) – genügt hierfür nur ausnahmsweise (Peter 248), nämlich wenn die Einsicht an der Stelle erfolgt, an der die Urkunde sich befindet, und die Urkunde dort ohne Hindernis für den Gläubiger einsehbar ist. Erfolgt die Einsichtnahme hingegen an einer anderen Stelle innerhalb des Belegenheitsorts (zu Einzelheiten s § 811 Rn 12 mwNw) oder an einem anderen Ort als dem Belegenheitsort (§ 811 Abs 1 S 2 BGB, zu Einzelheiten s § 811 Rn 13 ff mwNw), verpflichtet § 810 BGB den Schuldner – entsprechend dem Wortlaut von § 811 Abs 1 BGB („Vorlegung") – auch zu dem **aktiven Tun** (**aA** MünchKommBGB/Habersack § 810 Rn 13; jurisPK-BGB/Martinek/Heine [1. 2. 2023] § 810 Rn 25), die in seinem Besitz befindliche Urkunde an der Leistungsstelle zur Einsicht vorzulegen (PWW/Buck-Heeb § 810 Rn 13; jurisPK-BGB/Martinek/Heine [1. 2. 2023] § 810 Rn 26; Peter 248; Pries 96 f; C Schreiber JR 2008, 1, 3; Siegel 23 f; Grüneberg/Sprau § 810 Rn 1) und – soweit dies zur Erreichung des Normzwecks (s oben Rn 3) erforderlich ist – vorübergehend auszuhändigen (RG 26. 11. 1903 – VI 140/03, RGZ 56, 63, 66; OLG Köln 21. 9. 1995 – 18

W 33/95, NJW-RR 1996, 382; jurisPK-BGB/Martinek/Heine [1. 2. 2023] § 811 Rn 4; NK-BGB/Mielke § 810 Rn 5; Jauernig/Stadler §§ 809–811 Rn 7; unklar BAG 20. 11. 1984 – 1 ABR 64/82, WM 1985, 765, 767). Ein Anspruch auf Übergabe oder Zusendung der (Original-)Urkunde besteht nicht (OLG Hamm 5. 3. 2014 – 8 U 54/13, BeckRS 2014, 123575 Rn 26; OLG Frankfurt 9. 5. 2011 – 8 W 20/11, GesR 2011, 672, 673; PWW/Buck-Heeb § 810 Rn 13; MünchKommBGB/Habersack § 811 Rn 2). Die Vorlegung der Urkunde zu anderen Zwecken als der Einsichtnahme, zB zur Anbringung eines amtlichen Vermerks, kann nicht nach § 810 BGB verlangt werden (OLG Naumburg 13. 5. 1908, Recht 1908 Nr 2158; Planck/Landois § 810 Anm 3 c β).

Die **dauerhafte Überlassung** der Urkunde kann nicht nach § 810 BGB (OLG Naumburg 8. 10. 1913 – 1 U 147/13, MuW 1913, 164; AG Saarbrücken 4. 5. 2004 – 42 C 283/03, NJW-RR 2004, 1302; Soergel/Hadding § 810 Rn 5), sondern nur aufgrund eines Herausgabeanspruchs (s oben Rn 88 ff) verlangt werden. **258**

c) Erweiterungen nach Treu und Glauben (§ 242 BGB)

Abhängig von den Umständen des Einzelfalls können die Gebote von Treu und Glauben (§ 242 BGB) zur Verwirklichung des Normzwecks (s oben Rn 3) Erweiterungen des Einsichtsrechts (s oben Rn 255 f) und – korrespondierend damit – der als Gestattung geschuldeten Handlungen (s oben Rn 257) gebieten. Dies äußert sich zB darin, dass der Besitzer insbesondere bei umfangreichen (Gesamt-)Urkunden die Anfertigung von **Abschriften und Ablichtungen** (zB Fotokopien) sowie von Notizen über den Urkundeninhalt dulden muss (OLG München 19. 2. 2014 – 13 U 2374/11, BeckRS 2014, 3987; OLG Brandenburg 11. 8. 2006 – 7 W 50/06, BeckRS 2006, 19294; OLG Köln 12. 11. 1981 – 7 U 96/81, NJW 1982, 704, 705; Mot II 892 = Mugdan II 498; Born, in: FS Bergmann [2018] 79, 85; PWW/Buck-Heeb § 810 Rn 13; Derleder/Wosnitza ZIP 1990, 901, 903; Enneccerus/Lehmann, Recht der Schuldverhältnisse § 219 II = 869; Dimsic/Schwarz NZA 2016, 1436, 1437; BeckOK-BGB/Gehrlein [1. 2. 2023] § 810 Rn 1, § 811 Rn 3; Gehrlein NJW 2001, 2773; Grimme JA 1985, 320, 322; Grooterhorst AG 2011, 389, 397; MünchKommBGB/Habersack § 810 Rn 13; Harsch WuM 2020, 1, 4; BeckOGK/Hoffmann [1. 3. 2023] § 810 Rn 16; Krieger, in: FS Schneider [2011] 717, 723; Planck/Landois § 810 Anm 4; jurisPK-BGB/Martinek/Heine [1. 2. 2023] § 810 Rn 26; NK-BGB/Mielke § 810 Rn 6; Peter 244; Pries 99; Radant 82; Ruchatz AG 2015, 1, 4; Sass 149; Schilken Jura 1988, 525, 530; C Schreiber JR 2008, 1, 3; Siegel 22; Grüneberg/Sprau § 810 Rn 1; BGB-RGRK/Steffen § 811 Rn 8; Wiese, in: FS Herschel [1982] 483, 490; Erman/Wilhelmi § 810 Rn 2; Wosnitza 67; s auch Scholz/K Schmidt § 51a GmbHG Rn 26; **aA** OLG Hamburg 4. 11. 1909, OLGE 20, 228, 229 f [nur Notizen, keine Abschriften]; Soergel/Hadding § 810 Rn 5 [nur Mitnahme einzelner Aufzeichnungen]), es sei denn, dass schutzwürdige (Geheimhaltungs-)Interessen entgegenstehen (s unten Rn 267 ff; OLG Hamburg 4. 11. 1909, OLGE 20, 228, 229 f; PWW/Buck-Heeb § 810 Rn 13; Enneccerus/Lehmann, Recht der Schuldverhältnisse § 219 II = 869; BeckOK-BGB/Gehrlein [1. 2. 2023] § 810 Rn 1, § 811 Rn 3; jurisPK-BGB/Martinek/Heine [1. 2. 2023] § 810 Rn 26; NK-BGB/Mielke § 810 Rn 6; Radant 82; Sass 149 f; Grüneberg/Sprau § 810 Rn 1). Im Unterschied dazu schuldet der Besitzer auch unter Berücksichtigung von § 242 BGB weder die Herstellung noch die Aushändigung bzw Versendung einer Abschrift oder Ablichtung von der Urschrift (BGH 11. 7. 1968 – II ZR 92/67, WM 1968, 1245; LG Aurich 8. 6. 2021 – 3 O 1279/20, BeckRS 2021, 36518 Rn 21; LG Göttingen 18. 10. 2016 – 12 T 4/16, BeckRS 2016, 128486 Rn 27; Ahrens NJW 1983, 2609, 2610; Gehrlein NJW 2001, 2773; Grimme JA 1985, 320, 322; MünchKommBGB/Habersack § 810 Rn 13; Krieger, in: FS Schneider [2011] 717, 723; Planck/Landois § 810 Anm 4; NK-BGB/Mielke § 810 Rn 6; Oertmann § 810 Anm 3; Pries 97; Sass 148; Schilken Jura 1988, 525, 530; C Schreiber JR 2008, 1, 3; BGB-RGRK/ **259**

Steffen § 811 Rn 8; Winkler von Mohrenfels 148; diff Peter 246; **aA** LG Dortmund 7. 4. 2000 – 17 T 31/00, NJW 2001, 2806; AG Hagen 25. 8. 1997 – 10 C 33/97, NJW-RR 1998, 262, 263 für Krankenunterlagen; s auch Grooterhorst AG 2011, 389, 397 zu § 242 BGB); Gleiches gilt für die Beglaubigung einer von dem Gläubiger oder einem Dritten hergestellten Abschrift oder Ablichtung (Siegel 22).

260 Bei einer **Gesamturkunde** kann der Gläubiger – neben der Vorlegung sämtlicher zugehörigen Einzelurkunden (s oben Rn 256) – nach § 242 BGB auch die Versicherung des Besitzers über deren Vollständigkeit verlangen (AG Hagen 25. 8. 1997 – 10 C 33/97, NJW-RR 1998, 262, 263; PWW/Buck-Heeb § 810 Rn 13). Ein Anspruch auf Abgabe einer eidesstattlichen Versicherung besteht – im Unterschied zu den §§ 259 ff BGB – jedoch nicht (iE OLG München 16. 11. 2006 – 1 W 2713/06, NJW-RR 2007, 273; offengelassen von AG Hagen 25. 8. 1997 – 10 C 33/97, NJW-RR 1998, 262, 263).

261 Die Erweiterungen des Einsichtsrechts und der als Gestattung geschuldeten Handlungen durch § 242 BGB (s oben Rn 259 f) finden ihre **Grenzen** insbesondere in der gegenständlichen Beschränkung des Einsichtsrechts auf eine bestimmte, im Besitz des Schuldners befindliche Urkunde (s unten Rn 263 f). Diese hat nicht nur zur Folge, dass die Herstellung der begehrten Urkunde (Urschrift) nicht geschuldet ist (OLG Hamburg 4. 3. 2004 – 11 U 200/03, ZIP 2004, 1099, 1100 – *WiRe Industrie- und Immobilienanlagen AG* [Jahresabschluss, Gewinnfeststellung]; PWW/Buck-Heeb § 810 Rn 13; BeckOGK/Hoffmann [1. 3. 2023] § 810 Rn 16; jurisPK-BGB/Martinek/Heine [1. 2. 2023] § 810 Rn 25, 26; NK-BGB/Mielke § 810 Rn 6; Grüneberg/Sprau § 810 Rn 1; Erman/Wilhelmi § 810 Rn 2). Sie impliziert auch, dass § 810 BGB weder einen Anspruch auf Benennung des Belegenheitsorts von Urkunden gewährt, die sich unstreitig nicht mehr im Besitz des Anspruchsgegners befinden, noch ein Kontroll- oder Ausforschungsrecht, insbesondere einen Anspruch auf Durchsuchung des Privat- oder Geschäftsbereichs des Schuldners, mit dem der Gläubiger erst ermitteln will, ob der Anspruchsgegner (noch) im Besitz einer bestimmten Urkunde ist. Zulässig ist eine Durchsuchung nur im Rahmen der Zwangsvollstreckung eines Titels, der zu der Vorlegung einer bestimmten Urkunde verpflichtet (§ 758 ZPO; Amschewitz 244; Bork NJW 1997, 1665, 1671; Gniadek 86 mit Fn 179; BeckOGK/Hoffmann [1. 3. 2023] § 810 Rn 18.1; S Zöllner GRUR-Prax 2010, 74, 75).

d) Zuziehung Dritter

262 Das Einsichtsrecht (s oben Rn 255 f) steht in erster Linie dem Gläubiger zu (jurisPK-BGB/Martinek/Heine [1. 2. 2023] § 810 Rn 27). Er muss dieses Recht aber nicht persönlich wahrnehmen, sondern kann Dritte (zB seinen Prozessvertreter, einen Graphologen) hinzuziehen oder diesen die Einsichtnahme an Stelle seiner selbst überantworten (OLG Breslau 20. 1. 1917, OLGE 36, 129; OLG Kiel 10. 5. 1912 – W II 53/12, SeuffA 68 Nr 70; BeckOK-BGB/Gehrlein [1. 2. 2023] § 811 Rn 3; MünchKommBGB/Habersack § 810 Rn 11; Soergel/Hadding § 810 Rn 5; Nüssgens, in: FS Boujong [1996] 831, 844; Oertmann § 810 Anm 3; diff jurisPK-BGB/Martinek/Heine [1. 2. 2023] § 810 Rn 27 [Interessenabwägung im Einzelfall]; Pries 98 f), und zwar nicht nur, wenn dies zur sachgemäßen Ausübung des Einsichtsrechts erforderlich ist (zB aufgrund einer Sehbehinderung des Gläubigers; BGB-RGRK/Steffen § 811 Rn 6; **aA** OLG Posen 7. 12. 1903, OLGE 8, 95 f; jurisPK-BGB/Martinek/Heine [1. 2. 2023] § 810 Rn 26; Sass 150; Siegel 24 f). Ein schutzwürdiges Interesse des Besitzers an der Geheimhaltung des Urkundeninhalts (s unten Rn 268 ff) verbietet die Zuziehung Dritter nicht (**aA** OLG Posen 7. 12. 1903, OLGE 8, 95; Soergel/Hadding § 810 Rn 5), sondern gebietet es lediglich, diese zur Verschwiegenheit zu verpflichten.

2. Urkunde

Der Charakter des Einsichtsrechts als Hilfs- bzw präparatorischer Informationsanspruch (s oben Rn 3) hat in Zusammenschau mit der Tatsache, dass der Beweis durch Urkunden aufgrund der zu gewährleistenden Prüfung der Echtheit (§ 439 ZPO) und Mangelfreiheit (§ 419 ZPO) grundsätzlich nur durch die Vorlage der Urschrift angetreten wird (statt vieler s BGH 24. 6. 1993 – IX ZR 96/92, NJW-RR 1993, 1379, 1380; BGH 16. 11. 1979 – V ZR 93/77, NJW 1980, 1047, 1048; Zöller/Feskorn § 420 ZPO Rn 3 mwNw), zur Folge, dass nach § 810 BGB **grundsätzlich** nur Einsicht (s oben Rn 255) in die **Originalurkunde** verlangt werden kann (OLG München 1. 4. 1932 – BeschwReg IV 557/32, BayZ 1932, 363; LG Aurich 8. 6. 2021 – 3 O 1279/20, BeckRS 2021, 36518 Rn 21; Prot II 778 = Mugdan II 1223; Derleder/Wosnitza ZIP 1990, 901, 903; Grooterhorst AG 2011, 389, 393; MünchKommBGB/Habersack § 810 Rn 3; Harsch WuM 2020, 1, 4; BeckOGK/Hoffmann [1. 3. 2023] § 810 Rn 6; Kümmelmann AnwBl 1981, 427, 428; jurisPK-BGB/Martinek/Heine [1. 2. 2023] § 810 Rn 10; NK-BGB/Mielke § 810 Rn 4; Peter 243; Pries 97; Radant 81; Ruckteschler/Grillitsch, in: FS Elsing [2016] 1129, 1132; Sass 109; Schilken Jura 1988, 525, 529; Grüneberg/Sprau § 810 Rn 1; BGB-RGRK/Steffen § 810 Rn 4; Werner GmbHR 2013, 68, 70; Wosnitza 67; wohl auch PWW/Buck-Heeb § 810 Rn 3; **aA** AG Hagen 25. 8. 1997 – 10 C 33/97, NJW-RR 1998 262, 263 für Krankenunterlagen). 263

Solange die Originalurkunde existiert und sich im Besitz eines Dritten befindet (s oben Rn 127), besteht grundsätzlich kein Anspruch auf Einsicht in eine **Abschrift** oder **Ablichtung** (zB Fotokopie; OLG München 1. 4. 1932 – BeschwReg IV 557/32, BayZ 1932, 363; Grooterhorst AG 2011, 389, 393; BeckOGK/Hoffmann [1. 3. 2023] § 810 Rn 6; BGB-RGRK/Steffen § 810 Rn 4). Anderes gilt nur **ausnahmsweise**, nämlich wenn (1) ein besonderes Interesse an der Einsicht in die Abschrift besteht (LG Kiel 23. 3. 2018 – 14 HKO 170/17, BeckRS 2018, 29770 Rn 9; PWW/Buck-Heeb § 810 Rn 3; jurisPK-BGB/Martinek/Heine [1. 2. 2023] § 810 Rn 10; Oertmann § 810 Anm 3; Grüneberg/Sprau § 810 Rn 1; **aA** Pries 98 [bzgl der Abschrift muss ein Vorlegungstatbestand verwirklicht sein]), weil die Urschrift zB nicht mehr vorhanden (PWW/Buck-Heeb § 810 Rn 3; Grooterhorst AG 2011, 389, 393; MünchKomm-BGB/Habersack § 810 Rn 3; BeckOGK/Hoffmann [1. 3. 2023] § 810 Rn 6; Planck/Landois § 810 Anm 4; jurisPK-BGB/Martinek/Heine [1. 2. 2023] § 810 Rn 10; NK-BGB/Mielke § 810 Rn 4; Sass 110; Grüneberg/Sprau § 810 Rn 1; BGB-RGRK/Steffen § 810 Rn 4; Werner GmbHR 2013, 68, 70; Erman/Wilhelmi § 810 Rn 2; **aA** OLG Hamburg 17. 12. 1910, OLGE 22, 351; Soergel/Hadding § 810 Rn 3), unerreichbar (Grimme JA 1985, 320, 321; jurisPK-BGB/Martinek/Heine [1. 2. 2023] § 810 Rn 10; Osterloh-Konrad 41; Schilken Jura 1988, 525, 529; Erman/Wilhelmi § 810 Rn 2) oder unleserlich ist (AG Hagen 25. 8. 1997 – 10 C 33/97, NJW-RR 1998, 262, 263; PWW/Buck-Heeb § 810 Rn 3; Grooterhorst AG 2011, 389, 393; NK-BGB/Mielke § 810 Rn 4; Werner GmbHR 2013, 68, 70; **aA** OLG Hamburg 17. 10. 1910, OLGE 22, 351), oder (2) berechtigte (Geheimhaltungs-)Interessen des Besitzers das Einsichtsrecht auf Teile der Urkunde beschränken (s unten Rn 267 ff), die ohne Zerstörung oder Beschädigung der Urschrift nicht von den übrigen Teilen getrennt werden können (zB durch Herausnahme der übrigen Einzelurkunden aus einer Gesamturkunde; jurisPK-BGB/Martinek/Heine [1. 2. 2023] § 810 Rn 27). 264

VIII. Einwendungen und Einreden

1. Überblick

265 Die Vorschrift des § 810 BGB begründet einen schuldrechtlichen Anspruch (s oben Rn 12), dem der Schuldner die allgemeinen Einwendungen und Einreden entgegensetzen kann, insbesondere das Schikaneverbot (§ 226 BGB), die Gebote von Treu und Glauben (§ 242 BGB, s unten Rn 267 ff), den Ausschluss der Leistungspflicht nach § 275 Abs 1 BGB (s unten Rn 274), die Erfüllung nach § 362 Abs 1 BGB (s unten Rn 275), Zurückbehaltungsrechte (s unten Rn 276) und die Einrede der Verjährung (§ 214 Abs 1 BGB, s unten Rn 277 ff).

266 Das **Eigentum** an der Urkunde – gleichgültig, ob es dem Anspruchsgegner (s oben Rn 252) oder einem Dritten zusteht – schließt den Einsichtsanspruch weder ganz noch teilweise aus (HKK/Birr §§ 809–811 Rn 23; PWW/Buck-Heeb § 810 Rn 2; jurisPK-BGB/Martinek/Heine [1. 2. 2023] § 810 Rn 24; Oertmann § 810 Anm 2 c; BGB-RGRK/Steffen § 810 Rn 3; Erman/Wilhelmi § 810 Rn 2; Wosnitza 67); die zu gestattende Einsicht ist vielmehr eine Beeinträchtigung, die der Eigentümer – sei es der Anspruchsgegner, sei es ein Dritter – nach § 903 S 1 BGB dulden muss. Gleiches gilt für ein Besitzrecht.

2. Überwiegendes Gegeninteresse des Anspruchsgegners (§ 242 BGB)

a) Allgemeines

267 Die in § 242 BGB verankerten Gebote von Treu und Glauben bilden eine allen Rechten, also auch § 810 BGB, immanente Inhaltsbegrenzung (statt vieler s BGH 12. 7. 2016 – XI ZR 564/15 Rn 43, BGHZ 211, 123 = NJW 2016, 3512; BGH 16. 2. 2005 – IV ZR 18/04, NJW-RR 2005, 619, 620; Grüneberg/Grüneberg § 242 Rn 38 mwNw). Sie können den Anspruch nach § 810 BGB entweder ausschließen oder auf Teile der Urkunde beschränken (BGH 6. 6. 1963 – VII ZR 230/61, WM 1963, 990, 991; RG 7. 11. 1908 – Rep I 638/07, RGZ 69, 401, 406 – *Nietzsche-Briefe*; OLG Düsseldorf 17. 8. 1981 – 2 U 102/81, GRUR 1983, 741, 744; PWW/Buck-Heeb § 810 Rn 13; BeckOK-BGB/Gehrlein [1. 2. 2023] § 810 Rn 5; Grimme JA 1985, 320, 322; MünchKommBGB/Habersack § 810 Rn 11; jurisPK-BGB/Martinek/Heine [1. 2. 2023] § 810 Rn 4; NK-BGB/Mielke § 810 Rn 9; Kiethe DStR 1993, 1708, 1712; Schilken Jura 1988, 525, 529; BGB-RGRK/Steffen § 810 Rn 7; Erman/Wilhelmi § 810 Rn 2, 3; Wosnitza 66 f; s auch BGH 28. 10. 1953 – II ZR 149/52, BGHZ 10, 385, 387 = NJW 1954, 70 zu § 259 BGB; **aA** LG Berlin 3. 10. 1922 – 31 S 120/22, JW 1923, 90, 91 [„es fehlt an jeder Einschränkung“] m abl Anm Friedlaender) oder sich darin erschöpfen, dass der Gläubiger das Einsichtsrecht (s oben Rn 255 f) nicht selbst, sondern nur durch einen neutralen und zur Verschwiegenheit verpflichteten Dritten (zB einen Sachverständigen) ausüben darf (BGH 20. 1. 1971 – VIII ZR 251/69, BGHZ 55, 201, 205 = NJW 1971, 656; BeckOK-BGB/Gehrlein [1. 2. 2023] § 810 Rn 5; Grimme JA 1985, 320, 322; jurisPK-BGB/Martinek/Heine [1. 2. 2023] § 810 Rn 4; NK-BGB/Mielke § 810 Rn 9; BGB-RGRK/Steffen § 810 Rn 7). Ob die Einsichtnahme durch den Gläubiger dem Anspruchsgegner unzumutbar ist und daher den Geboten von Treu und Glauben widerspricht und welche Einschränkung § 242 BGB gebietet, ist mithilfe einer **umfassenden Bewertung sämtlicher Umstände des Einzelfalls** unter Berücksichtigung der Interessen aller Beteiligten zu entscheiden (BGH 31. 3. 1971 – VIII ZR 198/69, WM 1971, 565, 567; jurisPK-BGB/Martinek/Heine [1. 2. 2023] § 810 Rn 4; NK-BGB/Mielke § 810 Rn 9; systematisch abw MünchKommBGB/Habersack § 810 Rn 11; BGB-RGRK/Steffen § 810 Rn 7, die die Abwägung im Rahmen der Schutzwürdigkeit des rechtlichen Interesses verorten). Dabei sind an

die Unzumutbarkeit der Einsichtnahme **hohe Anforderungen** zu stellen. Zu der Darlegungs- und Beweislast s unten Rn 290.

b) Einzelfälle

aa) Geheimhaltungsinteresse

Besteht aufseiten des Anspruchsgegners ein berechtigtes Geheimhaltungsinteresse, weil zB durch die begehrte Einsichtnahme ein **Geschäfts-, Betriebs- oder Fabrikationsgeheimnis** offenbart (BeckOK-BGB/Gehrlein [1. 2. 2023] § 810 Rn 5; Giesker 79; jurisPK-BGB/Martinek/Heine [1. 2. 2023] § 810 Rn 4) oder eine Verschwiegenheitspflicht verletzt würde (ähnlich jurisPK-BGB/Martinek/Heine [1. 2. 2023] § 810 Rn 4 [Vertrauensbruch]), kann die Einsichtnahme ausnahmsweise unzumutbar sein (BGH 16. 4. 1962 – VII ZR 252/60, BB 1962, 573, 574; Derleder/Wosnitza ZIP 1990, 901, 905; NK-BGB/Mielke § 810 Rn 9; Wiese, in: FS Herschel [1982] 483, 490). Einen vollständigen Ausschluss des Anspruchs wird die drohende Beeinträchtigung des Gegeninteresses allerdings nur selten rechtfertigen (Osterloh-Konrad 47). Zur Wahrung des berechtigten Geheimhaltungsinteresses wird es regelmäßig genügen, das Einsichtsrecht (s oben Rn 255 f) einzuschränken, sei es gegenständlich dahingehend, dass bestimmte Teile der Urkunde von der Einsicht ausgenommen werden (MünchKommBGB/Habersack § 810 Rn 11; NK-BGB/Mielke § 810 Rn 9; BGB-RGRK/Steffen § 810 Rn 7), sei es personell dergestalt, dass die Einsichtnahme anstelle des Gläubigers ausschließlich einem neutralen und zur Verschwiegenheit verpflichteten Dritten (zB einem Sachverständigen) gestattet wird (BGH 20. 1. 1971 – VIII ZR 251/69, BGHZ 55, 201, 205 = NJW 1971, 656; MünchKommBGB/Habersack § 810 Rn 11; Osterloh-Konrad 47; Sass 138). **268**

Begehrt ein **ausgeschiedenes Organmitglied** einer Kapitalgesellschaft zur Verteidigung gegen Organhaftungsansprüche (§ 93 Abs 2 S 1 AktG ggf iVm § 116 S 1 AktG ggf iVm § 52 Abs 1 GmbHG, § 43 Abs 2 GmbHG) Einsicht in Geschäftsunterlagen der Gesellschaft (s oben Rn 45 ff), ist zu berücksichtigen, dass die Verschwiegenheitspflicht (§ 93 Abs 1 S 3 AktG ggf iVm § 116 S 1 AktG, § 116 S 2 AktG) das Ende des Amts überdauert (statt vieler s K Schmidt/Lutter/Sailer Coceani § 93 AktG Rn 22; K Schmidt/Lutter/Drygala § 116 AktG Rn 32 jeweils mwNw). Dies hat bei Geschäfts- oder Betriebsgeheimnissen, die dem Organmitglied während seiner Amtszeit bekannt geworden sind, idR zur Folge, dass sein Einsichtsrecht auch die diese Geheimnisse dokumentierenden Geschäftsunterlagen umfasst (Krieger, in: FS Schneider [2011] 717, 729). **269**

Die Befürchtung, dass im Rahmen der Einsichtnahme Informationen bekannt werden, welche die **Gefahr einer strafrechtlichen Verfolgung** für den Besitzer oder einen seiner nahen Angehörigen erhöhen, begründet kein berechtigtes Geheimhaltungsinteresse (Sass 135; **aA** jurisPK-BGB/Martinek/Heine [1. 2. 2023] § 810 Rn 4). Zur Vermeidung einer unverhältnismäßigen Beeinträchtigung des Persönlichkeitsrechts des Besitzers (Art 2 Abs 1 GG iVm Art 1 Abs 1 GG, s unten Rn 271 ff) genügt es, dass die im Rahmen der Einsichtnahme bekannt gewordenen Informationen nicht gegen seinen Willen zweckentfremdet und der Verwertung für eine Strafverfolgung zugeführt werden dürfen. Für die Umsetzung dieser verfassungsrechtlichen Vorgabe ist ein **Beweisverwertungsverbot** für Straf- und Ordnungswidrigkeitenverfahren in entsprechender Anwendung von § 140b Abs 8 PatG und § 101 Abs 8 UrhG ggf iVm § 101a Abs 4 UrhG erforderlich, aber auch ausreichend (Sass 135). **270**

bb) Allgemeines Persönlichkeitsrecht

271 Die in den Grundrechten liegenden Wertentscheidungen strahlen insbesondere über die zivilrechtlichen Generalklauseln, ua § 242 BGB, in das Privatrecht ein (sog Theorie der mittelbaren Drittwirkung; s statt vieler BVerfG 6. 11. 2019 – 1 BvR 16/13 Rn 76, BVerfGE 152, 152 = NJW 2020, 300; Grüneberg/Grüneberg § 242 Rn 8 jeweils mwNw). Daher kann die begehrte Einsichtnahme – abhängig von den Umständen des Einzelfalls, insbesondere des Urkundeninhalts – das Allgemeine Persönlichkeitsrecht (**Art 2 Abs 1 GG iVm Art 1 Abs 1 GG**) des Anspruchsgegners (s oben Rn 252) oder – abhängig von dem Urkundeninhalt – eines Dritten (NK-BGB/Mielke § 810 Rn 9) beeinträchtigen (jurisPK-BGB/Martinek/Heine [1. 2. 2023] § 810 Rn 4; BGB-RGRK/Steffen Vor § 809 Rn 1). Ob die Beeinträchtigung in ihrer konkreten Gestalt verhältnismäßig und daher hinzunehmen oder unzumutbar ist (Wiese, in: FS Herschel [1982] 483, 497), hängt von einer Abwägung der betroffenen Grundrechtspositionen unter Berücksichtigung der Umstände des Einzelfalls ab (statt vieler s BVerfG 6. 11. 2019 – 1 BvR 16/13 Rn 77, BVerfGE 152, 152 = NJW 2020, 300; BVerfG 11. 4. 2018 – 1 BvR 3080/09 Rn 33, BVerfGE 148, 267 = NJW 2018, 1667 jeweils mwNw; HKK/Birr §§ 809–811 Rn 9; jurisPK-BGB/Martinek/Heine [1. 2. 2023] § 810 Rn 4). Diese ergibt im Grundsatz folgende Differenzierung:

272 (1) Eine Einsichtnahme, die in die sog **Intimsphäre** des Anspruchsgegners und damit in den unantastbaren Kernbereich des Allgemeinen Persönlichkeitsrechts (Art 2 Abs 1 GG iVm Art 1 Abs 1 GG) eingreifen würde (BVerfG 14. 9. 1989 – 2 BvR 1062/87, BVerfGE 80, 367, 373 f = NJW 1990, 563; BVerfG 15. 1. 1970 – 1 BvR 13/68, NJW 1970, 555; BVerfG 16. 7. 1969 – 1 BvL 19/63, NJW 1969, 1707), zB die Einsicht in ein Tagebuch (BGB-RGRK/Steffen § 810 Rn 7), ist ihm grundsätzlich unzumutbar und daher nach § 242 BGB ausgeschlossen (HKK/Birr §§ 809–811 Rn 9; BGB-RGRK/Steffen § 810 Rn 7; iE wohl auch BeckOK-BGB/Gehrlein [1. 2. 2023] § 810 Rn 5).

273 (2) Berührt die Einsichtnahme lediglich die sog **Privatsphäre** (zB Schriftverkehr mit dem Finanzamt), ist grundsätzlich keine Einschränkung des Einsichtsanspruchs geboten (HKK/Birr §§ 809–811 Rn 9; Sass 61 f).

3. Unmöglichkeit (§ 275 Abs 1 BGB)

274 Obwohl der Anspruch nach § 810 BGB grundsätzlich auf die Gestattung der Einsicht in die Urschrift der Urkunde gerichtet ist (s oben Rn 253 ff), genügt es für den Ausschluss der Leistungspflicht nach § 275 Abs 1 BGB nicht, dass die Urschrift dem Schuldner abhandengekommen ist (OLG Karlsruhe 7. 3. 1908, BadRPrax 1908, 233; iE auch Soergel/Hadding § 810 Rn 5; **aA** Derleder/Wosnitza ZIP 1990, 901, 905; Starck Recht 1913, 631, 632), und zwar auch dann, wenn der Anspruchsgegner den Verlust zu vertreten hat (OLG Karlsruhe 7. 3. 1908, BadRPrax 1908, 233; **aA** RG 23. 2. 1906 – III 399/05, SoergRspr 1906, 213 [§ 810 BGB Nr 1]). Der Schuldner ist darauf beschränkt, das Abhandenkommen der Urschrift der Zwangsvollstreckung aus einem entsprechenden Titel entgegenzusetzen (OLG Karlsruhe 7. 3. 1908, BadRPrax 1908, 233; Soergel/Hadding § 810 Rn 5).

4. Erfüllung (§ 362 Abs 1 BGB)

275 Der Einsichtsanspruch nach § 810 BGB erlischt nach § 362 Abs 1 BGB nicht bereits mit der Vornahme der Leistungshandlung – konkret der Gestattung der Einsicht in die Urkunde (s oben Rn 257) –, sondern erst mit dem Eintritt des Leistungserfolgs (statt

vieler s Staudinger/Kern [2022] § 362 Rn 16 mwNw), also der Einsichtnahme (s oben Rn 255) durch den Gläubiger oder einen von ihm beauftragten Dritten (s oben Rn 262). Hierfür muss grundsätzlich die Einsicht in die **Urschrift** der Urkunde gestattet werden (s oben Rn 263 f). Die ausschließliche Vorlage einer Abschrift oder Ablichtung (zB Fotokopie) genügt grundsätzlich nicht (Ahrens NJW 1983, 2609, 2610; Gehrlein NJW 2001, 2773; Grimme JA 1985, 320, 322; MünchKommBGB/Habersack § 810 Rn 13; jurisPK-BGB/Martinek/Heine [1. 2. 2023] § 810 Rn 10; Osterloh-Konrad 41; Peter 245 f; Pries 97; Sass 109, 147 f; Grüneberg/Sprau § 810 Rn 1; BGB-RGRK/Steffen § 811 Rn 8; **aA** HKK/Birr §§ 809–811 Rn 23; PWW/Buck-Heeb § 810 Rn 13), und zwar auch dann nicht, wenn die Abschrift oder Ablichtung beglaubigt ist (Prot II 777 = Mugdan II 1223; Planck/Landois § 810 Anm 4; jurisPK-BGB/Martinek/Heine [1. 2. 2023] § 810 Rn 10). Anderes gilt nur, wenn der Anspruch aufgrund einer abweichenden Vereinbarung (s oben Rn 13) oder besonderer Umstände (zB Unleserlichkeit der Urschrift) ausnahmsweise auf Einsicht in eine Abschrift oder Ablichtung gerichtet ist (s oben Rn 264). Zu einem wiederholten Einsichtsverlangen s oben Rn 250.

5. Zurückbehaltungsrechte, insbesondere Kostenvorschuss und Sicherheitsleistung (§ 811 Abs 2 S 2 BGB)

Der Anspruchsgegner (s oben Rn 252) kann die Gestattung der Einsicht (s oben **276** Rn 253 ff) nicht nur verweigern, solange ihm ein fälliger Anspruch gegen den Anspruchsteller zusteht – sei es nach § 273 Abs 1 BGB, sei es zB nach § 50 Abs 4 BRAO iVm Abs 3 S 1 BRAO (OLG Braunschweig 9. 5. 1913, OLGE 27, 98, 99 zu § 32 RAO) –, sondern nach § 811 Abs 2 S 2 BGB auch, solange bis ihm der Anspruchsteller die Kosten vorschießt und wegen der Gefahr Sicherheit leistet. Zu Einzelheiten dieser dilatorischen Einrede s § 811 Rn 25, 30 f.

6. Einrede der Verjährung (§ 214 Abs 1 BGB)

a) Keine Unverjährbarkeit

Der Einsichtsanspruch nach § 810 BGB unterliegt gemäß § 194 Abs 1 BGB – ebenso **277** wie § 809 BGB (s § 809 Rn 126 mwNw) und andere präparatorische Informationsansprüche (BGH 10. 5. 2012 – I ZR 145/11 Rn 22, GRUR 2012, 1248 – *Fluch der Karibik* zu § 242 BGB; BGH 3. 4. 1996 – VIII ZR 54/95, NJW 1996, 2100, 2101 zu § 87c HGB; **aA** BGH 28. 4. 1992 – X ZR 85/89, BeckRS 1992, 7996 Rn 33; BGH 18. 2. 1972 – I ZR 82/70, GRUR 1972, 558, 560 – *Teerspritzmaschinen*; Staudinger/Peters/Jacoby [2019] Anh zu § 217 Rn 2) – der Verjährung (PWW/Buck-Heeb § 810 Rn 13; Grimme JA 1985, 320, 322; Groh ZIP 2021, 724, 730 f; MünchKommBGB/Habersack § 810 Rn 19 iVm § 809 Rn 15; Peter 251; Osterloh-Konrad 298; Sass 161; Grüneberg/Sprau § 810 Rn 1 iVm § 809 Rn 12; Winkler von Mohrenfels 87; **aA** Florstedt ZIP 2017, 49, 53; Planck/Landois Vor §§ 809–811; juris-PK-BGB/Martinek/Heine [1. 2. 2023] § 810 Rn 7; Siegel 55; Starck Recht 1913, 631, 632). Eine § 898 BGB vergleichbare Bestimmung der Unverjährbarkeit, die neben dem Anspruch auf Berichtigung des Grundbuchs nach § 894 BGB auch den Vorlegungsanspruch nach § 896 BGB (s oben Rn 19) umfasst, enthält der Titel 25 (§§ 809–811 BGB) nicht. In Betracht käme einzig eine entsprechende Anwendung von § 898 BGB. Die Tatsache, dass die Vorschrift systematisch eine Ausnahme enthält und daher grundsätzlich eng auszulegen ist (BGH 22. 5. 1989 – VIII ZR 192/88, BGHZ 107, 315, 320 = NJW 1989, 2053 zu § 571 Abs 1 BGB aF; BGH 6. 11. 1953 – I ZR 97/52, BGHZ 11, 135, 143 = NJW 1954, 305 zu § 22a LitUrhG; BGH 15. 12. 1951 – II ZR 108/51, BGHZ 4, 219, 222 = NJW 1952, 223 zu der 32. DVO zum UmstG; BGH 29. 5.

1951 – I ZR 87/50, BGHZ 2, 237, 244 = NJW 1951, 601 zu § 21 Abs 4 UmstG; RG 14. 11. 1936 – I 124/36, RGZ 153, 1, 23 zu § 22a Abs 2 LitUrhG; RG 5. 4. 1933 – I 175/32, RGZ 140, 231, 239 zu § 12 Abs 2 Nr 5 LitUrhG), schließt eine Analogie zwar nicht aus (Larenz, Methodenlehre der Rechtswissenschaft 355 f; Larenz/Canaris, Methodenlehre der Rechtswissenschaft 175 f; **aA** Pries 102; s auch BGH 17. 10. 1995 – VI ZR 358/94, NJW 1996, 53, 54 zu § 1664 Abs 1 BGB; RG 4. 12. 1900 – Rep II 238/00, RGZ 47, 356, 360 zu § 916 BGB; wohl auch BGH 22. 5. 1989 – VIII ZR 192/88, BGHZ 107, 315, 320 = NJW 1989, 2053 [„ausdehnenden Anwendung"] zu § 571 Abs 1 BGB aF). Diese wird durch die Materialien zu § 898 BGB sogar insoweit nahegelegt, als die Regelung auf einem allgemeinen Rechtsgedanken beruht, der auch auf § 810 BGB zutrifft, nämlich dass der Hilfsanspruch von dem jeweiligen Hauptanspruch auf Verwirklichung des Rechts abhängen müsse, also nur dann nicht mehr geltend gemacht werden könne, sobald der Hauptanspruch verjährt sei (Prot III 107 = Mugdan III 560 zu § 843 BGB-E I). Es dürfte aber – jedenfalls seit der Neufassung des Verjährungsrechts mWv 1. 1. 2002 (Art 1 Abs 1 Nr 3 iVm Art 9 Abs 1 S 2 G v 26. 11. 2001, BGBl 2001 I 3138) – an einer Regelungslücke fehlen.

b) Verjährungsfrist

278 Der Einsichtsanspruch nach § 810 BGB unterliegt – ebenso wie andere Informationsansprüche (BGH 4. 10. 1989 – IVa ZR 198/88, BGHZ 108, 393, 399 = NJW 1990, 180 zu § 2314 Abs 1 BGB; BGH 2. 11. 1960 – V ZR 124/59, BGHZ 33, 373, 379 = NJW 1961, 602 zu § 2314 Abs 1 BGB; BGH 10. 5. 2012 – I ZR 145/11 Rn 22, GRUR 2012, 1248 – *Fluch der Karibik* zu § 242 BGB; BGH 26. 5. 1994 – IX ZR 39/93, NJW 1994, 3102, 3106 [insoweit nicht abgedruckt in BGHZ 126, 138 ff] zu § 242 BGB; BGH 4. 10. 1989 – IVa ZR 198/88, NJW 1990, 180, 181 zu § 2314 Abs 1 BGB; Osterloh-Konrad 298; Winkler von Mohrenfels 87) – selbstständig und unabhängig von dem beurkundeten Recht bzw Rechtsverhältnis der **regelmäßigen Verjährungsfrist** nach **§ 195 BGB** (PWW/Buck-Heeb § 810 Rn 13; MünchKommBGB/Habersack § 810 Rn 19 iVm § 809 Rn 15; Grüneberg/Sprau § 810 Rn 1 iVm § 809 Rn 12; s auch Peter 251; **aA** Osterloh-Konrad 299 [idR entsprechende Anwendung von § 197 Abs 1 Nr 1 BGB]; s auch Schaffrath/Jangner VersR 1996, 1065, 1066, die bei Idealkonkurrenz zu § 3 VVG [s oben Rn 81] die Sonderregelung des § 12 Abs 1 VVG aF auf § 810 BGB erstrecken wollten), es sei denn, dass die Parteien eine Erleichterung oder Erschwerung der Verjährung vereinbart haben (zu Einzelheiten s statt vieler Staudinger/Peters/Jacoby [2019] § 202 Rn 1 ff mwNw).

c) Beginn der Verjährungsfrist

279 Die regelmäßige Verjährungsfrist (s oben Rn 278) beginnt gemäß **§ 199 Abs 1 BGB** (MünchKommBGB/Habersack § 810 Rn 19 iVm § 809 Rn 15; Grüneberg/Sprau § 810 Rn 1 iVm § 809 Rn 12) mit dem Schluss des Jahres, in dem der Einsichtsanspruch entstanden ist und der Gläubiger von den anspruchsbegründenden Umständen und der Person des Schuldners Kenntnis erlangt oder ohne grobe Fahrlässigkeit erlangen müsste. Der Einsichtsanspruch entsteht iS des § 199 Abs 1 Nr 1 BGB, sobald er erstmals geltend gemacht und im Wege der Klage durchgesetzt werden kann (zu der Entstehung eines Anspruchs iS des § 199 Abs 1 Nr 1 BGB s Staudinger/Peters/Jacoby [2019] § 199 Rn 3 ff mwNw). Wann die Einsichtnahme tatsächlich verlangt wird, ist unerheblich (Haas 9, 37; MünchKommBGB/Habersack § 810 Rn 19 iVm § 809 Rn 15; **aA** Siegel 26, 52). Sind die Voraussetzungen des § 810 BGB über einen längeren Zeitraum verwirklicht – was häufig der Fall sein dürfte –, führt dies nicht dazu, dass der Anspruch fortwährend neu entsteht (MünchKommBGB/Habersack § 810 Rn 19 iVm § 809 Rn 15; **aA** Planck/Landois Vor §§ 809–811). Der Anspruch nach § 810 BGB ist nämlich **keine Dauerverpflichtung**, sondern mit der Gestattung der Einsicht in eine Urkunde (s oben Rn 253 ff) auf eine einmalige Handlung gerichtet.

d) Ende der Verjährungsfrist

Das Ende der Verjährungsfrist des Einsichtsanspruchs (s oben Rn 278) ist im Ausgangspunkt unter Anwendung der §§ **188 ff BGB** zu bestimmen. 280

Aufgrund der Funktion des § 810 BGB als präparatorischer Informationsanspruch (s oben Rn 3) werden die §§ 188 ff BGB (s oben Rn 280) um eine **ungeschriebene Ablaufhemmung** dahingehend ergänzt, dass der Einsichtsanspruch nicht vor dem (Haupt-)Anspruch aus den beurkundeten Rechtsverhältnis verjähren kann (BGH 25. 7. 2017 – VI ZR 222/16 Rn 8, NJW 2017, 2755 zu § 242 BGB; **aA** Peter 252; Winkler von Mohrenfels 87). Dies ergibt sich aus den Zwecken der Verjährung, nämlich dem Rechtsfrieden und der Rechtssicherheit (BGH 25. 7. 2017 – VI ZR 222/16 Rn 9, NJW 2017, 2755 zu § 242 BGB), da die Beteiligten im Kern regelmäßig nicht um die Einsichtnahme, sondern um den (Haupt-)Anspruch aus dem beurkundeten Rechtsverhältnis streiten. Dieser Streit würde durch die Verjährung nur des Einsichtsanspruchs nicht gelöst. Im Gegenteil, seine Lösung würde mit der Annahme der Verjährung nur des Einsichtsanspruchs erschwert (BGH 25. 7. 2017 – VI ZR 222/16 Rn 10, NJW 2017, 2755 zu § 242 BGB). Der Ablaufhemmung steht der weitere Zweck der Verjährung, nämlich der Schuldnerschutz, nicht entgegen. Das geschützte Interesse des Schuldners, nicht länger wegen länger zurückliegender Vorgänge, die er nicht mehr aufklären kann, in Anspruch genommen zu werden (BGH 20. 4. 1993 – X ZR 67/92, BGHZ 122, 241, 244 = NJW-RR 1993, 1269; BGH 25. 7. 2017 – VI ZR 222/16 Rn 11, NJW 2017, 2755 zu § 242 BGB; Neuner Allgemeiner Teil des Bürgerlichen Rechts § 22 Rn 1 mwNw), bezieht sich auf den (Haupt-)Anspruch aus dem beurkundeten Rechtsverhältnis und nicht auf bloße Hilfsansprüche – hier § 810 BGB –, die allein den Zweck haben, dem Gläubiger die Durchsetzung des noch nicht verjährten (Haupt-)Anspruchs zu ermöglichen (BGH 25. 7. 2017 – VI ZR 222/16 Rn 11, NJW 2017, 2755 zu § 242 BGB). 281

Zu der Auswirkung der **Verjährung des Anspruchs aus dem beurkundeten Rechtsverhältnis** auf den Einsichtsanspruch nach § 810 BGB s oben Rn 251. 282

IX. Leistungsstörungen

In Anbetracht der Tatsache, dass die Verpflichtung nach § 810 BGB ein gesetzliches Schuldverhältnis begründet (s oben Rn 12), bestimmen die Rechtsfolgen einer Verletzung der Gestattungspflicht (s oben Rn 253 ff) sich in erster Linie nach den **allgemeinen Vorschriften der §§ 280 ff BGB** (Mot II 892 = Mugdan II 499; MünchKommBGB/Habersack § 811 Rn 6; s auch Planck/Landois § 810 Anm 5; Sass 164). Während des Verzugs des Schuldners kann der Gläubiger nach § 280 Abs 1, 2 BGB iVm § 286 BGB Schadensersatz, bei Ausschluss der Leistungspflicht nach § 275 Abs 1 oder Abs 2 BGB (s oben Rn 274) Schadensersatz statt der Leistung nach § 280 Abs 1, 3 BGB iVm § 283 S 1 BGB sowie die Herausgabe des Ersatzes nach § 285 BGB verlangen. Soweit der Einsichtsanspruch nicht nach § 275 Abs 1 oder Abs 2 BGB ausgeschlossen ist, die fällige Leistung aber nicht oder nicht wie geschuldet erbracht wird, kann der Gläubiger Schadensersatz statt der Leistung nur unter den Voraussetzungen des § 280 Abs 1, 3 BGB iVm § 281 BGB verlangen. Schadensersatz neben der Leistung kann der Gläubiger nach § 280 Abs 1 BGB verlangen, wobei der Schuldner die Pflichtverletzung 283 grundsätzlich nur zu vertreten hat, wenn er zuvor eindeutig zur Vorlegung der Urkunde aufgefordert wurde (ähnlich Sass 165 f zu §§ 280 ff aF).

284 Übergibt der Schuldner die Urkunde vorsätzlich einem anderen, um das Einsichtsrecht zu vereiteln (*dolo desinere possidere*), ist er auch nach **§ 826 BGB** schadensersatzpflichtig (Mot II 892 = Mugdan II 499 zu § 705 BGB-E I; MünchKommBGB/Habersack § 811 Rn 6; Sass 165; restriktiver Siegel 30 [nur bei Entziehung oder Vernichtung der Urkunde nach Geltendmachung des Anspruchs]).

X. Prozessuales

1. Erkenntnisverfahren

a) Selbstständige Leistungsklage

285 Der Anspruch nach § 810 BGB ist trotz seines präparatorischen Charakters (s oben Rn 3) ein eigenständiger Anspruch, der als solcher grundsätzlich (zu der Ausnahme s unten Rn 288) im Wege einer selbstständigen Leistungsklage gegen den Besitzer der Urkunde (s oben Rn 252 ff) geltend gemacht werden kann (BayObLG 18. 3. 1991 – BReg 3 Z 69/90, BayObLGZ 1991, 127, 137 = NJW-RR 1991, 1252; OLG Brandenburg 12. 2. 2015 – 5 U [Lw] 45/14, BeckRS 2015, 7894 Rn 34; PWW/Buck-Heeb § 810 Rn 14; Foerster ZHR 176 [2012] 221, 239; Gottwald ZZP 92 [1979] 364, 365; Grimme JA 1985, 320, 323; jurisPK-BGB/Martinek/Heine [1. 2. 2023] § 810 Rn 29; Osterloh-Konrad 300; Peter 252; Pries 102; Schilken Jura 1988, 525, 530; C Schreiber JR 2008, 1, 4; Seyfarth, Vorstandsrecht § 23 Rn 56; BGB-RGRK/Steffen Vor § 809 Rn 7; Wosnitza 191; wohl auch Erman/Wilhelmi § 810 Rn 1a [„Prozesswege"]).

aa) Klageantrag

286 Die Tatsache, dass der Anspruch nach § 810 BGB auf Gestattung der Einsicht in „eine in fremdem Besitz befindliche Urkunde" gerichtet ist, hat zur Folge, dass der Kläger die **Urkunde** (s oben Rn 263 f), in die er Einsicht begehrt, in seinem Klageantrag **genau bezeichnen** muss (§ 253 Abs 2 Nr 2 ZPO ggf iVm § 495 Abs 1 ZPO; BGH 27. 5. 2014 – XI ZR 264/13 Rn 25, NJW 2014, 3312; RG 16. 4. 1912 – III 346/11, Recht 1912 Nr 1604; BeckOK-BGB/Gehrlein [1. 2. 2023] § 810 Rn 5; BeckOGK/Hoffmann [1. 3. 2023] § 810 Rn 15; Hornkohl GVRZ 2021, 17 Rn 13; in diesem Sinne bereits OLG Hamburg 23. 5. 1911, HansGZ 1911, Beibl 205, 206). Der Antrag, Einsicht in eine komplette Akte (zB die Schiedsgerichtsakte in einem bestimmten Verfahren, die Handakte des Rechtsanwalts), eine andere Urkundensammlung (zB Handelsbücher für einen Zeitraum von ca 20 Jahren) oder in sämtliche, einen bestimmten Vertrag betreffenden Schriftstücke zu gewähren, genügt hierfür nicht (BGH 27. 5. 2014 – XI ZR 264/13 Rn 25, NJW 2014, 3312; RG 16. 4. 1912 – III 346/11, Recht 1912 Nr 1604; RG 14. 4. 1905 – II 370/04, Gruchot 49, 832, 836; Enneccerus/Lehmann, Recht der Schuldverhältnisse § 219 I 2 = 868; BeckOK-BGB/Gehrlein [1. 2. 2023] § 810 Rn 5; Hövermann, in: Baumgärtel/Laumen/Prütting, Handbuch der Beweislast § 810 Rn 1; Planck/Landois § 810 Anm 5; Erman/Wilhelmi § 810 Rn 3; wohl auch OLG Celle 29. 10. 1929 – 4 IV U 335/28, JW 1930, 766, 767 [Schiedsgerichtsakte]).

287 Ein unbegründeter **Antrag auf abschriftliche Mitteilung einer Urkunde** (s oben Rn 263 f) ist dahingehend auszulegen, dass er als Minus einen (Hilfs-)Antrag auf Gestattung der Einsicht in die Originalurkunde enthält (BGH 11. 7. 1968 – II ZR 92/67, WM 1968, 1245), sofern die Originalurkunde bereits existiert und nicht erst hergestellt werden muss (OLG Hamburg 4. 3. 2004 – 11 U 200/03, ZIP 2004, 1099, 1100 – *WiRe Industrie- und Immobilienanlagen AG*).

bb) Rechtsschutzbedürfnis

Ist bereits ein Rechtsstreit über die Rechtsposition, die das rechtliche Interesse an der Einsicht in die Urkunde begründet (s oben Rn 229 ff), zwischen dem Anspruchsteller und dem Besitzer der Urkunde (s oben Rn 252) anhängig, kann deren Vorlage innerprozessual im Rahmen der **Beweisaufnahme** verlangt werden (§§ 421 ff ZPO; s unten Rn 292 f) mit der Folge, dass für die Leistungsklage auf Gestattung der Einsicht in die Urkunde ausnahmsweise das allgemeine Rechtsschutzbedürfnis fehlt (Grimme JA 1985, 320, 323; Karger 154; s auch Foerster ZHR 176 [2012] 221, 237 zur Widerklage; wohl auch Baumgärtel, in: FS Schima [1969] 41, 46 f; krit BeckOGK/Hoffmann [1. 3. 2023] § 810 Rn 4; **aA** Gottwald ZZP 92 [1979] 364, 365 f; Grooterhorst AG 2011, 389, 398; Stadler, in: FS Leipold [2009] 201, 208; diff Sass 154 ff nach dem Ziel der Urkundeneinsicht). Das außergerichtliche Angebot des Besitzers, der Kläger könne die Urkunde ohne Anerkennung einer Rechtspflicht einsehen, lässt das Rechtsschutzbedürfnis nicht entfallen, da dem Besitzer die Möglichkeit verbleibt, die Einsichtnahme entgegen seiner Erklärung zu verweigern oder nur eingeschränkt zu gestatten. 288

cc) Darlegungs- und Beweislast

Der **Anspruchsteller** hat die Voraussetzungen der Einsichtsgewährung nach § 810 BGB darzulegen und im Streitfall zu beweisen (BGH 27. 5. 2014 – XI ZR 264/13 Rn 25, NJW 2014, 3312; LG Nürnberg-Fürth 11. 9. 2014 – 8 O 1597/11, NJOZ 2015, 338, 341; Dissars DStR 2020, 1514, 1516; Grimme JA 1985, 320, 323; MünchKommBGB/Habersack § 810 Rn 19; Hövermann, in: Baumgärtel/Laumen/Prütting, Handbuch der Beweislast § 810 Rn 1; Planck/Landois § 810 Anm 5; jurisPK-BGB/Martinek/Heine [1. 2. 2023] § 810 Rn 29; Peter 254; Siegel 60 f; BGB-RGRK/Steffen § 810 Rn 20; Erman/Wilhelmi § 810 Rn 3), nämlich den Besitz des Beklagten an der genau bezeichneten Urkunde (LG Nürnberg-Fürth 11. 9. 2014 – 8 O 1597/11, NJOZ 2015, 338, 341; Dissars DStR 2020, 1514, 1516; Soergel/Hadding § 810 Rn 18; Hövermann, in: Baumgärtel/Laumen/Prütting, Handbuch der Beweislast § 810 Rn 1; Isay JW 1932, 153; Planck/Landois § 810 Anm 5; Oertmann § 810 Anm 2 d; Peter 254; Radant 85; Rosenberg 147; Schilken Jura 1988, 525, 530; Siegel 142; Starck Recht 1913, 631; ähnlich MünchKommBGB/Habersack § 810 Rn 19 [Existenz der Urkunde]), den objektiven Zusammenhang des konkreten Rechtsverhältnisses mit der Urkunde (BGH 27. 5. 2014 – XI ZR 264/13 Rn 25, NJW 2014, 3312; Bürge, in: FS Lüke [1997] 7, 29; Dissars DStR 2020, 1514, 1516; Grimme JA 1985, 320, 323; Soergel/Hadding § 810 Rn 18; jurisPK-BGB/Martinek/Heine [1. 2. 2023] § 810 Rn 29; Radant 85; Schilken Jura 1988, 525, 530; Erman/Wilhelmi § 810 Rn 3) und sein rechtliches Interesse an der Einsichtnahme (BGH 27. 5. 2014 – XI ZR 264/13 Rn 25, NJW 2014, 3312; BGH 22. 2. 1960 – VII ZR 83/59, WM 1960, 430, 432; RG 30. 4. 1909 – VII 599/08, BadRPrax 1910, 10, 11; Bürge, in: FS Lüke [1997] 7, 29; Dissars DStR 2020, 1514, 1516; Grimme JA 1985, 320, 323; Soergel/Hadding § 810 Rn 18; jurisPK-BGB/Martinek/Heine [1. 2. 2023] § 810 Rn 29; Oertmann § 810 Anm 2 a; Peter 254; Radant 85; Riemer DAR 2022, 127, 130; Schilken Jura 1988, 525, 530; Siegel 66; Erman/Wilhelmi § 810 Rn 3). Hierfür ist es erforderlich, den angeblichen Inhalt der Urkunde genau zu bezeichnen (BGH 27. 5. 2014 – XI ZR 264/13 Rn 25, NJW 2014, 3312; RG 30. 4. 1909 – VII 599/08, BadRPrax 1910, 10, 11; RG 14. 4. 1905 – II 370/04, Gruchot 49, 832, 836; OLG Jena 11. 10. 1902, Recht 1902 Nr 2675; LG Nürnberg-Fürth 11. 9. 2014 – 8 O 1597/11, NJOZ 2015, 338, 341; Grimme JA 1985, 320, 323; MünchKommBGB/Habersack § 810 Rn 19; Soergel/Hadding § 810 Rn 18; Krieger, in: FS Schneider [2011] 717, 726; jurisPK-BGB/Martinek/Heine [1. 2. 2023] § 810 Rn 29; Erman/Wilhelmi § 810 Rn 3). Die bloße Glaubhaftmachung 289

(§ 294 ZPO) genügt – im Unterschied zum einstweiligen Verfügungsverfahren (s unten Rn 296) – nicht (Grimme JA 1985, 320, 323; Hövermann, in: Baumgärtel/Laumen/Prütting, Handbuch der Beweislast § 810 Rn 1; jurisPK-BGB/Martinek/Heine [1. 2. 2023] § 810 Rn 29; Peter 256; Pries 103; Schilken Jura 1988, 525, 530; BGB-RGRK/Steffen § 810 Rn 20). An die Darlegungen zu dem rechtlichen Interesse, insbesondere zu dem Zusammenhang zwischen dem Inhalt der zur Einsichtnahme begehrten Urkunde und dem Rechtsverhältnis (s oben Rn 230), dürfen keine besonders hohen Anforderungen gestellt werden (Beckhaus 31; iE auch Siegel 66 f); andernfalls würde der Zweck des Einsichtsanspruchs, nämlich es dem Gläubiger zu ermöglichen, genauere Erkenntnisse zu gewinnen, vereitelt (BGH 17. 4. 1989 – II ZR 258/88, NJW 1989, 3272, 3273; Grooterhorst AG 2011, 389, 393).

290 Verweigert der **Besitzer** der Urkunde (s oben Rn 252) die Gestattung der Einsicht (s oben Rn 253 ff) mit der Begründung, das rechtliche Interesse des Anspruchstellers sei ausnahmsweise nicht schutzwürdig (s oben Rn 245 ff), muss er die zugrundeliegenden Tatsachen darlegen und im Streitfall beweisen. Gleiches gilt für die Umstände, die ein berechtigtes Gegeninteresse begründen können (s oben Rn 267 ff; BGH 6. 6. 1963 – VII ZR 230/61, WM 1963, 990, 991; Hövermann, in: Baumgärtel/Laumen/Prütting, Handbuch der Beweislast § 810 Rn 3; Peter 255; Sass 136). Die schlichte Behauptung, es bestünden berechtigte Gegeninteressen, genügt nicht (BGH 6. 6. 1963 – VII ZR 230/61, WM 1963, 990, 991).

dd) Urheberbenennung (§ 76 ZPO) bei mittelbarem Besitz

291 Besitzt der Beklagte die Urkunde aufgrund eines Besitzmittlungsverhältnisses nur auf Zeit, kann er sich mittels § 76 Abs 1 S 1 ZPO verteidigen (BGB-RGRK/Steffen § 809 Rn 5). Zu Einzelheiten der sog Urheberbenennung s § 809 Rn 142 f.

b) Anhängiger Rechtsstreit über den Hauptanspruch

292 Selbstständige Leistungsklagen auf Gestattung der Einsicht in eine Urkunde (s oben Rn 285 ff) sind selten. Ursächlich hierfür ist, dass die Gläubiger sogleich den Anspruch, der ihr rechtliches Interesse an der Einsicht der Urkunde begründet (s oben Rn 229 ff), einklagen und den Anspruch nach § 810 BGB ausschließlich im Rahmen dieses Rechtsstreits zum Antritt des Beweises durch Urkunden (§§ 415 ff ZPO) nutzen können. Der bürgerlich-rechtliche Einsichtsanspruch erlaubt es den Klägern nämlich, den ihnen obliegenden Beweis nach § 421 ZPO iVm **§ 422 ZPO** anzutreten (BGH 6. 6. 1963 – VII ZR 230/61, WM 1963, 990; BGH 10. 7. 1961 – VIII ZR 42/60, MDR 1961, 931; RG 5. 10. 1936 – IV 119/36, RGZ 152, 213, 217; RG 14. 5. 1915 – Rep III 398/14, RGZ 87, 10, 13; RG 7. 11. 1908 – Rep I 638/07, RGZ 69, 401, 405 – *Nietzsche-Briefe*; RG 24. 3. 1933 – III 337/32, HRR 1933 Nr 1466; RG 29. 3. 1913 – VI 538/12, WarnR 1913 Nr 317; OLG Frankfurt 25. 9. 1979 – 5 U 210/78, WM 1980, 1246, 1247; Wieczorek/Schütze/Ahrens § 422 ZPO Rn 8; Stein/Jonas/C Berger § 422 ZPO Rn 11; Daniels NJW 1976, 345, 349; Enneccerus/Lehmann, Recht der Schuldverhältnisse § 219 I = 867; Zöller/Feskorn § 422 ZPO Rn 4; Grimme JA 1985, 320, 324; Grooterhorst AG 2011, 389, 397; MünchKommBGB/Habersack § 810 Rn 19; BeckOGK/Hoffmann [1. 3. 2023] § 810 Rn 4; Karger 154; Osterloh-Konrad 40; Pries 102; Reischl JR 1997, 404, 406; Sass 151; Schilken Jura 1988, 525, 531; C Schreiber JR 2008, 1, 5; BGB-RGRK/Steffen Vor § 809 Rn 6). Die Vorlegungsanordnung nach **§ 425 ZPO** ist eine prozessuale Last und als solche – im Unterschied zu einem Titel über den Anspruch nach § 810 BGB (s unten Rn 304 ff) – nicht vollstreckbar (statt vieler s Zöller/Feskorn § 427 ZPO Rn 1; Grimme JA 1985, 320, 324 f; Schilken Jura 1988, 525, 531). Die innerprozessualen Folgen der unterlassenen Vorlegung ergeben sich in erster Linie aus § **427 ZPO**. Außerdem kann das Gericht die Weigerung des Beklagten, Einsicht in die Urkunde zu gestatten, abhängig von den Umständen des Einzelfalls zu seinem Nachteil würdigen (§ 286 Abs 1 S 1 ZPO; s OLG München 2. 1. 2020 – 8 U 5307/19 Rn 17, NJW-RR 2020, 342; THOMAS/PUTZO/SEILER § 427 ZPO Rn 2).

Ist nicht der Beweisgegner, sondern ein **Dritter** im Besitz der Urkunde, kann der Beweisführer, dem ein Einsichtsanspruch nach § 810 BGB zusteht (s oben Rn 91 ff), den Beweis nach § 428 Alt 1 ZPO iVm § **429 S 1 Hs 1 ZPO** und § 422 ZPO durch den Antrag antreten, eine Frist zur Herbeischaffung der Urkunde zu bestimmen (C SCHREIBER JR 2008, 1, 5). Der stattgebende Beschluss nach § **431 Abs 1 ZPO** ist kein Beweisbeschluss; er ordnet keine Beweisaufnahme an. Die Fristsetzung gibt dem Beweisführer lediglich die Möglichkeit, sich die Urkunde mithilfe seines materiellrechtlichen Anspruchs zu beschaffen und zum Beweisantritt nach § **420 ZPO** vorzulegen (STEIN/JONAS/C BERGER § 431 ZPO Rn 3). Da der Beschluss keine prozessuale Mitwirkungspflicht des Dritten begründet, muss der Kläger, um den Beweis antreten zu können, seinen Einsichtsanspruch – wie § 429 S 1 Hs 2 ZPO klarstellt – uU mittels einer selbstständigen Leistungsklage (s oben Rn 285 ff) durchsetzen. **293**

Unabhängig von dem materiell-rechtlichen Einsichtsanspruch nach § 810 BGB (BGH 15. 6. 2010 – XI ZR 318/09 Rn 25, WM 2010, 1448; BGH 26. 6. 2007 – XI ZR 277/05 Rn 19 f, BGHZ 173, 23 = NJW 2007, 2989; BeckOGK/HOFFMANN [1. 3. 2023] § 810 Rn 4 mit Fn 1; **aA** STEIN/JONAS/ALTHAMMER § 142 ZPO Rn 19; C SCHREIBER JR 2008, 1, 5) kann das Gericht die Vorlegung von Urkunden sowohl nach § **144 ZPO** als auch nach § **142 ZPO** anordnen (s § 809 Rn 146 ff mwNw). Für eine Anordnung nach § 142 Abs 1 S 1 ZPO ist im Unterschied zu § 423 ZPO die Bezugnahme einer Partei – auch der beweispflichtigen (BGH 26. 6. 2007 – XI ZR 277/05 Rn 18 ff, BGHZ 173, 23 = NJW 2007, 2989; BGH 27. 5. 2014 – XI ZR 264/13 Rn 29, NJW 2014, 3312; LG Köln 27. 2. 2008 – 4 O 272/07, BeckRS 2010, 3014; ZEKOLL/BOLT NJW 2002, 3129, 3130) – auf eine konkret bezeichnete Urkunde, die sich im Besitz der anderen Parteien oder eines Dritten befindet, ausreichend (BGH 26. 6. 2007 – XI ZR 277/05 Rn 18 ff, BGHZ 173, 23 = NJW 2007, 2989; BGH 27. 5. 2014 – XI ZR 264/13 Rn 29, NJW 2014, 3312; BGH 15. 6. 2010 – XI ZR 318/09 Rn 25, WM 2010, 1448). Obwohl die Vorschrift des § 142 ZPO nicht unmittelbar Beweiszwecken dient, sondern primär der materiellen Prozessleitung (BGH 27. 5. 2014 – XI ZR 264/13 Rn 28, NJW 2014, 3312), befreit sie die Partei, die sich auf die Urkunde bezieht, nicht von ihrer Darlegungs- und Substantiierungslast (BGH 26. 6. 2007 – XI ZR 277/05 Rn 20, BGHZ 173, 23 = NJW 2007, 2989; BGH 27. 5. 2014 – XI ZR 264/13 Rn 29, NJW 2014, 3312; BGH 15. 6. 2010 – XI ZR 318/09 Rn 25, WM 2010, 1448; s auch BT-Drucks 14/6036, 121 zu § 142 ZPO-E). Dementsprechend darf das Gericht die Urkundenvorlegung nicht zum Zweck bloßer Informationsgewinnung, sondern nur bei Vorliegen eines schlüssigen, auf konkrete Tatsachen bezogenen Vortrags anordnen (BGH 26. 6. 2007 – XI ZR 277/05 Rn 20, BGHZ 173, 23 = NJW 2007, 2989; BGH 27. 5. 2014 – XI ZR 264/13 Rn 29, NJW 2014, 3312; BGH 15. 6. 2010 – XI ZR 318/09 Rn 25, WM 2010, 1448; LG Wiesbaden 6. 3. 2018 – 9 S 34/14, NJW 2018, 1980 Rn 14; LG München I 20. 2. 2014 – 3 O 5065/13, BeckRS 2016, 9528 unter II 3 c [2]; LAG Rheinland-Pfalz 23. 7. 2015 – 5 Sa 24/15, BeckRS 2015, 72559 Rn 32; STEIN/JONAS/ALTHAMMER § 142 ZPO Rn 9; C SCHREIBER JR 2008, 1, 5). Daher ist die pauschale Aufforderung zur Vorlage ganzer Urkundensammlungen, Dokumentationen oder einer vollständigen Korrespondenz unzulässig (BGH 27. 5. 2014 – XI ZR 264/13 Rn 28, NJW 2014, 3312; BGH 14. 6. 2007 – VII ZR 230/06 Rn 10, NJW-RR 2007, 1393 [Aktenordner]; UHLENBRUCK NZI 2002, 589, 590). Die Nichtbefolgung einer Anordnung nach § 142 **294**

Abs 1 S 1 ZPO ist – im Unterschied zu den §§ 422, 423 ZPO – nicht mit einer speziellen Sanktion bewehrt. Während Dritte nach § 142 Abs 2 S 2 ZPO in entsprechender Anwendung der §§ 386–390 ZPO mit Ordnungsmitteln belegt werden können, ist die unberechtigte Verweigerung einer Partei lediglich gemäß § 286 Abs 1 S 1 ZPO frei zu würdigen (BGH 26. 6. 2007 – XI ZR 277/05 Rn 20, BGHZ 173, 23 = NJW 2007, 2989; Daniels NJW 1976, 345, 349; Zöller/Greger § 142 ZPO Rn 15; Wieczorek/Schütze/Smid/Hartmann § 142 ZPO Rn 23; F Weber ZZP 131 [2018] 457, 461; Zekoll/Bolt NJW 2002, 3129, 3130).

c) Stufenklage (§ 254 ZPO)

295 Das auf § 810 BGB gestützte Begehren, eine in fremdem Besitz befindliche Urkunde einzusehen, ist als erste Stufe einer Stufenklage iS des § 254 ZPO möglich (Derleder/Wosnitza ZIP 1990, 901, 909 f; Gottwald ZZP 92 [1979] 364, 365; Grimme JA 1985, 320, 323; Osterloh-Konrad 300; Riemer DAR 2022, 127, 131; Winkler von Mohrenfels 221; Wosnitza 192 f), jedoch idR unzulässig (**aA** Osterloh-Konrad 300; Peter 253). Die Stufenklage steht zwar nicht nur bei Klagen auf Rechnungslegung und Vorlegung eines Vermögensverzeichnisses zur Verfügung, sondern – über den Wortlaut hinaus – auch bei anderen vorbereitenden Auskunfts- und Informationsansprüchen (statt vieler s Zöller/Greger § 254 ZPO Rn 2 mwNw). Aus dem Wortlaut des § 254 ZPO sowie der systematischen Einordnung dieser Bestimmung unmittelbar hinter § 253 ZPO folgt aber, dass die Auskunft im Rahmen der Stufenklage lediglich ein Hilfsmittel ist, um die (noch) fehlende Bestimmtheit des Leistungsanspruchs herbeizuführen (BGH 29. 3. 2011 – VI ZR 117/10 Rn 8, BGHZ 189, 79 = NJW 2011, 1815; BGH 18. 4. 2002 – VII ZR 160/01, NJW 2002, 2952, 2953; BGH 2. 3. 2000 – III ZR 65/99, NJW 2000, 1645, 1646; Zöller/Greger § 254 ZPO Rn 4). Daher ist das Auskunftsbegehren im Rahmen einer Stufenklage unzulässig, wenn es nicht der Bestimmbarkeit des Leistungsanspruchs dient, sondern dem Kläger sonstige mit der Bestimmbarkeit als solcher nicht in Zusammenhang stehende Informationen für seine Rechtsverfolgung verschaffen soll (BGH 29. 3. 2011 – VI ZR 117/10 Rn 8, BGHZ 189, 79 = NJW 2011, 1815; BGH 18. 4. 2002 – VII ZR 160/01, NJW 2002, 2952, 2953; BGH 2. 3. 2000 – III ZR 65/99, NJW 2000, 1645, 1646; **aA** Gottwald ZZP 92 [1979] 364, 365 f). Letzteres wird insbesondere der Fall sein, wenn Ungewissheit darüber besteht, ob der Leistungsanspruch überhaupt dem Grunde nach besteht. Lediglich ausnahmsweise, wenn zB die Höhe eines Zahlungsanspruchs von dem Inhalt der Urkunde abhängt, wird eine Stufenklage zulässig sein.

2. Einstweiliges Verfügungsverfahren

296 Der Einsichtsanspruch nach § 810 BGB kann nicht nur im ordentlichen Verfahren (s oben Rn 285 ff), sondern auch zur Erlangung einer einstweiligen Verfügung geltend gemacht werden (Binder ZHR 176 [2012] 380, 405; PWW/Buck-Heeb § 810 Rn 14; Götting GRUR Int 1988, 729, 740; Karg ZUM 2000, 934, 942; jurisPK-BGB/Martinek/Heine [1. 2. 2023] § 810 Rn 29; Osterloh-Konrad 303 ff; Pries 102; Priess/Gabriel NJW 2008, 331, 334; Sass 171; Schilken Jura 1988, 525, 530; C Schreiber JR 2008, 1, 3; Werner GmbHR 2016, 1252, 1256). Hierfür muss der Antragsteller Tatsachen vortragen – im Streitfall genügt im Unterschied zum ordentlichen Verfahren (s oben Rn 289) die **Glaubhaftmachung** (§ 936 ZPO iVm § 920 Abs 2 ZPO, § 294 ZPO; jurisPK-BGB/Martinek/Heine [1. 2. 2023] § 810 Rn 29; Sass 174; Schilken Jura 1988, 525, 530) –, aus denen der Verfügungsanspruch – konkret die Voraussetzungen der Einsichtsgewährung nach § 810 BGB (s oben Rn 91 ff) – und der Verfügungsgrund (s unten Rn 297, 299) sich ergeben.

a) Sicherungsverfügung (§ 935 ZPO)

aa) Verfügungsgrund

Der Erlass einer sog Sicherungsverfügung setzt nach § 935 ZPO – neben dem Verfügungsanspruch, konkret dem Einsichtsanspruch nach § 810 BGB (s oben Rn 91 ff) – die Besorgnis voraus, dass durch eine Veränderung des bestehenden Zustands (zB das Vernichten der Urkunde) die Einsichtnahme vereitelt oder wesentlich erschwert werden könnte (zu Einzelheiten s Gniadek 119 f). Eine solche Gefährdung des Anspruchs kann sich insbesondere daraus ergeben, dass besondere Tatsachen trotz der Strafandrohung in den §§ 267 ff StGB den konkreten Verdacht begründen, der Besitzer werde die Urkunde verfälschen, vernichten, beschädigen oder unterdrücken (Peter 253). **297**

bb) Inhalt der Sicherungsverfügung (§ 938 Abs 1 ZPO)

Den Inhalt der einstweiligen Verfügung bestimmt das Gericht nach § 938 Abs 1 ZPO ohne Bindung an die Anträge nach freiem Ermessen. Bei der Ausübung des Ermessens ist das **Verbot der Vorwegnahme der Hauptsache** zu beachten (statt vieler s Zöller/Vollkommer § 938 ZPO Rn 2 mwNw), wonach der Vollzug der einstweiligen Verfügung nicht zur Befriedigung, sondern nur zur Sicherung des Hauptanspruchs – konkret des Einsichtsrechts – führen darf (statt vieler s Zöller/Vollkommer § 938 ZPO Rn 3). Hierfür ist es erforderlich, die Einsichtnahme nicht – wie § 810 BGB es vorsieht (s oben Rn 262) – dem Gläubiger selbst, sondern ausschließlich einem von dem Gericht auszuwählenden neutralen und zur Verschwiegenheit verpflichteten **Dritten** (zB einem Rechtsanwalt) zu gestatten (PWW/Buck-Heeb § 810 Rn 14; Grimme JA 1985, 320, 324; Peter 254; Sass 179; C Schreiber JR 2008, 1, 4). Außerdem ist anzuordnen, dass der Bericht über die Einsichtnahme bzw die gefertigte Abschrift oder Ablichtung bei Gericht oder einer anderen neutralen Stelle (zB einem Notar) zu hinterlegen und bis zu der rechtskräftigen Entscheidung über den Einsichtsanspruch im ordentlichen Verfahren (Peter 254; **aA** PWW/Buck-Heeb § 810 Rn 14: Abschluss des Verfügungsverfahrens) unter Verschluss zu halten ist. **298**

b) Leistungs- bzw Befriedigungsverfügung

Die sog Leistungs- bzw Befriedigungsverfügung erschöpft sich nicht in der Sicherung oder der vorläufigen Regelung eines einstweiligen Zustands, sondern führt zu der Erfüllung des Verfügungsanspruchs (s oben Rn 275). Eine solche Leistungs- bzw Befriedigungsverfügung, die – im Unterschied zu einer Sicherungsverfügung (s oben Rn 298) – dem Gläubiger selbst die begehrte Einsichtnahme in die Urkunde ermöglicht (s oben Rn 262), kommt in Anlehnung an § 940 BGB nur ausnahmsweise in Betracht (Sass 183), nämlich wenn sie bei Abwägung der gegenseitigen Interessen zu der **Abwendung wesentlicher Nachteile** nötig erscheint (Schilken Jura 1988, 525, 530). Dies setzt voraus, dass der Anspruchsteller auf die sofortige Einsichtnahme dringend angewiesen ist und diese, soll sie ihren Sinn nicht verlieren, so kurzfristig erfolgen muss, dass die Erwirkung eines Titels im ordentlichen Verfahren (s oben Rn 285 ff) wegen der unvermeidlichen Verzögerung nicht zumutbar ist, weil zwischenzeitlich irreversible Fakten geschaffen würden oder der Verweis auf das ordentliche Verfahren praktisch einer Rechtsverweigerung gleichkäme (statt vieler s Zöller/Vollkommer § 940 ZPO Rn 6 mwNw). **299**

c) Mündliche Verhandlung

Die beantragte einstweilige Verfügung – sei es eine Sicherungsverfügung (s oben Rn 297 f), sei es eine Leistungs- bzw Befriedigungsverfügung (s oben Rn 299) – wird **300** grundsätzlich aufgrund einer mündlichen Verhandlung erlassen (statt aller s ZÖLLER/VOLLKOMMER § 937 ZPO Rn 3 mwNw). Lediglich in dringenden Fällen kann die Entscheidung ausnahmsweise nach **§ 937 Abs 2 Alt 1 ZPO** ohne mündliche Verhandlung ergehen. Hierfür muss die Eilbedürftigkeit der Maßnahme über die den Verfügungsgrund begründende Dringlichkeit (s oben Rn 297, 299) hinausgehen (statt vieler s ZÖLLER/VOLLKOMMER § 937 ZPO Rn 5). Dies ist insbesondere der Fall, wenn die mündliche Verhandlung den Erfolg der einstweiligen Verfügung voraussichtlich vereiteln würde, zB weil diese aufgrund der Gefahr einer Beweisvereitelung einen Überraschungseffekt erfordert (statt vieler s ZÖLLER/VOLLKOMMER § 937 ZPO Rn 5).

3. Selbstständiges Beweisverfahren

301 Ist die Veränderung, der Verlust oder der Untergang einer Urkunde (s oben Rn 91 ff) zu befürchten, deren **Echtheit** (s oben Rn 115) in Streit steht, ist das selbstständige Beweisverfahren nach § 485 Abs 1 Alt 2 ZPO zulässig (MUSIELAK/VOIT/M HUBER § 485 ZPO Rn 5; MünchKommZPO/SCHREIBER § 485 Rn 10). In einem solchen Verfahren sind zB der Zeugenbeweis über die **Echtheit der Urkunde** (§ 485 Abs 1 ZPO, s unten Rn 303) sowie der **Handschriftenvergleich** (§§ 441, 442 ZPO) möglich, sei es durch die Einnahme des Augenscheins an der Urkunde (§ 485 Abs 1 ZPO, s unten Rn 302), sei es durch die Begutachtung durch einen Sachverständigen (§ 485 Abs 1, 2 ZPO; s unten Rn 303; STEIN/JONAS/C BERGER § 485 ZPO Rn 4; MUSIELAK/VOIT/M HUBER § 485 ZPO Rn 5). Der Beweis durch Urkunden (§§ 415 ff ZPO) ist in selbstständigen Beweisverfahren hingegen ausgeschlossen (statt vieler s ZÖLLER/HERGET Vor §§ 485–494a ZPO Rn 5; MUSIELAK/VOIT/M HUBER § 485 ZPO Rn 5).

302 Führt das Gericht den Handschriftvergleich selbst durch (§§ 441, 442 Fall 1 ZPO), handelt es sich um einen Beweis durch **Augenschein** (statt vieler s ZÖLLER/FESKORN § 441 ZPO Rn 1), der ausschließlich in selbstständigen Beweisverfahren nach § 485 Abs 1 ZPO zulässig ist. Die für die Beweisaufnahme geltenden Vorschriften (§ 492 Abs 1 ZPO iVm §§ 355–370, 371–372a ZPO) enthalten zwar keine prozessuale Verpflichtung des Gegners, an der Beweiserhebung mitzuwirken, insbesondere die Urkunde vorzulegen (jurisPK-BGB/MARTINEK/HEINE [1. 2. 2023] § 810 Rn 29). Das Gericht kann dem Besitzer der Urkunde – sei es der Gegner, sei es ein Dritter – aber aufgrund des Anspruchs nach § 810 BGB eine Frist zur Herbeischaffung setzen (§ 371 Abs 2 S 1 Alt 1, S 2 ZPO iVm § 422 ZPO bzw § 429 S 1 Hs 1 ZPO, s oben Rn 292 f), oder nach § 371 Abs 2 S 1 Alt 2 ZPO – unabhängig von dem Bestehen eines Anspruchs nach § 810 BGB – eine Anordnung nach § 144 Abs 1 ZPO erlassen (s oben Rn 294; zu dieser Möglichkeit im sichernden Beweisverfahren s KG 10. 4. 2013 – 9 W 94/12, NJW 2014, 85; WIECZOREK/SCHÜTZE/AHRENS § 492 ZPO Rn 10).

303 Dem Handschriftvergleich durch einen **Sachverständigen** (§§ 441, 442 Fall 2 ZPO) – gleichgültig, ob die Begutachtung in einem selbstständigen Beweisverfahren nach § 485 Abs 1 ZPO oder nach § 485 Abs 2 ZPO erfolgt – sowie dem **Zeugenbeweis** über die Echtheit der Urkunde ist gemeinsam, dass die für die Beweisaufnahme geltenden Vorschriften (§ 492 Abs 1 ZPO iVm §§ 355–370, 373–401, 402–414 ZPO) keine prozessuale Verpflichtung des Gegners enthalten, an der Beweiserhebung mitzuwirken, insbesondere die Urkunde vorzulegen (jurisPK-BGB/MARTINEK/HEINE [1. 2. 2023] § 810 Rn 29). Eine gesicherte Grundlage, die das Gericht zu der Anordnung der Mitwirkung ermächtigt, existiert nicht; insbesondere die Anwendung von § 144 ZPO

wird überwiegend abgelehnt (KG 10. 4. 2013 – 9 W 94/12, NJW 2014, 85; OLG Karlsruhe 12. 8. 2013 – 6 W 56/13, BeckRS 2014, 5839; Willer NJW 2014, 22 ff; **aA** KG 21. 10. 2005 – 7 W 46/05, NJW-RR 2006, 241; Stein/Jonas/C Berger § 492 ZPO Rn 11; Fellner MDR 2013, 1011; offengelassen von BGH 16. 5. 2013 – VII ZB 61/12 Rn 9, NJW 2013, 2687; Zöller/Herget § 492 ZPO Rn 1; Musielak/Voit/M Huber § 429 ZPO Rn 1). Will der Antragsteller sich nicht mit der Aussicht abfinden, dass das Gericht die Weigerung der Vorlegung im Prozess frei würdigt (Stein/Jonas/C Berger § 492 ZPO Rn 11; Wussow NJW 1969, 1401, 1406), kann er die Vorlegung der Urkunde nur dadurch erreichen, dass er neben dem selbstständigen Beweisverfahren – bei Vorliegen der Voraussetzungen der §§ 935 ff ZPO – gestützt auf den Anspruch nach § 810 BGB den Erlass einer **einstweiligen Verfügung** (s oben Rn 296 ff) beantragt (OLG Karlsruhe 27. 4. 2001 – 14 U 187/00, NJW-RR 2001, 951; LG Aurich 28. 10. 2011 – 5 O 854/11, NZBau 2012, 369; Stein/Jonas/C Berger § 492 ZPO Rn 11; Eck/Dombrowski GRUR 2008, 387, 392; Frank/Wiegand CR 2007, 481, 483; Kühnen GRUR 2005, 185, 187; Pesch MMR 2019, 223, 226; Sass 171; Stadler, in: FS Leipold [2009] 201, 211 f; Tinnefeld CR 2013, 417, 420).

4. Zwangsvollstreckung

Die Zwangsvollstreckung aus Urteilen, die auf die Gestattung der Einsicht in eine genau bezeichnete Urkunde gerichtet ist (s oben Rn 286), erfolgt nicht nach § 887 Abs 1, 2 ZPO oder § 888 ZPO (**aA** RG 2. 1. 1903 – Beschw-Rep VII 215/02, RGZ 53, 232, 234 [Handelsbücher]; OLG Kiel 10. 5. 1912 – W II 53/12, SeuffA 68 Nr 70; Warneyer/Bohnenberg Vor §§ 809–811; MünchKommBGB/Habersack § 810 Rn 19; Pries 104; Siegel 254; Erman/Wilhelmi § 810 Rn 1a; diff Peter 256 ff), sondern in **entsprechender Anwendung von § 883 ZPO** (OLG Düsseldorf 17. 1. 2014 – 2 W 43/13, BeckRS 2014, 127336 Rn 8; OLG München 20. 6. 1994 – 7 W 1660/94, BeckRS 1994, 5459; OLG Köln 7. 12. 1987 – 2 W 175/87, NJW-RR 1988, 1210 f; OLG Hamm 4. 10. 1973 – 14 W 73/73, OLGZ 1974, 251 f = NJW 1974, 653; OLG Bamberg 10. 1. 1972 – 2 W 62/71, DGVZ 1972, 112; LG Itzehoe 5. 2. 1982 – 4 T 243/81, DGVZ 1982, 187; Stein/Jonas/Bartels § 883 ZPO Rn 10; MünchKommZPO/Gruber § 883 Rn 13; Isay JW 1932, 153; Jauernig/Berger/Kern, Zwangsvollstreckungsrecht § 26 Rn 8; Musielak/Voit/Lackmann § 883 ZPO Rn 3; jurisPK-BGB/Martinek/Heine [1. 2. 2023] § 810 Rn 30; Schilken DGVZ 1988, 49, 52; Zöller/Seibel § 883 ZPO Rn 2; Thomas/Putzo/Seiler § 883 ZPO Rn 3; Stürner 346 mit Fn 92; s auch BFH 16. 5. 2000 – VII B 200/98, InVO 2001, 71, 73 zu § 151 Abs 1 Hs 1 FGO; OLG Frankfurt 14. 2. 2018 – 26 W 2/18 Rn 10, NJW-RR 2018, 765 zu § 118 Abs 1 HGB [ab 1. 1. 2024: § 105 Abs 3 HGB iVm § 717 Abs 1 S 1 BGB]; OLG Frankfurt 10. 3. 2003 – 20 W 96/99, InVO 2003, 445 zu § 51a Abs 1 GmbHG; OLG Frankfurt 17. 7. 1991 – 20 W 43/91, NJW-RR 1992, 171 zu § 51a Abs 1 GmbHG; restriktiv OLG Frankfurt 28. 1. 2002 – 5 W 2/02, NJW-RR 2002, 823, 824 [„Regelfall"]; nur methodologisch abw [direkte Anwendung von § 883 ZPO] RG 7. 6. 1905 – V B 191/05, SeuffA 60 Nr 250; KG 17. 11. 1997 – 25 W 5329/97, InVO 1998, 108, 109; OLG Köln 21. 9. 1995 – 18 W 33/95, NJW-RR 1996, 382; OLG Hamm 18. 1. 1993 – 8 U 132/92, NJW-RR 1994, 933, 936; OLG Bamberg 6. 8. 1930 – BeschwReg 382/30, JW 1930, 3330; Baur/Stürner/Bruns, Zwangsvollstreckungsrecht Rn 39.6; Brox/Walker, Zwangsvollstreckungsrecht § 36 Rn 11; Büttner FamRZ 1992, 629, 632; Derleder/Wosnitza ZIP 1990, 901, 910; Gaul/Schilken/Becker-Eberhard, Zwangsvollstreckungsrecht § 70 Rn 5; Grimme JA 1985, 320, 325; NK-BGB/Mielke § 811 Rn 7; Osterloh-Konrad 302 f; Wieczorek/Schütze/Rensen § 883 ZPO Rn 17; Reischl JR 1997, 404, 407; Sass 183 ff, 188; Schilken Jura 1988, 525, 531; C Schreiber JR 2008, 1, 4; BGB-RGRK/Steffen Vor § 809 Rn 8; wohl auch Müller 43; offengelassen von BAG 16. 11. 2010 – 9 AZR 573/09 Rn 15, BAGE 136, 156 = NJW 2011, 1306). Der wesentliche Unterschied zwischen den Vollstreckungsarten zeigt sich, wenn die zur Einsicht vorzulegende Urkunde sich nicht oder nicht mehr im Be- 304 sitz des Schuldners befindet. In diesem Fall kann der Schuldner nämlich nur bei der Herausgabevollstreckung nach § 883 Abs 2 ZPO zu der **Abgabe einer eidesstattlichen Versicherung** über den Verbleib der Urkunde herangezogen werden (OLG Hamm 4. 10. 1973 – 14 W 73/73, OLGZ 1974, 251, 252 = NJW 1974, 653; jurisPK-BGB/Martinek/Heine [1. 2. 2023] § 810 Rn 30). Allein dieser Vorteil für den Gläubiger vermag die entsprechende Anwendung von § 883 ZPO methodologisch nicht zu rechtfertigen. Er legt jedoch die Annahme einer Regelungslücke im Zwangsvollstreckungsrecht betreffend die Vorlegung von Urkunden und anderen beweglicher Sachen nahe, die nicht nur aufgrund der sachgerechten Möglichkeit einer eidesstattlichen Versicherung, sondern auch in Anbetracht der Tatsache, dass die zu erwirkende Handlung ein Minus zu der Herausgabe ist (OLG München 20. 6. 1994 – 7 W 1660/94, BeckRS 1994, 5459; OLG Kiel 10. 5. 1912 – W II 53/12, SeuffA 68 Nr 70; Isay JW 1932, 153; Schilken Jura 1988, 525, 531; C Schreiber JR 2008, 1, 4), durch die entsprechende Anwendung von § 883 ZPO zu schließen ist (*maius minus continent*). Dem steht § 887 Abs 3 ZPO nicht entgegen; insbesondere schließt die Vorschrift die Regelungslücke nicht aus. Im Gegenteil, der in ihr angeordnete Vorrang der Herausgabevollstreckung gegenüber der Handlungsvollstreckung (§ 887 Abs 1, 2 ZPO) gilt nicht nur für die Erwirkung einer Herausgabe, sondern konsequenterweise auch bei der (nur) entsprechenden Anwendung der §§ 883 ff ZPO.

305 Die Herausgabe einer beweglichen Sache erwirkt der Gerichtsvollzieher nach § 883 Abs 1 ZPO und § 127 Abs 1 S 1 GVGA dadurch, dass er diese dem Schuldner wegnimmt, dessen Besitz also aufhebt, und dem Gläubiger übergibt (statt vieler s Zöller/Seibel § 883 ZPO Rn 10). Diese Veränderung der Besitzverhältnisse ginge über das materiell-rechtlich nach § 810 BGB Geschuldete (s oben Rn 257) hinaus, wäre also von dem Titel auf Gestattung der Einsicht in die Urkunde nicht umfasst (OLG Köln 7. 12. 1987 – 2 W 175/87, NJW-RR 1988, 1210, 1211; OLG Kiel 10. 5. 1912 – W II 53/12, SeuffA 68 Nr 70; s auch OLG Frankfurt 17. 7. 1991 – 20 W 43/91, NJW-RR 1992, 171 zu § 51a Abs 1 GmbHG). Um die **inhaltliche Grenze des Titels** zu wahren, ist es bei der entsprechenden Anwendung von § 883 Abs 1 ZPO (s oben Rn 304) erforderlich, die von dem Gerichtsvollzieher vorzunehmenden Handlungen anzupassen, nämlich dahingehend, dass die dauernde Wegnahme der Sache durch eine nur vorübergehende substituiert wird (iE auch Derleder/Wosnitza ZIP 1990, 901, 910) und an die Stelle der Übergabe der Urkunde an den Gläubiger eine nur vorübergehende Überlassung ohne Besitzaufgabe des Schuldners tritt (OLG München 20. 6. 1994 – 7 W 1660/94, BeckRS 1994, 5459; OLG Hamm 4. 10. 1973 – 14 W 73/73, OLGZ 1974, 251, 253 = NJW 1974, 653).

306 Erschöpft der titulierte Anspruch sich nicht in dem Recht auf Einsicht in eine genau bezeichnete Urkunde (s oben Rn 286), sondern ist das Einsichtsrecht lediglich **Bestandteil einer umfassenden Auskunftspflicht**, erfolgt die Zwangsvollstreckung einheitlich nach **§ 888 ZPO** (OLG Köln 21. 9. 1995 – 18 W 33/95, NJW-RR 1996, 382; Baur/Stürner/Bruns, Zwangsvollstreckungsrecht Rn 39.6; Stein/Jonas/Bartels § 883 ZPO Rn 10; Büttner FamRZ 1992, 629, 632; Derleder/Wosnitza ZIP 1990, 901, 910; Gaul/Schilken/Becker-Eberhard, Zwangsvollstreckungsrecht § 70 Rn 5; jurisPK-BGB/Martinek/Heine [1. 2. 2023] § 810 Rn 30; Wieczorek/Schütze/Rensen § 883 ZPO Rn 17; Reischl JR 1997, 404, 407; Schilken DGVZ 1988, 49, 52; Zöller/Seibel § 883 ZPO Rn 2; **aA** [diff] OLG Frankfurt 10. 3. 2003 – 20 W 96/99, InVO 2003, 445 zu § 51b GmbHG; offengelassen von OLG Frankfurt 17. 7. 1991 – 20 W 43/91, NJW-RR 1992, 171; OLG Hamm 4. 10. 1973 – 14 W 73/73, OLGZ 1974, 251, 253 = NJW 1974, 653).

XI. Verfügungen über den Anspruch

Der Anspruch nach § 810 BGB setzt ein *eigenes* rechtliches Interesse des Anspruchstellers an der Einsicht in die Urkunde voraus (s oben Rn 229 ff). Daher ist der nach § 810 BGB entstandene Einsichtsanspruch **unselbstständig** dergestalt, dass er weder abgetreten (OLG Frankfurt 13. 10. 2016 – 1 U 23/14, BeckRS 2016, 118609 Rn 14; Pries 102; Sass 159; Siegel 54; s auch BGH 28. 2. 1989 – XI ZR 91/88, BGHZ 107, 104, 110 = NJW 1989, 1601 zu §§ 675, 666 BGB; BGH 18. 7. 2003 – IXa ZB 148/03, NJW-RR 2003, 1555, 1556 zu §§ 675 Abs 1, 666 BGB; Staudinger/Bittner/Kolbe [2019] § 259 Rn 20; Staudinger/Busche [2022] § 401 Rn 34; Gernhuber, Das Schuldverhältnis § 24 I 4 = 569 f; Haeffs 88 f; MünchKommBGB/Kieninger § 399 Rn 19; MünchKommBGB/Krüger § 259 Rn 17 zu § 259 BGB) noch vererbt werden kann. Der Gläubiger kann Dritte lediglich zu der Ausübung seines Einsichtsrechts ermächtigen. 307

Der Einsichtsanspruch nach § 810 BGB ist eine nicht abtretbare Forderung (s oben Rn 307), die als solche der **Pfändung** nach § 851 Abs 1 ZPO nicht unterliegt (Gernhuber, Das Schuldverhältnis § 24 I 4 = 569 f; Planck/Landois Vor §§ 809–811; Pries 101 mit 65; Sass 159; s auch Haeffs 90; **aA** RG 7. 10. 1930 – VII ZR 609/29, SeuffArch 85 Nr 53 zu § 666 BGB; RG 8. 10. 1915 – VII 271/14, Recht 1916 Nr 200 zu § 259 BGB). 308

§ 811
Vorlegungsort, Gefahr und Kosten

(1) Die Vorlegung hat in den Fällen der §§ 809, 810 an dem Orte zu erfolgen, an welchem sich die vorzulegende Sache befindet. Jeder Teil kann die Vorlegung an einem anderen Orte verlangen, wenn ein wichtiger Grund vorliegt.

(2) Die Gefahr und die Kosten hat derjenige zu tragen, welcher die Vorlegung verlangt. Der Besitzer kann die Vorlegung verweigern, bis ihm der andere Teil die Kosten vorschießt und wegen der Gefahr Sicherheit leistet.

Materialien: § 776 BGB-E I; § 697 BGB-E II; § 795 BGB-E III; Mot II 893 = Mugdan II 499; Prot II 775 = Mugdan II 1221; Jakobs/Schubert, SchR III 752 ff.

Schrifttum

1. Kommentare, Lehrbücher, Handbücher

Anders/Gehle (Hrsg), Zivilprozessordnung mit GVG und anderen Nebengesetzen (81. Aufl 2023)
Baumgärtel/Laumen/Prütting (Hrsg), Handbuch der Beweislast, Bd 2, §§ 1–811 (5. Aufl 2023)
Baur/Stürner/Bruns, Zwangsvollstreckungsrecht (14. Aufl 2022)
Bechtold/Bosch, Gesetz gegen Wettbewerbsbeschränkungen (10. Aufl 2021)
Beck'scher Online-Kommentar BGB, Hau/Poseck (Hrsg) (65. Ed, Stand 1. 2. 2023)
beck-online.Großkommentar zum Zivilrecht, Gsell/Krüger/Lorenz/Reymann (Hrsg) (Stand 1. 3. 2023)
Berg/Mäsch (Hrsg), Deutsches und Europäisches Kartellrecht (3. Aufl 2018)

Brox/Walker, Zwangsvollstreckungsrecht (12. Aufl 2021)
Dauner-Lieb/Langen (Hrsg), NomosKommentar, BGB, Schuldrecht, Bd 2 (4. Aufl 2021)
Endemann, Lehrbuch des Bürgerlichen Rechts, Bd 1 (8. Aufl 1903)
Enneccerus/Lehmann, Recht der Schuldverhältnisse (15. Aufl 1958)
Erman, BGB, Westermann/Grunewald (Hrsg) (17. Aufl 2023)
Gaul/Schilken/Becker-Eberhard, Zwangsvollstreckungsrecht (12. Aufl 2010)
Grüneberg, BGB (82. Aufl 2023)
Herberger/Martinek/Rüssmann/Weth/Würdinger (Hrsg), Juris-Praxiskommentar BGB, Bd 2 – Schuldrecht (10. Aufl 2023, Stand 1. 2. 2023)
Historisch-kritischer Kommentar zum BGB, Schmoeckel/Rückert/Schäfer (Hrsg), Bd 3, 2. Teilband (2013)
Immenga/Mestmäcker (Begr), Wettbewerbsrecht, Bd 2, GWB-Kommentar zum Deutschen Kartellrecht (6. Aufl 2020)
Jauernig (Begr), BGB, Stürner (Hrsg) (19. Aufl 2023)
Loewenheim/Meessen/Riesenkampff/Kersting/Meyer-Lindemann (Hrsg), Kartellrecht (4. Aufl 2020)
Münchener Kommentar zum BGB, Säcker/Rixecker/Oetker/Limperg (Hrsg), Bd 7, Schuldrecht – Besonderer Teil IV, §§ 705–853, PartGG, ProdHaftG (8. Aufl 2020)
Münchener Kommentar zur ZPO, Krüger/Rauscher (Hrsg), Bd 2, §§ 355–945b (6. Aufl 2020)
Musielak/Voit (Hrsg), ZPO (20. Aufl 2023)
Oertmann, Kommentar zum Bürgerlichen Gesetzbuch und seinen Nebengesetzen, Zweites Buch, Recht der Schuldverhältnisse, Zweite Abteilung, §§ 433–853 (5. Aufl 1929)
Planck's Kommentar zum BGB, Strohal (Hrsg), Bd II/2, Recht der Schuldverhältnisse (Besonderer Teil) (4. Aufl 1928)
Prölss/Martin, Versicherungsvertragsgesetz (31. Aufl 2021)
Prütting/Wegen/Weinreich (Hrsg), BGB, Kommentar (18. Aufl 2023)
RGRK-Reichsgerichtsrätekommentar, Das Bürgerliche Gesetzbuch mit besonderer Berücksichtigung der Rechtsprechung des Reichsgerichts und des Bundesgerichtshofs, Bd II/4, §§ 631–811 (12. Aufl 1978)
Saenger (Hrsg), Zivilprozessordnung, Familienverfahren, Gerichtsverfassung, Europäisches Verfahrensrecht (9. Aufl 2021)
Schuschke/Walker/Kessen/Thole (Hrsg), Vollstreckung und Vorläufiger Rechtsschutz, (7. Aufl 2020)
Soergel, BGB, Bd 11/3, Schuldrecht 9/3, §§ 780–822 (13. Aufl 2012)
Staudinger, BGB, §§ 535–556g (Mietrecht 1 – Allgemeine Vorschriften; Wohnraummiete) (2021)
Staudinger, BGB, §§ 779–782 (Vergleich, Schuldversprechen, Schuldanerkenntnis) (2020)
Stein/Jonas, ZPO, Bork/Roth (Hrsg), Bd 8, §§ 802a–915h (23. Aufl 2017)
Stöber/Rellermeyer, Forderungspfändung (17. Aufl 2020)
Thomas/Putzo (Begr), ZPO (44. Aufl 2023)
Warneyer, Das Bürgerliche Gesetzbuch für das Deutsche Reich, Bd I: §§ 1–1296 (11. Aufl 1950)
Wieczorek/Schütze, ZPO, Bd 6, §§ 355–510c (4. Aufl 2014)
Wieczorek/Schütze, ZPO, Bd 10/1, §§ 803–863 (4. Aufl 2015)
Zöller (Begr), ZPO (34. Aufl 2022).

2. Monographien

Beckhaus, Die Bewältigung von Informationsdefiziten bei der Sachverhaltsaufklärung. Die Enforcement-Richtlinie als Ausgangspunkt für die Einführung einer allgemeinen Informationsleistungspflicht in das deutsche Zivilrecht (2010)
Dierschke, Die Vorlegung von Sachen zur Besichtigung nach dem Bürgerlichen Gesetzbuche für das Deutsche Reich (1901)
Gniadek, Die Beweisermittlung im gewerblichen Rechtsschutz und Urheberrecht. Die Behandlung des strukturellen Informationsdefizits des Rechtsinhabers im Falle einer vermuteten Schutzrechtsverletzung: Von der Entscheidung „Druckbalken" bis zur Umsetzung der „Enforcement"-Richtlinie (2011)
Haas, Die Bedeutung der actio ad exhibendum des gemeinen und bürgerlichen Rechtes (1905)

HAEFFS, Der Auskunftsanspruch im Zivilrecht (2010)
vHARTZ, Beweissicherung im gewerblichen Rechtsschutz und Urheberrecht. Umsetzung internationaler Vorgaben in nationales Recht (2004)
KARGER, Beweisermittlung im deutschen und U.S.-amerikanischen Softwareverletzungsprozeß (1996)
OSTERLOH-KONRAD, Der allgemeine vorbereitende Informationsanspruch. Zivilrechtliche Auskunfts- und Rechenschaftsansprüche und ihre Funktion im Zivilprozess (2007)
PETER, Das Recht auf Einsicht in Krankenunterlagen. Zugleich ein Beitrag zum Anwendungsbereich des § 810 BGB (1989)
PRIES, Der Anspruch auf Vorlegung von Sachen und Urkunden aus §§ 809–811 des Bürgerlichen Gesetzbuchs (1913)
RADANT, Die Ansprüche auf Vorlegung von Sachen (1909)
ROSENBERG, Die Beweislast auf der Grundlage des Bürgerlichen Gesetzbuchs und der Zivilprozessordnung (5. Aufl 1965)
SIEGEL, Die Vorlegung von Urkunden im Prozeß (1904).

3. Unselbstständige Beiträge

ANDRESEN, Nochmals: Der Anspruch des Arbeitgebers auf Ersatz der Lohnpfändungskosten, NJW 1960, 231–232
BALKE, Anspruch des Geschädigten auf Überlassung von medizinischen Behandlungsunterlagen, SVR 2022, 125–126
BIENGE, Kosten der Drittschuldnererklärung, Rpfleger 2018, 308–313
BORK, Effiziente Beweissicherung für den Urheberrechtsverletzungsprozess – dargestellt am Beispiel raubkopierter Computerprogramme, NJW 1997, 1665–1672
BRECHT, Zu wessen Lasten gehen die Kosten der Bearbeitung von Lohnpfändungen?, BB 1954, 413–415
BREHM, Zur Kostenerstattung bei der Drittschuldnererklärung, JZ 1985, 632–633
CEBULKA, Erstattung der Anwaltskosten des Drittschuldners?, AnwBl 1979, 409–410
DIEKHOFF, Umstrittene Fragen der Kostentragung bei Lohnpfändungen, BB 1960, 989–990
ECKERT, Die Kostenerstattung bei der Drittschuldnererklärung nach § 840 I ZPO, MDR 1986, 799–803
FIEDLER/NIERMANN, Neue Regeln zur Offenlegung von Beweismitteln: Wer zahlt die Zeche für die Kosten der Disclosure?, NZKart 2017, 497–502
GEHRLEIN, Kein Anspruch des Patienten auf Ablichtung seiner Krankenunterlagen, NJW 2001, 2773–2774
GUTZMANN, Die Erstattung der Kosten des Arbeitgebers als Drittschuldner bei Lohnpfändungen, BB 1976, 700–701
HOGENSCHURZ, Wohnungseigentumsverwalter und Belegeinsicht, MietRB 2015, 125–128
KÖNIG, Die Beweisnot des Klägers und der Besichtigungsanspruch nach § 809 BGB bei Patent- und Gebrauchsmusterverletzungen, Mitt 2002, 153–165
LEPPIN, Besichtigungsanspruch und Betriebsgeheimnis (Teil II) – Ein Beitrag zum eingeschränkten Besichtigungsanspruch gemäß §§ 809, 242 BGB und zur Möglichkeit eines Geheimverfahrens im Zivilprozeß unter besonderer Berücksichtigung der Patentverletzung, GRUR 1984, 695–713
LIESECKE, Das Bankguthaben in Gesetzgebung und Rechtsprechung, WM 1975, 314–324
LINKE, Die Erklärungspflicht des Drittschuldners und die Folgen ihrer Verletzung, ZZP 87 (1984) 284–315
MARLY, Kostenerstattung und Tätigkeitsvergütung für Auskünfte des Drittschuldners bei Pfändungs- und Überweisungsbeschlüssen, BB 1999, 1990–1994
MELULLIS, Zum Besichtigungsanspruch im Vorfeld der Feststellung einer Verletzung von Schutzrechten, in: FS Tilmann (2003) 843–856
MERGNER, Der regressierende SVT hat keinen eigenen materiellrechtlichen Kostenerstattungsanspruch wegen nach § 119 VVG zu übersendender Kopien – Anmerkung zu OLG Köln, Beschl v 20. 10. 2010 – 3 W 55/10, VersR 2012, 79–82
MÜMMLER, Betrachtungen zur Drittschuldnererklärung, JurBüro 1986, 333–340
OLSCHEWSKI, Drittschuldnererklärung durch Rechtsanwalt, MDR 1974, 714–716
PETERSEN, Erstattung von Rechtsanwaltskosten

bei Abgabe der Drittschuldnererklärung nach § 840 ZPO, BB 1986, 188–189
Rieke, Anspruch des Arbeitgebers auf Ersatz der Lohnpfändungskosten, NJW 1959, 2241–2243
Schäcker, Kann der Arbeitgeber die Kosten von Lohnpfändungen vom Arbeitnehmer ersetzt verlangen?, BB 1959, 492–493
Schalhorn, Sind dem Drittschuldner die Kosten der Zuziehung eines Rechtsanwalts zur Abgabe der Drittschuldner-Erklärung nach § 840 ZPO vom pfändenden Gläubiger oder vom Schuldner zu ersetzen?, JurBüro 1973, 189–191
Schilken, Ansprüche auf Auskunft und Vorlegung von Sachen im materiellen Recht und im Verfahrensrecht, Jura 1988, 525–532
Schmid, Belegeinsicht des Mieters einer Eigentumswohnung, WuM 2015, 10–15
F Stein, Der Drittschuldner, in: FS Wach, Bd 1 (1913) 449–491
Traulsen, Probleme der Auskunftspflicht des Drittschuldners in der Verwaltungsvollstreckung, DVBl 1974, 458–463
Unger, Handeln auf fremde Gefahr, JheringsJb 33 (1894) 299–359
Walker, Die Rechtsstellung des Drittschuldners in der Zwangsvollstreckung, in: FS Leipold (2009) 451–467.

Systematische Übersicht

Alphabetische Übersicht

I. Allgemeines

Die Vorschrift des § 811 BGB regelt – vorbehaltlich einer abweichenden Vereinbarung (s unten Rn 2) – ausgewählte Modalitäten der nach § 809 BGB oder § 810 BGB geschuldeten Leistung, nämlich den Vorlegungsort (Abs 1, s unten Rn 9 ff) sowie die Gefahr und die Kosten der Vorlegung (Abs 2, s unten Rn 20 ff), und gestaltet damit das durch den jeweiligen Anspruch begründete gesetzliche Schuldverhältnis zwischen dem Berechtigten als Gläubiger und dem Besitzer als Schuldner (s § 809 Rn 10, § 810 Rn 12 jeweils mwNw) aus. 1

Sämtliche Regelungen des § 811 BGB, namentlich der Vorlegungsort (Abs 1, s unten Rn 9 ff) sowie die Gefahr- und Kostentragung (Abs 2, unten Rn 20 ff), einschließlich des besonderen Zurückbehaltungsrechts (Abs 2 S 2, s unten Rn 25, 31), sind **dispositives** 2

Recht (PWW/Buck-Heeb § 811 Rn 1). Daher können die Parteien des gesetzlichen Schuldverhältnisses (s § 809 Rn 10, § 810 Rn 12 jeweils mwNw), namentlich der Berechtigte als Gläubiger und der Besitzer als Schuldner, abweichende Vereinbarungen sowohl von einzelnen als auch von sämtlichen Bestimmungen des § 811 BGB treffen (jurisPK-BGB/Martinek/Heine [1. 2. 2023] § 811 Rn 7; NK-BGB/Mielke § 811 Rn 1; BGB-RGRK/Steffen § 811 Rn 1).

II. Anwendungsbereich

1. Anspruch aus § 809 BGB oder § 810 BGB, Begriff der Vorlegung

3 Der unmittelbare Anwendungsbereich der Vorschrift umfasst – ausweislich des Wortlauts von § 811 Abs 1 S 1 BGB („in den Fällen der §§ 809, 810") – die Ansprüche aus § 809 BGB und § 810 BGB (jurisPK-BGB/Martinek/Heine [1. 2. 2023] § 811 Rn 1, 7; BGB-RGRK/Steffen § 811 Rn 1). Die Bestimmungen in § 811 BGB in Bezug auf den Ort (s unten Rn 9 ff), die Gefahr (s unten Rn 21 ff) und die Kosten (s unten Rn 26 ff) gelten daher ohne Unterschied darauf, ob Gegenstand der Vorlegung eine Sache oder eine Urkunde ist (Pries 107). Der Begriff der „Vorlegung" in § 811 BGB ist jeweils weit auszulegen. Er ist nicht auf die Vorlegung beweglicher Sachen nach § 809 BGB beschränkt, sondern umfasst – entsprechend dem Begriffsverständnis, das der Überschrift von Titel 25 zugrunde liegt – auch die Gestattung der Besichtigung nach § 809 BGB sowie die Gestattung der Einsicht in eine Urkunde nach § 810 BGB (Gniadek 110; BeckOGK-BGB/Hoffmann [1. 3. 2023] § 811 Rn 6, 9; wohl auch König Mitt 2002, 153, 163).

2. Entsprechende Anwendung

a) Kraft gesetzlicher Anordnung

4 Aufgrund besonderer gesetzlicher Anordnung ist § 811 BGB auf die Vorlegungs- und Einsichtsansprüche im **Immaterialgüterrecht** (zB § 46a Abs 4 DesignG, § 46b Abs 4 DesignG, § 24c Abs 4 GebrMG ggf iVm § 9 Abs 2 HalblSchG, § 24d Abs 4 GebrMG ggf iVm § 9 Abs 2 HalblSchG, § 19a Abs 4 MarkenG, § 19b Abs 4 MarkenG, § 140c Abs 4 PatG, § 140d Abs 4 PatG, § 37c Abs 4 SortSchG, § 37d Abs 4 SortSchG, § 101a Abs 4 UrhG, § 101b Abs 4 UrhG) sowie auf den Anspruch auf Einsichtnahme in die **Patientenakte** (§ 630g Abs 1 S 3 BGB) entsprechend anwendbar.

b) Ohne gesetzliche Anordnung

5 Für **vertragliche Ansprüche** auf Besichtigung einer Sache oder Einsicht in eine Urkunde gelten die Regelungen des § 811 Abs 1 und 2 BGB entsprechend (OLG Hamm 6. 2. 2013 – I-14 U 7/12, NJW 2013, 1167, 1170; LG Köln 22. 6. 2010 – 30 O 187/09, VersR 2012, 79, 80; LG Göttingen 16. 11. 1978 – 2 O 152/78, NJW 1979, 601, 602 zu § 811 Abs 2 S 1 BGB; AG Delmenhorst 21. 8. 2003 – 4b C 5160/03, WuM 2003, 657; AG Bremen 15. 10. 2001 – 8 C 0148/01, WuM 2002, 32; MünchKommBGB/Habersack § 811 Rn 5; jurisPK-BGB/Martinek/Heine [1. 2. 2023] § 811 Rn 7 jeweils für § 811 Abs 2 BGB; zurückhaltend für Kosten BeckOGK/Hoffmann [1. 3. 2023] § 811 Rn 6; **aA** LG Berlin 14. 6. 2019 – 63 S 255/18, BeckRS 2019, 33504 Rn 9), soweit der Vertrag keine abweichende Regelung enthält (s oben Rn 2). Daher kann zB der **Mieter von preisfreiem Wohnraum**, dem die Einsicht in die Originalbelege zur Nebenkostenabrechnung in den Räumen des Vermieters nicht zugemutet werden kann, nach Treu und Glauben (§ 242 BGB) ausnahmsweise die Erstellung und Übersendung von Kopien verlangen (BGH 8. 3. 2006 – VIII ZR 78/05 Rn 25, NJW 2006, 1419; Staudinger/Artz

[2021] § 556 Rn 115 jeweils mwNw), und zwar in entsprechender Anwendung von § 811 Abs 2 S 1 BGB auf eigene Kosten (AG Bremen 15. 10. 2001 – 8 C 0148/01, WuM 2002, 32). Dementsprechend kann der Vermieter in entsprechender Anwendung von § 811 Abs 2 S 2 BGB einen angemessenen Vorschuss beanspruchen und die Übersendung verweigern, bis der Mieter diesen leistet (LG Leipzig 17. 3. 2005 – 12 S 7349/04, NZM 2005, 944; AG Oldenburg 10. 6. 1992 – 19 C 276/91 III, WuM 1993, 412; Soergel/Hadding § 811 Rn 4; Grüneberg/Sprau § 811 Rn 2; Erman/Wilhelmi § 811 Rn 2). Das gleiche Recht steht dem Verwalter einer **Gemeinschaft der Wohnungseigentümer** zu, wenn ein Miteigentümer die Erstellung und Übersendung von Kopien der Verwaltungsunterlagen verlangt (BayObLG 20. 11. 2003 – 2Z BR 168/03, BayObLGZ 2003, 318, 323 f = NJW-RR 2004, 1090; dem folgend Soergel/Hadding § 811 Rn 4 mit Fn 8; Hogenschurz MietRB 2015, 125, 127; jurisPK-BGB/Martinek/Heine [1. 2. 2023] § 811 Rn 6; Schmid WuM 2015, 10, 15; Grüneberg/Sprau § 811 Rn 2; Erman/Wilhelmi § 811 Rn 2).

Auf den Auskunftsanspruch nach **§ 119 Abs 3 S 1 VVG** ist § 811 BGB entsprechend anwendbar (LG Stuttgart 7. 11. 2019 – 19 O 95/19, BeckRS 2019, 37446 Rn 9; Klimke, in: Prölss/Martin § 119 VVG Rn 18; **aA** Mergner VersR 2012, 79, 81). Dies hat zur Folge, dass der Versicherer aufgrund der Vielzahl der zu bearbeitenden Schadensfälle zur sachgerechten Bearbeitung die Übersendung von Belegen – zumindest Kopien derselben – in entsprechender Anwendung von § 811 Abs 1 S 2 BGB in seine Geschäftsräume verlangen kann (Klimke, in: Prölss/Martin § 119 VVG Rn 18; OLG Hamm 16. 10. 1968 – 3 W 72/68, VersR 1969, 741; iE auch OLG Celle 19. 10. 1961 – 5 U 77/61, VersR 1961, 1144; LG Berlin 14. 12. 1962 – 2 S 87/62, NJW 1963, 498, 499 = VersR 1963, 275 zu § 158d Abs 3 S 1 VVG aF; LG Köln 6. 7. 1961 – 11 T 105/60, VersR 1963, 763, 764). Die Kosten für die Erstellung der Kopien und deren Übersendung hat in entsprechender Anwendung von § 811 Abs 2 S 1 BGB der Versicherer zu tragen (Grüneberg/Sprau § 811 Rn 2; OLG Köln 20. 10. 2010 – 3 W 55/10, VersR 2012, 79 zu § 158d Abs 3 S 1 VVG aF; iE auch OLG Hamm 16. 10. 1968 – 3 W 72/68, VersR 1969, 741 [§ 242 BGB]). 6

Keine entsprechende Anwendung findet § 811 Abs 2 BGB – Gleiches gilt für die in diesem Zusammenhang ebenfalls genannten §§ 261 Abs 3, 268 Abs 2, 1142 Abs 2, 1150, 1224 BGB iVm § 381 BGB – auf die Kosten, die dem Drittschuldner im Zusammenhang mit der Auskunftserteilung nach **§ 840 ZPO** entstehen (BAG 31. 10. 1984 – 4 AZR 535/82, BAGE 47, 138, 143 = NJW 1985, 1181; LG München I 15. 5. 1963 – 15 S 57/63, NJW 1963, 1509; AG Münster 30. 10. 1990 – 28 C 380/90, JurBüro 1991, 276; AG München 4. 9. 1980 – 4 C 3173/80, AnwBl 1981, 40; Bienge Rpfleger 2018, 308, 311; Brehm JZ 1985, 632; Eckert MDR 1986, 799, 801; Musielak/Voit/Flockenhaus § 840 ZPO Rn 6; Marly BB 1999, 1990, 1991; Petersen BB 1986, 188; Schalhorn JurBüro 1973, 189, 190; Stein/Jonas/Würdinger § 840 ZPO Rn 35; s auch BVerwG 8. 12. 1993 – 8 C 43/91, NVwZ-RR 1994, 698, 700 zu § 316 Abs 1 S 1 AO; **aA** AG Offenbach 12. 12. 1980 – 33 C 3395/80, AnwBl 1982, 386; AG Hamburg 17. 4. 1980 – 5 C 112/80, AnwBl 1980, 302; Baur/Stürner/Bruns, Zwangsvollstreckungsrecht Rn 30.24; Gaul/Schilken/Becker-Eberhard, Zwangsvollstreckungsrecht § 55 Rn 25; Linke ZZP 87 [1984] 284, 289; Mümmler JurBüro 1986, 333, 335; Anders/Gehle/Nober § 840 ZPO Rn 25; Olschewski MDR 1974, 714, 715 f; in diese Richtung tendierend auch Walker, in: FS Leipold [2009] 451, 464), mit der Folge, dass der Drittschuldner keinen Ersatz verlangen kann (BGH 13. 12. 1984 – IX ZR 89/94, NJW 1985, 1155, 1156; BAG 31. 10. 1984 – 4 AZR 535/82, BAGE 47, 138, 141 = NJW 1985, 1181; LG München I 15. 5. 1963 – 15 S 57/63, NJW 1963, 1509; AG Erfurt 15. 1. 1998 – 20 C 3201/97, WM 1998, 1724; AG Münster 30. 10. 1990 – 28 C 380/90, JurBüro 1991, 276; AG Bad Bramstedt 19. 5. 1981 – 4 C 106/81, MDR 1981, 856; AG München 4. 9. 1980 – 4 C 3173/80, AnwBl 1981, 40; Andresen NJW 7

1960, 231, 232; Bienge Rpfleger 2018, 308, 312; Brehm JZ 1985, 632, 633; Cebulka AnwBl 1979, 409; Musielak/Voit/Flockenhaus § 840 ZPO Rn 6; Zöller/Herget § 840 ZPO Rn 11; Saenger/Kemper § 840 ZPO Rn 19; Marly BB 1999, 1990, 1992; Petersen BB 1986, 188; BeckOK-ZPO/Riedel [1. 12. 2022] § 840 Rn 19; Schäcker BB 1959, 492; Schuske/Plücker, in: Schuske/Walker/Kessen/Thole, Vollstreckung und vorläufiger Rechtsschutz § 840 ZPO Rn 5; Thomas/Putzo/Seiler § 840 ZPO Rn 12; F Stein, in: FS Wach, Bd I [1913] 449, 459; Stöber/Rellermeyer, Forderungspfändung Rn B.302, C.85; Stein/Jonas/Würdinger § 840 ZPO Rn 35; s auch BVerwG 8. 12. 1993 8 – C 43/91, NVwZ-RR 1994, 698 zu § 316 Abs 1 S 1 AO; **aA** AG Offenbach 12. 12. 1980 – 33 C 3395/80, AnwBl 1982, 386; AG Hamburg 17. 4. 1980 – 5 C 112/80, AnwBl 1980, 302; Brecht BB 1954, 413, 414 [§ 670]; Brox/Walker, Zwangsvollstreckungsrecht § 18 Rn 288; Baur/Stürner/Bruns, Zwangsvollstreckungsrecht Rn 30.24; Diekhoff BB 1960, 989, 990; Eckert MDR 1986, 799, 801 f [§ 670 BGB]; Gaul/Schilken/Becker-Eberhard, Zwangsvollstreckungsrecht § 55 Rn 25 [§ 811 Abs 2 BGB analog]; Gutzmann BB 1976, 700; Liesecke WM 1975, 314, 319 [Nr 14 AGB-Banken aF]; Mümmler JurBüro 1986, 333, 335; Olschewski MDR 1974, 714, 715 f; Rieke NJW 1959, 2241, 2243 [§§ 683 S 1, 670 BGB]; MünchKommZPO/Smid § 840 Rn 9; s auch Traulsen DVBl 1974, 458, 461 [§ 342a Abs 1 RAO] für das Verwaltungsvollstreckungsverfahren; diff LG Essen 30. 11. 1984 – 10 S 485/84, JurBüro 1985, 627; Anders/Gehle/Nober § 840 ZPO Rn 25; Schalhorn JurBüro 1973, 189, 191; offengelassen von BGH 18. 5. 1999 – XI ZR 219/98, BGHZ 141, 380, 388 = NJW 1999, 2276; Wieczorek/Schütze/Lüke § 840 ZPO Rn 23). Dies gilt nicht nur für die Rechtsanwaltskosten zur Vorbereitung der Drittschuldnererklärung (BGH 13. 12. 1984 – IX ZR 89/94, NJW 1985, 1155, 1156; LG München I 15. 5. 1963 – 15 S 57/63, NJW 1963, 1509; AG Erfurt 15. 1. 1998 – 20 C 3201/97, WM 1998, 1724, 1725; Brehm JZ 1985, 632 f; Cebulka AnwBl 1979, 409 f; Anders/Gehle/Nober § 840 ZPO Rn 25; **aA** AG Offenbach 12. 12. 1980 – 33 C 3395/80, AnwBl 1982, 386; AG Hamburg 17. 4. 1980 – 5 C 112/80, AnwBl 1980, 302; Gutzmann BB 1976, 700; Olschewski MDR 1974, 714, 715 f; MünchKommZPO/Smid § 840 Rn 9; diff LG Essen 30. 11. 1984 – 10 S 485/84, JurBüro 1985, 627) – diese umfasst § 811 Abs 2 BGB nämlich auch in seinem unmittelbaren Anwendungsbereich nicht (s unten Rn 27) –, sondern auch für sämtliche anderen Kosten, zB Aufwendungen für Kopien. Für die Analogie fehlt es bereits an der Vergleichbarkeit (BAG 31. 10. 1984 – 4 AZR 535/82, BAGE 47, 138, 143 = NJW 1985, 1181; Musielak/Voit/Flockenhaus § 840 ZPO Rn 6; s auch BVerwG 8. 12. 1993 – 8 C 43/91, NVwZ-RR 1994, 698 f zu § 316 Abs 1 S 1 AO), und zwar der geschuldeten Leistungen im Hinblick auf die dadurch verursachten Kosten. Die Vorlegung einer Sache muss nicht, kann aber mit erheblichen Kosten verbunden sein, insbesondere wenn sie nach § 811 Abs 1 S 2 BGB an einem anderen Ort als dem Belegenheitsort der Sache (s unten Rn 13 ff) erfolgt. Im Unterschied dazu hat der Drittschuldner den Vollstreckungsgläubiger nach § 840 ZPO nur „in groben Zügen" (BGH 17. 4. 1984 – IX ZR 153/83, BGHZ 91, 126, 129 = NJW 1984, 1901; s auch BVerwG 8. 12. 1993 – 8 C 43/91, NVwZ-RR 1994, 698, 700 zu § 316 Abs 1 AO) über die Durchsetzbarkeit der gepfändeten Forderung zu informieren, und zwar entweder schriftlich gegenüber dem Vollstreckungsgläubiger oder mündlich gegenüber dem Gerichtsvollzieher (statt vieler s Thomas/Putzo/Seiler § 840 ZPO Rn 7), womit idR kein größerer Aufwand verbunden ist (AG Erfurt 15. 1. 1998 – 20 C 3201/97, WM 1998, 1724, 1725; Hahn, Die gesamten Materialien zur Zivilprozeßordnung 434 zu § 683 ZPO-E; s auch BVerwG 8. 12. 1993 – 8 C 43/91, NVwZ-RR 1994, 698, 700 zu § 316 Abs 1 AO). Dieser Unterschied, der für sich genommen die Analogie ausschließt, lässt eine (planwidrige) Regelungslücke unwahrscheinlich erscheinen und legt stattdessen den Umkehrschluss zu § 811 Abs 2 S 1 BGB nahe, nämlich dass der Gesetzgeber bewusst von einem Erstattungsanspruch des Drittschuldners gegen den Vollstreckungsgläubiger abgesehen hat (iE auch AG Erfurt 15. 1. 1998 – 20 C 3201/97, WM 1998, 1724, 1725).

Wer in seinem Besitz befindliche Beweismittel nach **§ 33g Abs 1 oder Abs 2 GWB** herauszugeben hat, kann zwar nach § 33g Abs 7 GWB von dem anderen Teil Ersatz der Aufwendungen verlangen, die er den Umständen nach für erforderlich halten durfte. Ein Zurückbehaltungsrecht oder gar ein Anspruch auf Gewährung eines Vorschusses steht ihm aber nicht zu (Preuss, in: Loewenheim/Meessen/Riesenkampff/Kersting/Meyer-Lindemann, Kartellrecht § 33g GWB Rn 138). Das Zurückbehaltungsrecht nach § 273 Abs 1 BGB scheidet bereits deshalb aus, weil der Ersatzanspruch erst mit der Erfüllung der Herausgabe der Beweismittel entsteht (RegBegr 9. GWB-Novelle, BT-Drucks 18/10207, 65 zu § 33g Abs 7 GWB-RegE; Bechtold/Bosch § 33g GWB Rn 22). Diese Konzeption lässt die Intention des Gesetzgebers der 9. GWB-Novelle erkennen, dass der Ersatzanspruch die Durchsetzung der Herausgabeansprüche nicht hemmen soll, weshalb es für die entsprechende Anwendung von § 811 Abs 2 S 2 BGB es an einer (planwidrigen) Regelungslücke fehlt (Immenga/Mestmäcker/Bach, Wettbewerbsrecht § 33g GWB Rn 147; iE auch Berg/Mäsch/Mäsch § 33g GWB Rn 37; **aA** Fiedler/Niermann NZKart 2017, 497, 498). 8

III. Vorlegungsort (Abs 1)

1. Normzweck

Die Vorschrift des § 811 Abs 1 BGB enthält eigenständige Regelungen zu dem Vorlegungsort. Deren Existenz schließt es aus, den Vorlegungsort unter Rückgriff auf § 269 Abs 1 BGB und die Natur des Schuldverhältnisses – konkret die Funktion der §§ 809, 810 BGB als präparatorische Informationsansprüche (s § 809 Rn 3, § 810 Rn 3 jeweils mwNw) –, nach dem Erfüllungsort des Hauptanspruchs zu bestimmen (MünchKommBGB/Habersack § 811 Rn 1; BeckOGK/Hoffmann [1. 3. 2023] § 811 Rn 3). 9

2. Anwendungsbereich

Ist eine Sache oder Urkunde aufgrund eines Anspruchs nach § 809 BGB und § 810 BGB im **gerichtlichen Verfahren** – sei es im Rahmen des Beweisantritts nach § 422 ZPO ggf iVm § 371 Abs 2 S 1 Alt 1, S 2 ZPO, sei es aufgrund einer Anordnung nach § 142 ZPO oder § 144 ZPO ggf iVm § 371 Abs 2 S 1 Alt 2 ZPO – vorzulegen (s § 809 Rn 145 ff, § 810 Rn 292 ff jeweils mwNw), besteht im Anschluss an die Gesetzesmaterialien (Prot II 776 = Mugdan II 1222 [„selbstverständlich"]) Einigkeit darüber, dass die Regelungen des § 811 Abs 1 BGB den ungeschriebenen Grundsatz des Zivilprozessrechts, dass die Vorlegung am Gerichtsort zu erfolgen hat, unberührt lassen (Wieczorek/Schütze/C Berger § 429 ZPO Rn 3; PWW/Buck-Heeb § 811 Rn 1; Dierschke 81 f; BeckOK-BGB/Gehrlein [1. 2. 2023] § 811 Rn 1; MünchKommBGB/Habersack § 811 Rn 2; BeckOGK/Hoffmann [1. 3. 2023] § 811 Rn 4; Planck/Landois § 811 Anm 1; jurisPK-BGB/Martinek/Heine [1. 2. 2023] § 811 Rn 4; NK-BGB/Mielke § 811 Rn 2; Pries 108 f; Grüneberg/Sprau § 811 Rn 1; BGB-RGRK/Steffen § 811 Rn 2; Erman/Wilhelmi § 811 Rn 1). Dementsprechend beschränkt der Anwendungsbereich von § 811 Abs 1 BGB sich auf die Verwirklichung der Ansprüche nach § 809 BGB und § 810 BGB außerhalb des Rechtsstreits über den jeweiligen Hauptanspruch. 10

3. Grundsatz (Abs 1 S 1)

Die Vorlegungspflicht nach § 809 BGB oder § 810 BGB soll die Besitzer so wenig 11 wie möglich beeinträchtigen (HKK/Birr §§ 809–811 Rn 5; Soergel/Hadding § 811 Rn 1). Daher bestimmt § 811 Abs 1 S 1 BGB, dass die Vorlegung – vorbehaltlich einer abweichenden Parteivereinbarung (s oben Rn 2) – grundsätzlich an dem Ort zu erfolgen hat, an welchem die vorzulegende Sache sich befindet. Mit anderen Worten: Vorlegungsort und damit Erfüllungsort für die Ansprüche aus § 809 BGB und § 810 BGB ist grundsätzlich der sog **Belegenheitsort**. Der Begriff des Ortes ist dabei nicht iS der räumlich eng umgrenzten Stelle zu verstehen, an der die vorzulegende Sache sich befindet (zB Archiv, Lagerhalle), sondern – ebenso wie in § 269 BGB (statt vieler s BGH 9. 3. 1983 – VIII ZR 11/82, BGHZ 87, 104, 110 = NJW 1983, 1479) – in dem weiteren geographischen Sinne der politischen Gemeinde (LG Berlin 14. 12. 1962 – 2 S 87/62, NJW 1963, 498, 499 = VersR 1963, 275; Prot II 777 f = Mugdan II 1223 zu § 776 BGB-E I; Bork NJW 1997, 1665, 1669 mit Fn 46; PWW/Buck-Heeb § 811 Rn 1; Dierschke 81; BeckOK-BGB/Gehrlein [1. 2. 2023] § 811 Rn 1; Gehrlein NJW 2001, 2773, 2774; Gniadek 108; Soergel/Hadding § 811 Rn 2; Karger 92; Planck/Landois § 811 Anm 1; jurisPK-BGB/Martinek/Heine [1. 2. 2023] § 811 Rn 2; NK-BGB/Mielke § 811 Rn 2; Peter 249; Pries 108; Grüneberg/Sprau § 811 Rn 1; Jauernig/Stadler §§ 809–811 Rn 7; BGB-RGRK/Steffen § 811 Rn 2; Erman/Wilhelmi § 811 Rn 1; wohl auch Enneccerus/Lehmann, Recht der Schuldverhältnisses § 218 IV = 867; Haas 10; s auch BGH 9. 3. 1983 – VIII ZR 11/82, BGHZ 87, 104, 110 = NJW 1983, 1479 zu § 346 S 1 BGB aF; **aA** OLG Frankfurt 9. 5. 2011 – 8 W 20/11, GesR 2011, 672, 673; LG Dortmund 7. 4. 2000 – 17 T 31/00, NJW 2001, 2806; Oertmann § 811 Anm 1; Radant 47), deren Abgrenzung durch die landesgesetzliche Gebietseinteilung bestimmt wird (jurisPK-BGB/Martinek/Heine [1. 2. 2023] § 811 Rn 2; Pries 108; BGB-RGRK/Steffen § 811 Rn 2).

12 Von dem sog Vorlegungsort (s oben Rn 11) ist die sog Leistungs- bzw **Vorlegungsstelle** als die Stelle innerhalb des Vorlegungsortes zu unterscheiden, an der die Vorlegung zu erfolgen hat. Da der Regelungsgehalt des § 811 Abs 1 S 1 BGB sich in der Bestimmung des Vorlegungsortes erschöpft, die Vorschrift also keine weitergehende räumliche Eingrenzung der Leistung vornimmt (LG Berlin 14. 12. 1962 – 2 S 87/62, NJW 1963, 498, 499 = VersR 1963, 275; Dierschke 81; Pries 108; Radant 47; BGB-RGRK/Steffen § 811 Rn 2; s auch BGH 9. 3. 1983 – VIII ZR 11/82, BGHZ 87, 104, 110 f zu § 269 BGB), kann der Schuldner die Vorlegungsstelle bestimmen (Bork NJW 1997, 1665, 1669; PWW/Buck-Heeb § 811 Rn 1; Endemann, Lehrbuch des Bürgerlichen Rechts, Bd 1 § 197 Anm 12 = 1232; BeckOK-BGB/Gehrlein [1. 2. 2023] § 811 Rn 1; Gehrlein NJW 2001, 2773, 2774; Gniadek 108; MünchKommBGB/Habersack § 811 Rn 2; Karger 92; Planck/Landois § 811 Anm 1; jurisPK-BGB/Martinek/Heine [1. 2. 2023] § 811 Rn 2; NK-BGB/Mielke § 811 Rn 2; Peter 249; Schilken Jura 1988, 525, 528; Grüneberg/Sprau § 811 Rn 1; Jauernig/Stadler §§ 809–811 Rn 7; Erman/Wilhelmi § 811 Rn 1). Regelmäßig wird es sich um die Stelle handeln, an der die Sache oder Urkunde sich befindet (KG 21. 4. 1911 – 1a X 318/11, SeuffBl 1912, 78, 79; s auch OLG Dresden 17. 8. 2017 – 4 W 715/17, GesR 2017, 649, 650; Balke SVR 2022, 125, 126 jeweils zu § 630g Abs 1 S 3 BGB iVm § 811 Abs 1 S 1 BGB). Eine dahingehende Bestimmung erfolgt nicht selten stillschweigend, zB dadurch, dass der Schuldner die begehrte Zusendung einer Kopie ablehnt und den Gläubiger auf die Einsichtnahme vor Ort verweist. Das Recht des Schuldners, die Vorlegungsstelle zu bestimmen, ist durch die Gebote von Treu und Glauben begrenzt (§ 242 BGB; LG Berlin 14. 12. 1962 – 2 S 87/62, NJW 1963, 498, 499 = VersR 1963, 275; Prot II 778 = Mugdan II 1223; PWW/Buck-Heeb § 811 Rn 1; Dierschke 81; BeckOK-BGB/Gehrlein [1. 2. 2023] § 811 Rn 1; MünchKommBGB/Habersack § 811 Rn 2; Planck/Landois § 811 Anm 1; jurisPK-BGB/Martinek/Heine [1. 2. 2023] § 811 Rn 2; NK-BGB/Mielke § 811 Rn 2; Peter 249; Pries 108; Grüneberg/Sprau § 811 Rn 1; Jauernig/Stadler §§ 809–811 Rn 7; BGB-RGRK/Steffen § 811 Rn 2; Erman/Wilhelmi § 811 Rn 1). Daher ist zB die Wahl einer Stelle, die den Zweck der Vorlegung vereiteln würde, unverbindlich (MünchKommBGB/Habersack § 811 Rn 2; wohl auch Planck/Landois § 811 Anm 1; Erman/Wilhelmi § 811 Rn 1).

4. Ausnahme (Abs 1 S 2)

Die Vorlegung der beweglichen Sache – bei Immobilien scheidet § 811 Abs 1 S 2 BGB naturgemäß aus (Dierschke 81) – oder Urkunde kann ausnahmsweise an einem anderen Ort als dem Belegenheitsort (§ 811 Abs 1 S 1 BGB, s oben Rn 11) erfolgen. Sofern der Gläubiger und der Schuldner keine von § 811 Abs 1 S 1 oder S 2 BGB abweichende Vereinbarung getroffen haben (s oben Rn 2), setzt dies nach § 811 Abs 1 S 2 BGB einen wichtigen Grund (s unten Rn 15 ff) sowie das Verlangen eines Teils (s unten Rn 19) voraus. 13

Zu der Frage, ob nach dem Rechtsgedanken von § 811 Abs 1 S 2 BGB ausnahmsweise ein Anspruch auf Überlassung von Kopien der Originalurkunde besteht, s § 810 Rn 259. 14

a) Wichtiger Grund

An den wichtigen Grund iS des § 811 Abs 1 S 2 BGB stellt die obergerichtliche Rechtsprechung keine hohen Anforderungen. Es genügt, dass die Vorlegung an dem Belegenheitsort (s oben Rn 11) für den Gläubiger unter Berücksichtigung der berechtigten Interessen des Schuldners unzumutbar ist (OLG München 19. 4. 2001 – 1 U 6107/00, NJW 2001, 2806, 2807; OLG Köln 21. 9. 1995 – 18 W 33/95, NJW-RR 1996, 382). Die Unzumutbarkeit muss einzelfallbezogen unter Berücksichtigung sämtlicher Umstände festgestellt werden. 15

aa) Beschaffenheit der vorzulegenden Sache oder Urkunde

Die Unzumutbarkeit des Belegenheitsortes kann sich in erster Linie aus der Beschaffenheit der vorzulegenden Sache oder Urkunde ergeben (PWW/Buck-Heeb § 811 Rn 1; BeckOGK/Hoffmann [1. 3. 2023] § 811 Rn 5; BeckOK-BGB/Gehrlein [1. 2. 2023] § 811 Rn 1; jurisPK-BGB/Martinek/Heine [1. 2. 2023] § 811 Rn 3; Pries 108; Schilken Jura 1988, 525, 528; Grüneberg/Sprau § 811 Rn 1; BGB-RGRK/Steffen § 811 Rn 2). Dies liegt insbesondere nahe, wenn die Besichtigung bzw Einsichtnahme erheblichen zeitlichen Aufwand erfordert (zB aufgrund der Vielzahl miteinander zu vergleichender Sachen oder Urkunden; OLG München 19. 4. 2001 – 1 U 6107/00, NJW 2001, 2806, 2807; OLG Köln 21. 9. 1995 – 18 W 33/95, NJW-RR 1996, 382; MünchKommBGB/Habersack § 811 Rn 3; vHartz 167; Soergel/Hadding § 811 Rn 3; BeckOGK/Hoffmann [1. 3. 2023] § 811 Rn 5) und dem Schuldner die Vorlegung an einem anderen Ort als dem Belegenheitsort zumutbar ist, weil er zB auf die Sachen oder Urkunden gegenwärtig nicht angewiesen ist (OLG München 19. 4. 2001 – 1 U 6107/00, NJW 2001, 2806, 2807; OLG Köln 21. 9. 1995 – 18 W 33/95, NJW-RR 1996, 382). Die Gefahr, dass bei der Besichtigung der vorzulegenden Sache in dem Betrieb des Schuldners ein Geschäfts-, Betriebs- oder Fabrikationsgeheimnis offenbart wird, begründet keinen wichtigen Grund iS des § 811 Abs 1 S 2 BGB (**aA** Dierschke 86; Soergel/Hadding § 811 Rn 3; BeckOGK/Hoffmann [1. 3. 2023] § 811 Rn 5; zutreffend Gniadek 108: nur wenn kein anderer geeigneter Ort innerhalb der Gemeinde zur Verfügung steht). Dem Geheimhaltungsinteresse des Schuldners ist bereits dadurch genügt, dass er eine andere Vorlegungsstelle (s oben Rn 12) innerhalb des Belegenheitsortes bestimmen kann. 16

bb) Persönliche Verhältnisse der Teile

17 Die Unzumutbarkeit des Belegenheitsortes kann sich nicht nur aus der Beschaffenheit der vorzulegenden Sache oder Urkunde (s oben Rn 16), sondern auch aus persönlichen Verhältnissen der Teile ergeben (Dierschke 81; Gniadek 108; vHartz 167; Planck/Landois § 811 Anm 1; jurisPK-BGB/Martinek/Heine [1. 2. 2023] § 811 Rn 3; Pries 108; Radant 48; BGB-RGRK/Steffen § 811 Rn 2). Dies wird allerdings nur selten der Fall sein, da der Gläubiger sein Recht auf Besichtigung der Sache oder Einsichtnahme der Urkunde nicht höchstpersönlich wahrnehmen muss, sondern einen Dritten dazu ermächtigen kann (s § 809 Rn 107, § 810 Rn 262 jeweils mwNw). Daher genügen zB ein persönliches Zerwürfnis der Parteien sowie die Krankheit des Gläubigers regelmäßig ebenso wenig für einen wichtigen Grund iS des § 811 Abs 1 S 2 BGB (iE auch MünchKommBGB/Habersack § 811 Rn 3; **aA** KG 28. 6. 1920 – 22 U 2349/20, JW 1920 1041; PWW/Buck-Heeb § 811 Rn 1; BeckOK-BGB/Gehrlein [1. 2. 2023] § 811 Rn 1; Soergel/Hadding § 811 Rn 3; Planck/Landois § 811 Anm 1; Schilken Jura 1988, 525, 528; Grüneberg/Sprau § 811 Rn 1; Erman/Wilhelmi § 811 Rn 1) wie die Tatsache, dass die Zuziehung eines *ortsfremden* Sachverständigen für die Besichtigung sinnvoll ist (**aA** MünchKommBGB/Habersack § 811 Rn 3; Soergel/Hadding § 811 Rn 3; BeckOGK/Hoffmann [1. 3. 2023] § 811 Rn 5; Karger 92).

cc) Darlegungs- und Beweislast

18 Die Tatsachen, die einen wichtigen Grund iS des § 811 Abs 1 S 2 BGB begründen sollen (s oben Rn 15 ff), hat der Teil darzulegen und im Streitfall zu beweisen, der die Vorlegung der Sache oder Urkunde an einem anderen Ort als dem Belegenheitsort verlangt (Hövermann, in: Baumgärtel/Laumen/Prütting, Handbuch der Beweislast § 811 Rn 1; Rosenberg 380).

b) Verlangen eines Teils

19 Das Bestehen eines wichtigen Grundes (s oben Rn 15 ff) schließt die leistungsbefreiende Vorlegung der Sache oder Urkunde an dem Belegenheitsort (s oben Rn 11) nicht *ipso iure* aus. Er begründet lediglich für jeden Teil das Recht, die Vorlegung an einem anderen Ort zu verlangen. Die inhaltlichen Anforderungen an dieses Verlangen sind gering. Es kann sich grundsätzlich in der Ablehnung des Belegenheitsortes erschöpfen. Die Bezeichnung des anderen (Vorlegungs-)Ortes ist stets möglich, aber nur ausnahmsweise erforderlich, nämlich für einen bestimmten Klageantrag iS des § 253 Abs 2 Nr 2 ZPO ggf iVm § 495 Abs 1 ZPO (s § 809 Rn 136, § 810 Rn 286 jeweils mwNw), wenn der Gläubiger sein Verlangen mit einer selbstständigen Leistungsklage verbindet, also die Vorlegung der Sache oder Urkunde an einem anderen Ort als dem Belegenheitsort beantragt.

IV. Gefahr und Kosten (Abs 2)

20 Die Gefahr und die Kosten der Vorlegung hat nach § 811 Abs 2 S 1 BGB derjenige zu tragen, der die Vorlegung verlangt. Diese Abweichung von dem ungeschriebenen Grundsatz, dass der Schuldner die Gefahr des zufälligen Untergangs der Sache sowie die Kosten der Erfüllung zu tragen hat (MünchKommBGB/Habersack § 811 Rn 1; BeckOGK/Hoffmann [1. 3. 2023] § 811 Rn 6; Planck/Landois § 811 Anm 2; Pries 109), beruht darauf, dass die Vorlegung ausschließlich dem Interesse des Gläubigers dient und es deshalb dem Gebot der Gerechtigkeit widerspräche, den Vorlegungsschuldner mit der Gefahr und den Kosten zu belasten (Gehrlein NJW 2001, 2773, 2774; Gniadek 109; MünchKommBGB/Habersack § 811 Rn 1; Haeffs 78; Planck/Landois § 811 Anm 2; jurisPK-

BGB/Martinek/Heine [1. 2. 2023] § 811 Rn 5; Mergner VersR 2012, 79, 81; Oertmann § 811 Anm 2; Peter 250; Pries 109; Radant 48; wohl auch BGB-RGRK/Steffen § 811 Rn 3; nur in der Begründung abw OLG München 31. 10. 1986 – 11 W 1282/86, GRUR 1987, 33, 34 [eigenes Geschäft des Gläubigers]; Beckhaus 385 [Besitzer ist uU Unbeteiligter]; Osterloh-Konrad 253 [keine erwiesene rechtliche Beziehung zu dem Besitzer]; dagegen BeckOGK/Hoffmann [1. 3. 2023] § 811 Rn 6). Dieses Motiv liegt auch anderen Kostenregelungen des BGB zugrunde, zB § 403 S 2 BGB, § 798 S 2 BGB und § 800 S 2 BGB.

1. Gefahr

a) Dogmatische Umsetzung der Gefahrtragung

21 Das durch einen Anspruch nach § 809 BGB oder § 810 BGB begründete gesetzliche Schuldverhältnis (s § 809 Rn 10, § 810 Rn 12 jeweils mwNw) verpflichtet den Gläubiger nach § 241 Abs 2 BGB zur Rücksicht auf die Rechte, Rechtsgüter und Interessen des Besitzers. Verletzt der Gläubiger diese Pflicht im Rahmen der Besichtigung schuldhaft, ist er dem Besitzer nach § 280 Abs 1 BGB – bei einer Verletzung des Eigentums uU auch nach § 823 Abs 1 BGB – zum Ersatz des hierdurch entstehenden Schadens verpflichtet (Gniadek 108; MünchKommBGB/Habersack § 811 Rn 4; jurisPK-BGB/Martinek/Heine [1. 2. 2023] § 811 Rn 5). Diese Rechtslage modifiziert § 811 Abs 2 BGB durch die Anordnung einer **strengeren Haftung iS des § 276 Abs 1 S 1 BGB** dahingehend, dass der Gläubiger auch dann zum Schadensersatz verpflichtet ist, wenn ihm weder Vorsatz noch Fahrlässigkeit (§ 276 Abs 2 BGB) zur Last fällt (PWW/Buck-Heeb § 811 Rn 2; BeckOK-BGB/Gehrlein [1. 2. 2023] § 811 Rn 2; Gniadek 108; MünchKommBGB/Habersack § 811 Rn 4; BeckOGK/Hoffmann [1. 3. 2023] § 811 Rn 9; Planck/Landois § 811 Anm 2; jurisPK-BGB/Martinek/Heine [1. 2. 2023] § 811 Rn 5; NK-BGB/Mielke § 811 Rn 3; Oertmann § 811 Anm 2; Pries 110; Schilken Jura 1988, 525, 529; Grüneberg/Sprau § 811 Rn 2; Jauernig/Stadler §§ 809–811 Rn 8; BGB-RGRK/Steffen § 811 Rn 3; Erman/Wilhelmi § 811 Rn 2), sich aber die (Sach-)Gefahr der Vorlegung verwirklicht hat.

22 Art und Umfang des zu leistenden Schadensersatzes bestimmen sich – unabhängig von der Art des Vertretenmüssens – nach den **§§ 249 ff BGB** (Planck/Landois § 811 Anm 2; jurisPK-BGB/Martinek/Heine [1. 2. 2023] § 811 Rn 5; Oertmann § 811 Anm 2; Pries 111; Schilken Jura 1988, 525, 529; BGB-RGRK/Steffen § 811 Rn 3); eine betragsmäßige Beschränkung auf den Wert der Sache oder Urkunde existiert nicht (Planck/Landois § 811 Anm 2; Oertmann § 811 Anm 2; Pries 111). Der sog **Vorenthaltungsschaden**, der darauf beruht, dass der Besitzer die Sache oder Urkunde während der Vorlegung nicht nutzen kann, ist kein Schaden iS der §§ 249 ff BGB (Gniadek 109; BeckOGK/Hoffmann [1. 3. 2023] § 811 Rn 9; iE auch PWW/Buck-Heeb § 811 Rn 2; BeckOK-BGB/Gehrlein [1. 2. 2023] § 811 Rn 2; vHartz 168; Grüneberg/Sprau § 811 Rn 2; BGB-RGRK/Steffen § 811 Rn 3; Erman/Wilhelmi § 811 Rn 2; **aA** Melullis, in: FS Tilmann [2003] 843, 850); es handelt sich um entgangene Nutzungen (BeckOGK/Hoffmann [1. 3. 2023] § 811 Rn 9).

b) Begrenzung auf vorlegungsspezifische Gefahren

23 Die Belastung des Gläubigers mit der (Sach-)Gefahr nach § 811 Abs 2 S 1 BGB ist auf Schäden begrenzt, in denen sich eine der Vorlegung inhärente Gefahr verwirklicht. Dies ist insbesondere der Fall, wenn das Vorlegungsobjekt im Rahmen der Besichtigung beschädigt oder zerstört wird (zB durch die nicht fachgerechte Zerlegung; iE auch König Mitt 2002, 153, 163 [Analogie]; zu Substanzeingriffen im Rahmen der Besichtigung s § 809 Rn 102 ff mwNw) oder bei dem Transport zu oder von der Vorlegungsstelle (s

oben Rn 12) verloren geht (OLG Bamberg 12. 1. 1901, OLGE 2, 134, 135; PWW/Buck-Heeb § 811 Rn 2; BeckOK-BGB/Gehrlein [1. 2. 2023] § 811 Rn 2; Gniadek 108; MünchKommBGB/Habersack § 811 Rn 4; vHartz 168; BeckOGK/Hoffmann [1. 3. 2023] § 811 Rn 9; jurisPK-BGB/Martinek/Heine [1. 2. 2023] § 811 Rn 5; NK-BGB/Mielke § 811 Rn 3; Oertmann § 811 Anm 2; Pries 110; Schilken Jura 1988, 525, 529; Grüneberg/Sprau § 811 Rn 2; Jauernig/Stadler §§ 809–811 Rn 8; BGB-RGRK/Steffen § 811 Rn 3). Unerheblich ist, ob die Vorlegung an dem Belegenheitsort (s oben Rn 11) oder – aufgrund eines wichtigen Grundes und eines Verlangens nach § 811 Abs 1 S 2 BGB (s oben Rn 13 ff) – an einem anderen Ort erfolgt (Planck/Landois § 811 Anm 2; **aA** Unger JherJb 33 [1894] 299, 316 f).

24 Von den vorlegungsspezifischen Gefahren (s oben Rn 23) sind Schäden zu unterscheiden, die lediglich durch die Vorlegung ermöglicht werden (ähnlich NK-BGB/Mielke § 811 Rn 3: Gefahren, die nicht unmittelbar aus der Vorlegung resultieren; wohl auch Jauernig/Stadler §§ 809–811 Rn 8), zB die Weitergabe eines im Rahmen der Vorlegung unzulässigerweise zur Kenntnis gelangten Geschäfts-, Betriebs- oder Fabrikationsgeheimnisses. Diese Gefahr umfasst § 811 Abs 2 S 1 BGB nicht (vHartz 168; Karger 84 mit Fn 384, 92; Siegel 70; BGB-RGRK/Steffen § 811 Rn 3; **aA** RG 7. 11. 1908 – Rep I 638/07, RGZ 69, 401, 406 – *Nietzsche-Briefe*; Planck/Landois § 811 Anm 2; Pries 110 f) mit der Folge, dass der Gläubiger dem Besitzer nur bei Vorsatz oder Fahrlässigkeit (§ 276 Abs 2 BGB) zum Schadensersatz nach § 280 Abs 1 BGB – bei einer Verletzung des Eigentums uU auch nach § 823 Abs 1 BGB – verpflichtet ist.

c) Anspruch auf Sicherheitsleistung, Zurückbehaltungsrecht (Abs 2 S 2)

25 Die Belastung des Gläubigers mit der Gefahr der Vorlegung erschöpft sich nicht in einer Verschärfung der Haftung (s oben Rn 21), sondern äußert sich auch darin, dass der Besitzer die Vorlegung nach § 811 Abs 2 S 2 BGB verweigern kann, bis der Gläubiger ihm wegen der Gefahr Sicherheit leistet. Die Vorschrift begründet für den Besitzer der Sache oder Urkunde einen – vom Wortlaut vorausgesetzten – **Anspruch auf eine angemessene Sicherheitsleistung**. Für die Sicherheitsleistung gelten die §§ 232 ff BGB (PWW/Buck-Heeb § 811 Rn 2; MünchKommBGB/Habersack § 811 Rn 4; jurisPK-BGB/Martinek/Heine [1. 2. 2023] § 811 Rn 6; Oertmann § 811 Anm 2; Radant 49). Der Anspruch auf Sicherheitsleistung besteht allerdings nicht voraussetzungslos in jedem Fall, sondern – in Anlehnung an § 867 S 3 Hs 1 BGB – nur ausnahmsweise, wenn der Besitzer Tatsachen darlegt und im Streitfall beweist, die im Einzelfall die Verwirklichung der (Sach-)Gefahr und damit einen Schaden befürchten lassen (OLG Bamberg 12. 1. 1901, OLGE 2, 134, 135; PWW/Buck-Heeb § 811 Rn 2; Warneyer/Bohnenberg § 811; BeckOK-BGB/Gehrlein [1. 2. 2023] § 811 Rn 2; Gniadek 109; MünchKommBGB/Habersack § 811 Rn 4; Soergel/Hadding § 811 Rn 4; BeckOGK/Hoffmann [1. 3. 2023] § 811 Rn 11; jurisPK-BGB/Martinek/Heine [1. 2. 2023] § 811 Rn 6; NK-BGB/Mielke § 811 Rn 4; Pries 111; Radant 49; Grüneberg/Sprau § 811 Rn 2; BGB-RGRK/Steffen § 811 Rn 4). Gelingt dem Besitzer der Nachweis solcher Tatsachen, begründet § 811 Abs 2 S 2 BGB – ausweislich des Wortlauts „kann … verweigern" – neben dem Anspruch auf Sicherheitsleistung auch ein besonderes **Zurückbehaltungsrecht** gegen die Ansprüche aus den §§ 809, 810 BGB. Eine Vorleistungspflicht des Gläubigers geht damit nicht einher (Planck/Landois § 811 Anm 2; Pries 112; Siegel 70); die Geltendmachung des Zurückbehaltungsrechts hat lediglich die Erfüllung Zug um Zug iS des § 274 Abs 1 BGB zur Folge (Planck/Landois § 811 Anm 2; Pries 112; zT abw Siegel 71: analoge Anwendung von § 320 BGB). Von dem allgemeinen Zurückbehaltungsrecht nach § 273 Abs 1 BGB unterscheidet das besondere nach § 811 Abs 2 S 2 BGB sich insbesondere dadurch, dass der Gläubiger seine Ausübung nicht durch Sicherheitsleistung abwenden kann.

2. Kosten

a) Begriff der Kosten

26 Der Begriff der Kosten iS des § 811 Abs 2 BGB umfasst nur die unmittelbar durch die Vorlegung der Sache oder Urkunde – sei es an dem Belegenheitsort (s oben Rn 11), sei es an einem anderen Ort (s oben Rn 13 ff) – verursachten Aufwendungen. Hierzu zählen nicht nur die Verpackungs-, Versand- und Transportkosten (AG Hamburg 7. 11. 2014 – 4 C 345/14, juris Rn 5; PWW/Buck-Heeb § 811 Rn 2; BeckOK-BGB/Gehrlein [1. 2. 2023] § 811 Rn 2; Gehrlein NJW 2001, 2773, 2774; Gniadek 109; MünchKommBGB/Habersack § 811 Rn 5; jurisPK-BGB/Martinek/Heine [1. 2. 2023] § 811 Rn 5; NK-BGB/Mielke § 811 Rn 3), sondern zB auch die Aufwendungen für Sicherheitsvorkehrungen des Besitzers zum Schutz seiner Geschäfts-, Betriebs- oder Fabrikationsgeheimnisse (Pries 110) sowie für den Sachverständigen, den der Gläubiger für die Besichtigung bzw Einsichtnahme hinzuzieht (PWW/Buck-Heeb § 811 Rn 2; Gniadek 109; MünchKommBGB/Habersack § 811 Rn 5; Karger 110; jurisPK-BGB/Martinek/Heine [1. 2. 2023] § 811 Rn 5; zu der Zuziehung von Sachverständigen s § 809 Rn 107, § 810 Rn 262 jeweils mwNw). Kann der Gläubiger nach § 810 BGB anstelle der Einsicht in die Originalurkunde ausnahmsweise die Übersendung von Kopien verlangen (zu dem Anspruchsinhalt von § 810 BGB s statt vieler § 810 Rn 253 ff, 264 mwNw), zählen zu den Kosten iS des § 811 Abs 2 BGB auch die Aufwendungen für die Erstellung der Kopien (OLG Saarbrücken 16. 11. 2016 – 1 U 57/16, GesR 2017, 101, 103; LG Köln 22. 6. 2010 – 30 O 187/09, VersR 2012, 79, 80; AG Delmenhorst 21. 8. 2003 – 4b C 5160/03, WuM 2003, 657; Gehrlein NJW 2001, 2773, 2774; Peter 250; wohl **aA** jurisPK-BGB/Martinek/Heine [1. 2. 2023] § 811 Rn 5 [„Kosten, die nicht unmittelbar die Vorlegung betreffen"]).

27 **Keine Kosten** der Vorlegung iS des § 811 Abs 2 S 1 BGB sind zB die Aufwendungen für einen von dem Besitzer mandatierten Rechtsanwalt, der die Besichtigung begleiten soll (AG Erfurt 15. 1. 1998 – 20 C 3201/97, WM 1998, 1724, 1725; iE wohl auch Petersen BB 1986, 188, 189). Die Gebrauchsvorteile, die dem Schuldner dadurch entgehen, dass er die Sache oder Urkunde während der Vorlegung nicht nutzen kann (sog **Vorenthaltungsschaden**), sind ebenfalls keine Kosten iS des § 811 Abs 2 S 1 BGB (BeckOK-BGB/Gehrlein [1. 2. 2023] § 811 Rn 2; Gniadek 109; MünchKommBGB/Habersack § 811 Rn 5; BeckOGK/Hoffmann [1. 3. 2023] § 811 Rn 9; jurisPK-BGB/Martinek/Heine [1. 2. 2023] § 811 Rn 5; Siegel 70; BGB-RGRK/Steffen § 811 Rn 3; Erman/Wilhelmi § 811 Rn 2; **aA** Karger 88), sondern entgangene Nutzungen (BeckOGK/Hoffmann [1. 3. 2023] § 811 Rn 9).

b) Erstattungsanspruch des Schuldners

28 Soweit die Kosten für die Vorlegung dem Schuldner entstanden sind (zB Verpackungs- und Transportkosten), steht ihm aus § 811 Abs 2 S 1 BGB ein gesetzlicher Erstattungsanspruch gegen den Gläubiger zu (BeckOGK/Hoffmann [1. 3. 2023] § 811 Rn 7). Der Anspruch besteht – im Unterschied zu einem Schadensersatzanspruch – unabhängig von einer Pflichtverletzung und einem Verschulden.

29 Aufgrund der Tatsache, dass der Besitzer mit der Vorlegung ein sog Auch-fremdes-Geschäft führt (s oben Rn 20), umfasst die Erstattungspflicht in Anlehnung an § 683 S 1 BGB iVm § 670 BGB sämtliche Kosten (s oben Rn 26), die der Besitzer für erforderlich halten darf. Hierzu zählen auch die Mehrkosten, die in den Fällen des § 811

Abs 1 S 2 BGB (s oben Rn 13 ff) für den Transport zu einem anderen Ort als dem Belegenheitsort entstehen (Dierschke 83; Planck/Landois § 811 Anm 2; Pries 109; Radant 48; **aA** Unger JherJb 33 [1894], 299, 316 f). Die Höhe der erstattungsfähigen Kosten (zB die Aufwendungen für die Erstellung von Kopien) kann das Gericht idR nach § 287 Abs 2 ZPO schätzen (AG Delmenhorst 21. 8. 2003 – 4b C 5160/03, WuM 2003, 657).

c) Anspruch auf Vorschuss, Zurückbehaltungsrecht (Abs 2 S 2)

30 Soweit Kosten, die der Gläubiger nach § 811 Abs 2 S 1 BGB zu tragen hat (s oben Rn 26), dem Besitzer entstünden (zB Verpackungs- und Transportkosten), muss er diese nicht verauslagen, sondern kann nach § 811 Abs 2 S 2 BGB einen **Vorschuss** verlangen. Der Anspruch setzt sowohl dem Grunde als auch der Höhe nach voraus, dass der Besitzer das voraussichtliche Entstehen von erstattungsfähigen Kosten darlegt und im Streitfall beweist (OLG Bamberg 12. 1. 1901, OLGE 2, 134, 135; Warneyer/Bohnenberg § 811; Gniadek 109; Soergel/Hadding § 811 Rn 4; NK-BGB/Mielke § 811 Rn 4; Pries 111; Radant 49; BGB-RGRK/Steffen § 811 Rn 4). Eines Nachweises, dass die Durchsetzung des Erstattungsanspruchs gefährdet oder zumindest erschwert ist, bedarf es nicht (wohl **aA** Mergner VersR 2012, 79, 82). Anstelle der Zahlung des Vorschusses kann der Gläubiger – als Minus zu diesem – die Abgabe einer **Kostenübernahmeerklärung** – hierbei handelt es sich um ein Schuldversprechen iS des § 780 BGB, das grundsätzlich der Schriftform bedarf (statt vieler s Staudinger/Hau [2020] § 780 Rn 11 ff) – verlangen (OLG Köln 20. 10. 2010 – 3 W 55/10, VersR 2012, 79, 80; LG Köln 22. 6. 2010 – 30 O 187/09, VersR 2012, 79, 80).

31 Die Regelung des § 811 Abs 2 S 2 BGB erschöpft sich nicht in einem materiell-rechtlichen Anspruch auf einen angemessenen Vorschuss (s oben Rn 30), sondern begründet – ausweislich des Wortlauts „kann … verweigern" – auch ein besonderes **Zurückbehaltungsrecht** gegen die Ansprüche aus den §§ 809, 810 BGB (NK-BGB/Mielke § 811 Rn 6). Dessen Zweck besteht darin, den Besitzer von der sog Klagelast hinsichtlich des Erstattungsanspruchs (s oben Rn 28) zu befreien (OLG Saarbrücken 16. 11. 2016 – 1 U 57/16, GesR 2017, 101, 103; LG Köln 22. 6. 2010 – 30 O 187/09, VersR 2012, 79, 80; jurisPK-BGB/Martinek/Heine [1. 2. 2023] § 811 Rn 6). Das Zurückbehaltungsrecht ist nicht von Amts wegen zu berücksichtigen; es muss ausdrücklich oder stillschweigend ausgeübt werden (OLG Saarbrücken 16. 11. 2016 – 1 U 57/16, GesR 2017, 101, 103; OLG München 20. 11. 2007 – 1 W 2599/07, BeckRS 2007, 19005; jurisPK-BGB/Martinek/Heine [1. 2. 2023] § 811 Rn 6). Eine Vorleistungspflicht des Gläubigers wird dadurch nicht begründet (Planck/Landois § 811 Anm 2; Pries 112; Siegel 70; **aA** OLG Saarbrücken 16. 11. 2016 – 1 U 57/16, GesR 2017, 101, 103; OLG Hamm 7. 11. 2011 – 3 U 140/11, BeckRS 2015, 15079 Rn 26; AG Hamburg 7. 11. 2014 – 4 C 345/14, juris Rn 9; s auch LG Hamburg 22. 1. 2019 – 323 O 128/18, BeckRS 2019, 23798 Rn 5 zu § 630g Abs 1 S 3 BGB iVm § 811 Abs 2 S 2 BGB); die Ausübung des Zurückbehaltungsrechts hat lediglich die Erfüllung **Zug um Zug** iS des § 274 Abs 1 BGB zur Folge (Planck/Landois § 811 Anm 2; Pries 112; zT abw Siegel 71: analoge Anwendung von § 320 BGB; **aA** AG Hamburg 7. 11. 2014 – 4 C 345/14, juris Rn 9). Von dem allgemeinen Zurückbehaltungsrecht nach § 273 Abs 1 BGB unterscheidet das besondere nach § 811 Abs 2 S 2 BGB sich insbesondere dadurch, dass der Gläubiger seine Ausübung nicht durch Sicherheitsleistung abwenden kann. Erforderlich ist vielmehr die Zahlung des Vorschusses; die Abgabe einer bloßen Kostenübernahmeerklärung (s oben Rn 30) genügt für die Abwendung des Zurückbehaltungsrechts nicht (wohl **aA** jurisPK-BGB/Martinek/Heine [1. 2. 2023] § 811 Rn 5).

3. Ersatzansprüche des Gläubigers

a) Materielles Recht

Die Vorschrift des § 811 Abs 2 S 1 BGB schließt es nicht aus, dass dem Gläubiger gegen den Besitzer ein materiell-rechtlicher Schadensersatzanspruch zusteht, der ua die Kosten der Vorlegung (s oben Rn 26) sowie den auf der Gefahrtragung beruhenden (Haftungs-)Schaden umfasst (BGH 20. 1. 1971 – VIII ZR 251/69, BGHZ 55, 201, 205 = NJW 1971, 656; BGH 16. 5. 1960 – VII ZR 206/59, BGHZ 32, 302, 306 f = NJW 1960, 1662; OLG München 31. 10. 1986 – 11 W 1282/86, GRUR 1987, 33, 34; Beckhaus 385; Dierschke 83; Gniadek 109; MünchKommBGB/Habersack § 811 Rn 5; BeckOGK/Hoffmann [1. 3. 2023] § 811 Rn 7, 10; Karger 110; Leppin GRUR 1984, 770, 778; Leppin GRUR 1984, 695, 713; NK-BGB/Mielke § 811 Rn 5; Osterloh-Konrad 254; s auch BGH 13. 7. 1959 – II ZR 192/57, NJW 1959, 1964 zu § 87c HGB). Ein solcher Anspruch kann sich zB aus dem Verzug des Hauptanspruchs in Ansehung der vorzulegenden Sache (§ 280 Abs 1, 2 BGB iVm § 286 BGB) oder einer schuldhaften Verletzung des Eigentums durch die Vorenthaltung der Sache (§ 823 Abs 1 BGB) ergeben (BeckOGK/Hoffmann [1. 3. 2023] § 811 Rn 7, 10). 32

b) Prozessualer Kostenerstattungsanspruch

Der prozessuale Kostenerstattungsanspruch umfasst die Kosten iS des § 811 Abs 2 BGB (s oben Rn 26) nicht (OLG München 31. 10. 1986 – 11 W 1282/86, GRUR 1987, 33; Fiedler/Niermann NZKart 2017, 497, 499; Gniadek 109; MünchKommBGB/Habersack § 811 Rn 5; jurisPK-BGB/Martinek/Heine [1. 2. 2023] § 811 Rn 5; NK-BGB/Mielke § 811 Rn 5; relativierend PWW/Buck-Heeb § 811 Rn 2 [„idR“]; **aA** Beckhaus 386; Mergner VersR 2012, 79, 82 für Kopien; diff BeckOGK/Hoffmann [1. 3. 2023] § 811 Rn 8). Sie gehören nicht zu den außergerichtlichen Kosten des Rechtsstreits iS des **§ 91 ZPO** (OLG München 31. 10. 1986 – 11 W 1282/86, GRUR 1987, 33). Für Sachverständigenauslagen gilt dies auch dann, wenn die Sicherungsverfügung dahingehend lautet, dass die Besichtigung der vorzulegenden Sache nicht durch den Gläubiger selbst, sondern ausschließlich durch einen Sachverständigen zu erfolgen hat (zu dem Inhalt der Sicherungsverfügung s § 809 Rn 152 ff mwNw). Ursächlich hierfür ist, dass die Mitwirkung des Sachverständigen nicht auf Grundlage einer gerichtlichen Beauftragung im Rahmen einer Beweisaufnahme nach den §§ 402 ff ZPO erfolgt, sondern auf einer materiell-rechtlichen Einschränkung des Anspruchs zum Schutz eines berechtigten Gegeninteresses des Schuldners beruht (OLG München 31. 10. 1986 – 11 W 1282/86, GRUR 1987, 33). Die Sachverständigenauslagen zählen auch nicht zu den notwendigen Kosten der Zwangsvollstreckung nach **§ 788 Abs 1 S 1 HS 1 ZPO** (OLG München 31. 10. 1986 – 11 W 1282/86, GRUR 1987, 33, 34; jurisPK-BGB/Martinek/Heine [1. 2. 2023] § 811 Rn 5). Die Tatsache, dass der Gläubiger die Auslagen bei einer freiwilligen Leistung nach materiellem Recht zu tragen hätte (§ 811 Abs 2 S 1 BGB, s oben Rn 26), lässt erkennen, dass die Kosten lediglich anlässlich der Zwangsvollstreckung entstanden sind, ohne der Verfolgung oder Durchsetzung des materiell-rechtlichen Anspruchs zu dienen (OLG München 31. 10. 1986 – 11 W 1282/86, GRUR 1987, 33, 34). 33

V. Sonstige Modalitäten der Vorlegung

Die Modalitäten der nach § 809 BGB oder § 810 BGB geschuldeten Leistung (zu Einzelheiten s § 809 Rn 93 ff, § 810 Rn 253 ff) werden durch § 811 BGB nicht abschließend, sondern unvollständig geregelt (MünchKommBGB/Habersack § 811 Rn 6; vHartz 167; jurisPK-BGB/Martinek/Heine [1. 2. 2023] § 811 Rn 1). Soweit die Beteiligten keine vertragliche Vereinbarung getroffen haben (s oben Rn 2), sind die Vorschriften des Allgemeinen 34

Schuldrechts, insbesondere die Gebote von Treu und Glauben (§ 242 BGB), ergänzend heranzuziehen (MünchKommBGB/Habersack § 811 Rn 6; Haeffs 78; Planck/Landois Vor §§ 809–811; jurisPK-BGB/Martinek/Heine [1. 2. 2023] § 811 Rn 1). Dies äußert sich zB darin, dass Einsicht in eine Urkunde, für die der Besitzer seine Geschäftsräume als Vorlegungsstelle bestimmt hat (s oben Rn 12), nicht jederzeit (**aA** Gehrlein NJW 2001, 2773, 2774; Peter 249), sondern nur zu den Geschäftszeiten verlangt werden kann (OLG Kiel 26. 10. 1906, OLGE 16, 91; Planck/Landois § 811 Anm 1).

35 Zu den Rechtsfolgen von Leistungsstörungen s § 809 Rn 132 f, § 810 Rn 283 f jeweils mwNw.

Sachregister

Die fetten Zahlen beziehen sich auf die Normen, die mageren Zahlen auf die Randnummern.

J. von Staudingers Kommentar zum Bürgerlichen Gesetzbuch mit Einführungsgesetz und Nebengesetzen

Übersicht vom 15. 11. 2023

Die Übersicht informiert über die Erscheinungsjahre der Kommentierungen in der 13. Bearbeitung und deren Neubearbeitungen (= Gesamtwerk STAUDINGER).

Die Übersicht ist für die 13. Bearbeitung und für deren Neubearbeitungen zugleich ein Vorschlag für das Aufstellen des „Gesamtwerk STAUDINGER“ (insbesondere für solche Bände, die nur eine Sachbezeichnung haben). Es wird empfohlen, die Austauschbände chronologisch neben den überholten Bänden einzusortieren, um bei Querverweisungen auf diese schnell Zugriff zu haben. Bei Platzmangel sollten die ausgetauschten Bände an anderem Ort in gleicher Reihenfolge verwahrt werden.

	Neubearbeitungen				
Buch 1. Allgemeiner Teil					
Einl BGB; §§ 1–14; VerschG	2004	2013	2018		
§§ 21–79	2005	2019			
§§ 80–89	2011	2017			
§§ 90–124; 130–133	2012	2016	2021		
§§ 125–129; BeurkG	2012	2017	2022		
§§ 134–138	2003	2011	2017	2021	
§§ 139–163	2003	2010	2015	2020	
§§ 164–240	2004	2009	2014	2019	
Buch 2. Recht der Schuldverhältnisse					
§§ 241–243	2005	2009	2014	2019	
§§ 244–248	2016	2021			
§§ 249–254	2005	2016	2021		
§§ 255–304	2004	2009	2014	2019	
§§ 305–310; UKlaG	2006	2013	2019	2022	
Anh zu §§ 305–310			2019	2022	
§§ 311, 311a–c	2013	2018			
§§ 312, 312a–k	2013	2019			
§§ 313, 314	*2025*				
§§ 315–326	2001	2004	2009	2015	2020
§§ 328–345	2009	2015	2020		
§§ 346–354	2012	2022			
§§ 358–360	2016	2021			
§§ 362–396	2000	2006	2011	2016	2022
§§ 397–432	2005	2012	2017	2022	
§§ 433–480	2004	2013			
§§ 433–448			2023		
Wiener UN-Kaufrecht (CISG)	1999	2005	2013	2017	
§§ 488–490; 607–609	2011	2015			
§§ 491–512	2004	2012			
§§ 516–534	2005	2013	2021		
§§ 535–556g (Mietrecht 1)	2011	2014	2017	2021	
§§ 557–580a; Anh AGG (Mietrecht 2)	2011	2014	2017	2021	
Leasing	2004	2014	2018	2023	
§§ 581–606	2005	2013	2018		
§§ 607–610 (siehe §§ 488–490; 607–609)	./.				
§§ 611–613	2005	2011	2015	2020	2022
§§ 613a–619a	2011	2016	2019	2022	
§§ 620–630	2012	2016	2019	2022	
§§ 630a–630h	2021				
§§ 631–651	2003	2008	2013		
§§ 631–650v				2019	
§§ 651a–651m	2003	2011	2015		
§§ 652–655; 656a–656d	2021				
§§ 655a–656; 657–661a	2020				
§§ 662–675b	2017				
§§ 675c–676c	2012	2020			
§§ 677–704	2015	2020			
§§ 705–740	2003				
§§ 741–764	2002	2008	2015	2021	
§§ 765–778	2013			2020	
§§ 779–811	2002	2009	2015		
§§ 779–782				2020	
§§ 809–811				2023	
§§ 812–822	1999	2007			
§§ 823 A–D	2016				
§§ 823 E–I, 824, 825	2009	2021			
§§ 826–829; ProdHaftG	2003	2009	2013	2018	2021
§§ 830–838	2002	2008	2012	2017	2022
§§ 839, 839a	2007	2013	2020		
§§ 840–853	2007	2015	2023		
AGG	2017	2020			
UmweltHR	2002	2010	2017		
Buch 3. Sachenrecht					
§§ 854–882	2000	2007	2012	2018	
§§ 883–888	2002	2008	2013	2020	
§§ 889–902	2019				
§§ 903–924	2002	2009	2015	2020	
§§ 925–984; Anh §§ 929 ff	2004	2011	2016	2020	

§§ 985–1011	1999	2006	2013	2019	2023
ErbbauRG; §§ 1018–1112	2002	2009	2016		
§§ 1030–1112				2021	
ErbbauRG				2021	
§§ 1113–1203	2002	2009	2014	2019	
§§ 1204–1296; §§ 1–84 SchiffsRG	2002	2009	2018		
§§ 1–17 WEG	2017	2023			
§§ 18–49 WEG	2017	2023			

Buch 4. Familienrecht

§§ 1297–1352	2007	2012	2015	2018	2023
LPartG	2010				
§§ 1353–1362	2007	2012	2018		
§§ 1363–1407	2017				
§§ 1408–1563	2018	2023			
§§ 1564–1568; §§ 1568 a+b	2004	2010	2018		
§§ 1569–1586b	2014				
§§ 1587–1588; VAHRG	2004				
§§ 1589–1600d	2000	2004	2011		
§§ 1601–1615n	2000	2018	2022		
§§ 1616–1625	2007	2014	2020		
§§ 1626–1633; §§ 1–11 RKEG	2007	2015	2020		
§§ 1638–1683	2004	2009	2015	2020	
§§ 1684–1717	2006	2013	2018		
§§ 1741–1772	2007	2019			
§§ 1773–1895	2004	2013	2020		
§§ 1896–1921	2006	2013	2017		

Buch 5. Erbrecht

§§ 1922–1966	2000	2008	2016	
§§ 1967–2063	2002	2010	2016	2020
§§ 2064–2196	2003	2013	2019	
§§ 2197–2228	2003	2012	2016	2021
§§ 2229–2302	2022			
§§ 2303–2345	2014	2021		
§§ 2346–2385	2010	2016		
§§ 2346–2352			2022	
§§ 2353–2370			2023	

EGBGB

Einl EGBGB; Art 1, 2, 50–218	2005	2013	2018
Art 219–232	2015		
Art 233–248	2015		

EGBGB/Internationales Privatrecht

Einl IPR	2012	2018		
Art 3–6	2013			
Art 3–4		2019		
Art 7–12, 47, 48	2007	2013	2018	
IntGesR	1998			
Art 13–17b	2003	2011		
Art 18; Vorbem A + B zu Art 19	2003			
Haager Unterhaltsprotokoll (HUP)		2016	2021	
Vorbem C–H zu Art 19	2009			
EU-VO u Übk z Schutz v Kindern		2018		
IntVerfREhe 2	2016			
IntVerfREhe (Brüssel IIb-VO)	2014	2023		
Art 19–24	2008	2014	2018	2022
Art 25, 26	2000	2007		
Art 1–10 Rom I-VO	2011	2016	2021	
Art 11–29 Rom I-VO; Art 46b, c; IntVertrVerfR	2011	2016	2021	
Art 1–3; 10–14 Rom II-VO	2023			
Art 38–42	2001			
IntWirtschR	2006	2010	2015	2019
Art 43–46	2014			

Eckpfeiler des Zivilrechts	2012	2014	2018	2020	2022

Demnächst erscheinen

§§ 21–79a	2023
§§ 327–327u	2023
§§ 1684–1717	2023

Otto Schmidt Verlagskontor / Walter de Gruyter Verlag OHG
Genthiner Str. 13, 10785 Berlin, Telefon (030) 2 60 05-0, Fax (030) 2 60 05-222